AF363019

**EDUGORILLA™**
PUBLICATION

# KVS TGT

## गणित

नवीनतम संस्करण
अभ्यास किट

05 टेस्ट्स
05 मॉक टेस्ट्स

वास्तविक परीक्षा प्रारूप पर आधारित टेस्ट

✓ पूर्णतः संशोधित और अद्यतन

✓ सभी बहुविकल्पीय प्रश्नो का विस्तृत विश्लेषण

<table>
<tr><td>शीर्षक</td><td>: KVS TGT गणित</td></tr>
<tr><td>लेखक का नाम</td><td>: Mr. Rohit Manglik</td></tr>
<tr><td>प्रकाशक</td><td>: EduGorilla Community Pvt. Ltd.</td></tr>
<tr><td>प्रकाशक का पता</td><td>: 12/651 प्रथम तल, अरविन्दो पार्क के सामने, निकट जामा मस्जिद, इंदिरा नगर लखनऊ, उत्तर प्रदेश, 226016, भारत।</td></tr>
</table>

## कॉपीराइट EduGorilla


ISBN : 978-93-55565-58-7

प्रथम संस्करण

इस पुस्तक के किसी भी भाग की प्रतिलिपि बनाना, वितरण करना अथवा किसी भी माध्यम में लेनदेन, प्रकाशक की लिखित अनुमति के बगैर नहीं किया जाएगा।

सभी अधिकार सुरक्षित

© by EduGorilla Community Pvt. Ltd


## अस्वीकरण EduGorilla

यद्यपि लेखक और प्रकाशक ने इस पुस्तक में जानकारी की सटीकता सुनिश्चित करने के लिए हर संभव प्रयास किया है, लेखक और प्रकाशक त्रुटियों के लिए जिम्मेदार नहीं हैं और इस त्रुटि या चूक के कारण किसी भी पार्टी को हुए किसी भी नुकसान, क्षति, या व्यवधान के लिए के लिए किसी भी दायित्व को अस्वीकार करते हैं।


Compiled and created by EduGorilla Community Pvt. Ltd

**EduGorilla Community Pvt. Ltd.** द्वारा मुद्रित

**रोहित मांगलिक**
सीईओ, EduGorilla

प्रिय छात्रों,

एक बहुत ही प्रचलित कहावत है कि "सफलता उन्हीं को मिलती है जो उसके लिए कड़ी मेहनत करते हैं।" लेकिन मैंने लोगों को उनकी परीक्षाओं के लिए दिन-रात एक करके मेहनत करते हुए देखा है, पर फिर भी वे सफल नहीं हो पाते। तो वहीं दूसरी ओर, कुछ लोग बस आधी मेहनत करके परीक्षा में सफलता प्राप्त करते हैं। तो, क्या वे किस्मत वाले हैं? नहीं मेरा मानना है, कि ऐसा इसलिए है क्योंकि वे सिर्फ कड़ी नहीं बल्कि कुशल तरीके से अपनी तैयारी करते हैं। इसी तरह आपको भी अपनी परीक्षाओं की तैयारी के लिए अपनी योजना बनानी चाहिए, ताकि आपकी भी सफलता की संभावना बढ़ सके। तो तैयार हो जाइये EduGorilla के साथ अपनी परीक्षा में चयन होने की संभावना को 16 गुना बढ़ाने के लिए।

EduGorilla आपको न केवल कड़ी मेहनत करने में मदद करता है, बल्कि एक स्मार्ट और योजनाबद्ध तरीके से तैयारी करने में भी सहायता प्रदान करता है। EduGorilla की तैयारी पैकेज के साथ आप अपने परीक्षा में चयन होने के रास्ते को सहज और मनोरंजक बना सकते हैं। अपनी तैयारी के लिए सही रास्ता खोजना मुश्किल हो सकता है, यदि आप ये नहीं जानते कि आपको किस दिशा में जाना है। चिंता न करें हम आपके साथ खड़े हैं! EduGorilla आपकी सफलता में आपका मार्गदर्शक बनेगा। हमारे तैयारी पैकेज के साथ आप रणनीतिक रूप से तैयारी कर, अपनी परीक्षा में सिर्फ एक ही प्रयास में सफल हो सकते हैं।

EduGorilla के तैयारी पैकेज में शामिल हैं-

• टेस्ट सीरीज़                    • किताबें

हमारे तैयारी पैकेज को सभी तरह के नये बदलवों, विशेषज्ञों की राय एवं छात्रों के प्रतिक्रिया के अनुसार तैयार किया गया है। जो आपको परीक्षा के प्रत्येक चरण की चयन प्रक्रिया को पार करने के योग्य बनाता है।

हमारी किताबें शिक्षकों और विशेषज्ञों द्वारा आपकी परीक्षा के लिए तैयार की गई हैं, 150+ वर्षों के अनुभव के साथ; ताकि आपको आसान, कुशल और प्रभावी शिक्षण प्रदान किया जा सके। हमारी स्मार्ट किताबें न सिर्फ आपको प्रश्नों के उत्तर देने की समझ देती हैं, अपितु आपके अभ्यास के लिए समान रूप के प्रश्न भी प्रदान करती हैं।

EduGorilla की सक्षम टेस्ट सीरीज आपको वास्तविक अनुभव और आत्मविश्वास प्रदान करती हैं, जिसके माध्यम से आप केवल एक प्रयास में अपनी ऑफलाइन अथवा ऑनलाइन परीक्षा पास कर सकते हैं। वर्तमान में हम 84,000+ मॉक टेस्ट्स और 1,440+ प्रतियोगी एवं शैक्षणिक परीक्षाओं की तैयारी कराते हैं।

अर्थात, EduGorilla आपकी तैयारी में आपकी सहायता करने का कोई भी मौका नहीं छोड़ता है और परीक्षा के सभी चरणों को कवर करता है, ताकि परीक्षा की तैयारी के लिए आपको कहीं और भटकना ना पड़े।

हम आपको डिफेन्स, बैंकिंग, टीचिंग और अन्य राष्ट्रीय एवं राज्य स्तरीय परीक्षाओं के लिए सम्पूर्ण तैयारी पैकेज प्रदान करते हैं। अत: इससे कोई फर्क नहीं पड़ता कि आप किस परीक्षा के लिए तैयारी कर रहे हैं, क्योंकि आप सफलता हासिल करेंगे।

आपको परीक्षा की शुभकामनाएं!

रोहित मांगलिक,
संस्थापक और मुख्य कार्यकारी अधिकारी, EduGorilla

# प्रस्तावना

EduGorilla छात्रों को उनकी परीक्षा में सफल होने के लिए मार्गदर्शन प्रदान करता है। जिसको ध्यान में रखते हुए हमारे कुल 150+ वर्षों का अनुभव रखने वाले प्रतिष्ठित विशेषज्ञों ने कड़े प्रयासों के द्वारा "KVS TGT : गणित" को तैयार किया है। इस किताब के प्रश्नों को हाल ही में परीक्षा के पाठ्यक्रम और पैटर्न में हुए सभी बदलावों को ध्यान में रखकर बनाया गया है। वो प्रश्न जिनकी KVS TGT गणित परीक्षा में आने कि संभवना काफी प्रबल है, उनको इस किताब मे रखा गया है। आप EduGorilla की "KVS TGT : गणित" के माध्यम से अपनी सफलता की संभावना को 16 गुना बढ़ा सकते हैं।

EduGorilla ये अपनी संपूर्ण तैयारी पैकेज के माध्यम से साकार करता है। इस किट में आपको प्रश्न अच्छी तरह अवधारित एवं संरचित रूप मे मिलेंगे जिन्हे आपकी जरूरतों के अनुसार बनाया गया है। इसके माध्यम से आपको स्मार्ट तरीके से परीक्षा के लिए अभ्यास करने में मदद मिलेगी। साथ ही आपको सहायक, समाधान और स्मार्ट उत्तर पत्रिका भी प्रदान की जायेंगी। जिससे आप अपना मूल्यांकन स्वयं कर सकते हैं। आप स्वयं की समीक्षा कर, उन सभी बिन्दुओं पर खुद को बेहतर तरीके से तैयार कर सकते हैं।

EduGorilla आपको अपनी परीक्षा में सफ़लता दिलाने और आपके लक्ष्य को हासिल करने में आपकी सहायता करने का वादा करता हैं। हम अपने प्रतिभागियों पर पूरा भरोसा करते हैं और उन्हें मेरिट सूची के शीर्ष पर देखते हैं। शीर्ष स्थान की ओर आपका पहला कदम है हमारे साथ तैयारी शुरू करना। EduGorilla की "KVS TGT : गणित" की विशेषताएं कुछ इस प्रकार हैं।

➤ अच्छी तरह से शोध किया हुआ पाठ्यक्रम

➤ उच्च गुणवत्ता

➤ विस्तृत उत्तर और विश्लेषण

➤ स्मार्ट उत्तर पत्रिका

➤ परीक्षा सुसंगत प्रश्न

इस प्रकार EduGorilla आपकी तैयारी को मजबूत और आपको परीक्षा में सफल होने के योग्य बनाता है।

**KVS TGT गणित**
परीक्षा की योग्यता, परीक्षा पैटर्न, विषय को जानने
के लिए **QR** कोड को स्कैन करें।

**Book ID: 1233**

# विषय-सूची

**Q.1** एक शून्येतर परिमेय और एक अपरिमेय संख्या का गुणनफल होता है:
A. हमेशा अपरिमेय
B. हमेशा परिमेय
C. परिमेय या अपरिमेय
D. 1

**Q.2** वह छोटी से छोटी संख्या जो 1 से 10 (दोनों सम्मिलित) तक सभी संख्याओं से विभाज्य हो ,है:
A. 10    B. 100    C. 504    D. 2520

**Q.3** परिमेय संख्या $\frac{14587}{1250}$ का दशमलव प्रसार इसके बाद समाप्त हो जाएगा:
A. एक दशमलव स्थान
B. दो दशमलव स्थान
C. तीन दशमलव स्थान
D. चार दशमलव स्थान

**Q.4** एक बहुपद के शून्यकों को आलेखीय रूप से व्यक्त किया जा सकता है। एक बहुपद के शून्यकों की संख्या उन बिंदुओं की संख्या के बराबर होती है जहां एक बहुपद का ग्राफ _______ करता है।
A. $x$-अक्ष को प्रतिच्छेद
B. $y$-अक्ष को प्रतिच्छेद
C. $x$-अक्ष या $y$-अक्ष को प्रतिच्छेद
D. इनमे से कोई भी नहीं

**Q.5** $-2$ और 5 के रूप में शून्यक वाले बहुपदों की संख्या है:
A. 1
B. 2
C. 3
D. 3 से अधिक

**Q.6** $p(x) = x^2 - 27$ के शून्यक हैं:
A. $\pm 9\sqrt{3}$
B. $\pm 3\sqrt{3}$
C. $\pm 7\sqrt{3}$
D. इनमे से कोई भी नहीं

**Q.7** द्विघात बहुपद $x^2 + 99x + 127$ के शून्यक हैं:
A. दोनों सकारात्मक
B. दोनों ऋणात्मक
C. एक सकारात्मक और एक ऋणात्मक
D. दोनों बराबर

**Q.8** द्विघात समीकरण का विभेदक ज्ञात कीजिए: $5x^2 + 3x + 2 = 0$
A. $-21$    B. 21    C. 31    D. $-31$

**Q.9** यदि $\alpha, \beta, \gamma$ समीकरण $x^3 + px^2 + qx + r = 0$ के मूल हैं, तो $\sum \alpha^2(\beta + \gamma)$ है:
A. $3r + pq$   B. $3r - pq$   C. $pq - 3r$   D. $pq + r$

**Q.10** बहुपदों के विभाजन एल्गोरिथ्म द्वारा, $p(x) =$ का मान ज्ञात कीजिए:
A. $g(x) \times q(x) + r(x)$
B. $g(x) \times q(x) - r(x)$
C. $g(x) \times q(x) \times r(x)$
D. $g(x) + q(x) + r(x)$

**Q.11** दी गई दो रेखाओं का हल समुच्चय क्या है?
$2x + 3y = 12$ तथा $3x - 2y = 5$
*[SSC CGL, 2022]*
A. $x = 3, y = 2$
B. $x = 2, y = 3$
C. $x = -2, y = 3$
D. $x = 3, y = -2$

**Q.12** दो अंकों की संख्या के अंकों का योग 9 है। यदि संख्या में से 27 घटा दिया जाए तो अंक उलट जाते हैं। संख्या ज्ञात कीजिए:
*[Sainik School Entrance Class IX, 2020]*
A. 81    B. 72    C. 36    D. 63

**Q.13** एक गैरेज में कुछ चार पहिया और छह पहिया वाहन हैं। इन वाहनों के पहियों की कुल संख्या 120 है। चौपहिया वाहनों की संख्या छपहिया वाहनों की संख्या का $\frac{3}{2}$ गुना है। गैरेज में छह पहिया वाहनों की संख्या ज्ञात कीजिए।
*[Sainik School Entrance Class IX, 2020]*
A. 20    B. 5    C. 15    D. 10

**Q.14** रेखीय समीकरण $3x - 2y = 8$ और $4x + 3y = 5$ का ग्राफ बिंदु $P(\alpha, \beta)$ पर प्रतिच्छेदित होता है। $(2\alpha - \beta)$ का मान क्या है?
*[SSC CGL, 2020]*
A. 5    B. 6    C. 3    D. 4

**Q.15** दो चरों में समीकरण के रूप में $y = 3$ का ज्यामितीय निरूपण दीजिए:
A. $x - y = 3$
B. $x + y = 3$
C. $x + y = -3$
D. $x + y = 5$

**Q.16** $2x + 3y = 11$ और $2x - 4y = -24$ को हल करें और '$m$' का मान ज्ञात करें जिसके लिए $y = mx + 3$ है।
A. $m = -1$   B. $m = -3$   C. $m = -5$   D. $m = -9$

**Q.17** निम्नलिखित रैखिक समीकरण युग्मों को हल कीजिए।
$x + y = 5$ तथा $2x - 3y = 4$
A. $x = \frac{12}{5}, y = \frac{18}{5}$
B. $x = \frac{17}{5}, y = \frac{16}{5}$
C. $x = \frac{29}{5}, y = \frac{6}{5}$
D. $x = \frac{19}{5}, y = \frac{6}{5}$

**Q.18** निम्नलिखित रैखिक समीकरण युग्मों को हल कीजिए।
$3x + 4y = 10$ और $2x - 2y = 2$
A. $x = 2, y = 1$
B. $x = 3, y = 4$
C. $x = 1, y = 2$
D. $x = 5, y = 3$

**Q.19** यदि हम अंश में 1 जोड़ते हैं और हर में से 1 घटाते हैं, तो एक भिन्न 1 हो जाती है। यदि हम हर में केवल 1 जोड़ते हैं तो यह $\frac{1}{2}$ हो जाता है। भिन्न क्या है?
A. $\frac{2}{5}$    B. $\frac{3}{5}$    C. $\frac{9}{5}$    D. $\frac{10}{5}$

**Q.20** पाँच साल पहले, नूरी की आयु सोनू की आयु की तीन गुनी थी। दस साल बाद, नूरी की आयु सोनू से दोगुनी होगी। नूरी और सोनू कितने साल के हैं?
A. 60 साल, 40 साल
B. 30 साल, 10 साल
C. 60 साल, 20 साल
D. 50 साल, 20 साल

**Q.21** दो अंकों की एक संख्या के अंकों का योग 9 है। साथ ही, इस संख्या का नौ गुना अंकों के क्रम को उलटने पर प्राप्त संख्या का दोगुना है। संख्या ज्ञात कीजिए।

A. 16    B. 18    C. 20    D. 25

**Q.22** $100x^2 - 20x + 1 = 0$ का मूल है?

A. $\frac{1}{20}$      B. $\frac{1}{10}$

C. $\frac{1}{10}$      D. इनमे से कोई भी नहीं

**Q.23** व्यंजक $2x^2 + 5x + 5$ का न्यूनतम मान क्या है?

*[Indian Military Academy (IMA), 2018]*

A. 5    B. $\frac{15}{8}$    C. $-\frac{15}{8}$    D. 0

**Q.24** यदि समीकरण p(x) = x² - px + 15 का एक मूल 3 है तो p किसके बराबर है?

A. -8    B. -3    C. -4    D. 8

**Q.25** एक $AP$ का आठवाँ पद उसके दूसरे पद का आधा है और $11$वाँ पद चौथे पद के एक तिहाई से $1$ अधिक है। $15$वाँ पद ज्ञात कीजिए।

A. 3    B. 4    C. 5    D. 6

**Q.26** एक $AP$ में, $p$वाँ पद $\frac{1}{q}$ है और $q$वाँ पद $\frac{1}{p}$ है। इसका $pq$ वाँ पद ज्ञात कीजिए।

A. 1    B. 2    C. 3    D. 4

**Q.27** $a, b$ और $c$ के ऐसे मान ज्ञात कीजिए कि निम्नलिखित संख्याएं $a, 7, b, 23, c$ $AP$ में हों।

A. $a = -1$, $b = 15$ और $c = 31$
B. $a = -2$, $b = 10$ और $c = 30$
C. $b = -1$, $a = 15$ और $c = 31$
D. $c = -1$, $a = 15$ और $b = 31$

**Q.28** शीर्ष $(4,0), (-1,-1)$ और $(3,5)$ वाला एक त्रिभुज क्या होता है?

A. समद्विबाहु और समकोण
B. समद्विबाहु लेकिन समकोण नहीं
C. समकोण लेकिन समद्विबाहु नहीं
D. ना तो समकोण और न ही समद्विबाहु

**Q.29** त्रिभुज के शीर्षों के ध्रुवीय निर्देशांक $(0,0), \left(3, \frac{\pi}{2}\right)$ और $\left(3, \frac{\pi}{6}\right)$ हैं। तब, त्रिभुज होगा:

*[UPSESSB TGT Mathematics, 2013]*

A. समकोण त्रिभुज
B. समद्विबाहु त्रिभुज
C. समान भुजाओं वाला त्रिभुज
D. इनमें से कोई नहीं

**Q.30** $\triangle ABC$ में $B$ के निर्देशांक $(0,0), AB = 2, \angle ABC = \frac{\pi}{3}$ हैं और $BC$ के मध्य बिंदु में निर्देशांक $(2,0)$ हैं। त्रिभुज का केन्द्रक है:

A. $(1, -1)$      B. $\left(\frac{1}{2}, \frac{\sqrt{3}}{2}\right)$

C. $\left(\frac{5}{3}, \frac{1}{\sqrt{3}}\right)$      D. $\left(\frac{\sqrt{2}}{3}, \frac{1}{3}\right)$

**Q.31** यदि A, B और C एक रेखा पर तीन बिंदु हैं, और B, A और C के बीच स्थित है, तो AB किसके बराबर है?

A. AC + BC      B. AC - BC
C. BC - AC      D. इनमें से कोई नहीं

**Q.32** एक बिंदु से त्रिभुज की भुजा तक के लंब के पैर संरेखीय होते हैं यदि और केवल यदि बिंदु परिवृत्त पर स्थित हो। प्रमेय किस पर आधारित है?

A. केवा प्रमेय      B. लेहमस स्टीनर प्रमेय
C. टॉलेमी प्रमेय      D. सिमसन रेखा

**Q.33** आकृति में ∠ACB ज्ञात कीजिए:

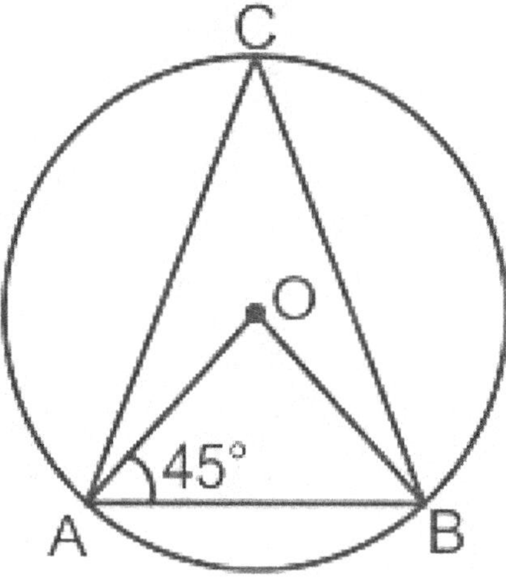


A. 55°    B. 45°    C. 35°    D. 65°

**Q.34** किसी भी बिंदु से किसी अन्य बिंदु तक एक सीधी रेखा खींचना संभव है। दिया गया कथन _______ है।

A. प्रमेय      B. अनुमान
C. अभिधारणा      D. संचालन

**Q.35** दिए गए कथन को पहचानें: एक वृत्त को किसी दिए गए केंद्र और त्रिज्या के साथ वर्णित किया जा सकता है।

A. अभिधारणा      B. अनुमान
C. प्रमेय      D. संचालन

**Q.36** _______ अभिधारणा का दूसरा नाम है।

A. प्रमेय    B. अनुमान    C. अभिगृहीत    D. संचालन

**Q.37** दी गई आकृति में, AB || CD, ∠APQ = 50° और ∠PRD = 127°, y – x का मान ज्ञात कीजिए?

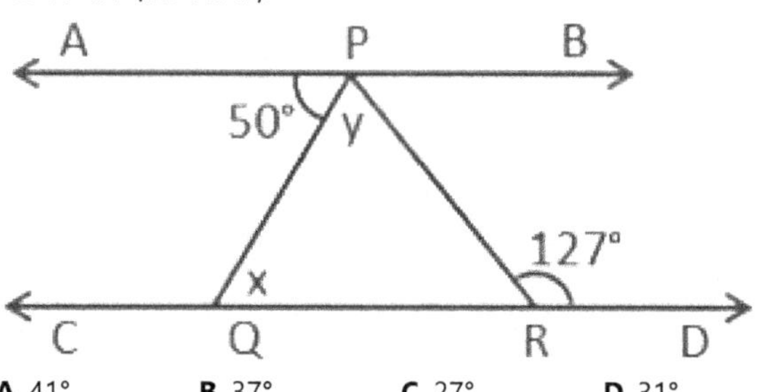


A. 41°    B. 37°    C. 27°    D. 31°

**Q.38** दो पूरक कोणों के बीच का अंतर 15° है। बड़े और छोटे कोण का अनुपात ज्ञात कीजिये।

A. 7 : 5    B. 6 : 5    C. 7 : 6    D. 5 : 4

**Q.39** दी गई आकृति में AB || DE है, तो ∠BCD का मान ज्ञात कीजिए।

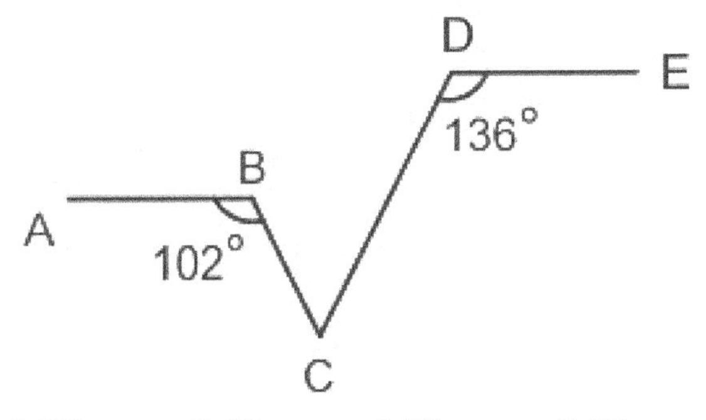

**A.** 58°      **B.** 28°      **C.** 78°      **D.** 68°

**Q.40** दी गई आकृति में, AB एक सीधी रेखा है, कोण $\angle AOC = (7a + 18)°$ और $\angle BOC = (3a + 12)°$ है। तो $\angle BOC$ का मान ज्ञात कीजिए।

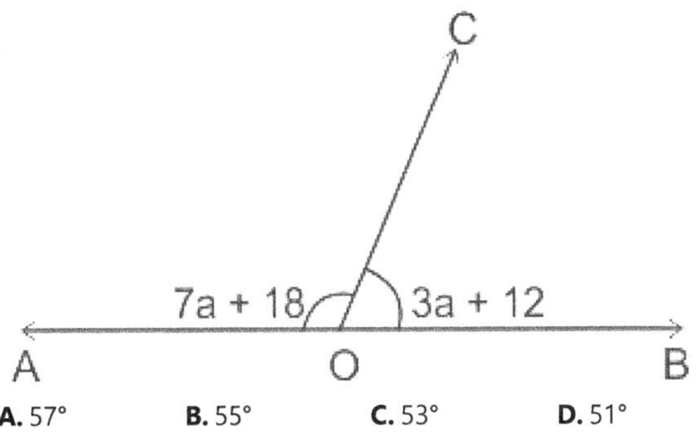

**A.** 57°      **B.** 55°      **C.** 53°      **D.** 51°

**Q.41** आयताकार मैदान की एक भुजा $15$ मीटर है और इसका एक विकर्ण $17$ मीटर है, मैदान का क्षेत्रफल ज्ञात कीजिए।

**A.** 75 वर्गमीटर      **B.** 120 वर्गमीटर
**C.** 240 वर्गमीटर      **D.** 350 वर्गमीटर

**Q.42** $ABCD$ एक समलंब है जिसमें $AB \parallel CD \parallel EF$, जहाँ $E$ तथा $F$ भुजा $AD$ तथा $BC$ पर दो बिंदु इस प्रकार हैं कि $DE:EA = 2:3$। यदि $AB = 75$ सेमी, $CD = 35$ सेमी, तो $EF$ का मान ज्ञात कीजिये।

**A.** 51 सेमी      **B.** 48 सेमी      **C.** 44 सेमी      **D.** 55 सेमी

**Q.43** एक असमांतरभुज $ABCD$, $AB \parallel CD$ और विकर्ण $AC$ और $BD$ बिंदु $O$ पर प्रतिच्छेदित करती है। यदि $\triangle ABO$ और $\triangle CDO$ के क्षेत्रफल का अनुपात $9:16$ और $CD = 10$ सेमी है, तो भुजा $AB$ की लंबाई ज्ञात कीजिए।

**A.** 8 सेमी      **B.** 7.5 सेमी
**C.** 5.625 सेमी      **D.** 6 सेमी

**Q.44** $PQRS$ समानांतर चतुर्भुज के विकर्ण बिंदु $O$ पर एक-दूसरे को प्रतिच्छेदित करते हैं यदि $OP = 9$ सेमी और $OQ = 7$ सेमी और समानांतर चतुर्भुज की भुजाओं का अनुपात $2:3$ है, तो समानांतर चतुर्भुज का परिमाप क्या है?

**A.** $16\sqrt{5}$ सेमी      **B.** $20\sqrt{5}$ सेमी
**C.** $20\sqrt{10}$ सेमी      **D.** $8\sqrt{10}$ सेमी

**Q.45** निम्नलिखित में से कौन सा चतुर्भुज एक नियमित बहुभुज है?

**A.** समलंब    **B.** विषमकोण    **C.** वर्ग    **D.** पतंग

**Q.46** किसी आयत का परिमाप $50$ मीटर है यदि उसकी लंबाई चौड़ाई से $13$ मीटर अधिक हो तो उसका क्षेत्रफल होगा ?

**A.** 110 वर्ग मीटर      **B.** 114 वर्ग मीटर

**C.** 124 वर्ग मीटर      **D.** 214 वर्ग मीटर

**Q.47** $O$ केंद्र वाले वृत्त पर स्थित बिंदु $A$ और $B$ से वृत्त के बाहर एक बिंदु $P$ से $PA$ और $PB$ दो स्पर्श रेखा खींची जाती हैं। यदि $\angle APB = 130°$, तो $\angle OAB$ बराबर है:

*[SSC Sub Inspector (CPO), 2020]*

**A.** 45°      **B.** 65°      **C.** 35°      **D.** 50°

**Q.48** आकृति में, $O$ वृत्त का केंद्र है। यदि $\angle APB = 50°$, $\angle AOB$ और $\angle OAB$ ज्ञात करें।

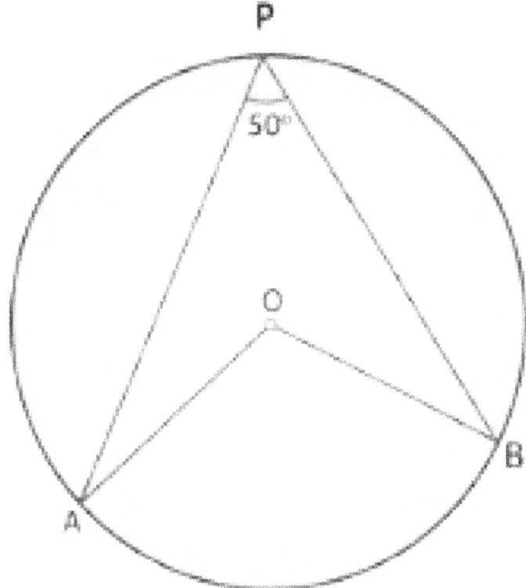

**A.** 100°, 40°      **B.** 90°, 60°
**C.** 80°, 80°      **D.** 70°, 120°

**Q.49** $r$ त्रिज्या वाले दो समान वृत्त इस प्रकार प्रतिच्छेद करते हैं कि प्रत्येक वृत्त दूसरे वृत्त के केन्द्र से गुजरता है। दोनों वृत्तों की उभयनिष्ठ जीवा की लम्बाई है:

*[HTET TGT Mathematics, 2019]*

**A.** $r$      **B.** $\sqrt{2}r$      **C.** $\frac{\sqrt{3}}{2}r$      **D.** $\sqrt{3}r$

**Q.50** $AB$ वृत्त की एक जीवा है और $AOC$ इसका व्यास है जैसे कि कोण $ACB = 50°$ यदि $AT$ बिंदु $A$ के वृत्त की स्पर्श रेखा है, तो $\angle BAT$ इसके बराबर है:

**A.** 65°      **B.** 60°      **C.** 50°      **D.** 40°

**Q.51** एक जीवा इकाई वृत्त के केंद्र पर $= 120°$ का एक कोण बनाती है। तो जीवा की लम्बाई क्या है?

**A.** $\sqrt{2} - 1$ इकाई      **B.** $\sqrt{3} - 1$ इकाई
**C.** $\sqrt{2}$ इकाई      **D.** $\sqrt{3}$ इकाई

**Q.52** वृत्त के केंद्र से $5$ सेमी की दूरी पर एक बिंदु $A$ से स्पर्श रेखा की लंबाई $4$ सेमी है। वृत्त की त्रिज्या है:

**A.** 3 सेमी    **B.** 5 सेमी    **C.** 7 सेमी    **D.** 10 सेमी

**Q.53** एक बिंदु $Q$ से, एक वृत्त पर स्पर्श रेखा की लंबाई $24$ सेमी है और केंद्र से $Q$ की दूरी $25$ सेमी है। वृत्त की त्रिज्या है:

**A.** 7 सेमी      **B.** 12 सेमी
**C.** 15 सेमी      **D.** 24.5 सेमी

**Q.54** किसी वस्तु की सीमा की कुल लंबाई _______ कहलाती है।

**A.** परिमाप      **B.** मीटर

**C.** क्षेत्र                 **D.** इनमें से कोई नहीं

**Q.55** उस वर्ग का क्षेत्रफल ज्ञात कीजिए जिसकी भुजा $12$ सेमी है:

**A.** $144$ सेमी वर्ग       **B.** $144$ मीटर वर्ग

**C.** $14$ सेमी वर्ग       **D.** $4$ सेमी वर्ग

**Q.56** दो वृत्तों की त्रिज्याएँ क्रमशः $19$ सेमी और $9$ सेमी हैं। उस वृत्त की त्रिज्या ज्ञात कीजिए जिसकी परिधि दो वृत्तों की परिधियों के योग के बराबर है।

**A.** $28$     **B.** $38$     **C.** $48$     **D.** $58$

**Q.57** एक कार के प्रत्येक पहिए का व्यास $80$ सेमी है। जब कार $66$ किमी प्रति घंटे की गति से यात्रा कर रही है, तो प्रत्येक पहिया $10$ मिनट में कितने पूर्ण चक्कर लगाता है?

**A.** $3375$     **B.** $4375$     **C.** $4475$     **D.** $4575$

**Q.58** एक त्रिभुज की सबसे लंबी भुजा $20$ सेमी है और दूसरी भुजा $10$ सेमी है। यदि त्रिभुज का क्षेत्रफल $80$ सेमी$^2$ है तो इसकी तीसरी भुजा की लंबाई (सेमी में) क्या है?

**A.** $260$     **B.** $250$     **C.** $256$     **D.** $240$

**Q.59** एक समद्विबाहु त्रिभुज की प्रत्येक समान भुजा उसकी ऊँचाई से $4$ सेमी अधिक है। यदि त्रिभुज का आधार $24$ सेमी है। तो परिमाप ज्ञात कीजिए।

**A.** $64$ सेमी     **B.** $36$ सेमी     **C.** $40$ सेमी     **D.** $45$ सेमी

**Q.60** एक बेलनाकार बर्तन की वास्तविक त्रिज्या और ऊंचाई क्रमशः $2.14$ सेमी और $10.15$ सेमी है। लेकिन उनको एक निकटतम स्थान पर दर्शाया गया था। बेलन के आयतन की गणना करते समय कितने प्रतिशत की त्रुटि उत्पन्न होती है?

**A.** $4.875\%$     **B.** $4.23\%$     **C.** $5.4\%$     **D.** $5.642\%$

**Q.61** $3.5$ सेमी त्रिज्या और $24$ सेमी ऊंचाई वाले एक लम्ब वृत्तीय बेलन के $2$ बिंदुओं के बीच की सबसे दूर की दूरी क्या है?

**A.** $25$ सेमी       **B.** $23\sqrt{2}$ सेमी

**C.** $29$ सेमी       **D.** $19\sqrt{2}$ सेमी

**Q.62** एक लंब वृत्तीय शंकु के आधार की परिधि $16\pi$ सेमी है। यदि तिर्यक ऊँचाई $17$ सेमी है, तो शंकु का आयतन ज्ञात कीजिए।

**A.** $320\pi$ सेमी$^3$       **B.** $324\pi$ सेमी$^3$

**C.** $384\pi$ सेमी$^3$       **D.** $308\pi$ सेमी$^3$

**Q.63** एक लम्ब वृत्तीय शंकु का वक्र पृष्ठीय क्षेत्रफल और तिर्यक ऊँचाई क्रमशः $363$ सेमी$^2$ और $11$ सेमी है। व्यास ज्ञात कीजिए।

**A.** $31.5$ सेमी     **B.** $21$ सेमी     **C.** $14$ सेमी     **D.** $17.5$ सेमी

**Q.64** एक शंकु के आधार की त्रिज्या $7$ सेमी और तिर्यक ऊंचाई $25$ सेमी है। शंकु का आयतन क्या होगा?

**A.** $1232$ सेमी$^3$       **B.** $3696$ सेमी$^3$

**C.** $1864$ सेमी$^3$       **D.** $2464$ सेमी$^3$

**Q.65** $\sqrt{85}$ सेमी ऊंचाई और $6$ सेमी त्रिज्या के एक बंद खोखले शंकु को बनाने के लिए कितनी धातु की शीट की आवश्यकता होती है?

**A.** $123.98$ सेमी$^2$       **B.** $234.56$ सेमी$^2$

**C.** $320.57$ सेमी$^2$       **D.** $125.67$ सेमी$^2$

**Q.66** नीचे दिया गया बंटन एक कक्षा के $30$ विद्यार्थियों का भार देता है। विद्यार्थियों का माध्यक भार ज्ञात कीजिए।

| वजन (किलो ग्राम में) | $40-$ | $45-$ | $50-$ | $55-$ | $60-$ | $65-$ | $70-$ |
|---|---|---|---|---|---|---|---|
| छात्रों की संख्या | 2 | 3 | 8 | 6 | 6 | 3 | 2 |

**A.** $86.67$ किलोग्राम       **B.** $76.67$ किलोग्राम

**C.** $66.67$ किलोग्राम       **D.** $56.67$ किलोग्राम

**Q.67** एक कक्षा के $60$ विद्यार्थियों की ऊंचाई के निम्नलिखित बारंबारता बंटन पर विचार कीजिए:

| ऊंचाई (सेमी में) | $150-155$ | $155-160$ | $160-165$ | $165-170$ | $170-175$ | $175-180$ |
|---|---|---|---|---|---|---|
| छात्रों की संख्या | 15 | 13 | 10 | 8 | 9 | 5 |

बहुलक वर्ग की निचली सीमा और माध्यिका वर्ग की ऊपरी सीमा का योग है:

**A.** $310$     **B.** $315$     **C.** $320$     **D.** $330$

**Q.68**

| वर्ग | $0-5$ | $6-11$ | $12-17$ | $18-23$ | $24-29$ |
|---|---|---|---|---|---|
| बारंबारता | 13 | 10 | 15 | 8 | 11 |

मध्य वर्ग की ऊपरी सीमा है:

**A.** $17$     **B.** $17.5$     **C.** $18$     **D.** $18.5$

**Q.69** हरप्रीत दो अलग-अलग सिक्कों को एक साथ उछालता है (मान लीजिए, एक ₹ $1$ का है और दूसरा ₹ $2$ का है)। इसकी क्या प्रायिकता है कि उसे कम से कम एक चित मिले?

**A.** $\frac{1}{3}$     **B.** $\frac{1}{3}$     **C.** $\frac{3}{4}$     **D.** $\frac{1}{2}$

**Q.70** एक कार्ड अव्यवस्थित $52$ कार्डों के एक पैकेट से निकाला जाता है। इसकी क्या प्रायिकता है कि निकाला गया कार्ड एक फेस कार्ड है?

**A.** $\frac{3}{13}$     **B.** $\frac{4}{13}$     **C.** $\frac{1}{4}$     **D.** $\frac{9}{52}$

**Q.71** एक बैग में $6$ काली और $8$ सफेद गेंदें हैं। एक गेंद यादृच्छिक निकाली जाती है। खींची गई गेंद के सफेद होने की प्रायिकता क्या है?

**A.** $\frac{3}{4}$     **B.** $\frac{4}{7}$     **C.** $\frac{1}{8}$     **D.** $\frac{3}{7}$

**Q.72** मान लीजिए $ABC$ एक त्रिभुज है जिसका $C$ पर समकोण है, तो $\tan A + \tan B$ किसके बराबर है?

*[Indian Military Academy (IMA), 2021]*

**A.** $\frac{a}{bc}$     **B.** $\frac{a^2}{bc}$     **C.** $\frac{b^2}{ca}$     **D.** $\frac{c^2}{ab}$

**Q.73** $\sin\theta + \cos(90+\theta) + \sin(180-\theta) + \sin(180+\theta)$ का मान है -

*[Joint Entrance Examination (Polytechnic), 2019]*

**A.** $0$     **B.** $-1$     **C.** $\frac{1}{2}$     **D.** $1$

**Q.74** $\frac{\cos A}{1-\tan A} + \frac{\sin A}{1-\cot A}$ इसके बराबर है:

**A.** $\sin A - \cos A$       **B.** $\sin A \cos A$

**C.** $\cot A - \tan A$       **D.** $\sin A + \cos A$

**Q.75** यदि $x\sin\theta = y\sin\left(\theta + \frac{2\pi}{3}\right) = z\sin\left(\theta + \frac{4\pi}{3}\right)$, तब $xy + yz + zx$ के बराबर है:

**A.** 1
**B.** $\frac{1}{2}$
**C.** 0
**D.** इनमें से कोई नहीं

**Q.76** यदि $\sin\alpha + \cos\alpha = p$ है, तो $\cos^2(2a)$ किसके बराबर है?

**A.** $p^2$
**B.** $p^2 - 1$
**C.** $p^2(2 - p^2)$
**D.** $p^2 + 1$

**Q.77** यदि $6\sin^2 x - 2\cos^2 x = 4$, तो $\tan x$ का मान ज्ञात कीजिए।

**A.** $\sqrt{3}$
**B.** $\sqrt{2}$
**C.** $\sqrt{5}$
**D.** 0

**Q.78** माना $A$ और $B$ समान आधार वाली दो मीनारें हैं और दोनों मीनारों के आधारों को जोड़ने वाली रेखा के मध्यबिंदु से, $A$ और $B$ के शीर्ष का उन्नयन कोण क्रमशः $30°$ और $60°$ है। $B$ और $A$ की ऊँचाई का अनुपात ज्ञात करें।

*[SSC Sub Inspector (CPO), 2020]*

**A.** $1:3$
**B.** $3:1$
**C.** $1:2$
**D.** $1:\sqrt{3}$

**Q.79** एक प्रेक्षक 1.5 मी लंबा एक मीनार 22 मी ऊँचे 20.5 मी दूर है। प्रेक्षक की आँख से मीनार के शीर्ष का उन्नयन कोण ज्ञात कीजिए।

**A.** 30°
**B.** 45°
**C.** 60°
**D.** 90°

**Q.80** जमीन पर एक ऊर्ध्वाधर खंभे की छाया की लंबाई 36 मीटर है। यदि उस समय सूर्य का उन्नयन कोण $\theta$ है, इस प्रकार कि $\sec\theta = \left(\frac{13}{12}\right)$ तो खंभे की ऊँचाई (सेमी में) क्या है?

*[SSC Sub Inspector (CPO), 2020]*

**A.** 12
**B.** 15
**C.** 18
**D.** 9

**Q.81** दो होटल 25 मीटर की दूरी पर स्थित हैं। उनमें से एक की ऊँचाई 70 मीटर है और दूसरे होटल के शीर्ष से देखने पर इसका अवनमन कोण 45° है। दूसरे होटल की ऊँचाई क्या है:

**A.** 46 मीटर
**B.** 44 मीटर
**C.** 43 मीटर
**D.** 42 मीटर

**Q.82** एक मीनार की परछाई की लम्बाई, मीनार की लम्बाई के $\sqrt{3}$ गुना है। सूरज का उन्नयन कोण क्या होगा?

**A.** 45°
**B.** 30°
**C.** 60°
**D.** इनमें से कोई नहीं

**Q.83** किसी मीनार की एक ही तरफ भूतल पर स्थित दो वस्तुओं $P$ और $Q$, जिनके बीच की दूरी $100\left(3 - \sqrt{3}\right)$ मी है, मीनार के शिखर से अवनमन कोण क्रमशः 45° और 60° हैं। मीनार की ऊँचाई क्या है?

*[HTET TGT Mathematics, 2018]*

**A.** 200 मी
**B.** 250 मी
**C.** 300 मी
**D.** इनमें से कोई नहीं

**Q.84** $\triangle ABC$ में, बिंदु $P$, $Q$ और $R$ को क्रमशः भुजाओं $AB$, $BC$ और $CA$ पर इस प्रकार लिया जाता है कि $BQ = PQ$ और $QC = QR$ है। यदि $\angle BAC = 75°$ है, तो $\angle PQR$ (डिग्री में) का माप क्या है?

*[SSC CGL, 2022]*

**A.** 75°
**B.** 50°
**C.** 30°
**D.** 40°

**Q.85** किसी त्रिभुज $ABC$ में, यदि $3\angle A = 4\angle B = 6\angle C$ हो, तो $\angle A$ बराबर है:

*[HTET TGT Mathematics, 2020]*

**A.** 80°
**B.** 60°
**C.** 40°
**D.** 30°

**Q.86** $\triangle ABC$ में, O और I क्रमशः त्रिभुज के लंब केंद्र और अन्तः केंद्र हैं। यदि $\angle BIC : \angle AOC = 11 : 12$ और उनका योग 360° का $63\frac{8}{9}$% है। $\triangle ABC$ में, $\angle A$, $\angle B$, और $\angle C$ के बीच का अनुपात ज्ञात कीजिए?

**A.** $2:3:4$
**B.** $1:2:3$
**C.** $4:5:6$
**D.** $3:4:5$

**Q.87** एक त्रिभुज के तीनों कोणों कि कोज्याओं का योग ज्ञात कीजिए जिसकी भुजाएं 11 सेमी, 60 सेमी और 61 सेमी हैं।

**A.** $\frac{59}{60}$
**B.** $\frac{60}{61}$
**C.** $\frac{71}{60}$
**D.** $\frac{71}{61}$

**Q.88** दिए गये त्रिभुज में, AE : EB = 3 : 4, BD : DC = 5 : 6, AF : FC = 2 : 3, तो AO : OD ज्ञात कीजिये।

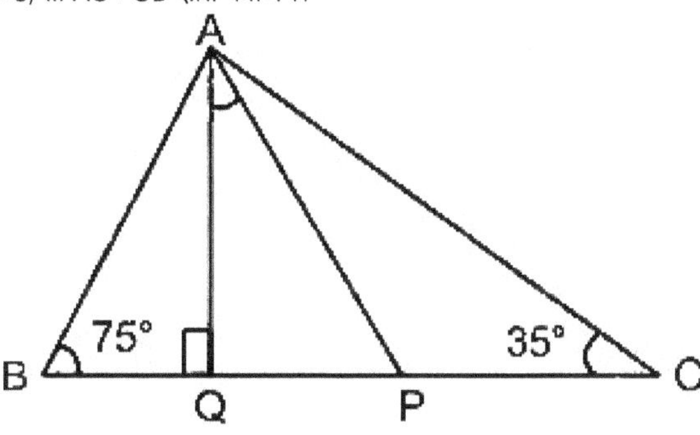


**A.** $22 : 31$
**B.** $21 : 31$
**C.** $32 : 31$
**D.** $31 : 22$

**Q.89** माना ABC एक समकोण त्रिभुज है जिसमें BC = 5 सेमी और AC = 12 सेमी है। माना कर्ण AB पर एक बिंदु D है जिससे $\angle BCD = 30°$ है तो CD की लंबाई क्या है?

**A.** $\frac{60}{13}$ सेमी
**B.** $\frac{17}{2}$ सेमी
**C.** $\frac{120}{5 + 12\sqrt{2}}$ सेमी
**D.** $\frac{120}{5 + 12\sqrt{3}}$ सेमी

**Q.90** त्रिभुज $\triangle PQR$ में, PO, QR पर लंबवत है। $\triangle PQR$ एक समबाहु त्रिभुज है। T, PR का मध्य-बिंदु है और MN = PN। फिर $\angle PTO$ और $\angle PNM$ के माप का योग ज्ञात कीजिए।

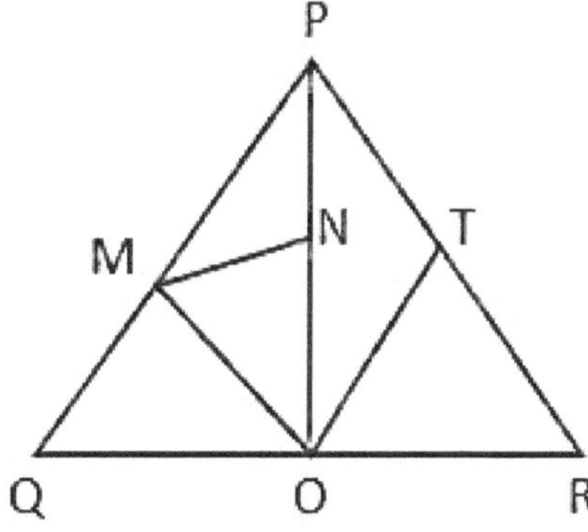


**A.** 360°
**B.** 200°
**C.** 270°
**D.** 240°

**Q.91** अगर $cosec\,\theta - \cot\theta = \sqrt{3}$, तो $(\tan\theta + \sin\theta)$ का मान:

**A.** $-\frac{\sqrt{3}}{2}$
**B.** $-\frac{1}{\sqrt{3}}$
**C.** $\frac{\sqrt{3}}{2}$
**D.** $\sqrt{3}$

**Q.92** समीकरण $\cos^2\theta = \frac{(x+y)^2}{4xy}$ तभी संभव है जब:

**A.** $x = -y$     **B.** $x > y$     **C.** $x = y$     **D.** $x < y$

**Q.93** अगर $\sec^2\theta + \tan^2\theta = 7$ तो, $\sec\theta$ का मान ज्ञात कीजिए:

**A.** 4     **B.** 2     **C.** 1     **D.** 0

**Q.94** मूल्यांकन करें:

$$\frac{\cos x - \sin x + 1}{\cos x + \sin x - 1}$$

**A.** $\cot x + cosec x$          **B.** $\cot x - cosec x$

**C.** $\tan x + \sec x$          **D.** $\tan x - \sec x$

**Q.95** यदि संख्या का $\frac{1}{5}$ का $\frac{3}{4}$ का $\frac{1}{3}$, 24 है। तो उस संख्या का 20% है:

*[Haryana Primary Teacher (PRT), 2021]*

**A.** 66     **B.** 72     **C.** 96     **D.** 48

**Q.96** एक कार में $4\frac{2}{3}$ लीटर पेट्रोल है। प्रतिदिन $1\frac{15}{27}$ लीटर पेट्रोल का उपयोग किया जाता है। पेट्रोल कितने दिन चलेगा?

**A.** 1 दिन     **B.** 2 दिन     **C.** 3 दिन     **D.** 4 दिन

**Q.97** $\frac{3.8}{1.25}$, शुद्ध दशमलव के रूप में लिखा जाएगा:

**A.** 3.14     **B.** 3.04     **C.** 3.06     **D.** 3.08

**Q.98** त्रिभुज का क्षेत्रफल 5 वर्ग इकाई है। इसके दो शीर्ष $(2,1)$ और $(3,-2)$ हैं। यदि तीसरा शीर्ष $\left(\frac{7}{2}, y\right)$ है, तो $y$ का मान ज्ञात करें:

**A.** $\frac{13}{2}$     **B.** $\frac{14}{2}$     **C.** $\frac{15}{2}$     **D.** $\frac{16}{2}$

**Q.99 निर्देश:** निम्नलिखित प्रश्नों के उत्तर देने के लिए बार ग्राफ का ध्यानपूर्वक अध्ययन करें।

बार ग्राफ दो व्यक्तियों A और B द्वारा 5 वर्षों में अर्जित लाभ को दर्शाता है।

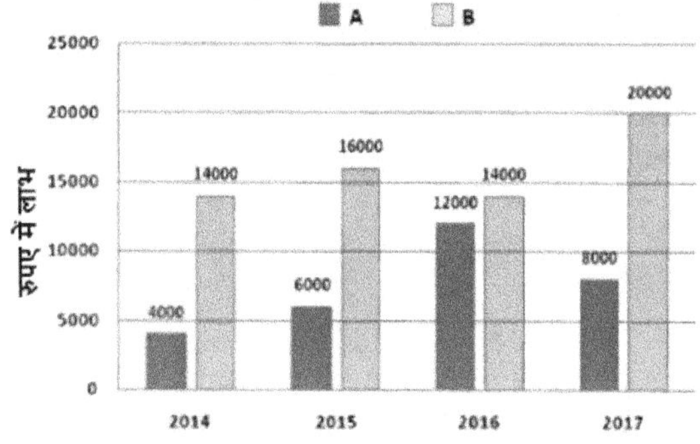



पिछले वर्ष की तुलना में किस वर्ष में B का लाभ प्रतिशत वृद्धि सबसे अधिक है?

**A.** 2016 में     **B.** 2017 में     **C.** 2015 में     **D.** 2014 में

**Q.100 निर्देश:** हिस्टोग्राम एक कक्षा में 21 छात्रों की ऊंचाई दिखाता है, जिसे चौड़ाई 5 इंच के समूहों में बांटा गया है।

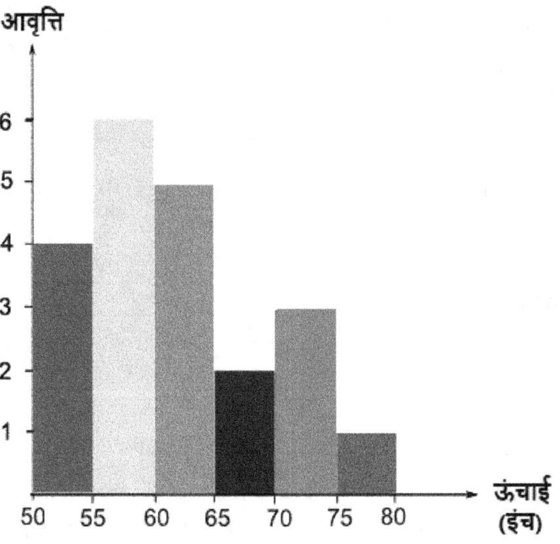



कितने छात्र 55 इंच से बड़े या बराबर थे लेकिन 70 इंच से कम लंबे थे?

**A.** 13     **B.** 15     **C.** 16     **D.** 17

# // स्मार्ट उत्तर पुस्तिका //

**सही उत्तर** उन छात्रों का प्रतिशत जिन्होंने प्रश्नों का सही उत्तर दिया था।  **छोड़ दिया** उन छात्रों का प्रतिशत जिन्होंने प्रश्नों को छोड़ दिया था।

| प्रश्न संख्या | उत्तर | सही उत्तर<br>छोड़ दिया | प्रश्न संख्या | उत्तर | सही उत्तर<br>छोड़ दिया | प्रश्न संख्या | उत्तर | सही उत्तर<br>छोड़ दिया | प्रश्न संख्या | उत्तर | सही उत्तर<br>छोड़ दिया | प्रश्न संख्या | उत्तर | सही उत्तर<br>छोड़ दिया | प्रश्न संख्या | उत्तर | सही उत्तर<br>छोड़ दिया |
|---|---|---|---|---|---|---|---|---|---|---|---|---|---|---|---|---|---|
| 1 | A | 83.81 %<br>0.0 % | 18 | A | 88.82 %<br>0.0 % | 35 | A | 66.74 %<br>1.83 % | 52 | A | 28.65 %<br>3.5 % | 69 | C | 68.41 %<br>1.47 % | 86 | A | 17.77 %<br>4.33 % |
| 2 | D | 46.15 %<br>1.36 % | 19 | B | 56.87 %<br>1.85 % | 36 | C | 54.88 %<br>1.4 % | 53 | A | 84.5 %<br>0.0 % | 70 | A | 89.08 %<br>0.0 % | 87 | D | 47.85 %<br>1.98 % |
| 3 | D | 49.35 %<br>1.79 % | 20 | D | 68.58 %<br>1.35 % | 37 | C | 60.01 %<br>1.64 % | 54 | A | 49.47 %<br>1.28 % | 71 | B | 45.81 %<br>1.04 % | 88 | A | 40.02 %<br>1.47 % |
| 4 | A | 77.43 %<br>0.0 % | 21 | B | 59.95 %<br>1.64 % | 38 | A | 13.74 %<br>3.34 % | 55 | A | 66.54 %<br>1.15 % | 72 | D | 79.29 %<br>0.0 % | 89 | D | 61.92 %<br>1.71 % |
| 5 | D | 45.31 %<br>1.44 % | 22 | C | 85.33 %<br>0.0 % | 39 | A | 15.82 %<br>4.7 % | 56 | A | 65.61 %<br>1.91 % | 73 | A | 58.33 %<br>1.49 % | 90 | D | 20.36 %<br>4.42 % |
| 6 | B | 59.47 %<br>1.53 % | 23 | B | 85.45 %<br>0.0 % | 40 | A | 49.5 %<br>1.86 % | 57 | B | 41.73 %<br>1.16 % | 74 | D | 25.24 %<br>4.33 % | 91 | A | 12.22 %<br>3.77 % |
| 7 | B | 64.46 %<br>1.74 % | 24 | D | 83.94 %<br>0.0 % | 41 | B | 43.27 %<br>1.01 % | 58 | A | 89.86 %<br>0.0 % | 75 | C | 40.83 %<br>1.4 % | 92 | C | 52.64 %<br>1.15 % |
| 8 | D | 77.99 %<br>0.0 % | 25 | A | 57.84 %<br>1.35 % | 42 | A | 30.41 %<br>3.42 % | 59 | A | 18.78 %<br>3.3 % | 76 | C | 85.55 %<br>0.0 % | 93 | B | 61.32 %<br>1.35 % |
| 9 | B | 15.11 %<br>4.13 % | 26 | A | 25.06 %<br>4.2 % | 43 | B | 48.85 %<br>1.95 % | 60 | B | 79.82 %<br>0.0 % | 77 | A | 50.39 %<br>1.7 % | 94 | A | 53.71 %<br>1.97 % |
| 10 | B | 60.28 %<br>1.62 % | 27 | A | 29.72 %<br>3.83 % | 44 | B | 61.05 %<br>1.52 % | 61 | A | 67.5 %<br>1.98 % | 78 | B | 50.45 %<br>1.11 % | 95 | C | 66.83 %<br>1.45 % |
| 11 | A | 89.34 %<br>0.0 % | 28 | A | 26.83 %<br>3.06 % | 45 | C | 64.67 %<br>1.85 % | 62 | A | 47.06 %<br>1.01 % | 79 | B | 66.31 %<br>1.04 % | 96 | C | 76.89 %<br>0.0 % |
| 12 | D | 50.06 %<br>1.38 % | 29 | C | 29.89 %<br>3.13 % | 46 | B | 28.19 %<br>4.45 % | 63 | B | 41.01 %<br>1.95 % | 80 | B | 26.25 %<br>3.03 % | 97 | B | 50.21 %<br>1.82 % |
| 13 | D | 46.64 %<br>1.57 % | 30 | C | 13.28 %<br>3.92 % | 47 | B | 25.95 %<br>4.66 % | 64 | A | 62.61 %<br>1.63 % | 81 | D | 66.97 %<br>1.1 % | 98 | A | 28.11 %<br>4.22 % |
| 14 | A | 62.51 %<br>1.32 % | 31 | B | 82.81 %<br>0.0 % | 48 | A | 15.59 %<br>4.17 % | 65 | C | 52.4 %<br>1.17 % | 82 | B | 65.05 %<br>1.47 % | 99 | B | 48.06 %<br>1.17 % |
| 15 | B | 41.05 %<br>1.25 % | 32 | D | 61.04 %<br>1.26 % | 49 | D | 29.09 %<br>4.85 % | 66 | D | 58.73 %<br>1.64 % | 83 | C | 66.11 %<br>1.95 % | 100 | A | 30.44 %<br>3.78 % |
| 16 | A | 45.02 %<br>1.11 % | 33 | B | 42.33 %<br>1.9 % | 50 | C | 62.07 %<br>1.92 % | 67 | B | 45.67 %<br>1.31 % | 84 | C | 11.04 %<br>4.18 % |  |  |  |
| 17 | D | 86.07 %<br>0.0 % | 34 | C | 54.28 %<br>1.38 % | 51 | D | 23.88 %<br>3.63 % | 68 | B | 46.66 %<br>1.57 % | 85 | A | 57.79 %<br>1.26 % |  |  |  |

## //संकेत और समाधान//

**1.** एक गैर-शून्य परिमेय और एक अपरिमेय संख्या का गुणनफल हमेशा अपरिमेय होता है

उदाहरण:

$2 \times \sqrt{3} = 2\sqrt{3}$ एक अपरिमेय संख्या है।

अतः विकल्प (A) सही है।

**2.** 1 से 10 तक सभी संख्याओं से विभाज्य सबसे छोटी संख्या है:

1 से 10 तक के सभी संख्याओं का LCM

| 2 | 1, 2, 3, 4, 5, 6, 7, 8, 9, 10 |
|---|---|
| 2 | 1, 1, 3, 2, 5, 3, 7, 4, 9, 5 |
| 2 | 1, 1, 3, 1, 5, 3, 7, 2, 9, 5 |
| 3 | 1, 1, 3, 1, 5, 3, 7, 1, 9, 5 |
| 3 | 1, 1, 1, 1, 5, 1, 7, 1, 3, 5 |
| 5 | 1, 1, 1, 1, 5, 1, 7, 1, 1, 5 |
| 7 | 1, 1, 1, 1, 1, 1, 7, 1, 1, 1 |
|   | 1, 1, 1, 1, 1, 1, 1, 1, 1, 1 |

इस प्रकार,

LCM $= 2 \times 2 \times 2 \times 3 \times 3 \times 5 \times 7$

$= 2520$

अतः विकल्प (D) सही है।

**3.** दिया है,

$$\frac{14587}{1250}$$

$$= \frac{14587}{2^1 \times 5^4}$$

$$= \frac{14587}{2^1 \times 5^4} \times \frac{2^3}{2^3}$$

$$= \frac{14587 \times 2^3}{(2^4 \times 5^4)}$$

$$= \frac{14587 \times 2^3}{(2 \times 5)^4}$$

$$= \frac{114587 \times 2^3}{10^4}$$

इसलिए, संख्या 4 दशमलव स्थानों के बाद समाप्त हो जाएगी।

अतः विकल्प (D) सही है।

**4.** जब बहुपद का आलेख $x$-अक्ष को नहीं काटता है तो उस बहुपद के शून्यकों की संख्या 0 होती है। इसलिए, एक बहुपद के शून्यकों की संख्या उस बहुपद के ग्राफ द्वारा $x$-अक्ष को प्रतिच्छेद करने की संख्या के बराबर होती है।

अतः विकल्प (A) सही है।

**5.** मान लीजिए कि बहुपद के शून्यक $\alpha = -2$ और $\beta = 5$ हैं।

$\alpha$ और $\beta$ के साथ बहुपद का सामान्य रूप शून्यक के रूप में दिया गया है:

$k[x^2 - (a + \beta)x + a\beta]$, $k$ कोई वास्तविक संख्या है

$= k[x^2 - (-2 + 5)x + (-2)(5)]$

$= k(x^2 - 3x - 10)$

इसलिए, 3 से अधिक बहुपदों में शून्य $-2$ और 5 हो सकते हैं।

अतः विकल्प (D) सही है।

**6.** दिया गया बहुपद है: $p(x) = x^2 - 27$

चूँकि बहुपद की घात $= 2$

बहुपद के शून्यकों के लिए हमारे पास, $p(x) = 0$

$x^2 - 27 = 0$

$x^2 = 27$

$x = \pm\sqrt{27}$

$x = \pm\sqrt{3^2 \times 3}$

$x = \pm 3\sqrt{3}$

$p(x) = x^2 - 27$ के शून्यक हैं $\pm 3\sqrt{3}$

अतः विकल्प (B) सही है।

**7.** दिया गया द्विघात बहुपद है $x^2 + 99x + 127$

मानक रूप से तुलना करने पर, हम प्राप्त करते हैं;

$a = 1, b = 99$ और $c = 127$

$a > 0, b > 0$ और $c > 0$

हम जानते हैं कि किसी भी द्विघात बहुपद में, यदि सभी गुणांकों का चिह्न समान हो, तो उस बहुपद के शून्यक ऋणात्मक होंगे।

इसलिए, दिए गए द्विघात बहुपद के शून्यक ऋणात्मक होते हैं।

अतः विकल्प (B) सही है।

**8.** दिया गया द्विघात समीकरण है $5x^2 + 3x + 2 = 0$

इसकी तुलना $ax^2 + bx + c = 0$ से करने पर हमें $a = 5, b = 3$, और $c = 2$ मिलता है।

विभेदक सूत्र का उपयोग करना,

$D = b^2 - 4ac$

$= 3^2 - 4(5)(2)$

$= 9 - 40$

$= -31$

अतः विकल्प (D) सही है।

**9.** दिया गया:

$\alpha, \beta, \gamma$ समीकरण $x^3 + px^2 + qx + r = 0$ के मूल हैं

हमारे पास है

$\alpha + \beta + \gamma = -p$

$\alpha\beta + \beta\gamma + \gamma\alpha = q$

$\alpha\beta\gamma = -1$

अब,

$\sum \alpha^2(\beta + \gamma) = (\alpha^2\beta + \alpha^2\gamma) + (\beta^2\gamma + \beta^2\alpha) + (\gamma^2\alpha + \gamma^2\beta)$

$= (\alpha + \beta + \gamma)(\alpha\beta + \beta\gamma + \gamma\alpha) - 3\alpha\beta\gamma$

$= -pq + 3r$

$= 3r - pq$

अतः विकल्प (B) सही है।

**10.** विभाजन एल्गोरिथ्म बताता है कि किसी भी बहुपद $p(x)$ और किसी भी गैर-शून्य बहुपद $g(x)$ को देखते हुए, बहुपद $q(x)$ और $r(x)$ इस प्रकार हैं कि,

$p(x) = g(x) \times q(x) + r(x),$

जहां $r(x) = 0$ या घात $r(x) <$ घात $g(x)$

अतः विकल्प (A) सही है।

**11.** दिया गया समीकरण,

$2x + 3y = 12 \quad \cdots (i)$

$3x - 2y = 5 \quad \cdots (ii)$

समीकरण $(i)$ को $2$ से गुणा करने पर और समीकरण $(ii)$ को $3$ से गुणा करने पर,

$4x + 6y = 24 \quad \cdots (iii)$

$9x - 6y = 15 \quad \cdots (iv)$

समीकरण $(iii)$ और $(iv)$ जोड़ने पर,

$13x = 39$

$x = 3$

$x$ के मान को समीकरण $(i)$ में रखने पर,

$2 \times 13 + 3y = 12$

$3y = 6$

$y = 2$

$x = 3, y = 2$

अतः विकल्प (A) सही है।

**12.** मान लीजिए कि दो अंकों की संख्या का इकाई अंक $x$ है और इस संख्या का $10$वां अंक $y$ है।

$\therefore$ अभीष्ट संख्या $= 10y + x$

प्रश्न के अनुसार,

$x + y = 9 \dots\dots (i)$

और $10y + x - 27 = 10x + y$

$\Rightarrow 10y + x - 10x - y = 27$

$\Rightarrow 9y - 9x = 27$

$\Rightarrow -x + y = 3 \dots\dots (ii)$

समीकरण (i) + (ii), हम प्राप्त करते हैं

$(x + y - 9) + (-x + y - 3) = 0$

$2y - 12 = 0$

$y = 6$

समीकरण (i) में $y = 6$ रखने पर,

$x = 3$

$\therefore$ अभीष्ट संख्या $= 10 \times 6 + 3 = 63$

अतः विकल्प (D) सही है।

**13.** मान लीजिए कि एक गैराज में चार पहिया और छह पहिया वाहनों की संख्या क्रमशः $x$ और $y$ है।

प्रश्न के अनुसार,

इन वाहनों के पहियों की कुल संख्या $= 120$

$\Rightarrow 4x + 6y = 120$

$\Rightarrow 2x + 3y = 60 \dots\dots (i)$

और चौपहिया वाहनों की संख्या $=$ छह पहिया वाहनों की $\frac{3}{2}$ संख्या

$\Rightarrow x = \frac{3}{2}y$

$\Rightarrow 2x = 3y$

$\Rightarrow 2x - 3y = 0 \dots\dots (ii)$

समीकरण (i) + (ii), हम प्राप्त करते हैं

$\Rightarrow (2x + 3y - 60) + (2x - 3y) = 0$

$\Rightarrow 4x = 60$

$\Rightarrow x = 15$

$x$ का मान समीकरण (i) में रखने पर,

$\Rightarrow 2 \times 15 + 3y = 60$

$\Rightarrow 3y = 30$

$\Rightarrow y = 10$

इसलिए, $x = 15, y = 10$

तो, छह पहिया वाहनों की संख्या $10$ है।

अतः विकल्प (D) सही है।

**14.** दिया है,

$$= 3x - 2y = 8 \ldots\ldots\text{समीकरण (1)}$$

$$= 4x + 3y = 5 \ldots\ldots\text{समीकरण (2)}$$

प्रतिच्छेन बिंदु $= P(\alpha, \beta)$

जैसा कि हम जानते हैं,

जब हम रैखिक समीकरणों को हल करते हैं। $x$ और $y$ का मान प्रतिच्छेदन बिंदु $P$ के निर्देशांक होंगे।

$$3x - 2y = 8$$

$$4x + 3y = 5$$

समीकरण (1) और (2) को हल करने पर

$$x = 2, y = -1$$

$$\alpha = 2, \beta = -1$$

$$= (2\alpha - \beta)$$

$$= (2 \times 2 + 1)$$

$$= 5$$

$\therefore (2\alpha - \beta)$ का मान $5$ है।

अतः विकल्प (A) सही है।

**15.** दिया है,

$$y = 3$$

हम $y = 3$ को दो चरों में $x = 0$ के रूप में लिख सकते हैं।

$$x + y = 3$$

अब, जब $x = 1, y = 3$

$$x = 2, y = 3$$

$$x = -1, y = 3$$

$\therefore$ हमें निम्न तालिका मिलती है:

| $x$ | 1 | 2 | $-1$ |
|---|---|---|---|
| $y$ | 3 | 3 | 3 |

अतः विकल्प (B) सही है।

**16.** दिया गया है,

$$2x + 3y = 11 \qquad \ldots\ldots (1)$$

$$2x - 4y = -24 \qquad \ldots\ldots (2)$$

समीकरण (1) से,

$$2x + 3y = 11$$

$$2x = 11 - 3y$$

$$x = \frac{11 - 3y}{2}$$

$x$ के मान को समीकरण (2) रखने पर,

$$2x - 4y = -24$$

$$2\left(\frac{11 - 3y}{2}\right) - 4y = -24$$

$$11 - 3y - 4y = -24$$

$$11 - 7y = -24$$

$$-7y = -24 - 11$$

$$-7y = -35$$

$$y = \frac{-35}{-7}$$

$$y = 5$$

$y = 5$ समीकरण (1) में रखने पर,

$$2x + 3y = 11$$

$$2x + 3(5) = 11$$

$$2x + 15 = 11$$

$$2x = 11 - 15$$

$$2x = -4$$

$$x = \frac{-4}{2}$$

$$x = -2$$

इसलिए, $x = -2$ और $y = 5$ समीकरण का हल है।

अब,

हमें $m$ का मान ज्ञात करना है।

$$y = mx + 3$$

$y = 5, x = -2$ का मान उपरोक्त में रखने पर,

$$5 = m(-2) + 3$$

$$5 = -2m + 3$$

$$5 - 3 = -2m$$

$$2 = -2m$$

$$m = \frac{2}{-2}$$

$$m = -1$$

इस प्रकार, $m$ का मान $-1$ है।

अतः विकल्प (A) सही है।

**17.** दिया गया है,

$$x + y = 5 \qquad \ldots\ldots (1)$$

$$2x - 3y = 4 \qquad \ldots\ldots (2)$$

समीकरण (1) को (2) से गुणा करने पर,

$$2(x + y) = 2 \times 5$$

$$2x + 2y = 10 \qquad \ldots\ldots (3)$$

समीकरण $(3)$ तथा $(2)$ हल करने पर,

$$2x - 3y = 4$$
$$2x + 2y = 10$$
$$\underline{(-) \quad (-) \quad (-)}$$
$$-5y = -6$$

$$-5y = -6$$

$$5y = 6$$

$$y = \frac{6}{5}$$

$y = \frac{6}{5}$ का मान $(1)$ में रखने पर,

$$x + y = 5$$

$$x + \frac{6}{5} = 5$$

$$x = 5 - \frac{6}{5}$$

$$x = \frac{5 \times 5 - 6}{5}$$

$$x = \frac{25 - 6}{5}$$

$$x = \frac{19}{5}$$

इसलिए, $x = \frac{19}{5}, y = \frac{6}{5}$

अतः विकल्प (D) सही है।

**18.** दिया गया है

$$3x + 4y = 10 \qquad \ldots\ldots (1)$$
$$2x - 2y = 2 \qquad \ldots\ldots (2)$$

समीकरण $(1)$ से,

$$3x + 4y = 10$$

$$3x = 10 - 4y$$

$$x = \left(\frac{10 - 4y}{3}\right)$$

$x$ का मान समीकरण $(2)$ में रखने पर,

$$2x - 2y = 2$$

$$2\left(\frac{10 - 4y}{3}\right) - 2y = 2$$

$$\frac{2(10 - 4y)}{3} - 2y = 2$$

$$\frac{2(10 - 4y) - 2y \times 3}{3} = 2$$

$$2(10 - 4y) - 6y = 2 \times 3$$

$$20 - 8y - 6y = 6$$

$$-8y - 6y = 6 - 20$$

$$-14y = -14$$

$$y = \frac{-14}{-14}$$

$$y = 1$$

$y = 1$ का मान समीकरण $(2)$ में रखने पर,

$$2x - 2y = 2$$

$$2x - 2(1) = 2$$

$$2x - 2 = 2$$

$$2x = 2 + 2$$

$$2x = 4$$

$$x = \frac{4}{2}$$

$$x = 2$$

इसलिए, $x = 2, y = 1$ दिए गए समीकरणों के हल हैं।

अतः विकल्प (A) सही है।

**19.** मान लीजिए अंश $x$ है।

और हर $y$ है

तो, भिन्न $\frac{x}{y}$ है।

दिया गया है,कि

यदि अंश में $1$ जोड़ा जाता है और हर से $1$ घटाया जाता है, तो भिन्न $1$ हो जाता है।

(अंश $+1$) / (हर $-1$) $= 1$

$$\frac{x+1}{y-1} = 1$$

$$(x + 1) = (y - 1)$$

$$x - y = -1 - 1$$

$$x - y = -2 \qquad \ldots\ldots (1)$$

यदि हम हर में $1$ जोड़ते हैं, तो भिन्न $\frac{1}{2}$ हो जाता है।

(अंश) / (हर $+1$) $= \frac{1}{2}$

$$\frac{x}{y+1} = \frac{1}{2}$$

$$2x = y + 1$$

$$2x - y = 1 \qquad \ldots\ldots (2)$$

इसलिए, हमारे समीकरण हैं।

$$x - y = -2 \qquad \ldots\ldots (1)$$
$$2x - y = 1 \qquad \ldots\ldots (2)$$

समीकरण $(1)$ और $(2)$ को हल करने पर,

$$x - y = -2$$
$$2x - y = 1$$
$$(-) \quad (+) \quad (-)$$
$$-x = -3$$

$-x = -3$

$x = 3$

$x = 3$ को समीकरण $(1)$ में रखने पर,

$x - y = -2$

$3 - y = -2$

$-y = -2 - 3$

$-y = -5$

$y = 5$

इसलिए, $x = 3, y = 5$ हमारे समीकरण का हल है।

$\therefore$ अंश $= x = 3$

हर $= y = 5$

इसलिए, मूल भिन्न $=$ अंश/हर $= \dfrac{x}{y} = \dfrac{3}{5}$ है।

अतः विकल्प (B) सही है।

**20.** माना नूरी की वर्तमान आयु $= x$ साल

सोनू की वर्तमान आयु $= y$ साल

पांच साल पहले,

नूरी की उम्र $= x - 5$ साल

सोनू की उम्र $= y - 5$ साल

दिया गया,

नूरी की आयु सोनू की आयु की तीन गुनी थी।

$x - 5 = 3(y - 5)$

$x - 5 = 3y - 15$

$x - 3y = -10 \qquad \ldots\ldots(1)$

दस साल बाद,

नूरी की उम्र $= x + 10$ साल

सोनू की उम्र $= y + 10$ साल

दिया गया,

नूरी की आयु सोनू से दोगुनी होगी।

$x + 10 = 2(y + 10)$

$x + 10 = 2y + 2(10)$

$x + 10 = 2y + 20$

$x - 2y = 20 - 10$

$x - 2y = 10 \qquad \ldots\ldots(2)$

इसलिए, हमारे समीकरण हैं

$x - 3y = -10 \qquad \ldots\ldots(1)$

$x - 2y = 10 \qquad \ldots\ldots(2)$

समीकरण $(1)$ और $(2)$ को हल करने पर,

$y - 3y = -10$

$x - 2y = 10$

$$\dfrac{(-)(+) \quad (-)}{-y = -20}$$

$-y = -20$

$y = 20$

$y = 20$ समीकरण $(1)$, में रखने पर,

$x - 3y = -10$

$x - 3(20) = -10$

$x - 60 = -10$

$x = -10 + 60$

$x = 50$

इसलिए,

नूरी की वर्तमान आयु $= x = 50$ साल।

सोनू की वर्तमान आयु $= y = 20$ साल।

अतः विकल्प (D) सही है।

**21.** संख्या का रूप है,

$$\begin{array}{c|c} x & y \\ \uparrow & \uparrow \\ \text{दहाई के स्थान} & \text{इकाइयों का स्थान} \end{array}$$

मान लीजिए कि इकाई का अंक $= y$ है

दहाई के स्थान पर अंक $= x$ है

दिया है कि,

दो अंकों की संख्या के अंकों का योग $9$ है

$\therefore$ दहाई के स्थान पर अंक $+$ इकाई के स्थान पर अंक $= 9$ है

$x + y = 9 \qquad \ldots\ldots(1)$

संख्या का $9$ गुना, अंको के स्थान परिवर्तन से प्राप्त संख्या का दोगुना है।

$9 \times ($ संख्या $) = 2 \times ($ उलटी संख्या $)$

$9(10x + y) = 2(10y + x)$

$$90x + 9y = 20y + 2x$$
$$90x - 2x + 9y - 20y = 0$$
$$88x - 11y = 0$$
$$11(8x - y) = 0$$
$$(8x - y) = \frac{0}{11}$$
$$8x - y = 0 \qquad \dots\dots (2)$$

इस प्रकार, हमारे समीकरण हैं,
$$x + y = 9 \qquad \dots\dots (1)$$
$$8x - y = 0 \qquad \dots\dots (2)$$

समीकरणों $(1)$ और $(2)$ के साथ उन्मूलन विधि का उपयोग करने पर,

$$\begin{aligned} x + y &= 9 \\ 8x - y &= 0 \\ \hline 9x &= 9 \end{aligned}$$

$$9x = 9$$
$$x = \frac{9}{9}$$
$$x = 1$$

$x = 1$ को $(1)$ में रखने पर,
$$x + y = 9$$
$$1 + y = 9$$
$$y = 9 - 1$$
$$y = 8$$

इसलिए, $x = 1, y = 8$ हमारे समीकरण का हल है।

इसलिए,

संख्या $= 10x + y = 10(1) + 8 = 10 + 8 = 18$

इसलिए, अभीष्ट संख्या $18$ है।

अतः विकल्प (B) सही है।

**22.** दिया गया,
$$\Rightarrow 100x^2 - 10x - 10x + 1 = 0$$
$$\Rightarrow 10x(10x - 1) - 1(10x - 1) = 0$$
$$\Rightarrow (10x - 1)(10x - 1) = 0$$
$$\Rightarrow (10x - 1)^2 = 0$$
$$\Rightarrow 10x - 1 = 0$$
$$\Rightarrow x = \frac{1}{10}$$

अतः विकल्प (C) सही है।

**23.** दिया गया है, समीकरण $(2x^2 + 5x + 5)$,

प्रारूप के द्विघात समीकरण के लिए, $(ax^2 + bx + c)$,

यहाँ, $a = 2 > 0$

इसके अतिरिक्त, $b = 5$ और $c = 5$,

यदि $a > 0$ है, तब समीकरण का न्यूनतम मान $= c - \frac{b^2}{4a}$

समीकरण का न्यूनतम मान $= 5 - \left(\frac{25}{8}\right) = \frac{15}{8}$

अतः विकल्प (B) सही है।

**24.** दिया है:

$x^2 - px + 15 = 0$   ---(i)

प्रश्न के अनुसार समीकरण (i) का एक मूल 3 है।

इसलिए,

$\Rightarrow (3)^2 - p(3) + 15 = 0$

$\Rightarrow 9 - 3p + 15 = 0$

$\Rightarrow 3p = 24$

$\Rightarrow p = 8$

अतः विकल्प (D) सही है।

**25.** मान लीजिए $a$ पहला पद है और $d$ $AP$ का सार्व अंतर है।

दिया है,
$$a_8 = \frac{1}{2}a_2 \text{ और } a_{11} = \frac{1}{3}a_4 + 1$$

हम जानते है,
$$T_n = a + (n - 1)d$$

$a = $ पहला पद

$d = $ सार्व अंतर

$T_n = n$वाँ पद

इसलिए,

$$\Rightarrow a + 7d = \frac{1}{2}(a + d) \Rightarrow 2a + 14d = a + d$$

$$\Rightarrow \quad a = -13d \qquad \dots\dots (i)$$

इसके अलावा, $a_{11} = \frac{1}{3}a_4 + 1 \Rightarrow a + 10d = \frac{1}{3}(a + 3d) + 1$

$$\Rightarrow 3a + 30d = a + 3d + 3 \Rightarrow 2a + 27d = 3$$

$$\Rightarrow 2(-13d) + 27d = 3 \qquad a \text{ का मान } (i) \text{ से रखने पर}$$

$$\Rightarrow -26d + 27d = 3 \Rightarrow d = 3$$

$$a = (-13) \times 3 \Rightarrow a = -39, \ (i) \text{ से}$$

अब, $15$वाँ पद $= a + 14d = -39 + 14 \times 3 = -39 + 42 = 3$

इसलिए, $AP$ का $15$वाँ पद $3$ है।

अतः विकल्प (A) सही है।

**26.** दिया है,

एक $AP$ में, $p$वाँ पद $\frac{1}{q}$ है और $q$वाँ पद $\frac{1}{p}$ है

मान लीजिए कि $a$ पहला पद है और $d$ $AP$ का सार्व अंतर है, तो

$$a_p = \frac{1}{q} \text{ और } a_q = \frac{1}{p}$$

हम जानते है,

$$T_n = a + (n-1)d$$

$a =$ पहला पद

$d =$ सार्व अंतर

$T_n = n$वाँ पद

$$\Rightarrow a + (p-1)d = \frac{1}{q} \qquad \ldots\ldots(i)$$

और, $a + (q-1)d = \frac{1}{p} \qquad \ldots\ldots(ii)$

$(ii)$ को $(i)$ से घटाने पर, हम प्राप्त करते हैं

$$(p-1-q+1)d = \frac{1}{q} - \frac{1}{p}$$

$$\Rightarrow (p-q)d = \frac{p-q}{pq} \Rightarrow d = \frac{1}{pq}$$

$d$ के इस मान को $(i)$ में रखने पर हमें प्राप्त होता है

$$a + (p-1) \times \frac{1}{pq} = \frac{1}{q}$$

$$\Rightarrow a + \frac{1}{q} - \frac{1}{pq} = \frac{1}{q}$$

$$\Rightarrow a - \frac{1}{pq} = 0$$

$$\Rightarrow a = \frac{1}{pq}$$

अब, $(pq)$वाँ पद $= a + (pq-1)d = \frac{1}{pq} + (pq-1)\frac{1}{pq}$

$$= \frac{1}{pq} + 1 - \frac{1}{pq} = 1$$

इसलिए, $(pq)$वाँ पद $= 1$

अतः विकल्प (A) सही है।

**27.** मान लीजिए कि $d$ $AP$ का सार्व अंतर है,

दिया है,

$a_2 = 7$ और $a_4 = 23$

$$T_n = a + (n-1)d$$

$a =$ पहला पद

$d =$ सार्व अंतर

$T_n = n$वाँ पद

$$\Rightarrow a + d = 7 \qquad \ldots\ldots(i) \text{ और}$$

$$a + 3d = 23 \qquad \ldots\ldots(ii)$$

$(i)$ को $(ii)$ से घटाने पर, हमें प्राप्त होता है

$$2d = 16 \Rightarrow d = 8$$

$d = 8$ को $(i)$ में रखने पर, हमें प्राप्त होता है

$$a + 8 = 7 \Rightarrow a = -1$$

अब,

$b = a_3 = a + 2d = -1 + 2 \times 8 = 15$ और

$c = a_5 = a + 4d = -1 + 4 \times 8 = 31$

इसलिए, $a = -1, b = 15$ and $c = 31$

अतः विकल्प (A) सही है।

**28.** दो बिंदुओं के बीच की दूरी:

कोई भी दो बिंदु $(x_1, y_1)$ और $(x_2, y_2)$ के बीच की दूरी को निम्न रूप में दूरी सूत्र द्वारा ज्ञात किया गया है:

$$d = \sqrt{(x_2 - x_1)^2 + (y_2 - y_1)^2}$$

पाइथागोरस प्रमेय का व्युत्क्रम:

यदि भुजा $a, b$ और $c$ वाला एक त्रिभुज समीकरण $c^2 = a^2 + b^2$ को संतुष्ट करता है जहाँ c सबसे लंबी भुजा है, तो त्रिभुज सदैव समकोण त्रिभुज होता है।

सर्वप्रथम हम दिए गए युग्मों से बिंदुओं के सभी युग्मों के बीच की दूरी की गणना करेंगे।

सर्वप्रथम बिंदु (4,0) और (-1,-1) को लेते हैं।

दूरी को निम्न रूप में ज्ञात किया गया है:

$$d_1 = \sqrt{\left(4 - (-1)\right)^2 + \left(0 - (-1)\right)^2}$$

$$= \sqrt{25 + 1}$$

$$= \sqrt{26}$$

अब युग्म (-1, -1) और (3, 5) को लेते हैं।

दूरी को निम्न रूप में ज्ञात किया गया है:

$$d_2 = \sqrt{\left(3 - (-1)\right)^2 + \left(5 - (-1)\right)^2}$$

$$= \sqrt{16 + 36}$$

$$= 2\sqrt{13}$$

अब युग्म (4, 0) और (3, 5) को लेते हैं।

दूरी को निम्न रूप में ज्ञात किया गया है:

$$d_3 = \sqrt{(3 - 4)^2 + (5 - 0)^2}$$

$$= \sqrt{1 + 25}$$

$$= \sqrt{26}$$

इसलिए, दो दूरियाँ बराबर हैं, इस प्रकार त्रिभुज समद्विबाहु है।

सबसे बड़ी भुजा की लम्बाई $2\sqrt{13}$ है।

जैसा कि हम देख सकते हैं कि,

$$d_2^2 = d_1^2 + d_3^2$$

$d_1, d_2$ और $d_3$ का मान रखने पर

$$\Rightarrow \left(2\sqrt{13}\right)^2 = \left(\sqrt{26}\right)^2 + \left(\sqrt{26}\right)^2$$

$$\Rightarrow 4 \times 13 = 26 + 26$$

$$\Rightarrow 52 = 52$$

इसलिए, पाइथागोरस प्रमेय के व्युत्क्रम का प्रयोग करने पर, हम यह निष्कर्ष निकालते हैं कि त्रिभुज समकोण त्रिभुज है।

अत: विकल्प (A) सही है।

**29.** हमें दिया गया है कि त्रिभुज के शीर्षों के ध्रुवीय निर्देशांक $(0,0), \left(3, \frac{\pi}{2}\right)$ और $\left(3, \frac{\pi}{6}\right)$ हैं।

मान लीजिए कि एक $\Delta ABC$ है जहाँ $A(0,0), B\left(3, \frac{\pi}{2}\right)$ और $C\left(3, \frac{\pi}{6}\right)$ हैं।

हम जानते हैं कि कार्तीय रूप में ध्रुवीय निर्देशांक $(r, \theta)$ को इस प्रकार लिखा जाता है:

$x$ निर्देशांक $= r\cos\theta$

$y$ निर्देशांक $= r\sin\theta$

$B\left(3, \frac{\pi}{2}\right)$

$x$ निर्देशांक $= 3\cos\frac{\pi}{2} = 3 \times 0 = 0$

$y$ निर्देशांक $= 3\sin\frac{\pi}{2} = 3 \times 1 = 3$

$C\left(3, \frac{\pi}{6}\right)$

$x$ निर्देशांक $= 3\cos\frac{\pi}{6} = 3 \times \frac{\sqrt{3}}{2} = \frac{3\sqrt{3}}{2}$

$y$ निर्देशांक $= 3\sin\frac{\pi}{6} = 3 \times \frac{1}{2} = \frac{3}{2}$

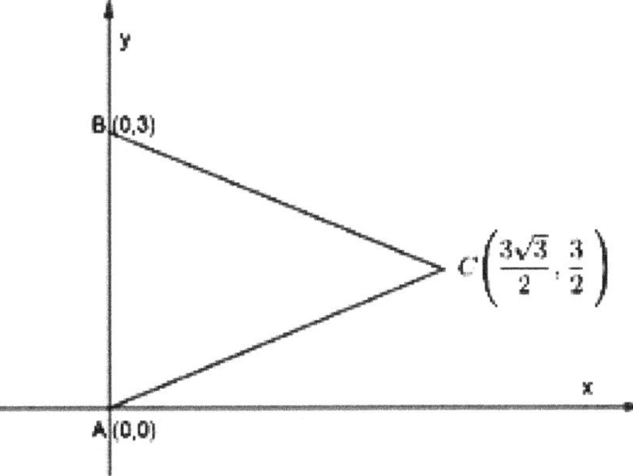


हम जानते हैं कि दो बिंदुओं $(x_1, y_1)$ और $(x_2, y_2)$ के बीच की दूरी द्वारा दी जाती है,

$$D = \sqrt{(x_2 - x_1)^2 + (y_2 - y_1)^2}$$

हमारे पास $A(0,0)$ और $B(0,3)$ है।

$$\Rightarrow AB = \sqrt{(0 - 0)^2 + (3 - 0)^2}$$

$$= \sqrt{0 + 9}$$

$$= 3$$

इसके अलावा, हमारे पास $A(0,0)$ और $C\left(\frac{3\sqrt{3}}{2}, \frac{3}{2}\right)$ है।

$$\Rightarrow AC = \sqrt{\left(\frac{3\sqrt{3}}{2} - 0\right)^2 + \left(\frac{3}{2} - 0\right)^2}$$

$$= \sqrt{\frac{27}{4} + \frac{9}{4}}$$

$$= \sqrt{\frac{36}{4}}$$

$$= \frac{6}{2}$$

$$= 3$$

पुन:, हमारे पास $B(0,3)$ और $C\left(\frac{3\sqrt{3}}{2}, \frac{3}{2}\right) \Rightarrow BC = \sqrt{\left(\frac{3\sqrt{3}}{2} - 0\right)^2 + \left(\frac{3}{2} - 3\right)^2}$ है।

$$= \sqrt{\frac{27}{4} + \left(\frac{-3}{2}\right)^2}$$

$$= \sqrt{\frac{27}{4} + \frac{9}{4}}$$

$$= \sqrt{\frac{36}{4}}$$

$$= \frac{6}{2}$$

$$= 3$$

तो, हमें $AB = BC = AC = 3$ इकाई मिलती है।

हम जानते हैं कि यदि किसी त्रिभुज की सभी भुजाएँ समान है तो वह एक समबाहु त्रिभुज होगा।

इस प्रकार, $ABC$ एक समबाहु त्रिभुज है।

अत: विकल्प (C) सही है।

**30.** अपोलोनियस प्रमेय सूत्र:

$a, b, c$: भुजाओं की लंबाई

$m$: माध्यिका

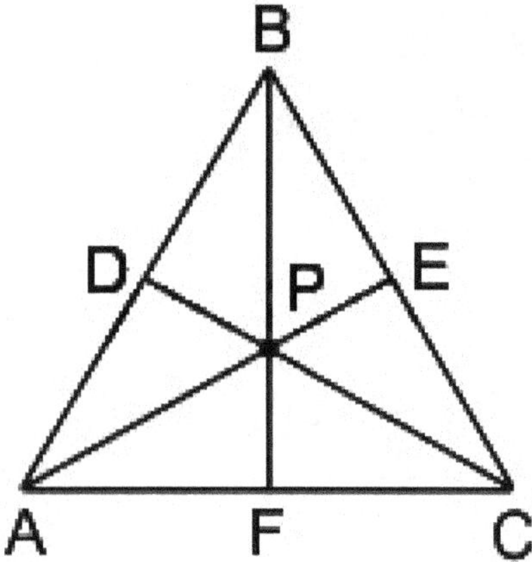

$$AP = \frac{2}{3}AE \text{ और } PE = \frac{1}{3}AE$$

दिखाए गए त्रिभुज पर विचार करने पर,

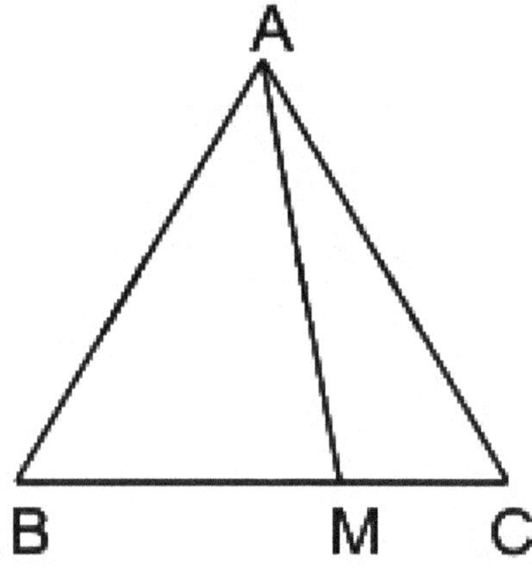

माध्यिका से भुजा BC तक की लंबाई का सूत्र

$$\frac{1}{2}\sqrt{2}AB^2 + 2AC^2 - BC^2$$

चित्र (1) से

$$3(AB^2 + BC^2 + CA^2) = 4(BF^2 + AE^2 + CD^2)$$

किसी भी त्रिभुज में जैसा कि अपोलोनियस प्रमेय से चित्र में दिखाया गया है।

$$AB^2 + AC^2 = 2(AE^2 + BE^2) \dots (1)$$

कोज्या नियम

चित्र में दिखाए अनुसार त्रिभुज पर विचार करें:

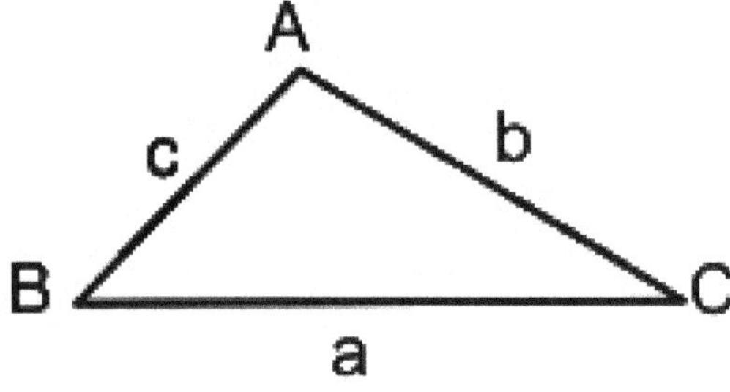

कोज्या नियम के लिए निष्कर्ष निम्नलिखित हैं:

$$a^2 = b^2 + c^2 - 2bc \times \cos A$$

$$b^2 = a^2 + c^2 - 2ac \times \cos B$$

$$c^2 = a^2 + b^2 - 2ab \times \cos C$$

$A, B, C$ शीर्षों पर कोण हैं।

$B(0,0), AB = 2$ और $\angle ABC = \frac{\pi}{3}$ के निर्देशांक दिए गए हैं

$BC$ के मध्य बिंदु में निर्देशांक $(2,0)$ हैं।

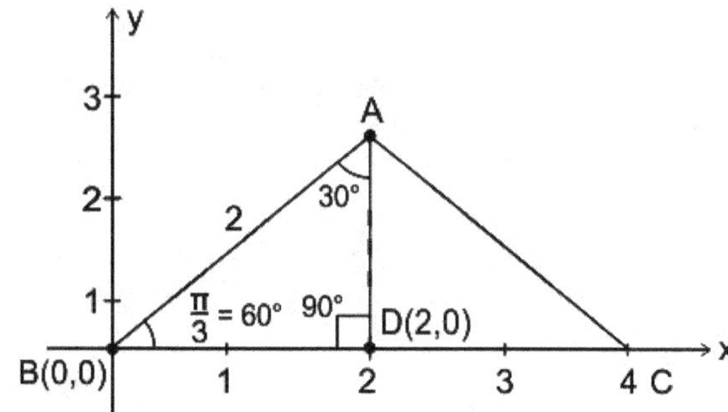

$$BD = DC$$

प्रमेय और समीकरण (1) से

$$AB^2 + AC^2 = 2(AD^2 + BD^2)$$

$$AC = \sqrt{(0-2)^2 + (4-2)^2}$$

$$= \sqrt{4} + 4 = \sqrt{8}$$

हम जानते हैं कि $AB^2 + AC^2 = 2(AD^2 + BD^2)$

$$4 + 8 = 2(AD^2 + 4)$$

$$4 + 8 = 2AD^2 + 8$$

$$4 = 2AD^2$$

$$AD = \sqrt{2}$$

माध्यिका की लंबाई $= \sqrt{2}$

ऊपर उल्लिखित कोज्या नियम से $AC$ की लंबाई है:

$$\cos(B) = \frac{a^2 + c^2 - b^2}{2ac}$$

$$\cos(60) = \frac{16 + 4 - b^2}{2 \times 4 \times 2}$$

$$\frac{1}{2} = \frac{20 - b^2}{16}$$

$$b^2 = 12$$

$$b = 2\sqrt{3}$$

$AB$ के बीच की दूरी के सूत्र से,

$$y_1^2 + x_1^2 = 4 \cdots \text{(i)}$$

$AC$ के बीच की दूरी के सूत्र से,

$$y_1^2 + (x_1 - 4)^2 = 12 \cdots \text{(ii)}$$

समीकरण (i) और (ii) को हल करने पर हमें प्राप्त होता हैं,

$4 + 16 - 8x_1 = 12$

$8x_1 = 8$

$x_1 = 1$

इस मान को समीकरण (i) में रखने पर हमें प्राप्त होता है:

$y_1 = \sqrt{3}$

केन्द्रक की गणना इस प्रकार की जाती है,

$$\left(\frac{0+4+1}{3}, \frac{0+0+\sqrt{3}}{3}\right) = \left(\frac{5}{3}, \frac{1}{\sqrt{3}}\right)$$

अतः विकल्प (C) सही है।

**31.** यूक्लिड का चौथा अभिगृहीत:

जो चीजें एक दूसरे के संपाती हैं वे एक दूसरे के बराबर होती हैं।

गणना:

इस हल में, यह माना गया है कि दो बिंदुओं से गुजरने वाली एक अद्वितीय रेखा है।

यहाँ, AC, AB + BC के साथ संपाती है

यूक्लिड के चौथे अभिगृहीत का उपयोग करते हुए, यह निष्कर्ष निकाला जा सकता है कि

AB + BC = AC

⇒ AB = AC - BC

अतः विकल्प (B) सही है।

**32.** अवधारणा:

सिमसन रेखा: एक बिंदु से एक त्रिभुज की भुजा तक के लंब के पैर संरेख होते हैं यदि और केवल यदि बिंदु परिवृत्त पर स्थित हो।

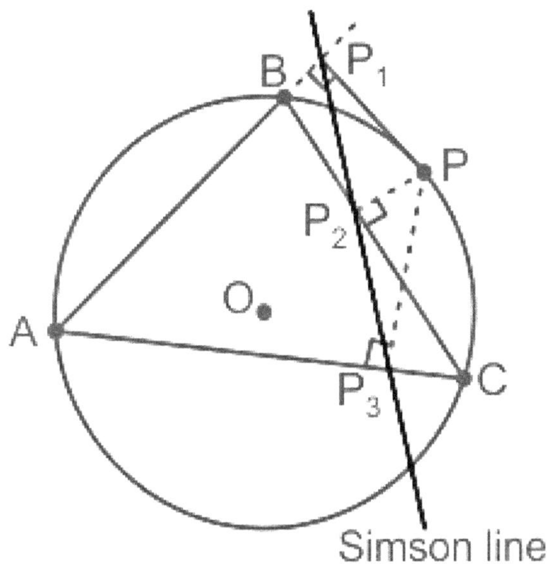


सिमसन रेखा एक त्रिभुज के परिवृत्त पर एक मनमाना बिंदु P से भुजाओं या त्रिभुज के उनके विस्तार के लंबों के पैर $P_1$, $P_2$, और $P_3$ वाली रेखा है।

अतः विकल्प (D) सही है।

**33.** अवधारणा:

एक चाप द्वारा वृत्त के केंद्र पर बनाया गया कोण उस कोण से दोगुना होता है जो चाप वृत्त पर किसी अन्य बिंदु पर अंतरित करता है।

समान भुजाओं के सम्मुख कोण बराबर होते हैं

त्रिभुज के सभी आंतरिक कोणों का योग = 180° होता है

गणना:

In $\triangle AOB$

$OA = OB$ (त्रिज्या)

$\angle OAB = \angle OBA = 45°$ (समान भुजाओं के सम्मुख कोण बराबर होते हैं)

$\angle AOB = 180° - (45° + 45°)$

$\angle AOB = 90°$

अब हम जानते हैं कि,

एक चाप द्वारा वृत्त के केंद्र पर बनाया गया कोण उस कोण से दोगुना होता है जो चाप वृत्त पर किसी अन्य बिंदु पर अंतरित करता है।

∴ $\angle ACB = 45°$

अतः विकल्प (B) सही है।

**34.** किसी भी बिंदु से किसी अन्य बिंदु तक एक सीधी रेखा खींचना संभव है। अभिधारणा एक ऐसा कथन है जिसे बिना प्रमाण के स्वीकार किया जाता है। अभिधारणा का दूसरा नाम अभिगृहीत है।

उदाहरण के लिए, यदि आप जानते हैं कि पाम पाँच फीट लंबा है और उसके सभी भाई-बहन उससे लंबे हैं, तो आप उस पर विश्वास करेंगे यदि उसने कहा कि उसके सभी भाई-बहन कम से कम पाँच फुट एक हैं। पाम ने सिर्फ एक अभिधारणा बताई, और आपने उसके भाई-बहनों की ऊंचाई को सत्यापित करने के लिए एक टेप माप को हथियाए बिना इसे स्वीकार कर लिया।

अतः विकल्प (C) सही है।

**35.** किसी दिए गए केंद्र और त्रिज्या के साथ एक वृत्त का वर्णन किया जा सकता है।

दिया गया कथन अभिधारणा है। अभिधारणा एक ऐसा कथन है जिसे बिना प्रमाण के स्वीकार किया जाता है। अभिधारणा का दूसरा नाम अभिगृहीत है।

उदाहरण के लिए, यदि आप जानते हैं कि पाम पाँच फीट लंबा है और उसके सभी भाई-बहन उससे लंबे हैं, तो आप उस पर विश्वास करेंगे यदि उसने कहा कि उसके सभी भाई-बहन कम से कम पाँच फुट एक हैं। पाम ने सिर्फ एक अभिधारणा बताई, और आपने उसके भाई-बहनों की ऊंचाई को सत्यापित करने के लिए एक टेप माप को हथियाए बिना इसे स्वीकार कर लिया।

अतः विकल्प (A) सही है।

**36.** अभिधारणा एक ऐसा कथन है जिसे बिना प्रमाण के स्वीकार किया जाता है। अभिधारणा का दूसरा नाम अभिगृहीत है।

उदाहरण के लिए, यदि आप जानते हैं कि पाम पाँच फीट लंबा है और उसके सभी भाई-बहन उससे लंबे हैं, तो आप उस पर विश्वास करेंगे यदि उसने कहा कि उसके सभी भाई-बहन कम से कम पाँच फुट एक हैं। पाम ने सिर्फ एक अभिधारणा बताई, और आपने उसके भाई-बहनों की ऊंचाई को सत्यापित करने के लिए एक टेप माप को हथियाए बिना इसे स्वीकार कर लिया।

अतः विकल्प (C) सही है।

**37.** दिया है,

AB || CD

∠APQ = 50°

∠PRD = 127°

गणना:

∠APQ = ∠x        ---- (वैकल्पिक कोण बराबर होते हैं।)

⇒ ∠x = 50° ------- (1)

∠APR = ∠PRD = 127°        ---- (वैकल्पिक कोण बराबर होते हैं।)

चूँकि, ∠APR = ∠APQ + ∠y

⇒ ∠APQ + ∠y = 127°

⇒ 50° + ∠y = 127°

⇒ ∠y = 127° - 50°

⇒ ∠y = 77° ------(2)

अतः (1) और (2) से हमें प्राप्त होता है,

∠y - ∠x = 77° - 50° = 27°

∴ y – x का मान 27° है।

अत: विकल्प (C) सही है।

## 38. दिया गया है:

दो पूरक कोणों के बीच का अंतर 15° है।

### गणना:

माना दो पूरक कोण क्रमशः ∠x और ∠y हैं।

∠x - ∠y = 15°        ----(i)  (दिया गया है।)

∠x + ∠y = 90°        ----(ii) ( दो पूरक कोणों का योग 90° है।)

(i) से,  ∠y = 15 + ∠x      ----(iii)

(ii) से,  ∠y = 90 - ∠x      ----(iv)

(iii) और (iv) से y के मानों की तुलना करने पर हमें प्राप्त होता है,

15 + ∠x = 90 - ∠x

⇒ 2∠x = 75

⇒ ∠x = 37.5

इसलिए, ∠y = 90 - 37.5 = 52.5

चूँकि, ∠x = 37.5 और ∠y = 52.5

इसलिए, बड़ा कोण : छोटा कोण = ∠y : ∠x

⇒ 52.5 : 37.5 = 7 : 5

∴ अभीष्ट अनुपात 7 : 5 है।

अत: विकल्प (A) सही है।

## 39. दिया गया है:

AB || DE

∠ABC = 102°, ∠EDC = 136°

### गणना:

हम DE के समानांतर रेखा BF की रचना करते हैं

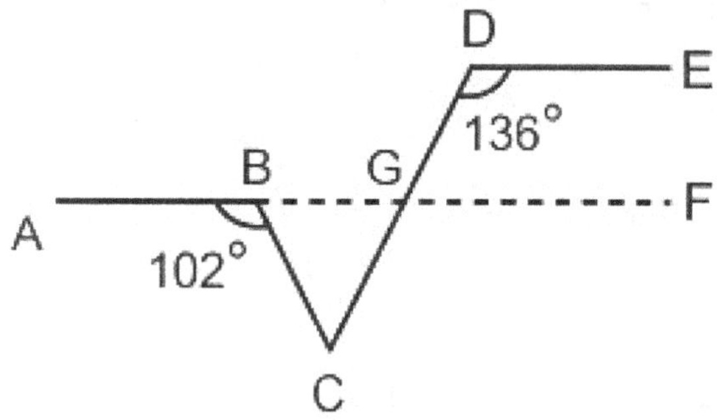

हम जानते हैं कि समानांतर रेखाओं के एक ही ओर मौजूद अंतः कोणों का योग 180° होता है।

∠DGF + ∠EDG = 180°

⇒ ∠DGF + 136° = 180°

⇒ ∠DGF = 44°

हम जानते हैं कि ∠DGF और ∠BGC शीर्षाभिमुख कोण हैं।

⇒ ∠DGF = ∠BGC = 44°        ----(1)

यहाँ, ∠ABC और ∠GBC रैखिक युग्म कोण हैं।

⇒ ∠ABC + ∠GBC = 180°

⇒ ∠GBC = 180° - 102° = 78°        ----(2)

ΔBCG में

∠GBC + ∠BGC + ∠BCG  = 180° (एक त्रिभुज के सभी कोणों का योग 180° होता है।)

समीकरण (1) और (2) से, हमारे पास है,

⇒ 78° + 44° + ∠BCG = 180°

⇒ ∠BCG = 58°

∴ ∠BCG का मान 58° है।

अत: विकल्प (A) सही है।

## 40. दिया गया है:

AB एक सीधी रेखा है

∠AOC = (7a + 18)°

∠BOC = (3a + 12)°

### गणना:

प्रश्नानुसार, हमारे पास है,

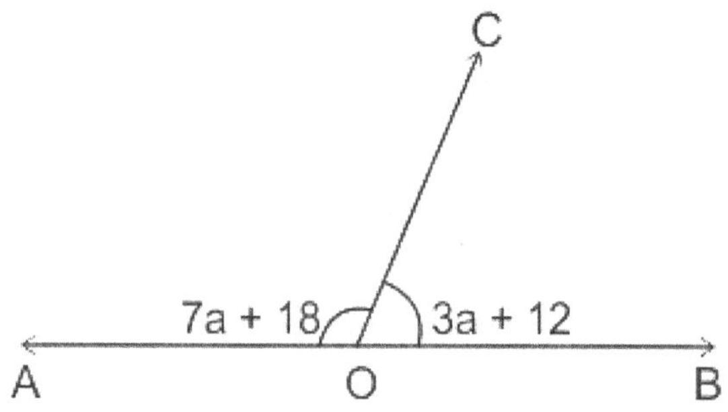

कोण ∠AOC और ∠BOC का योग 180° है [ रैखिक युग्म कोण ]

∠AOC + ∠BOC = 180°

$\Rightarrow (7a + 18)° + (3a + 12)° = 180°$

$\Rightarrow 10a + 30° = 180°$

$\Rightarrow 10a = 180° - 30°$

$\Rightarrow 10a = 150°$

$\Rightarrow a = 15°$

इस प्रकार, $\angle BOC$ का मान है

$\angle BOC = (3a + 12)°$

$\Rightarrow \angle BOC = (3 \times 15° + 12)°$

$\Rightarrow \angle BOC = 57°$

$\therefore \angle BOC$ का मान $57°$ है।

अत: विकल्प (A) सही है।

**41.** दिया गया है,

आयताकार मैदान की लम्बाई $= 15$ मीटर

आयताकार मैदान के विकर्ण की लम्बाई $= 17$ मीटर

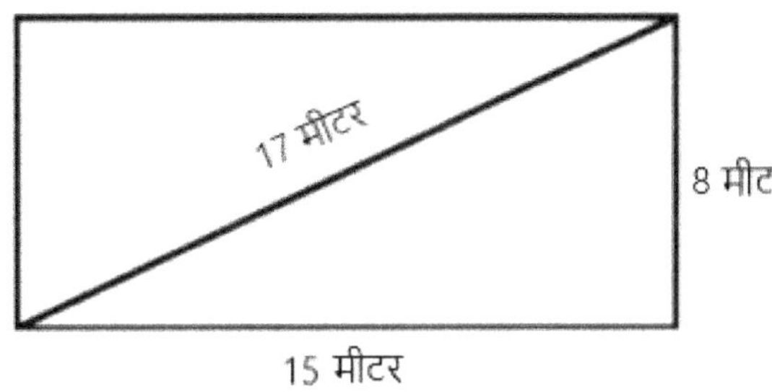


प्रश्न के अनुसार,

आयताकार मैदान की चौड़ाई $= \sqrt{(17)^2 - (15)^2}$

$= \sqrt{289 - 225}$

$= \sqrt{64}$

$= 8$ मीटर

आयत का क्षेत्रफल, $A =$ आयताकार मैदान की लम्बाई $\times$ आयताकार मैदान की चौड़ाई

$\Rightarrow A = (15 \times 8)$ वर्गमीटर

$\Rightarrow A = 120$ वर्गमीटर

अत: विकल्प (B) सही है।

**42.** दिया गया है,

$ABCD$ एक समलंब है जिसमें $AB \parallel CD \parallel EF$, जहाँ $E$ तथा $F$ भुजा $AD$ तथा $BC$ पर दो बिंदु इस प्रकार हैं कि $DE:EA = 2:3$।

$AB = 75$ सेमी

$CD = 35$ सेमी

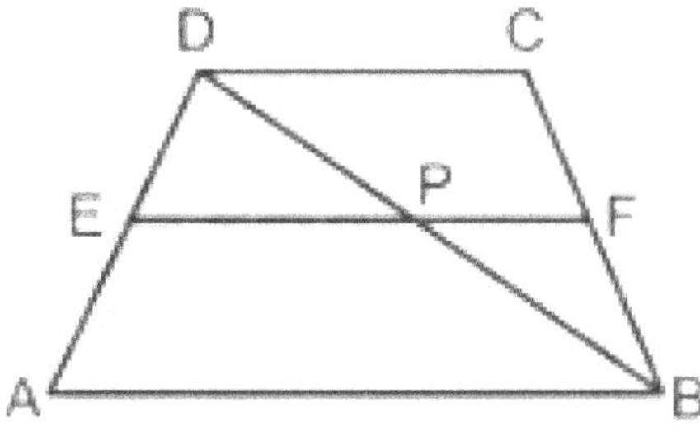

चित्र में,

चूँकि $AB \parallel EF \parallel CD$, $\triangle DEP$ तथा $\triangle DAB$ समरूप होंगे;

$\therefore \dfrac{DE}{DA} = \dfrac{EP}{AB}$

$\Rightarrow \dfrac{2}{5} = \dfrac{EP}{75}$

$\Rightarrow EP = 30$ cm

इसी प्रकार, $\triangle BFP$ तथा $\triangle BCD$ समरूप होंगे;

$\therefore \dfrac{BF}{BC} = \dfrac{FP}{CD}$

$\Rightarrow \dfrac{3}{5} = \dfrac{FP}{35}$

$\Rightarrow FP = 21$ सेमी

इस प्रकार $EF = 30 + 21 = 51$ सेमी

अत: विकल्प (A) सही है।

**43.** दिया गया है,

एक असमांतरभुज $ABCD$, $AB \parallel CD$ और विकर्ण $AC$ और $BD$ बिंदु $O$ पर प्रतिच्छेदित करती है।

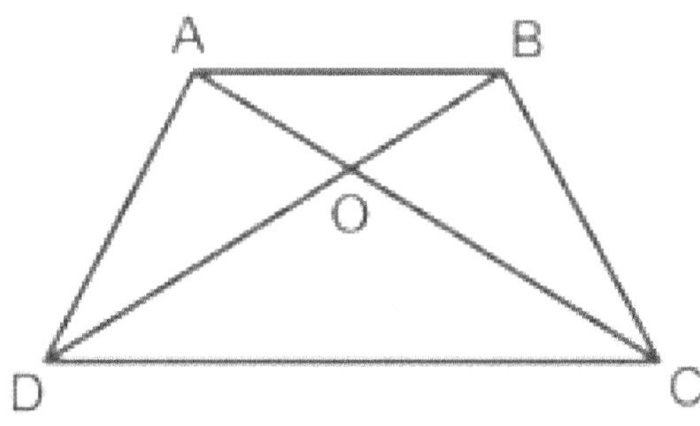

$\triangle ABO$ और $\triangle CDO$ में:

चूँकि, $AB \parallel CD$

$\angle ABO = \angle CDO$

$\angle BAO = \angle DCO$

इसलिए, ये त्रिभुज समान त्रिभुज हैं।

$\therefore (\triangle ABO)$ का क्षेत्रफल $: (\triangle CDO)$ का क्षेत्रफल $= AB^2 : CD^2$

$\Rightarrow 9:16 = AB^2 : CD^2$

$\Rightarrow AB:CD = 3:4$

चूँकि $CD = 10$ सेमी

$\therefore AB = \dfrac{10 \times 3}{4} = 7.5$ सेमी

अतः विकल्प (B) सही है।

**44.**

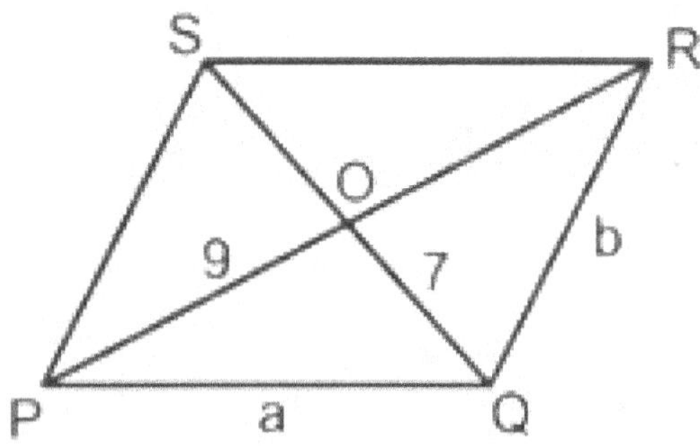

चूँकि समानांतर चतुर्भुज के विकर्ण एक-दूसरे को प्रतिच्छेदित करते हैं;

$\therefore$ विकर्ण $PR = 2OP = 18$ सेमी और $QS = 2OQ = 14$ सेमी

माना कि $d_1$ और $d_2$ समानांतर चतुर्भुज के विकर्ण हैं और ' $a$ ' और ' $b$ ' भुजाएँ हैं;

दिया गया है कि,

$d_1 = 18$ सेमी

$d_2 = 14$ सेमी

$a:b = 2:3$

माना कि,

$a = 2x$

$b = 3x$

हम सूत्र जानते हैं,

$d_1^2 + d_2^2 = 2 \times (a^2 + b^2)$

$\Rightarrow 324 + 196 = 2 \times (4x^2 + 9x^2)$

$\Rightarrow 520 = 2 \times (13x^2)$

$\Rightarrow x = 2\sqrt{5}$

इस प्रकार,

$a = 4\sqrt{5}$

$b = 6\sqrt{5}$

$\therefore$ समानांतर चतुर्भुज का परिमाप $= 2 \times \left(4\sqrt{5} + 6\sqrt{5}\right)$

$= 20\sqrt{5}$ सेमी

अतः विकल्प (B) सही है।

**45.** एक बहुभुज जो समबाहु और समबाहु दोनों है, एक नियमित बहुभुज कहलाता है।

दिए गए चतुर्भुजों में, केवल एक वर्ग की सभी भुजाएँ समान लंबाई की होती हैं और सभी कोण समान माप के होते $(90°)$ हैं। चूँकि एक वर्ग समबाहु और समबाहु दोनों होता है, यह एक नियमित बहुभुज है।

अतः विकल्प (C) सही है।

**46.** माना आयत की चौड़ाई $= x$ मीटर

तब आयत की लंबाई $= (x + 13)$ मीटर

आयत का परिमाप $= 2$ (लंबाई $+$ चौड़ाई)

$50 = 2(x + 13 + x) = 2(2x + 13) = 4x + 26$

$4x = 50 - 26 = 24$

$x = \dfrac{24}{4} = 6$ मीटर

अब आयत की लंबाई $= 6$ मीटर

आयत की चौड़ाई $= x + 13$

$= 6 + 13 = 19$ मीटर

आयत का क्षेत्रफल $= 6 \times 19$

$= 114$ वर्ग मीटर

अतः विकल्प (B) सही है।

**47.** दिया है,

$\angle APB = 130°$

जैसा कि हम जानते हैं,

चतुर्भुज के कोणों का योग $= 360°$

त्रिभुज के कोणों का योग $= 180°$

वृत की त्रिज्या हमेशा वृत की स्पर्शरेखा के लंबवत होती है।

एक त्रिभुज में दो बराबर भुजाओं के विपरीत कोण हमेशा बराबर होते हैं।

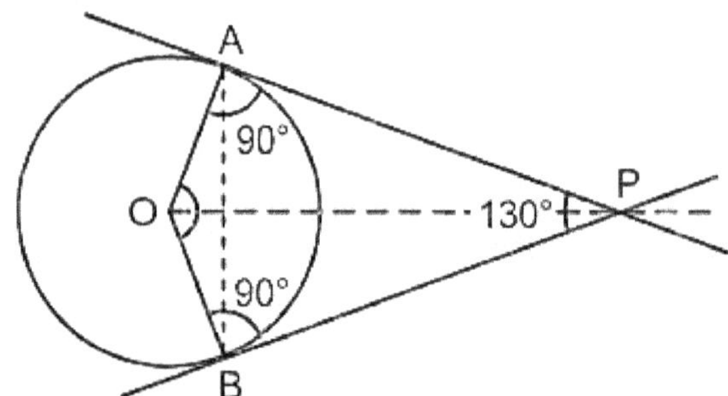

$\angle OAP = \angle OBP = 90°$ $\quad \cdots$ (वृत की त्रिज्या हमेशा वृत की स्पर्शरेखा के लंबवत होती है)

अब $\quad ° \quad OAPB$ पर विचार करने पर,

$\angle OAP + \angle APB + \angle PBO + \angle BOA = 360°$

$\Rightarrow 90° + 130° + 90° + \angle BOA = 360°$

$\Rightarrow 310° + \angle BOA = 360°$

$\Rightarrow \angle BOA = 50°$

$\triangle \, OAB$ में,

$OA = OB$ (वृत्त की त्रिज्या)

तो, $\angle OAB = \angle OBA$ ....... (एक त्रिभुज में दो बराबर भुजाओं के विपरीत कोण हमेशा बराबर होते हैं।)

$\angle OAB + \angle ABO + \angle BOA = 180°$

$\Rightarrow 2\angle OAB + 50° = 180°$

$\Rightarrow 2\angle OAB = 130°$

$\Rightarrow \angle OAB = 65°$

$\therefore \ \angle OAB$ का मान $65°$ है।

अतः विकल्प (B) सही है।

**48.** $\angle APB = 50°$ (दिया हुआ)

डिग्री माप प्रमेय द्वारा: $\angle AOB = 2\angle APB$

$\angle AOB = 2 \times 50° = 100°$

फिर, $OA = OB$ [वृत्त की त्रिज्या]

फिर $\angle OAB = \angle OBA$ [समान भुजाओं के सम्मुख कोण]

माना $\angle OAB = m$

$\triangle \, OAB$ में,

कोण योग प्रमेय द्वारा: $\angle OAB + \angle OBA + \angle AOB = 180°$

$\Rightarrow m + m + 100° = 180°$

$\Rightarrow 2\,m = 180° - 100° = 80°$

$\Rightarrow m = \dfrac{80°}{2} = 40°$

$\angle OAB = \angle OBA = 40°$

अतः विकल्प (A) सही है।

**49.** दिया गया है:

वृत्त की त्रिज्या $= r$

जैसा कि हम जानते है,

$AB$, $OC$ का लंब समद्विभाजक है।

$OA = r$ (OA वृत्त की त्रिज्या है)

$OG = \dfrac{1}{2} \times OC = \dfrac{1}{2} \times r$

$\triangle \, OAG$ में,

$AG \perp OC$

पाइथागोरस प्रमेय से,

$(\text{कर्ण})^2 = (\text{लंब})^2 + (\text{आधार})^2$

$\Rightarrow (GA)^2 = (r)^2 - \left(\dfrac{r}{2}\right)^2$

$\Rightarrow (GA)^2 = \dfrac{3}{4} \times r^2$

$\Rightarrow GA = \dfrac{\sqrt{3}}{2} \times r$

$AB = 2 \times GA$

$\Rightarrow AB = 2 \times \dfrac{\sqrt{3}}{2} \times r$

$\Rightarrow AB = \sqrt{3}r$

$\therefore$ वृत्त के उभयनिष्ठ जीवा की लम्बाई $\sqrt{3}r$ है।

अतः विकल्प (D) सही है।

**50.** दिए गए प्रश्नानुसार:

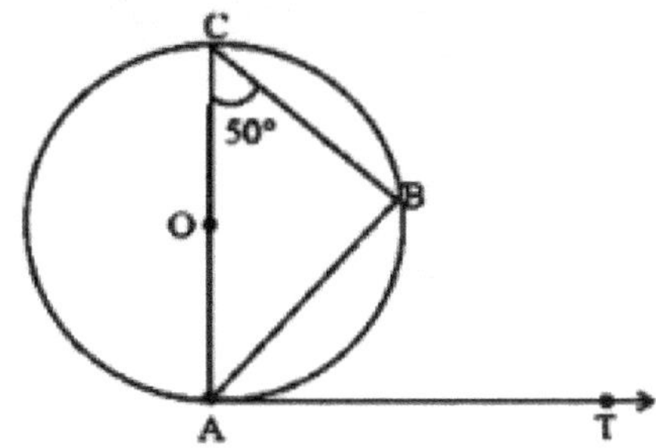

$\angle ABC = 90$ (अर्धवृत्त में कोण)

$\triangle \, ACB$ में

$\angle A + \angle B + \angle C = 180°$

$\angle A = 180° - (90° + 50°)$

$\angle A = 40°$

या $\angle OAB = 40°$

इसलिये, $\angle BAT = 90° - 40° = 50°$

अतः विकल्प (C) सही है।

**51.** दिया गया है,

$r = 1$ और कोण $= 120°$

जीवा की लम्बाई $= 2r\sin\left(\dfrac{\theta}{2}\right)$

जहाँ $r$ वृत्त की त्रिज्या है और $\theta$ वृत्त के केंद्र से जीवा के दो बिंदुओं तक का एक कोण है। गणना:

अब, जीवा की लम्बाई

$= 2(1)\sin\left(\dfrac{120°}{2}\right)$

$= 2\sin(60°)$

$= 2 \times \dfrac{\sqrt{3}}{2}$

$= \sqrt{3}$ इकाई

अतः विकल्प (D) सही है।

**52.** प्रश्नानुसार,

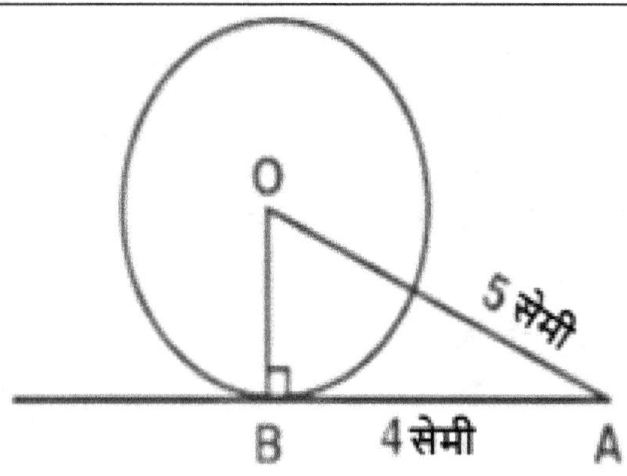


$AB$ बिंदु $A$ से वृत्त पर खींची गई स्पर्श रेखा है

तो, $OB \perp AB$

दिया गया है,

$OA = 5$ सेमी और $AB = 4$ सेमी

अब, $\triangle ABO$ में,

$OA^2 = AB^2 + BO^2$ (पाइथागोरस प्रमेय का प्रयोग करके)

$\Rightarrow 5^2 = 4^2 + BO^2$

$\Rightarrow BO^2 = 25 - 16$

$\Rightarrow BO^2 = 9$

$\Rightarrow BO = 3$

अत: विकल्प (A) सही है।

**53.**

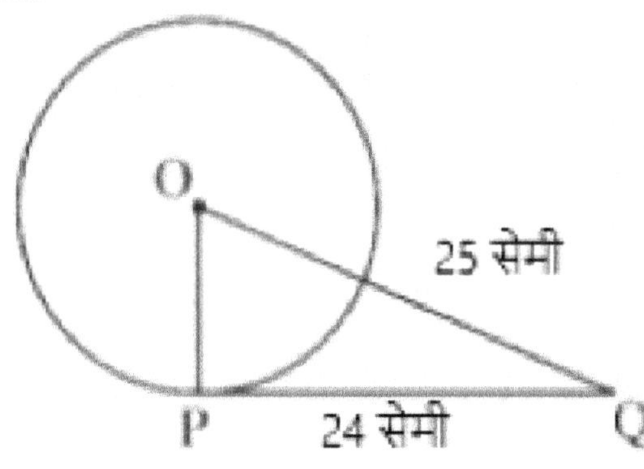


मान लीजिए कि $O$ वृत्त का केंद्र है और $Q$ से स्पर्शरेखा वृत्त को $P$ पर मिलती है।

इसलिए लंबाई $PQ$ $Q$ से स्पर्शरेखा की लंबाई का प्रतिनिधित्व करेगी जो 24 सेमी दी गई है।

यानी $PQ = 24$ सेमी.

साथ ही $OQ = 25$ सेमी

जैसा कि हम जानते हैं त्रिज्या है पर स्पर्शरेखा के लंबवत संपर्क का बिंदु यानी $OP \perp PQ$

इसलिए पाइथागोरस प्रमेय को $\triangle OPQ$ में लागू करने पर, हम प्राप्त करते हैं ।

$OP^2 + PQ^2 = OQ^2$

$\Rightarrow OP^2 + 24^2 = 25^2$

$\Rightarrow OP^2 = 625 - 576$

$\Rightarrow OP^2 = 49$

$\Rightarrow OP = 7$

इसलिए वृत्त की त्रिज्या 7 सेमी है।

अत: विकल्प (A) सही है।

**54.** किसी वस्तु की सीमा की कुल लंबाई को परिमाप कहलाती है।

एक परिमाप एक बंद पथ है जो दो-आयामी आकार या एक-आयामी लंबाई को घेरता है, घेरता है या रूपरेखा करता है। किसी वृत्त या दीर्घवृत की परिमाप उसकी परिमाप कहलाती है।

अत: विकल्प (A) सही है।

**55.** वर्ग की भुजा 12 सेमी

वर्ग का क्षेत्रफल = भुजा$^2$

$= 12^2$

$= 12 \times 12$

$= 144$ सेमी वर्ग

$\therefore$ वर्ग का क्षेत्रफल $= 144$ सेमी वर्ग

अत: विकल्प (A) सही है।

**56.** दिया है,

पहले वृत्त की त्रिज्या $= r_1 = 19$ सेमी

दूसरे वृत्त की त्रिज्या $= r_2 = 9$ सेमी

तीसरे वृत्त की परिधि = पहले वृत्त की परिधि + दूसरे वृत्त की परिधि

माना तीसरे वृत्त की त्रिज्या $r$ है।

अब,

पहले वृत्त की परिधि $= 2\pi r_1$

$= 2\pi(19)$

$= 38\pi$

दूसरे वृत्त की परिधि $= 2\pi r_2$

$= 2\pi(9)$

$= 18\pi$

तीसरे वृत्त की परिधि $= 2\pi r$

दी गई शर्त का उपयोग करने पर,

$2\pi r = 38\pi + 18\pi$

$= 56\pi$

$\Rightarrow r = \frac{56\pi}{2\pi}$

$= 28$

इसलिए, वृत्त की त्रिज्या, जिसकी परिधि दिए गए दो वृत्तों की परिधि के योग के बराबर है, 28 सेमी है।

अतः विकल्प (A) सही है।

**57.** दिया है,

कार के पहिए का व्यास $= 80$ सेमी

त्रिज्या $=$ व्यास/ 2

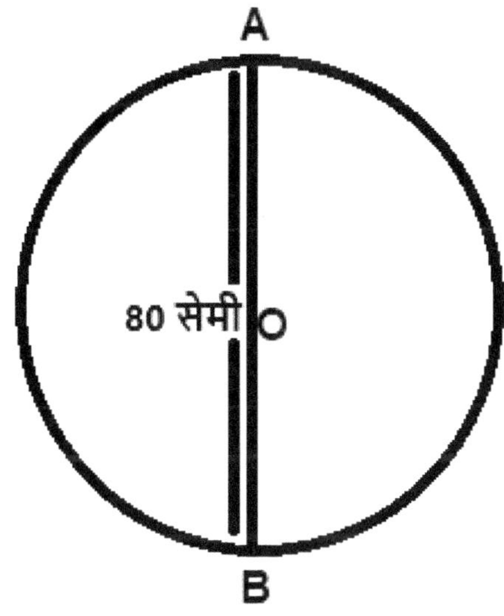

इस प्रकार, कार के पहिये की त्रिज्या $= r = 40$ सेमी

कार की गति $= 66$ किमी/घंटा

हम जानते हैं कि,

पहिये की परिधि $= 2\pi r$

$= 2\pi(40)$

$= 80\pi$ सेमी

कार की गति $= \frac{66 \times 100000}{60}$ सेमी/मिनट

$= 1,10,000$ सेमी/मिनट

$1\text{km} = 1000$ मिनट

$1\text{m} = 100$ सेमी

$1\text{h} = 60$ मिनट

अब, कार द्वारा 10 मिनट में तय की गई दूरी

$= 110000 \times 10 = 11,00,000$ सेमी

माना कार के पहिए के चक्करों की संख्या $n$ है।

हम जानते हैं कि,

10 मिनट में तय की गई दूरी $= n \times 1$ चक्कर (यानी परिधि) में तय की गई दूरी।

$\Rightarrow 1100000 = n \times 80\pi$

$\Rightarrow n = \frac{1100000 \times 7}{22 \times 80}$

$= \frac{35000}{8}$

$= 4375$

इसलिए, कार का प्रत्येक पहिया $4375$ चक्कर लगाएगा।

अतः विकल्प (B) सही है।

**58.** दिया गया है,

QR = 20 सेमी

PQ = 10 सेमी

त्रिभुज का क्षेत्रफल = 80 सेमी²

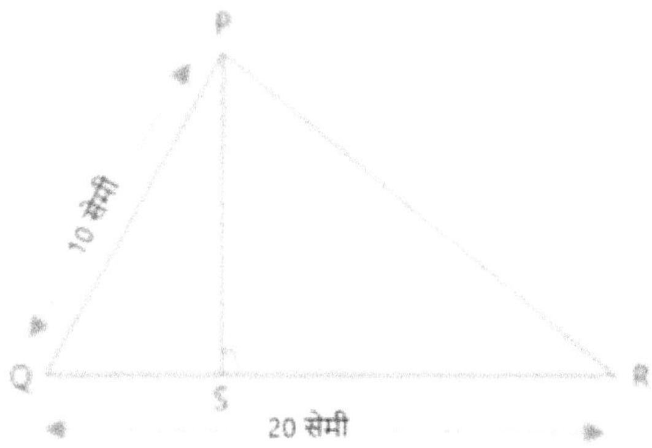


मान लीजिए PS, $\triangle PQR$ की ऊंचाई है।

$\triangle PQR$ का क्षेत्रफल $= \left(\frac{1}{2}\right) \times QR \times PS$

$\Rightarrow 80 = \left(\frac{1}{2}\right) \times 20 \times PS$

$\Rightarrow PS = 8$ सेमी

अब, पाइथागोरस प्रमेय द्वारा,

समकोण $\triangle PSQ$ में,

$PQ^2 = QS^2 + PS^2$

$\Rightarrow QS^2 = PQ^2 - PS^2$

$\Rightarrow QS^2 = 10^2 - 8^2$

$\Rightarrow QS^2 = 100 - 64$

$\Rightarrow QS^2 = 36$

$\Rightarrow QS = 6$ सेमी

$\triangle PSR$ में,

$PR^2 = PS^2 + SR^2$

$\Rightarrow PR^2 = 8^2 + 14^2$

$\Rightarrow PR^2 = 260$

$\Rightarrow PR = \sqrt{260}$ सेमी

अतः विकल्प (A) सही है।

**59.** माना, ऊँचाई h है।

समान भुजाएँ $= h+4$

अर्ध परिमाप इस प्रकार दिया गया है,

$$s = \frac{a+b+c}{2}$$

$$= \frac{2h+8+24}{2}$$

$$= h + 16$$

क्षेत्रफल $= \frac{1}{2} \times$ ऊंचाई $\times$ चौड़ाई

$$= \frac{1}{2} \times 24 \times h = 12h \quad ....(i)$$

हीरोन के सूत्र के अनुसार,

क्षेत्रफल $= \sqrt{s(s-a)(s-b)(s-c)}$

$$= \sqrt{(h+16)(h+16-24)(h+16-(h+4))(h+16-(h+4))}$$

$$= \sqrt{(h+16)(h-8)(12)(12)}$$

$$= 12\sqrt{(h+16)(h-8)} \quad ....(ii)$$

समीकरण (i) और (ii) से, हम प्राप्त करते हैं

$$12h = 12\sqrt{(h+16)(h-8)}$$

$$\Rightarrow h^2 = h^2 + 8h - 128$$

$$\Rightarrow 8h = 128$$

$$\Rightarrow h = 16 \text{ सेमी}$$

परिमाप $= 2s$

$$= 2(16+16) = 64 \text{ सेमी}$$

अतः विकल्प (A) सही है।

**60.** बेलन का वास्तविक आयतन $= \pi r^2 h$

$$= \frac{22}{7} \times 2.14 \times 2.14 \times 10.15 = 146.089 \text{ सेमी}^3$$

गणना की जाने वाली बेलन का आयतन $= \pi r^2 h$

$$= \frac{22}{7} \times 2.1 \times 2.1 \times 10.1 = 139.9 \text{ सेमी}^3$$

आयतन में त्रुटि $= 146.089 - 139.9 = 6.189 \text{ सेमी}^3$

$\therefore$ आवश्यक आयतन $= \frac{6.189}{146.089} \times 100 = 4.23\%$

अतः विकल्प (B) सही है।

**61.**

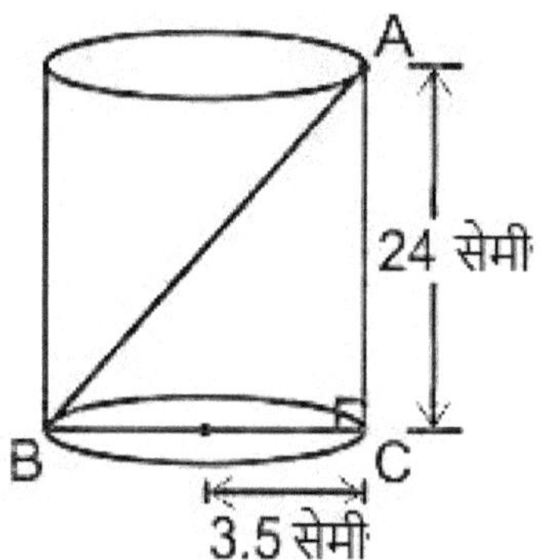


बेलन की त्रिज्या $= 3.5$ सेमी

बेलन की ऊँचाई $= 24$ सेमी

एक बेलन के 2 बिंदुओं के बीच की सबसे दूर की दूरी $= AB$

$\triangle ABC$ में,

$$AB^2 = BC^2 + AC^2$$

$$\Rightarrow AB^2 = (2 \times 3.5)^2 + (24)^2$$

$$\Rightarrow AB^2 = 49 + 576 = 625$$

$$\Rightarrow AB^2 = (25)^2$$

$$\Rightarrow AB = 25 \text{ सेमी}$$

$\therefore$ दिए गए बेलन के 2 बिंदुओं के बीच की अधिकतम दूरी 25 सेमी है।

अतः विकल्प (A) सही है।

**62.** दिया है:

लंब वृत्तीय शंकु के आधार की परिधि $= 16\pi$ सेमी

शंकु की तिर्यक ऊँचाई $= 17$ सेमी

प्रयुक्त सूत्र:

शंकु के आधार की परिधि $= 2\pi r$

शंकु का आयतन $= \frac{1}{3}\pi r^2 h$

तिर्यक ऊँचाई, $(l)^2 = (r)^2 + (h)^2$

जँहा, $r =$ शंकु के आधार की त्रिज्या, $h =$ शंकु की ऊँचाई और $l =$ शंकु की तिर्यक ऊँचाई

आधार की परिधि $= 16\pi$ सेमी

$$\Rightarrow 2\pi r = 16\pi$$

$$\Rightarrow r = 8 \text{ सेमी}$$

तिर्यक ऊँचाई $(l) = 17$ सेमी

$$(l)^2 = (r)^2 + (h)^2$$

$$\Rightarrow (17)^2 = (8)^2 + (h)^2$$

$$\Rightarrow h^2 = 289 - 64$$

$\Rightarrow h^2 = 225$

$\Rightarrow h = 15$ सेमी

शंकु का आयतन $= \frac{1}{3}\pi r^2 h$

$= \frac{1}{3} \times \pi \times 8^2 \times 15$

$= 320\pi$ सेमी³

∴ शंकु का आयतन $320\pi$ सेमी³ है।

अतः विकल्प (A) सही है।

**63.** दिया है:

वक्र पृष्ठीय क्षेत्रफल $= 363$ सेमी²

तिर्यक ऊँचाई $= 11$ सेमी

प्रयुक्त सूत्र:

शंकु का वक्र पृष्ठीय क्षेत्रफल $= \pi r l$

जहाँ, $r =$ त्रिज्या, $l =$ तिर्यक ऊँचाई

शंकु का वक्र पृष्ठीय क्षेत्रफल $= \frac{22}{7} \times r \times (11)$

$\Rightarrow 363 = \frac{22}{7} \times r \times (11)$

$\Rightarrow r = \frac{(363 \times 7)}{(22 \times 11)}$

$\Rightarrow r = \frac{(33 \times 7)}{22}$

$\Rightarrow r = \frac{(3 \times 7)}{2}$

$\Rightarrow r = \frac{21}{2}$

अब, व्यास $= 2 \times r$

$\Rightarrow$ व्यास $= 2 \times \frac{21}{2}$

$= 21$ सेमी

∴ लम्ब वृत्तीय शंकु का व्यास $21$ सेमी है।

अतः विकल्प (B) सही है।

**64.** दिया गया है:

एक शंकु के आधार की त्रिज्या $7$ सेमी है।

तिर्यक ऊंचाई $25$ सेमी है।

सूत्र:

माना कि किसी शंकु की त्रिज्या, ऊंचाई, तिर्यक ऊंचाई और आयतन क्रमशः " $r$", " $h$", " $l$" और " $v$" है, तो

1) $l^2 = h^2 + r^2$

2) $v = \frac{1}{3} \times \pi \times r^2 \times h$

दिए गए प्रश्नानुसार,

एक शंकु की त्रिज्या $(r)$ और तिर्यक ऊंचाई $(l)$ क्रमशः $7$ सेमी और $25$ सेमी है।

प्रयुक्त सूत्रानुसार,

$25^2 = h^2 + 7^2$

$\Rightarrow h^2 = 25^2 - 7^2$

$\Rightarrow h^2 = 625 - 49$

$\Rightarrow h^2 = 576$

$\Rightarrow h = \sqrt{576} = 24$ सेमी

सूत्रानुसार शंकु का आयतन:

$= \frac{1}{3} \times \pi \times 7^2 \times 24$

$= \frac{1}{3} \times \frac{22}{7} \times 7^2 \times 24$

$= \frac{22}{3} \times 7 \times 24$

$= 22 \times 7 \times 8$

$= 1232$ सेमी³

∴ शंकु का आयतन $1232$ सेमी³ है।

अतः विकल्प (A) सही है।

**65.** दिया है:

शंकु की ऊंचाई $= \sqrt{85}$ सेमी

शंकु की त्रिज्या $= 6$ सेमी

प्रयुक्त सूत्र:

शंकु का कुल पृष्ठीय क्षेत्रफल $= \pi r (l + r)$

जहाँ, l और r क्रमशः शंकु की तिर्यक ऊंचाई और त्रिज्या को दर्शाति हैं।

(तिर्यक ऊंचाई)² = (ऊंचाई)² + (त्रिज्या)²

$\Rightarrow$ (तिर्यक ऊंचाई)² $= \left(\sqrt{85}\right)^2 + (6)^2$

$\Rightarrow$ (तिर्यक ऊंचाई)² $= 85 + 36 = 121$

$\Rightarrow$ तिर्यक ऊंचाई $= 11$ सेमी

∴ शंकु का कुल पृष्ठीय क्षेत्रफल $= \frac{22}{7} \times (6) \times (11 + 6) = 320.57$ सेमी²

अतः विकल्प (C) सही है।

**66.** हम नीचे दिए गए अनुसार माध्यिका की गणना कर सकते हैं:

$$m = l + \left(\frac{\frac{n}{2} - cf}{f}\right) \times h$$

जहां

$l =$ माध्यिका वर्ग की निचली सीमा

$h =$ वर्ग का आकार

$f =$ माध्यिका वर्ग की बारंबारता

$cf$ = माध्यिका वर्ग के पूर्ववर्ती वर्ग की संचयी बारंबारता

उनके संबंधित वर्ग अंतराल के साथ संचयी बारंबारताएं इस प्रकार हैं:

| वजन (किलोग्राम में) | विद्यार्थियों की संख्या | संचयी बारंबारता |
|---|---|---|
| $40 - 45$ | 2 | 2 |
| $45 - 50$ | 3 | $2 + 3 = 5$ |
| $50 - 55$ | 8 | $5 + 8 = 13$ |
| $55 - 60$ | 6 | $13 + 6 = 19$ |
| $60 - 65$ | 6 | $19 + 6 = 25$ |
| $65 - 70$ | 3 | $25 + 3 = 28$ |
| $70 - 75$ | 2 | $28 + 2 = 30$ |
| कुल $(n)$ | 30 | |

इसे दी गई तालिका से देखा जा सकता है,

$n = 30$

$\frac{n}{2} = 15$

संचयी बारंबारता $\frac{n}{2}$ से अधिक होती है $19$, वर्ग अंतराल $55 - 60$ के अंतर्गत आता है

माध्यिका वर्ग $= 55 - 60$

$l = 55$

$f = 6$

$cf = 13$

$h = 5$

इन मानों को माध्यिका के सूत्र में रखने पर हमें प्राप्त होता है:

$$m = l + \left(\frac{\frac{n}{2} - cf}{f}\right) \times h$$

$$m = 55 + \left(\frac{15 - 13}{6}\right) \times 5$$

$$m = 55 + \left(\frac{10}{6}\right)$$

$$m = 56.67$$

इसलिए, माध्यक भार $56.67$ किलोग्राम है।

अतः विकल्प (D) सही है।

**67.**

| ऊंचाई (सेमी में) | $150 - 155$ | $155 - 160$ | $160 - 165$ | $165 - 170$ | $170 - 175$ | $175 - 180$ |
|---|---|---|---|---|---|---|
| छात्रों की संख्या | 15 | 13 | 10 | 8 | 9 | 5 |
| संचयी बारंबारता | 15 | 28 | 38 | 46 | 55 | 60 |

$\frac{N}{2} = \frac{60}{2} = 30$

संचयी बारंबारता 30 के निकट और अधिक से अधिक 38 है जो वर्ग अंतराल $160 - 165$ से मेल खाती है।

इस प्रकार, माध्यिका वर्ग $= 160 - 165$

माध्यिका वर्ग की ऊपरी सीमा $= 165$

उच्चतम बारंबारता $= 15$

इसलिए, बहुलक वर्ग $= 150 - 155$

बहुलक वर्ग की निचली सीमा $= 150$

इसलिए, बहुलक वर्ग की निचली सीमा और माध्य वर्ग की ऊपरी सीमा का योग $= 150 + 165 = 315$

अतः विकल्प (B) सही है।

**68.** आइए, दिए गए बारंबारता बंटन के लिए सतत वर्ग लिखें।

| वर्ग | $0 - 5$ | $6 - 11$ | $12 - 17$ | $18 - 23$ | $24 - 29$ |
|---|---|---|---|---|---|
| बारंबारता | 13 | 10 | 15 | 8 | 11 |
| संचयी बारंबारता | 13 | 23 | 38 | 46 | 57 |

$\frac{N}{2} = \frac{57}{2} = 28.5$

$28.5$ अंतराल $11.5 - 17.5$ के बीच में स्थित है।

इस प्रकार, माध्यिका वर्ग $11.5 - 17.5$ है।

इसलिए, माध्यिका वर्ग की ऊपरी सीमा $17.5$ है।

अतः विकल्प (B) सही है।

**69.** हम 'चित' के लिए $H$ और 'पट' के लिए $T$ लिखते हैं। जब दो सिक्कों को एक साथ उछाला जाता है तो संभावित परिणाम $H, H), (H, T), (T, H), (T, T)$ होते हैं, जो सभी समान रूप से संभावित हैं।

यहाँ $(H, H)$ का अर्थ है पहला सिक्का (जैसे ₹ 1 पर) चित होगा और दूसरा सिक्का (₹ 2) चित।

इसी तरह $(H, T)$ का अर्थ है पहला सिक्का चित होगा और दूसरा सिक्का पट।

घटना के अनुकूल परिणाम $E$, 'कम से कम एक चित' हैं $(H, H), (H, T)$ और $(T, H)$ है।

इसलिए $E$ के अनुकूल परिणामों की संख्या 3 है।

इसलिए $P(E) = \frac{3}{4}$

यानी, हरप्रीत को कम से कम एक चित मिलने की प्रायिकता $\frac{3}{4}$ है।

$P(E)$ को इस प्रकार भी पा सकते हैं:

$$\left(P(E) = 1 - P(\overline{E}) = 1 - \frac{1}{4} = \frac{3}{4}\ \text{चूंकि}\ \left(P(\overline{E}) = P(\text{no head}) = \frac{1}{4}\right)\right)$$

अतः विकल्प (C) सही है।

**70.** स्पष्ट रूप से, 52 कार्ड हैं, जिनमें से 12 फेस कार्ड 4 गुलाम, 4 बेगम और 4 बादशाह हैं।

$\therefore P\left(\text{को एक फेस कार्ड मिल रहा है }\right) = \frac{12}{52} = \frac{3}{13}$

अतः विकल्प (A) सही है।

**71.** गेंदों की कुल संख्या $n(S) = (6 + 8) = 14$

सफेद गेंदों की संख्या $n(A) = 8$

$P\left(\text{सफेद गेंद निकालने की प्रायिकता }\right) =$ सफेद गेंदों की संख्या/गेंदों की कुल संख्या

$= \frac{n(A)}{n(S)} = \frac{8}{14} = \frac{4}{7}$

अतः विकल्प (B) सही है।

**72.** प्रश्न के अनुसार,

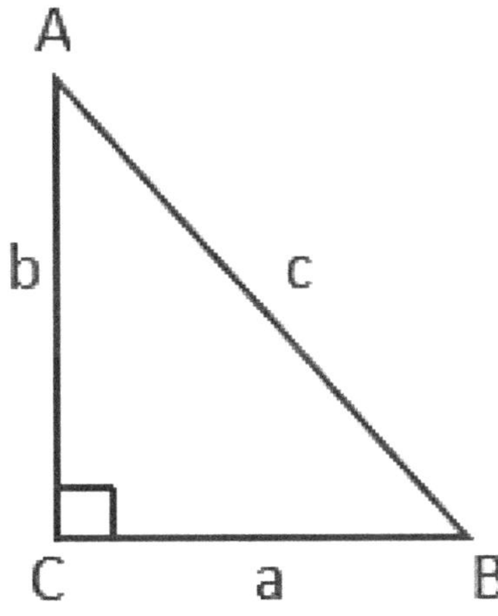

हम जानते हैं कि

$\tan\theta =$ लंब / आधार

इसलिए,

$\tan A = \frac{a}{b}, \tan B = \frac{b}{a}$

$\tan A + \tan B = \frac{a}{b} + \frac{b}{a}$

$= \frac{a^2 + b^2}{ab}$

पाइथागोरस प्रमेय का उपयोग करने पर,

$a^2 + b^2 = c^2$

$\therefore \tan A + \tan B = \frac{c^2}{ab}$

अतः विकल्प (D) सही है।

**73.** दिया है:

$\sin\theta + \cos(90 + \theta) + \sin(180 - \theta) + \sin(180 + \theta)$

जैसा कि हम जानते हैं,

$\cos(90 + \theta) = -\sin\theta$

$\sin(180 - \theta) = \sin\theta$

$\sin(180 + \theta) = -\sin\theta$

$= \sin\theta - \sin\theta + \sin\theta - \sin\theta$

$= 0$

अतः विकल्प (A) सही है।

**74.** दिया है:

$\frac{\cos A}{1 - \tan A} + \frac{\sin A}{1 - \cot A}$

$\frac{\cos A}{1 - \tan A} + \frac{\sin A}{1 - \cot A}$

हम जानते हैं कि-

$\tan A = \frac{\sin A}{\cos A}$ और $\cot A = \frac{\cos A}{\sin A}$

इसलिए दिए गए समीकरण में $\tan A$ और $\cot A$ का मान डालने पर, हम प्राप्त करते हैं-

$\therefore \frac{\cos A}{1 - \frac{\sin A}{\cos A}} + \frac{\sin A}{1 - \frac{\cos A}{\sin A}}$

$\Rightarrow \frac{\cos A}{\frac{\cos A - \sin A}{\cos A}} + \frac{\sin A}{\frac{\sin A - \cos A}{\sin A}}$

$\Rightarrow \frac{\cos^2 A}{\cos A - \sin A} + \frac{\sin^2 A}{\sin A - \cos A}$

$\Rightarrow \frac{\cos^2 A}{\cos A - \sin A} - \frac{\sin^2 A}{\cos A - \sin A}$

$\Rightarrow \frac{\cos^2 - \sin^2 A}{\cos A - \sin A}$

$\Rightarrow \frac{(\cos A - \sin A)(\cos A + \sin A)}{\cos A - \sin A}$

$\Rightarrow \cos A + \sin A$

$\Rightarrow \sin A + \cos A$

अतः $\sin A + \cos A$ उत्तर है।

अतः विकल्प (D) सही है।

**75.** $x\sin\theta = y\sin\left(\theta + \frac{2\pi}{3}\right) = z\sin\left(\theta + \frac{4\pi}{3}\right) = K$

$x\sin\theta = y\sin\left(\theta + \pi - \frac{\pi}{3}\right) = z\sin\left(\theta + \pi + \frac{\pi}{3}\right) = K$

$x\sin\theta = -y\sin\left(\theta - \frac{\pi}{3}\right) = -z\sin\left(\theta + \frac{\pi}{3}\right) = K \ldots\ldots(i)$

$\Rightarrow x = \frac{K}{\sin\theta}, y = \frac{-K}{\sin\left(\theta - \frac{\pi}{3}\right)}, z = \frac{K}{\sin\left(\theta + \frac{\pi}{3}\right)}$

$\therefore xy + yz + zx = \frac{-K^2}{\sin\theta\sin\left(\theta - \frac{\pi}{3}\right)} + \frac{K^2}{\sin\left(\theta - \frac{\pi}{3}\right)\sin\left(\theta + \frac{\pi}{3}\right)}$

$\therefore xy + yz + zx = \frac{-K^2}{\sin\theta\sin\left(\theta - \frac{\pi}{3}\right)} + \frac{K^2}{\sin\left(\theta - \frac{\pi}{3}\right)\sin\left(\theta + \frac{\pi}{3}\right)} - \frac{K^2}{\sin\left(\theta + \frac{\pi}{3}\right)\sin\theta}$

$\Rightarrow \frac{-K^2\left[\sin\left(\theta + \frac{\pi}{2}\right) - \sin\theta + \sin\left(\theta - \frac{r}{2}\right)\right]}{\sin\theta\sin\left(\theta - \frac{\pi}{3}\right)\sin\left(\theta + \frac{\pi}{3}\right)}$

$$\Rightarrow \frac{-K^2\left[\sin\theta\cos\frac{\pi}{3}+\cos\theta\sin\frac{\pi}{3}-\sin\theta+\sin\theta\cos\frac{\pi}{3}-\cos\theta\sin\frac{\pi}{3}\right]}{\sin\theta\sin\left(\theta-\frac{\pi}{3}\right)\sin\left(\theta+\frac{\pi}{3}\right)}$$

$$\Rightarrow \frac{K^2\left[\frac{1}{2}\sin\theta-\sin\theta+\frac{1}{2}\sin\theta\right]}{\sin\theta\sin\left(\theta-\frac{\pi}{3}\right)\sin\left(\theta+\frac{\pi}{3}\right)}=0$$

अतः विकल्प (C) सही है।

**76.** दिया है: $\sin a + \cos a = p$

दोनों पक्षों का वर्ग करके हम प्राप्त करते हैं

$$\Rightarrow \sin^2\alpha + \cos^2 a + 2\sin\alpha\cos\alpha = p^2$$

जैसा कि हम जानते हैं कि, $\sin^2 x + \cos^2 x = 1$ और $\sin 2x = 2\sin x\cos x$

$$\Rightarrow 1 + \sin 2a = p^2$$

$$\Rightarrow \sin 2a = p^2 - 1$$

$$\Rightarrow \cos^2 2a = 1 - \sin^2 2a = 1 - (p^2-1)^2$$

$$\Rightarrow \cos^2 2a = p^2(2-p^2)$$

अतः विकल्प (C) सही है।

**77.** दिया गया है,

$$6\sin^2 x - 2\cos^2 x = 4$$

$$6\sin^2 x - 2\cos^2 x = 4 \times 1$$

जैसा कि हम जानते हैं कि,

$$\sin^2 x + \cos^2 x = 1$$

$$\Rightarrow 6\sin^2 x - 2\cos^2 x = 4(\sin^2 x + \cos^2 x)$$

$$\Rightarrow 6\sin^2 x - 2\cos^2 x = 4\sin^2 x + 4\cos^2 x$$

$$\Rightarrow 6\sin^2 x - 4\sin^2 x = 4\cos^2 x + 2\cos^2 x$$

$$\Rightarrow 2\sin^2 x = 6\cos^2 x$$

$$\tan^2 x = 3$$

$$\therefore \tan x = \sqrt{3}$$

अतः विकल्प (A) सही है।

**78.**

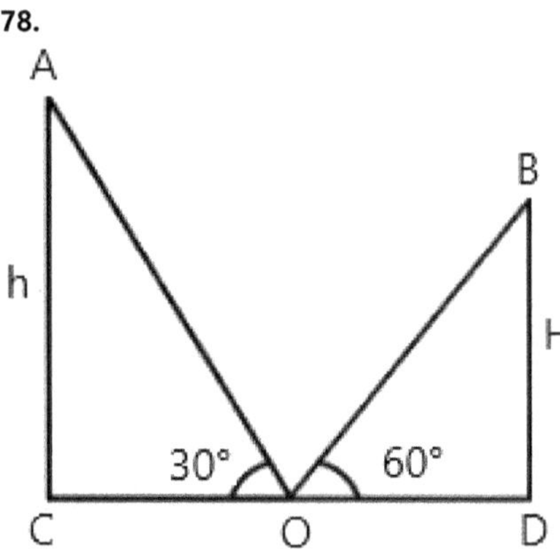


दिया गया है,

दो मीनार $A$ और $B$ हैं।

$A$ और $B$ के शीर्षों के उन्नयन कोण क्रमशः $30°$ और $60°$ हैं।

$$\angle AOC = 30°$$

$$\angle BOD = 60°$$

$$OC = OD$$

जैसा कि हम जानते हैं,

$\tan\theta$ = लंबवत/आधार

माना कि मीनार A की ऊँचाई (AC), h तथा मीनार B की ऊँचाई (BD), H है।

$\triangle AOC$ में,

$$\tan 30° = \frac{h}{OC}$$

$$\Rightarrow \frac{1}{\sqrt{3}} = \frac{h}{OC} \text{...(i)}$$

$\triangle BOD$ में,

$$\tan 60° = \frac{H}{OD}$$

$$\Rightarrow \sqrt{3} = \frac{H}{OD} \text{.........(ii)}$$

समीकरण (i) को समीकरण (ii) से भाग देने पर, हमें प्राप्त होता है

$$\Rightarrow \frac{\frac{1}{\sqrt{3}}}{\sqrt{3}} = \frac{\frac{h}{OC}}{\frac{H}{OD}}$$

आरेख से,

$$OC = OD$$

$$\Rightarrow \frac{1}{\sqrt{3}\times\sqrt{3}} = \frac{\frac{h}{OD}}{\frac{H}{OD}}$$

$$\Rightarrow \frac{1}{3} = \frac{h}{H}$$

इसलिए, $B$ और $A$ की ऊँचाई का अनुपात $A = 3:1$ है।

अतः विकल्प (B) सही है।

**79.** दिया है:

AB = 22 मी

PQ = 1.5 मी = MB

QB = PM = 20.5 मी

AM = AB−MB = 22 − 1.5 = 20.5 मी

मान लीजिए कि प्रेक्षक की आँख से मीनार का उन्नयन कोण θ है।

अब त्रिभुज APM में,

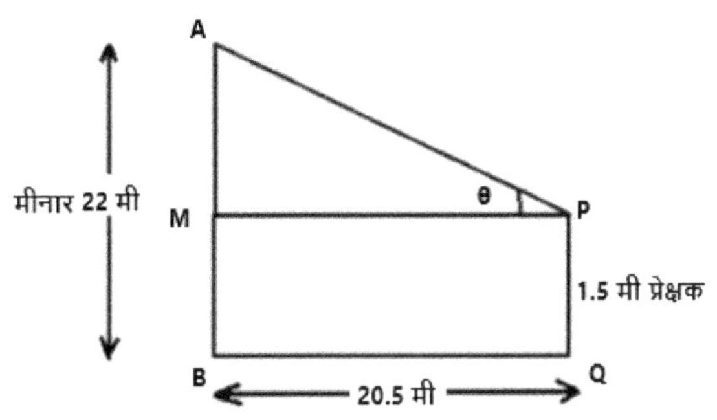


$$\tan\theta = \frac{AM}{PM}$$

$$\Rightarrow \tan\theta = \frac{20.5}{20.5}$$

$$\Rightarrow \tan\theta = 1$$

$$\Rightarrow \tan\theta = \tan45°$$

$$\theta = 45°$$

अतः विकल्प (B) सही है।

**80.** दिया है,

छाया की लंबाई $= 36$ मी

माना खंभे की ऊँचाई $= (x)$ मी

जैसा कि हम जानते हैं,

$$\sec^2\theta = \tan^2\theta + 1$$

$$\tan\theta = \frac{P}{B}$$

जहाँ,

$P = $ लंब

$B = $ आधार

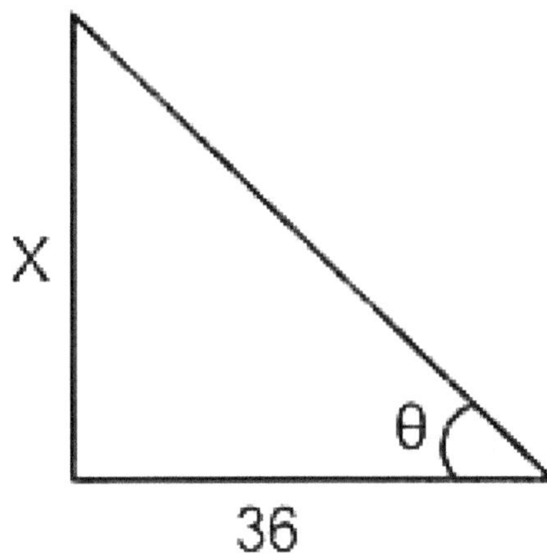


$$\sec\theta = \frac{13}{12}$$

$$\Rightarrow \sec^2\theta = \tan^2\theta + 1$$

$$\Rightarrow \left(\frac{13}{12}\right)^2 = \tan^2\theta + 1$$

$$\Rightarrow \tan^2\theta = 1 - \left(\frac{13}{12}\right)^2$$

$$\Rightarrow \tan^2\theta = 1 - \frac{169}{144}$$

$$\Rightarrow \tan^2\theta = \frac{25}{144}$$

$$\Rightarrow \tan\theta = \frac{5}{12}$$

$$\tan\theta = \frac{P}{B}$$

$$\tan\theta = \frac{x}{36}$$

$$\Rightarrow \frac{5}{12} = \frac{x}{36}$$

$$\Rightarrow x = 36 \times \left(\frac{5}{12}\right)$$

$$\Rightarrow x = 15$$

$\therefore$ खंभे की ऊंचाई $15$ मीटर है।

अतः विकल्प (B) सही है।

**81.** Given:

दो होटल $25$ मीटर की दूरी पर स्थित हैं। उनमें से एक की ऊंचाई $70$ मीटर है और दूसरे होटल के शीर्ष से देखने पर इसका अवनमन कोण $45°$ है।

प्रयुक्त सूत्र:

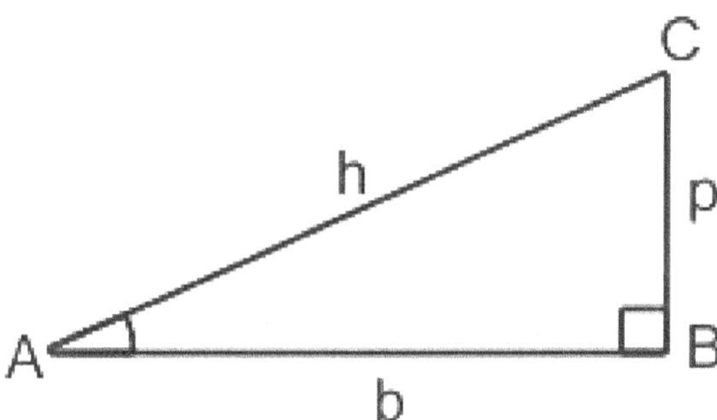


For a right angle triangle $ABC$,

$$\tan\theta = \text{लंबवत} / \text{आधार} = \frac{BC}{AB}$$

$\theta = 45°$ के लिए, $\tan\theta = 1$

गणना:

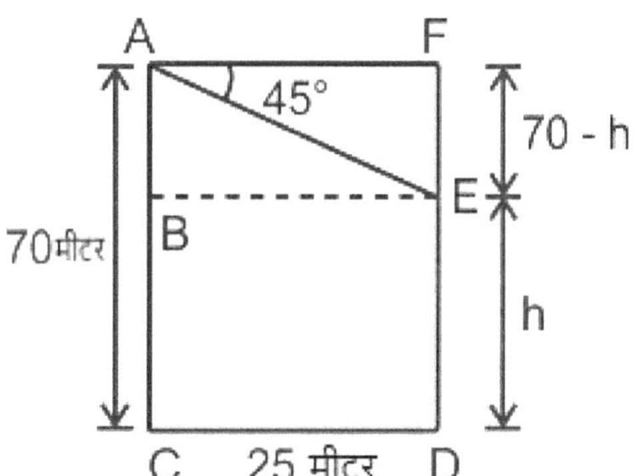

$\triangle\,ABE$ में,

$$\tan45° = \frac{70-h}{25}$$

$$\Rightarrow \frac{70-h}{25} = 1$$

$$\Rightarrow 70 - h = 25$$

$$\Rightarrow h = 70 - 25 = 45$$

$$\Rightarrow h = 45\ \text{मीटर}$$

अतः विकल्प (D) सही है।

**82.** दी गई जानकारी को चित्र के द्वारा निम्न प्रकार से दर्शाया जा सकता है:

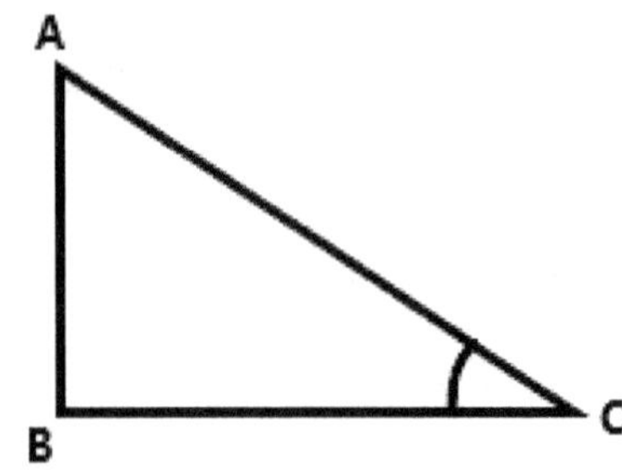

जहाँ,

AB = मीनार की ऊंचाई

BC = मीनार की परछाई की लम्बाई

ΔABC में,

$$\tan C = \frac{AB}{BC}$$

$$\Rightarrow \tan C = \frac{AB}{\sqrt{3}AB} = \frac{1}{\sqrt{3}}$$

$$\Rightarrow \angle C = 30°$$

∴ सूरज का उन्नयन कोण = 30°

अतः विकल्प (B) सही है।

**83.** दिया गया है:

$P$ का अवनमन कोण $= 45°$

$Q$ का अवनमन कोण $= 60°$

$P$ और $Q$ के बीच की दूरी $= 100\left(3 - \sqrt{3}\right)$

जैसा कि हम जानते है,

अवनमन कोण: कोण का निर्माण दृष्टि की रेखा और क्षैतिज तल से नीचे की वस्तु के लिए क्षैतिज तल से होता है।

$$\tan\theta = \text{लंबवत/आधार} = \frac{P}{B}$$

$$\tan45° = 1$$

$$\tan60° = \sqrt{3}$$

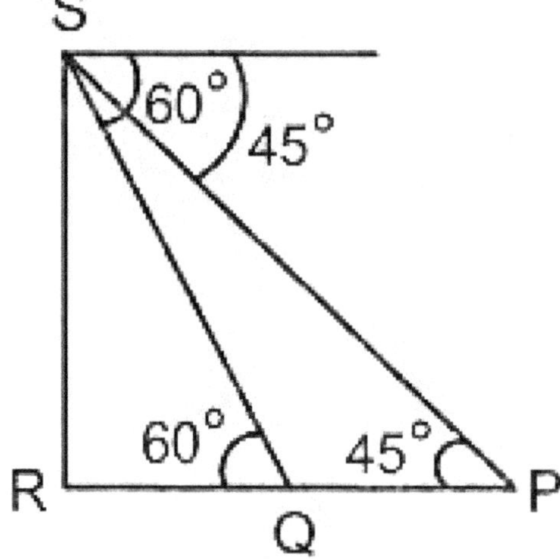


माना मीनार की ऊंचाई $h$ है और दूरी $QR, x$ है।

एक समकोण त्रिभुज $QRS$ में

$$\tan60° = \frac{h}{x}\left(\tan\theta = \frac{P}{B}\right)$$

$$\Rightarrow x = \frac{h}{\sqrt{3}}\ \text{........(1)}$$

एक समकोण त्रिभुज $PRS$ में,

$$\tan45° = \frac{h}{x+100\left(3-\sqrt{3}\right)}$$

$$\Rightarrow h = x + 100\left(3 - \sqrt{3}\right)\quad (\because \tan45° = 1)$$

$$\Rightarrow h - \frac{h}{\sqrt{3}} = 100\left(3 - \sqrt{3}\right)\quad \left(\because x = \frac{h}{\sqrt{3}}\right)$$

$$\Rightarrow \frac{h(\sqrt{3}-1)}{\sqrt{3}} = 100 \times \sqrt{3}(\sqrt{3} - 1)$$

$$\Rightarrow h = 300$$

इसलिए, मीनार की अभीष्ट ऊँचाई $300$ मी है।

अत: विकल्प (C) सही है।

**84.** दिया गया है:

$\triangle\,ABC$ में, $\angle BAC = 75°$

$BQ = PQ$ तथा $QC = QR$

जैसा कि हम जानते है,

त्रिभुज के तीनों कोणों का योग $= 180°$

एक सरल रेखा पर सभी कोणों का योग $= 180°$

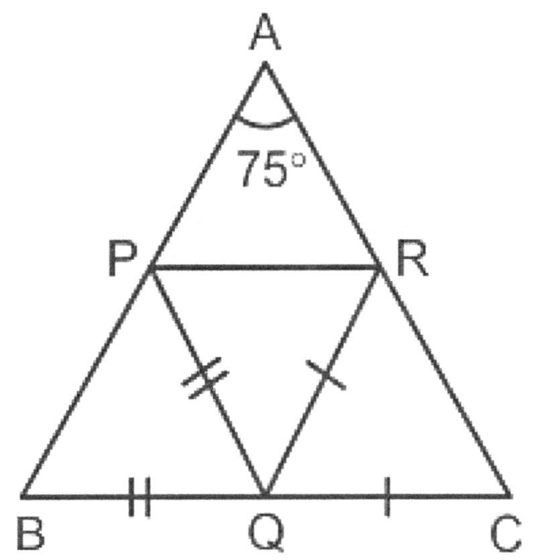

माना, $\angle ABC = x$ और $\angle ACB = y$

इसलिए, $\angle ABC = \angle PBQ = \angle QPB = x[\because BQ = PQ]$

$\angle ACB = \angle RCQ = \angle QRC = y[QC = QR]$

$\triangle ABC$ में, $\angle ABC + \angle ACB + \angle BAC = 180°$

$\Rightarrow x + y + 75° = 180°$

$\Rightarrow x + y = 180° - 75° = 105°.....(1)$

$\triangle BPQ$ तथा $\triangle CRQ$ में,

$(\angle PBQ + \angle QPB + \angle PQB) + (\angle RCQ + \angle QRC + \angle RQC)$

$\Rightarrow 180° + 180° = 360°$

$\Rightarrow (x + x + \angle PQB) + (y + y + \angle RQC) = 360°$

$\Rightarrow 2x + 2x + \angle PQB + \angle RQC = 360°$

$\Rightarrow 2(x + y) + \angle PQB + \angle RQC = 360°$

$\Rightarrow (2 \times 105°) + \angle PQB + \angle RQC = 360°$
$[\because x + y = 105°]$

$\Rightarrow \angle PQB + \angle RQC$

$\Rightarrow 360° - 210° = 150°...(2)$

साथ ही, $\angle PQB + \angle RQC + \angle PQR = 180°$

$\Rightarrow 150° + \angle PQR = 180°$
$[\because \angle PQB + \angle RQC = 150°]$

$\Rightarrow \angle PQR = 180° - 150° = 30°$

$\therefore \angle PQR$ की माप (डिग्री में) $30°$ है।

अतः विकल्प (C) सही है।

**85.** जैसा कि हम जानते हैं,

त्रिभुज के सभी कोणों का योग $180°$ होता है।

$3, 4$ और $6$ का लघुत्तम समापवर्त्य $12$ है।

अब,

$\Rightarrow \dfrac{3\angle A}{12} = \dfrac{4\angle B}{12} = \dfrac{6\angle C}{12} = k$

$\angle A = 4k$

$\angle B = 3k$

$\angle C = 2k$

$\angle A + \angle B + \angle C = 180°$

$\Rightarrow 4k + 3k + 2k = 180°$

$\Rightarrow 9k = 180°$

$\Rightarrow k = 20°$

$\angle A = 4 \times 20° = 80°$

$\therefore \angle A = 80°$

अतः विकल्प (A) सही है।

**86.** दिया हैं:

$\angle BIC : \angle AOC = 11 : 12$

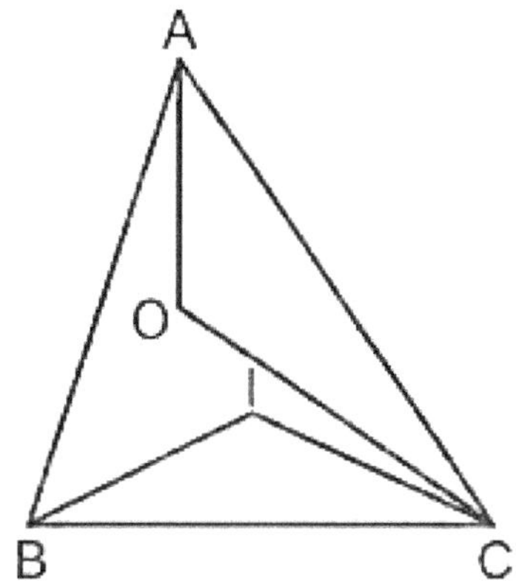

माना, $\angle BIC = 11x$ और $\angle AOC = 12x$

$\Rightarrow 11x + 12x = 360° \times \dfrac{575}{900}$

$\Rightarrow 23x = 230°$

$\Rightarrow x = 10°$

$\angle BIC = 110°$

$\angle AOC = 120°$

अब, $\angle BIC = 90° + \dfrac{\angle A}{2}$

$\Rightarrow \angle A = (110° - 90°) \times 2 = 40°$

$\angle AOC = 180° - \angle B$

$\Rightarrow \angle B = 180° - 120° = 60°$

$\Rightarrow \angle C = 180° - 40° - 60° = 80°$

$\therefore \angle A : \angle B : \angle C = 40° : 60° : 80° = 2 : 3 : 4$

अतः विकल्प (A) सही है।

**87.** दिया है:

a = 11 सेमी, b = 60 सेमी और c = 61 सेमी

त्रिभुज के कोज्या नियम के अनुसार, नीचे दिखाए गए अनुसार a, b, और c भुजाओं के साथ त्रिभुज ABC के लिए ,

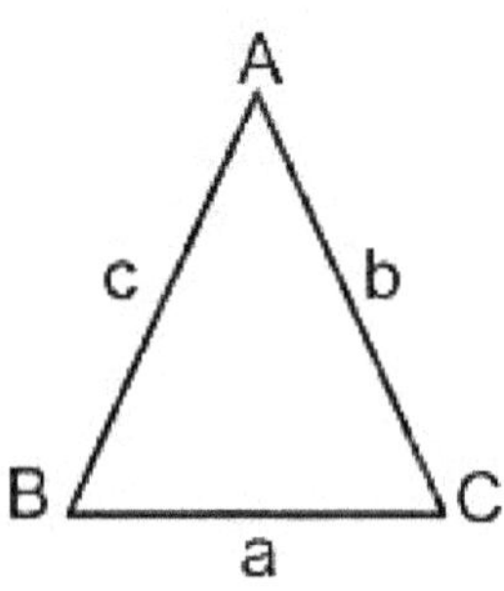

$$\cos A = \frac{(b^2+c^2-a^2)}{2bc}$$

$$\cos B = \frac{(a^2+c^2-b^2)}{2ac}$$

$$\cos C = \frac{(a^2+b^2-c^2)}{2ab}$$

अब,

$$\cos A = \frac{(3600+3721-121)}{(2\times60\times61)} = \frac{60}{61}$$

$$\cos B = \frac{(121+3721-3600)}{(2\times11\times61)} = \frac{11}{61}$$

$$\cos C = \frac{(121+3600-3721)}{(2\times11\times60)} = 0$$

$\therefore$ कोज्याओं का आवश्यक योग $= \frac{60}{61} + \frac{11}{61} = \frac{71}{61}$

अतः विकल्प (D) सही है।

**88.** द्रव्यमान-बिंदु प्रमेय के अनुसार,

यदि रेखा AB और BC संतुलित हैं, तो माना कि बिंदु B द्रव्यमान 6 है।

रेखा AB के लिए, बिंदु A पर द्रव्यमान 8 है।

रेखा BC संतुलित होने के लिए, बिंदु C पर द्रव्यमान 5 है और बिंदु D पर द्रव्यमान 11 है।

रेखा AC संतुलित होने के लिए, बिंदु A पर द्रव्यमान 7.5 होना चाहिए, क्योंकि A पर द्रव्यमान × AF = C C पर द्रव्यमान × CF = 15

बिंदु A पर कुल भार= 8 + 7.5 = 15.5

बिंदु F पर कुल भार = 7.5 + 5 = 12.5

रेखा AD के लिए, बिंदु A पर कुल भार 15.5 है और बिंदु D पर कुल भार 11 है

बिंदु O पर कुल भार = 15.5 + 11 = 26.5

$\therefore$ AO : OD = बिंदु D पर द्रव्यमान : बिंदु A पर द्रव्यमान = 11 : 15.5 = 22 : 31

अतः विकल्प (A) सही है।

**89.**

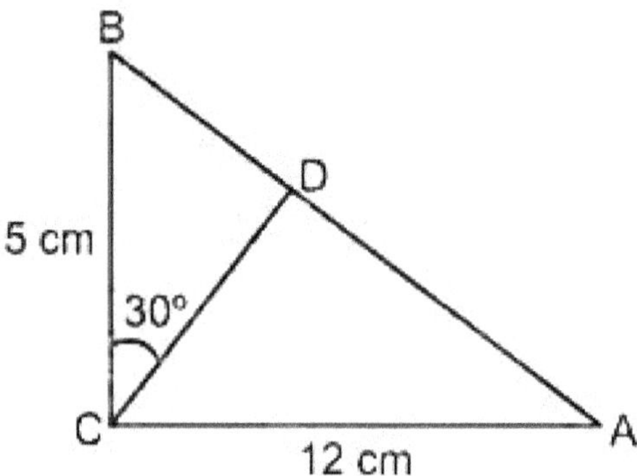

BC = 5 सेमी, AC = 12 सेमी और ∠BCD = 30°

चूंकि यह एक समकोण त्रिभुज है, AB = 13 सेमी

माना CD = x सेमी

त्रिभुज ABC का क्षेत्रफल $= \frac{1}{2} \times 5 \times 12 = 30$ सेमी²

त्रिभुज BCD का क्षेत्रफल $= \frac{1}{2} \times BC \times CD \times Sin30°$

$= \frac{1}{2} \times 5 \times CD \times \frac{1}{2} = \frac{5CD}{4}$ सेमी²

त्रिभुज ACD का क्षेत्रफल $= \frac{1}{2} \times AC \times CD \times Sin60°$

$= \frac{1}{2} \times 12 \times CD \times \frac{\sqrt{3}}{2} = 3\sqrt{3}CD$ सेमी²

आकृति में

त्रिभुज ABC का क्षेत्रफल = त्रिभुज BCD + त्रिभुज ACD का क्षेत्रफल

$$\Rightarrow 30 = \frac{5CD}{4} + 3\sqrt{3}CD$$

$$\Rightarrow (5 + 12\sqrt{3})CD = 120$$

$$\therefore CD = \frac{120}{5+12\sqrt{3}} \text{ सेमी}$$

अतः विकल्प (D) सही है।

**90.**

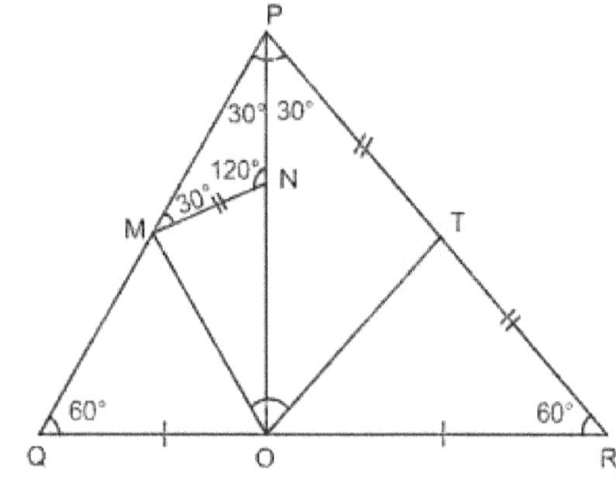

चूँकि PQ = PR, ∠NPM = ∠NPT=30°

∠MNP = 180° − 60° = 120°

∠NMP = ∠NPM = 30° (MN = NP)

∠QPR = 60°

साथ ही, ∠PQR = ∠PRQ = 60°

∆OTR और ∆PQR . में

∠R उभयनिष्ठ है।

चूँकि T, PR का मध्य-बिंदु है, तो PT = RT = OT (इनरेडियस प्रमेय)

इसलिए, ∠ROT = ∠RTO = 60°

इसलिए OTR और PQR समरूप हैं। (एएए द्वारा)

अब PTO TOR . का एक बहिष्कोण है।

इसलिए, ∠PTO = ∠ROT + ∠TRO (बाह्य कोण प्रमेय द्वारा)

इसलिए, ∠PTO= 60° + 60° = 120°

आवश्यक योग  = ∠PTO + ∠PNM =  120° + 120° = 240°

∴ आवश्यक योग 240° है।

अतः विकल्प (D) सही है।

**91.** दिया है,

$$cosec\theta - \cot\theta = \sqrt{3} \,...\, (i)$$

हम त्रिकोणमितीय पहचान जानते हैं,  $cosec^2\theta - \cot^2\theta = 1$

$$(cosec\theta - \cot\theta)(cosec\theta + \cot\theta) = 1$$

समीकरण (i) का उपयोग करके हम प्राप्त करते हैं,

$$\Rightarrow \sqrt{3}(cosec\theta + \cot\theta) = 1$$

$$\Rightarrow cosec\theta + \cot\theta = \frac{1}{\sqrt{3}} ...(ii)$$

(i) और (ii) को जोड़ने पर,

$$cosec\theta - \cot\theta + cosec\theta + \cot\theta = \sqrt{3} + \frac{1}{\sqrt{3}}$$

$$\Rightarrow 2cosec\theta = \sqrt{3} + \frac{1}{\sqrt{3}}$$

$$\Rightarrow cosec\theta = \frac{2}{\sqrt{3}}$$

$$\Rightarrow \theta = 60° \text{ या } \theta = 120°$$

समीकरण (i) में $\theta = 60°$ का मान रखें,

$$cosec\,60° - \cot 60° = \frac{2}{\sqrt{3}} - \frac{1}{\sqrt{3}}$$

$$= \frac{1}{\sqrt{3}} \neq \sqrt{3}$$

$\Rightarrow \theta = 60°$ मूल समीकरण को संतुष्ट नहीं कर रहा है।

अब, समीकरण (i) में $\theta = 120°$ का मान रखें,

$$cosec\,120° - \cot 120° = \frac{2}{\sqrt{3}} - \frac{-1}{\sqrt{3}}$$

$$= \frac{3}{\sqrt{3}}$$

$$= \sqrt{3}$$

$\Rightarrow \theta = 120°$ मूल समीकरण को संतुष्ट करता है।

अब,

$$\tan\theta + \sin\theta = \tan 120° + \sin 120°$$

$$= -\sqrt{3} + \frac{\sqrt{3}}{2}$$

$$= \frac{-2\sqrt{3}+\sqrt{3}}{2}$$

$$= -\frac{\sqrt{3}}{2}$$

अतः विकल्प (A) सही है।

**92.** दिया है,

$$\cos^2\theta = \frac{(x+y)^2}{4xy}$$

हम जानते हैं कि,

$$\cos^2\theta = 1 \text{ का अधिकतम मान,}$$

इसलिए,

$$1 = \frac{(x+y)^2}{4xy}$$

$$\Rightarrow 4xy = (x + y)^2$$

$$\Rightarrow 4xy = x^2 + y^2 + 2xy$$

$$\Rightarrow 0 = x^2 + y^2 - 2xy$$

$$\Rightarrow 0 = (x - y)^2$$

$$\Rightarrow 0 = x - y$$

$$\Rightarrow x = y$$

अतः विकल्प (C) सही है।

**93.** दिया है,

$$\sec^2\theta + \tan^2\theta = 7 \,......(i)$$

समीकरण (i) में दोनों पक्षों में 1 जोड़ने पर हमें प्राप्त होता है,

$$\sec^2\theta + \tan^2\theta + 1 = 7 + 1$$

$$\Rightarrow \sec^2\theta + \sec^2\theta = 8 \qquad (\because\, 1 + \tan^2\theta = \sec^2\theta)$$

$$\Rightarrow 2\sec^2\theta = 8$$

$$\Rightarrow \sec^2\theta = 4$$

$$\Rightarrow \sec\theta = 2$$

$$\therefore \sec\theta = 2$$

अतः विकल्प (B) सही है।

**94.** दिया है,

$$\frac{\cos x - \sin x + 1}{\cos x + \sin x - 1}$$

इसे समीकरण (i) मानकर,

$$\frac{\cos x - \sin x + 1}{\cos x + \sin x - 1} ......(i)$$

अब समीकरण को युक्तिसंगत बनाना (i),

$$\frac{\cos x-(\sin x-1)}{\cos x+(\sin x-1)} \times \frac{\cos x-(\sin x-1)}{\cos x-(\sin x-1)}$$

$$= \frac{[\cos x-(\sin x-1)]^2}{\cos^2 x-(\sin x-1)^2}$$

अब सर्वसमिका $(a-b)^2 = (a^2 - 2ab - b^2)$ का प्रयोग करने पर हमें प्राप्त होता है,

$$= \frac{\cos^2 x+(\sin x-1)^2-2\cos x(\sin x-1)}{-(\sin^2 x-2\sin x+1)}$$

$$= \frac{\cos^2 x+\sin^2 x-2\sin x+1-2\cos x(\sin x-1)}{1-\sin^2 x-(\sin^2 x-2\sin x+1)}$$

$$(\because \cos^2 x + \sin^2 x = 1 \text{ and } \cos^2 x = 1 - \sin^2 x)$$

$$= \frac{1-2\sin x+1-2\cos x(\sin x-1)}{1-\sin^2 x-(\sin^2 x-2\sin x+1)}$$

$$= \frac{2-2\sin x-2\cos x(\sin x-1)}{1-\sin^2 x-\sin^2 x+2\sin x-1}$$

$$= \frac{2(1-\sin x)+2\cos x(1-\sin x)}{2\sin x-2\sin^2 x}$$

$$= \frac{(1-\sin x)(1+\cos x)}{\sin x(1-\sin x)}$$

$$= \frac{1+\cos x}{\sin x}$$

$$= \frac{1}{\sin x} + \frac{\cos x}{\sin x} \left(\because cosec x = \frac{1}{\sin x}, \cot x = \frac{\cos x}{\sin x}\right)$$

$$= cosec x + \cot x$$

अतः विकल्प (A) सही है।

**95.** माना संख्या $x$ है।

$$\left(\frac{1}{5}\right) \times \left(\frac{3}{4}\right) \times \left(\frac{1}{3}\right) \times x = 24$$

$$\Rightarrow x = 24 \times 20$$

$$\Rightarrow x = 480$$

इसलिए, 20% का $x = \left(\frac{20}{100}\right) \times 480 = 96$

$\therefore$ अभीष्ट संख्या 96 है।

अतः विकल्प (C) सही है।

**96.** दिया है,

कार में पेट्रोल $= 4\frac{2}{3}$ लीटर

प्रतिदिन प्रयुक्त पेट्रोल $= 1\frac{15}{27}$ लीटर

एक दिन में प्रयुक्त पेट्रोल $= 1\frac{15}{27}$ लीटर $= \frac{42}{27}$ लीटर

कुल पेट्रोल $= 4\frac{2}{3}$ लीटर $= \frac{14}{3}$ लीटर

प्रयुक्त पेट्रोल $= \frac{14}{3} \div \frac{42}{27}$

$$= \frac{14}{3} \times \frac{27}{42} = 3 \text{ दिन}$$

$\therefore$ 3 दिन तक पेट्रोल का उपयोग होगा।

अतः विकल्प (C) सही है।

**97.** दिया है:

$$\frac{3.8}{1.25}$$

हर में 10 बनाने के लिए $\frac{8}{8}$ से गुणा करने पर,

$$= \frac{3.8}{1.25} \times \frac{8}{8}$$

$$= \frac{30.4}{10}$$

$$= 3.04$$

अतः विकल्प (B) सही है।

**98.** दिया है,

$\triangle ABC$ का क्षेत्रफल $= 5$ वर्ग इकाई

त्रिकोण के शीर्ष $(2,1), (3,-2)$ और $\left(\frac{7}{2}, y\right)$ हैं,

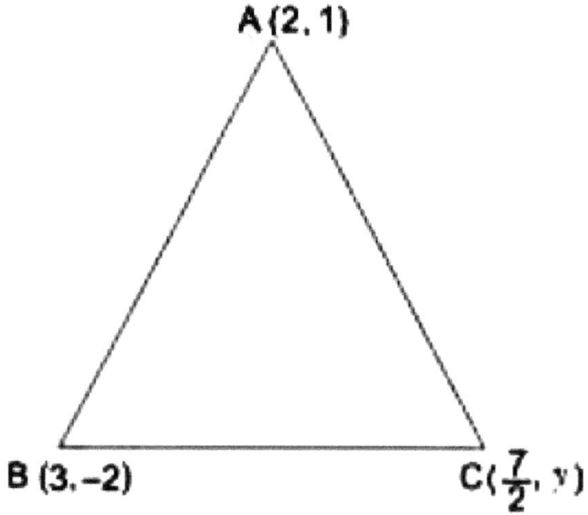


जैसा कि हम जानते हैं,

$\triangle ABC$ का क्षेत्रफल जिसके शीर्ष $A(x_1, y_1), B(x_2, y_2)$ और $C(x_3, y_3)$ हैं, द्वारा दिया गया है,

$\triangle ABC$ का क्षेत्रफल $= \frac{1}{2}[x_1(y_2 - y_3) + x_2(y_3 - y_1) + x_3(y_1 - y_2)]$

$$\Rightarrow \frac{1}{2}[2(-2 - y) + 3(y - 1) + \frac{7}{2}(1 + 2)] = 5$$

$$\Rightarrow -4 - 2y + 3y - 3 + \frac{7}{2} + 7 = 10$$

$$\Rightarrow y + \frac{7}{2} = 10$$

$$\Rightarrow y = 10 - \frac{7}{2}$$

$$\therefore y = \frac{13}{2}$$

अतः विकल्प (A) सही है।

**99.** हम देख सकते हैं कि लाभ वर्ष 2015 और 2017 में ही बढ़ रहा है।

हम जानते हैं कि:

लाभ प्रतिशत वृद्धि द्वारा दी गई है:

= वर्तमान वर्ष में उस कंपनी का लाभ-पिछले वर्ष में उस कंपनी का लाभ/पिछले वर्ष में उस कंपनी का लाभ

लाभ % में वृद्धि 2015 $= [\frac{(16,000-14,000)}{14,000}] \times 100 =$

$14\frac{2}{7}\%$

लाभ % वृद्धि 2017 $= [\frac{(20,000-14,000)}{14,000}] \times 100 = 42\frac{6}{7}\%$

2015 में, पिछले वर्ष की तुलना में लाभ बढ़ रहा है लेकिन 2017 में लाभ प्रतिशत वृद्धि सबसे अधिक है।

∴ B का लाभ प्रतिशत वृद्धि 2017 में पिछले वर्ष की तुलना में सबसे अधिक है।

अतः विकल्प (B) सही है।

**100.** उन छात्रों की संख्या जो 55 इंच से अधिक या बराबर थे, लेकिन 70 इंच से कम लंबे थे, समूहों का प्रतिनिधित्व करने वाले बार में दिखाए गए हैं,

$55 - 60, 60 - 65$ और $65 - 70$

$50 - 60$ के बीच के छात्र $= 6$

$60 - 65$ के बीच के छात्र $= 5$

$65 - 70$ के बीच के छात्र $= 2$

फिर, सभी मानों को जोड़कर,

हम पाते हैं,

$6 + 5 + 2$

$= 13$

अतः विकल्प (A) सही है।

**Q.1** 84 और 144 का HCF और LCM ज्ञात कीजिए:

A. 12 और 1008
B. 24 और 1009
C. 48 और 1010
D. 68 और 1011

**Q.2** 6, 72 और 120 का HCF और LCM ज्ञात कीजिए:

A. 3 और 330
B. 4 और 340
C. 5 और 350
D. 6 और 360

**Q.3** अभाज्य गुणनखंडन विधि द्वारा 96 और 404 का HCF ज्ञात कीजिए। उनका LCM भी ज्ञात कीजिए।

A. 10 और 8595
B. 6 और 10520
C. 4 और 9696
D. 8 और 2653

**Q.4** परिमेय संख्या $\frac{43}{2^4 5^3}$ का दशमलव प्रसार कितने दशमलव स्थानों के बाद समाप्त हो जाएगा?

A. दशमलव के 2 स्थानों के बाद ।
B. दशमलव के 3 स्थानों के बाद ।
C. दशमलव के 4 स्थानों के बाद ।
D. दशमलव के 5 स्थानों के बाद ।

**Q.5** एक स्कूल में कक्षा $X$ और 96 कक्षा $IX$ में 104 छात्र हैं। एक गृह परीक्षा में, छात्रों को समान रूप से समानांतर पंक्तियों में इस प्रकार बैठाया जाता है कि कोई भी दो आसन्न पंक्तियाँ एक ही कक्षा की न हों। पंक्तियों की कुल संख्या को ज्ञात कीजिए।

A. 25
B. 28
C. 35
D. 38

**Q.6** वह बड़ी से बड़ी संख्या ज्ञात कीजिए जिससे 398, 436 और 542 को विभाजित करने पर क्रमशः 7, 11, और 15 शेष बचे।

A. 25
B. 21
C. 19
D. 17

**Q.7** यदि $x^2 - bx + c = 0$ के मूलों में से प्रत्येक को 2 से घटाया जाता है, तो परिणामी समीकरण $x^2 - 2x + 1 = 0$ है, यदि और केवल यदि:

A. $b = 6, c = 9$
B. $b = 3, c = 5$
C. $b = 2, c = 1$
D. $b = -4, c = 3$

**Q.8** यदि $\alpha, \beta$ द्विघात बहुपद $2 - 3x - x^2$ के शून्यक हों, तब $\alpha + \beta =$

A. 2
B. 9
C. 1
D. इनमें से कोई नहीं

**Q.9** यदि '$k$' समीकरण $x^2 - px + q = 0$, के मूलों का अनुपात हो, तो $\frac{k}{1+k^2}$ का मान है:

A. $\frac{q^2 - 2p}{p}$
B. $\frac{q}{p^2 - 2q}$
C. $\frac{p}{q^2 - p}$
D. $\frac{p}{p^2 - 2q}$

**Q.10** $x^3 + 4x^2 - 11x - 30$ के गुणज क्या हैं?

A. $(x - 2), (x + 3)$ और $(x + 5)$
B. $(x + 2), (x + 3)$ और $(x - 5)$
C. $(x + 2), (x - 3)$ और $(x + 5)$
D. $(x + 2), (x - 3)$ और $(x - 5)$

**Q.11** मान लीजिए $p(x) = ax^2 + bx + c$ एक द्विघात बहुपद हो। इसमें अधिकतम ______ हो सकते हैं।

A. एक शून्यक
B. दो शून्यक
C. तीन शून्यक
D. इनमें से कोई नहीं

**Q.12** द्विघात बहुपद जिसका शून्यकों का योग 5 है और इसके शून्यकों का गुणनफल $-14$ है:

A. $x^2 - 5x - 14$
B. $x^2 - 10x - 14$
C. $x^2 - 5x + 14$
D. इनमें से कोई नहीं

**Q.13** यदि द्विघात बहुपद $x^2 + (a + 1)x + b$ के शून्यक 2 और $-3$ हैं, फिर:

A. $a = -7, b = -1$
B. $a = 5, b = -1$
C. $a = 2, b = -6$
D. $a = 0, b = -6$

**Q.14** एक आयत का क्षेत्रफल 9 वर्ग इकाई कम हो जाता है, यदि इसकी लंबाई 5 इकाई कम कर दी जाती है और चौड़ाई 3 इकाई बढ़ा दी जाती है। यदि हम लंबाई में 3 इकाई और चौड़ाई 2 इकाई बढ़ा दें, तो क्षेत्रफल 67 वर्ग इकाई बढ़ जाता है। आयत के आयाम ज्ञात कीजिए।

A. लंबाई 10 इकाई , चौड़ाई 9 इकाई
B. लंबाई 12 इकाई , चौड़ाई 8 इकाई
C. लंबाई 17 इकाई , चौड़ाई 9 इकाई
D. लंबाई 19 इकाई , चौड़ाई 10 इकाई

**Q.15** एक भिन्न का हर, अंश के दोगुने से 4 अधिक है। जब अंश और हर दोनों में से 6 को घटाया जाता है, तो हर, अंश का 12 गुना हो जाता है। भिन्न ज्ञात कीजिए।

A. $\frac{18}{7}$
B. $\frac{16}{7}$
C. $\frac{7}{18}$
D. $\frac{7}{16}$

**Q.16** समीकरणों के निम्नलिखित युग्मों को रैखिक समीकरणों के युग्म में बदलकर हल करें:

$$\frac{5}{x-1} + \frac{1}{y-2} = 2$$
$$\frac{6}{x-1} - \frac{3}{y-2} = 1$$

A. $x = 6, y = 8$
B. $x = 2, y = 5$
C. $x = 4, y = 5$
D. $x = 3, y = 6$

**Q.17** समीकरणों के निम्नलिखित युग्मों को रैखिक समीकरणों के युग्म में घटाकर हल करें:

$$\frac{10}{x+y} + \frac{2}{x-y} = 4$$
$$\frac{15}{x+y} - \frac{5}{x-y} = -2$$

A. $x = 3, y = 2$
B. $x = 6, y = 2$
C. $x = 2, y = 3$
D. $x = 5, y = 3$

**Q.18** रितु धारा के अनुकूल 20 किमी 2 घंटे में और धारा के प्रतिकूल 4 किमी 2 घंटे में तय कर सकती है। शांत जल में उसकी नौकायन की गति और धारा की गति ज्ञात कीजिए।

A. शांत पानी में नाव की गति, $x = 6$ किमी/घंटा, धारा की गति, $y = 4$ किमी/घंटा
B. शांत पानी में नाव की गति, $x = 7$ किमी/घंटा, धारा की गति, $y = 3$ किमी/घंटा

**C.** शांत पानी में नाव की गति, $x = 10$ किमी/घंटा, धारा की गति, $y = 5$ किमी/घंटा

**D.** शांत पानी में नाव की गति, $x = 8$ किमी/घंटा, धारा की गति, $y = 3$ किमी/घंटा

**Q.19** 2 महिलाएं और 5 पुरुष एक साथ कढ़ाई के काम को 4 दिनों में पूरा कर सकते हैं, जबकि 3 महिलाएं 6 पुरुष इसे 3 दिनों में पूरा कर सकते हैं। कार्य को पूरा करने के लिए अकेले 1 महिला द्वारा लिया गया समय, और अकेले 1 पुरुष द्वारा लिया गया समय ज्ञात कीजिए।

**A.** एक महिला द्वारा कार्य समाप्त करने में लिया गया समय 28 दिन, एक पुरुष द्वारा कार्य समाप्त करने में लिया गया समय 46 दिन

**B.** एक महिला द्वारा कार्य समाप्त करने में लिया गया समय 18 दिन, एक पुरुष द्वारा कार्य समाप्त करने में लिया गया समय 36 दिन

**C.** एक महिला द्वारा कार्य समाप्त करने में लिया गया समय 10 दिन, एक पुरुष द्वारा कार्य समाप्त करने में लिया गया समय 26 दिन

**D.** एक महिला द्वारा कार्य समाप्त करने में लिया गया समय 38 दिन, एक पुरुष द्वारा कार्य समाप्त करने में लिया गया समय 36 दिन

**Q.20** नीचे दिए गए द्विघात समीकरण के लिए A के मान ज्ञात कीजिए:

$$A^2 + 25A - 900 = 0$$

**A.** $45, -20$      **B.** $-45, -20$

**C.** $45, 20$      **D.** $-45, 20$

**Q.21** समीकरण $(x - 2)^2 + 1 = 2x - 3$ है:

**A.** रेखीय समीकरण      **B.** द्विघात समीकरण

**C.** घन समीकरण      **D.** द्वि-द्विघात समीकरण

**Q.22** यदि -5 द्विघात समीकरण $2x^2 + px - 15 = 0$ का मूल है, तो:

**A.** p = 3    **B.** p = 5    **C.** p = 7    **D.** p = 1

**Q.23** यदि किसी $AP$ के प्रथम 14 पदों का योग 1050 है और इसका प्रथम पद 10 है, तो 20वाँ पद ज्ञात कीजिए।

**A.** 100      **B.** 150      **C.** 200      **D.** 300

**Q.24** एक $AP$ का प्रथम पद $-5$ है और अंतिम पद 45 है। यदि $AP$ के पदों का योग 120 है, तो पदों की संख्या और सार्व अंतर ज्ञात कीजिए।

**A.** 6,10      **B.** 6,20      **C.** 6,30      **D.** 6,40

**Q.25** 636 का योग देने के लिए $AP$ 9,17,25, ... के कितने पदों को लिया जाना चाहिए?

**A.** 12      **B.** 14      **C.** 16      **D.** 18

**Q.26** एक त्रिभुज बिंदु $A(-1,2), B(-1,-2)$ और $C(2,-2)$ से बनता है। त्रिभुज का क्षेत्रफल ज्ञात कीजिये।

**A.** 4 वर्ग इकाई      **B.** 8 वर्ग इकाई

**C.** 6 वर्ग इकाई      **D.** 3 वर्ग इकाई

**Q.27** निशा जिसका निर्देशांक $(0,1)$ है, श्रेया और गीता से निर्देशांक $(5, -3)$ और $(x, 6)$ क्रमशः के साथ समान दूरी पर है। $x$ का मान और श्रेया और गीता के बीच की दूरी है:

**A.** 4 और $\sqrt{82}$      **B.** $-4$ और $\sqrt{82}$

**C.** 4 और 9      **D.** 4 और $-9$

**Q.28** त्रिभुज के दो शीर्ष $(-1,4)$ और $(5,2)$ हैं। यदि केन्द्रक $(0, -3)$ है, तो तीसरा शीर्ष ज्ञात कीजिए।

**A.** $(-5, -15)$      **B.** $(-4, -15)$

**C.** $(6, 25)$      **D.** $(-3, -15)$

**Q.29** यदि $x - 2y + k = 0$ त्रिभुज की माध्यिका है जिसके शीर्ष $A(-1,3), B(0,4)$ और $C(-5,2)$ हैं, तो $k$ का मान ज्ञात कीजिए।

**A.** 8      **B.** 9      **C.** 10      **D.** 12

**Q.30** दो समान त्रिकोण हैं। पहले त्रिकोण की भुजाएँ 2 सेमी, 3 सेमी और 4 सेमी हैं। दूसरे त्रिकोण की परिधि 81 सेमी है। अन्य त्रिभुज (सेमी में) के संगत भुजाओं को ज्ञात कीजिये।

**A.** 18,36,27      **B.** 27,18,36

**C.** 18,27,36      **D.** 36,27,18

**Q.31** $y$ - अक्ष के ऋणात्मक दिशा से 2 अंतःखंड काटने वाली और $x$ - अक्ष के धनात्मक दिशा के साथ $30°$ पर झुके एक सीधी रेखा का समीकरण क्या है?

**A.** $x - 2\sqrt{3}y - 3\sqrt{2} = 0$

**B.** $x + 2\sqrt{3}y - 3\sqrt{2} = 0$

**C.** $x + \sqrt{3}y - 2\sqrt{3} = 0$

**D.** $x - \sqrt{3}y - 2\sqrt{3} = 0$

**Q.32** निम्नलिखित कथनों पर विचार कीजिए।

1. एक समाप्त रेखा खंड को अनंत तक नहीं खींचा जा सकता है।

2. अनंत रेखा खंड दो बिंदुओं से खींचे जा सकते हैं।

उपरोक्त कथन में से कौन-सा सत्य है?

**A.** केवल 1      **B.** केवल 2

**C.** 1 और 2 दोनों      **D.** ना तो 1 और ना ही 2

**Q.33** दी गई आकृति में, $\angle BAC = 75°, \angle EBC = 135°$, तो $\angle ACD$ का मान क्या है?

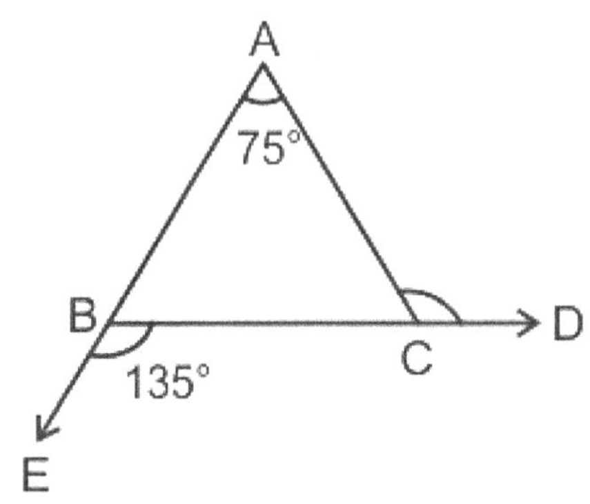

**A.** 110°      **B.** 120°      **C.** 115°      **D.** 105°

**Q.34** कोणों का कौनसा युग्म सम्पूरक कोण नहीं बनाता है?

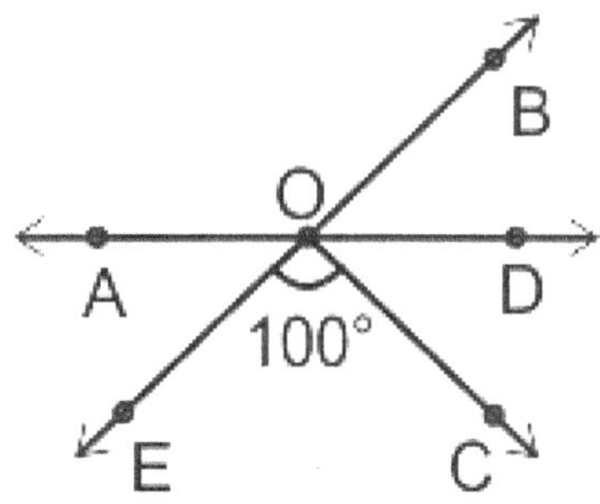

**A.** $\angle AOE, \angle COE$ और $\angle DOC$

**B.** $\angle BOC$ और $\angle COD$

C.   ∠AOB और ∠BOD

D.   ∠AOB और ∠AOE

**Q.35** दी गई आकृति में, $\angle COE = 90°$ साथ ही $DO \perp AB$, $\angle EOB = 45°$, है, ∠DOF ज्ञात कीजिए।

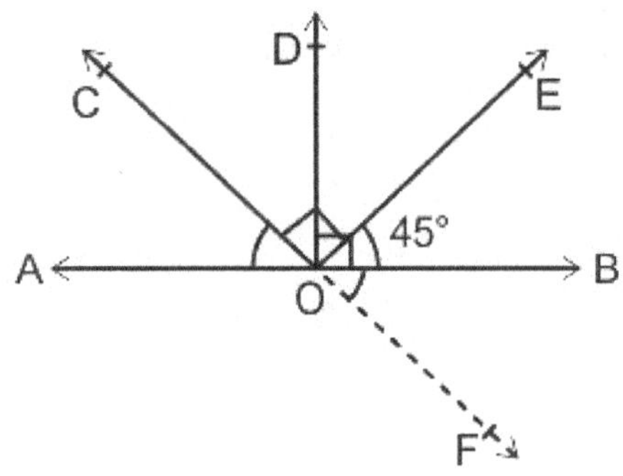

A. 145°  B. 135°  C. 125°  D. 115°

**Q.36** दी गई आकृति में, BC || RS, RAQ = BAC, ∠SAD = 52°, तो x का मान होगा:

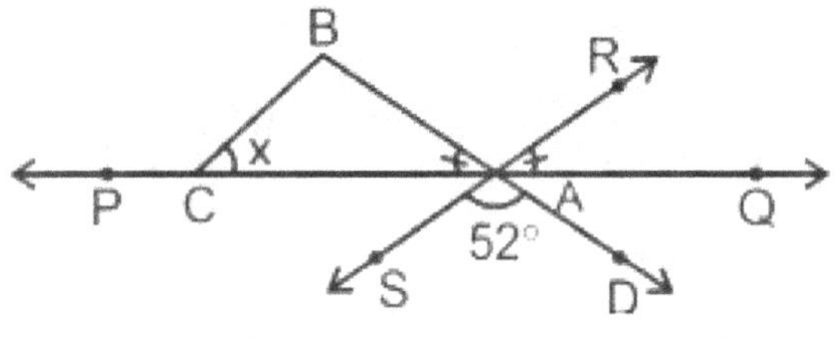

A. 64°  B. 26°  C. 38°  D. 52°

**Q.37** त्रिभुज ABC की भुजा BC को D तक बढ़ाया गया है। अगर ∠ACD = 112° और $\angle CBA = \dfrac{3}{4}\angle BAC$, तो ∠CBA का माप है:

A. 30°  B. 48°  C. 45°  D. 64°

**Q.38** ∠MOQ = 80° और ∠NOQ = 100° है, तो निम्न में से कौन-सा कथन सत्य है?

A.   OQ || ON

B.   O, M और N समरेख हैं।

C.   दोनों रैखिक युग्म बनाते हैं।

D.   (A) और (B) दोनों

**Q.39** यदि A अपने पूरक कोण से 22° अधिक है और B अपने पूरक कोण से 26° अधिक है, तो A + B का मान ज्ञात कीजिए।

A. 112°  B. 114°  C. 120°  D. 110°

**Q.40** $ABCD$ एक वर्ग है और वर्ग के बाहर $CDE$ एक समबाहु त्रिभुज है। $\angle BEC$ का मान (डिग्री में) क्या है?

A. 15  B. 30  C. 25  D. 10

**Q.41** एक आयत की लंबाई उसकी चौड़ाई की दुगुनी है। यदि इसकी लंबाई 5 सेमी कम कर दी जाती है और चौड़ाई 5 सेमी बढ़ा दी जाती है, तो आयत का क्षेत्रफल 75 वर्ग सेमी बढ़ जाता है। आयत की लंबाई ज्ञात कीजिए।

A. 5 सेमी  B. 10 सेमी  C. 20 सेमी  D. 40 सेमी

**Q.42** यदि आयत की चौड़ाई 30 सेमी है और आयत का विकर्ण $(2x - 10)$ सेमी है। यदि आयत का क्षेत्रफल 1200 वर्ग सेमी है, तो, $x$ का मान है:

A. 30  B. 32  C. 40  D. 35

**Q.43** एक लॉन एक आयत के रूप में है, जिसकी भुजाओं का अनुपात $2:3$ है। लॉन का क्षेत्रफल $\dfrac{1}{6}$ हेक्टेयर है। लॉन की लंबाई और चौड़ाई ज्ञात करें।

A.   लंबाई = 66 मीटर, चौड़ाई = 10 मीटर

B.   लंबाई = 33.33 मीटर, चौड़ाई = 20 मीटर

C.   लंबाई = 99.9 मीटर, चौड़ाई = 30 मीटर

D.   लंबाई = $33\dfrac{1}{3}$ मीटर, चौड़ाई = 50 मीटर

**Q.44** एक आयताकार की लम्बाई और चौड़ाई का अनुपात क्रमशः $5:2$ है, इसके परिमाप और क्षेत्रफल का अनुपात क्रमशः $1:3$ है। आयताकार की लम्बाई कितनी है?

A. 11  B. 10  C. 20  D. 21

**Q.45** एक आयताकार बगीचे का परिमाप, जिसकी लंबाई उसकी चौड़ाई से 4 मी अधिक है, 36 मी है। बगीचे के आयामों का पता लगाएं।

A. 20 मी, 16 मी  B. 20 मी, 30 मी  C. 30 मी, 40 मी  D. 50 मी, 60 मी

**Q.46** एक बिंदु $P$ पर त्रिज्या 5 सेमी के एक वृत्त पर एक स्पर्शरेखा $PQ$ एक बिंदु $O$ के माध्यम से एक बिंदु $Q$ पर एक रेखा से मिलती है ताकि $OQ = 12$ सेमी. लंबाई $PQ$ है:

A. 12 सेमी  B. 13 सेमी  C. 8.5 सेमी  D. $\sqrt{119}$ सेमी

**Q.47** दो संकेंद्रित वृत्त त्रिज्याओं 5 सेमी और 3 सेमी के हैं। बड़े वृत्त की उस जीवा की लंबाई ज्ञात कीजिए जो छोटे वृत्त को स्पर्श करती है।

A. 8 सेमी  B. 5 सेमी  C. 7 सेमी  D. 10 सेमी

**Q.48** दिए गए चित्र में, $O$ वृत्त का केंद्र है तो $OP \parallel QR$ है, $QR$ वृत्त की स्पर्श-रेखा है और $OP = 6$ सेमी है, $\triangle OPR$ का क्षेत्रफल ज्ञात कीजिये।

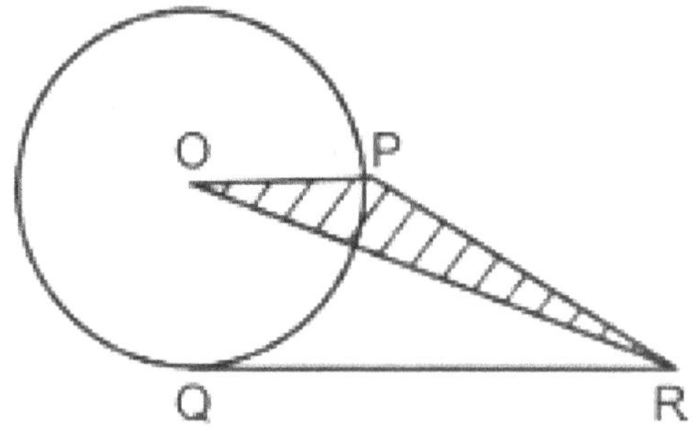

A. 14  B. 18  C. 26  D. 9

**Q.49** दी गयी आकृति में ∠BOQ = 60° है और $AB$ वृत्त का व्यास है। ∠ABO का मान ज्ञात कीजिये।

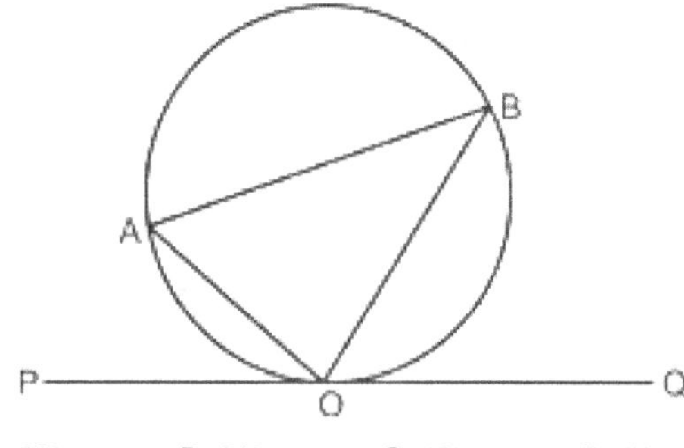

A. 20°  B. 30°  C. 40°  D. 50°

**Q.50** $\triangle PQR, O$ केंद्र वाले वृत्त के भीतर उत्कीर्णित है। $PO$ को आगे बढ़ाने पर यह $QR$ से बिंदु $U$ पर मिलती है और वृत्त से बिंदु $S$ पर मिलती है और $PT \perp QR$ है, जहां बिंदु $Q$ और बिंदु $U$ के बीच बिंदु $T$ स्थित है। यदि $\angle Q = 70°$ और $\angle R = 55°$ है, तो $\angle TPS$ की माप (डिग्री में) ज्ञात करें।

[SSC CHSL (Combined Higher Secondary Level), 2021]

**A.** 30 **B.** 15 **C.** 20 **D.** 25

**Q.51** किसी बाह्य बिंदु $P$ से $O$ केंद्र वाले वृत्त तक खींची गई भेदिका $PAB$, वृत्त को बिंदु $A$ और $B$ पर प्रतिच्छेदित करती है। यदि $OP = 17$ सेमी, $PA = 12$ सेमी और $PB = 22.5$ सेमी है, तो वृत्त की त्रिज्या ज्ञात कीजिए।

[SSC CGL, 2020]

**A.** $2\sqrt{3}$ सेमी **B.** $3\sqrt{2}$ सेमी **C.** $\sqrt{19}$ सेमी **D.** $\sqrt{17}$ सेमी

**Q.52** $O$, 9 सेमी त्रिज्या वाले एक वृत्त का केंद्र है। $M$ वृत्त के बाहर एक बिंदु है और $MN$ वृत्त की स्पर्श रेखा है। यदि $MN$ की लंबाई 12 सेमी है तब $OM$ की लंबाई (सेमी में) क्या है?

**A.** 15 **B.** 21 **C.** 12 **D.** 17

**Q.53** 50 मीटर, 65 मीटर और 65 मीटर भुजाओं वाले त्रिभुजाकार खेत में 7 रुपये प्रति मीटर$^2$ की दर से घास लगाने का खर्च ज्ञात कीजिए।

**A.** 19550 **B.** 19600 **C.** 10500 **D.** 10400

**Q.54** एक वर्ग का परिमाप 28 सेमी है, एक भुजा की लंबाई क्या है?

**A.** 6 सेमी **B.** 7 सेमी **C.** 8 सेमी **D.** 9 सेमी

**Q.55** एक वृत्त के चतुर्थांश का क्षेत्रफल ज्ञात कीजिए जिसकी परिधि 22 सेमी है। $\left(\pi = \frac{22}{7}\right)$

**A.** $\frac{77}{8}$ सेमी$^2$ **B.** $\frac{87}{8}$ सेमी$^2$ **C.** $\frac{77}{3}$ सेमी$^2$ **D.** $\frac{88}{3}$ सेमी$^2$

**Q.56** एक घड़ी की मिनट की सूई की लंबाई 14 सेमी है। 5 मिनट में मिनट की सूई से बनने वाले क्षेत्र का क्षेत्रफल ज्ञात कीजिए। $\left(\pi = \frac{22}{7}\right)$

**A.** $\frac{134}{3}$ सेमी$^2$ **B.** $\frac{144}{3}$ सेमी$^2$
**C.** $\frac{154}{3}$ सेमी$^2$ **D.** $\frac{164}{3}$ सेमी$^2$

**Q.57** नीचे दी गई आकृति में, यदि त्रिभुज ABC का क्षेत्रफल 64 वर्ग इकाई है, तो त्रिभुज PQR का क्षेत्रफल ज्ञात कीजिए, जहाँ D, E और F, ABC की भुजाओं के मध्य बिंदु हैं और P, Q और R, DEF की भुजाओं के मध्य बिंदु हैं।

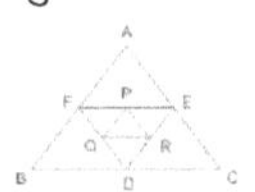

**A.** 4 वर्ग इकाई **B.** 6 वर्ग इकाई
**C.** 8 वर्ग इकाई **D.** 16 वर्ग इकाई

**Q.58** एक फ्लाईओवर के त्रिकोणीय फुटपाथ का इस्तेमाल विज्ञापनों के लिए किया गया है, दीवारों के किनारे 122 मीटर, 22 मीटर और 120 मीटर हैं। क्षेत्रफल बताइये।

**A.** 1320 मीटर$^2$ **B.** 1120 मीटर$^2$
**C.** 1020 मीटर$^2$ **D.** 920 मीटर$^2$

**Q.59** एक खिलौना एक शंकु के आकार का है जो त्रिज्या $3.5cm$ के एक अर्धगोले पर लगा है। खिलौने की कुल ऊंचाई $15.5cm$ है, तो खिलौने का कुल पृष्ठीय क्षेत्रफल और आयतन ज्ञात कीजिए।

**A.** $214.5cm^2, 243.83cm^3$

**B.** $214.3cm^2, 242.84cm^3$
**C.** $214.8cm^2, 245.83cm^3$
**D.** $214.5cm^2, 246.83cm^3$

**Q.60** एक ठोस बेलन के प्रत्येक सिरे से एक अर्धगोला निकालकर एक लकड़ी की वस्तु बनाई गई, जैसा कि आंकड़ों में दिखाया गया है। यदि बेलन की ऊँचाई $10cm$ है और इसकी आधार त्रिज्या $3.5cm$, है, तो वस्तु का कुल पृष्ठीय क्षेत्रफल ज्ञात कीजिए।

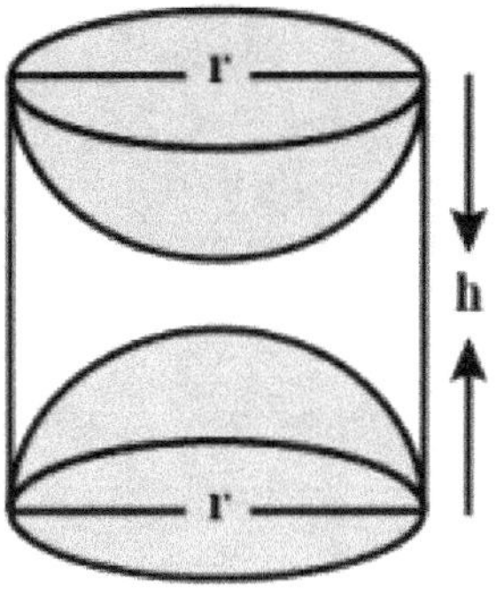


**A.** $375cm^2$ **B.** $374cm^2$ **C.** $376cm^2$ **D.** $377cm^2$

**Q.61** $3m$ व्यास का एक कुआं $14m$ गहरा खोदा गया है। इसमें से निकाली गई मिट्टी को चारों ओर समान रूप से $4m$ चौड़ाई के एक वृत्ताकार वलय के आकार में फैलाकर एक तटबंध बना दिया गया है। तटबंध की ऊँचाई ज्ञात कीजिए।

**A.** $2.125m$ **B.** $3.125m$ **C.** $1.125m$ **D.** $4.125m$

**Q.62** त्रिज्या $6cm$ और ऊंचाई $15cm$ का एक बेलनाकार कंटेनर आइसक्रीम से भरा है। पूरी आइसक्रीम को $10$ बच्चों को अर्धगोलाकार शीर्षों के बराबर शंकुओं में बांटना है। यदि शंकाकार भाग की ऊँचाई उसके आधार की त्रिज्या की चार गुनी है, तो आइसक्रीम कोन की त्रिज्या ज्ञात कीजिए।

**A.** $3cm$ **B.** $1cm$ **C.** $4cm$ **D.** $2cm$

**Q.63** जैसा कि दिखाया गया है, आइसक्रीम से भरे एक आइसक्रीम कोन की त्रिज्या $5cm$ और ऊंचाई $10cm$ है। आइसक्रीम की मात्रा की गणना करें (निकटतम पूर्णांक तक, $cm^3$ में), बशर्ते कि इसका $\frac{1}{6}$ वां भाग आइसक्रीम से भरा न हो। उत्तर को निकटतम पूर्णांक में सम्मिलित करें।

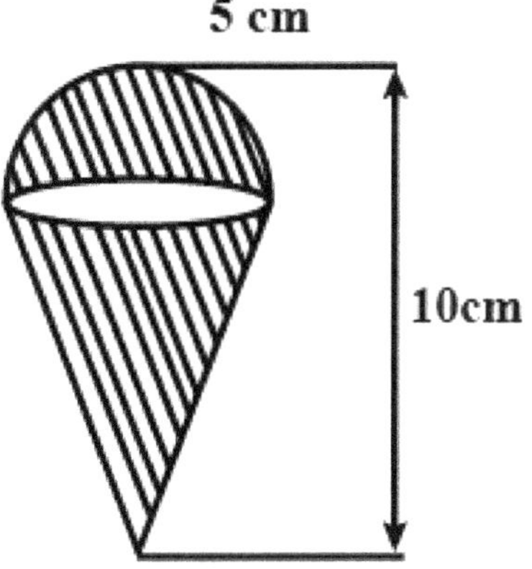


**A.** 327 **B.** 328 **C.** 329 **D.** 330

**Q.64** त्रिज्या $6cm$ और ऊंचाई $hcm$ का एक बेलन आइसक्रीम से भरा है। फिर आइसक्रीम को एक अर्धगोलाकार शीर्ष वाले समान शंकुओं में 10

बच्चों के बीच वितरित किया जाता है। शंकु के आधार की त्रिज्या $3cm$ है और इसकी ऊंचाई $12cm$ है। तब बेलन की ऊँचाई $h$ होनी चाहिए:

A. $\frac{100}{7}cm$
B. $18cm$
C. $15cm$
D. $\frac{200}{11}cm$

**Q.65** यदि कुछ अवलोकनों का मानक विचलन और भिन्नता का गुणांक क्रमशः $1.2$ और $25.6$ हैं तो समान अवलोकनों के लिए माध्य मान ज्ञात करें।

A. 6.49
B. 4.69
C. 3.52
D. इनमें से कोई नहीं

**Q.66** $1,3,4,5,7,4$ का माध्य $m$ है। संख्या $3,2,2,4,3,3,p$ का माध्य $m-1$ और माध्यक $q$ है तो $p+q$ होगा:

*[UPSESSB TGT Mathematics, 2016]*

A. 4
B. 5
C. 6
D. 7

**Q.67 निर्देश:** निम्नलिखित आँकड़ों से 250 और 300 के बीच प्रेक्षणों की संख्या ज्ञात कीजिए:

| मान | 200 से अधिक | 250 से अधिक | 300 से अधिक | 350 से अधिक |
|---|---|---|---|---|
| टिप्पणियों की संख्या | 56 | 38 | 15 | 0 |

*[UPSESSB TGT Mathematics, 2016]*

A. 56
B. 23
C. 15
D. 8

**Q.68** लगभग, दिए गए आकड़ो में जहां पियरसन की विषमता की दूसरा माप = 0.33, अंकगणितीय माध्य = 116 और माध्यिका = 105 है, तो मानक विचलन और परिवर्तिता का गुणांक ज्ञात कीजिए।

A. 50, 43.10
B. 90, 85
C. 100, 86.21
D. 200, 43.21

**Q.69** 8 अवलोकनों 4.8, 4.2, 5.1, 3.8, 4.4, 4.7, 4.1 और 4.5 का मानक विचलन क्या है?

A. 0.39
B. 0.41
C. 0.37
D. 0.32

**Q.70** एक सामान्य पासा एक बार फेंका जाता है। एक अभाज्य या भाज्य संख्या प्राप्त करने की प्रायिकता है:

A. $\frac{1}{3}$
B. $\frac{5}{6}$
C. $\frac{1}{2}$
D. $\frac{1}{6}$

**Q.71** शब्द GUITARIST से दो अक्षर यादृच्छिक रूप से चुने गए हैं। अक्षरों के $R$ और $T$ होने की प्रायिकता ज्ञात कीजिए।

A. $\frac{1}{18}$
B. $\frac{1}{9}$
C. $\frac{2}{9}$
D. $\frac{1}{3}$

**Q.72** मोहन कम से कम एक लड़के के साथ $3$ बच्चों का पिता है। उसके $2$ लड़के और $1$ लड़की होने की प्रायिकता ज्ञात कीजिए।

A. $\frac{1}{2}$
B. $\frac{1}{3}$
C. $\frac{1}{4}$
D. $\frac{2}{3}$

**Q.73** यदि $\sin\theta\cos\theta = k$ है, जहाँ $0 \leq \theta \leq \frac{\pi}{2}$ हो, तो निम्नलिखित में से कौन-सा सही है?

*[Indian Military Academy (IMA), 2021]*

A. $0 \leq k \leq 1$
B. केवल $0 \leq k \leq 0.5$
C. केवल $0.5 \leq k \leq 1$
D. $0 < k < 1$

**Q.74** यदि $cosec\theta - \cot\theta = m$ है, तो $cosec\theta$ किसके बराबर है?

*[Indian Military Academy (IMA), 2021]*

A. $m + \frac{1}{m}$
B. $m - \frac{1}{m}$
C. $\frac{m}{2} + \frac{2}{m}$
D. $\frac{m}{2} + \frac{1}{2m}$

**Q.75** sin 75° का मान ज्ञात कीजिए।

A. $\frac{\sqrt{3}-1}{2\sqrt{2}}$
B. $\frac{\sqrt{3}+1}{2\sqrt{2}}$
C. $\frac{\sqrt{3}-1}{\sqrt{2}}$
D. $\frac{\sqrt{3}+1}{\sqrt{2}}$

**Q.76** $\tan35°\cot40°\tan45°\cot50°\tan55°$ का मान ज्ञात कीजिए।

*[SSC CGL, 2021]*

A. 1
B. $\frac{1}{2}$
C. $\frac{1}{\sqrt{2}}$
D. $-1$

**Q.77** यदि sin A - cos A = 0, तो sin⁴ A + cos⁴ A का मान ज्ञात कीजिए।

*[HTET PGT - Computer Science, 2018]*

A. 0
B. 1
C. $\frac{1}{2}$
D. $\frac{3}{4}$

**Q.78** sin (45° + x) + sin (45° - x) का मान ज्ञात कीजिए।

A. $\sqrt{3}\cos x$
B. $\sqrt{3}\sin x$
C. $\sqrt{2}\cos x$
D. $\sqrt{3}\cot x$

**Q.79** एक महिला अपने घर से 30 मी दूर खड़ी है। उसके ऊपर से उन्नयन कोण घर के शीर्ष की ओर 30° है और उसके पैर से उन्नयन कोण घर के शीर्ष की ओर 60° है। घर और महिला की कुल ऊंचाई पाएं।

A. 20 मीटर
B. $50\sqrt{3}$ मीटर
C. $20\sqrt{3}$ मीटर
D. $10\sqrt{3}$ मीटर

**Q.80** आशा और सुमन की मिट्टी के किलों की ऊंचाई 9 सेमी और 16 सेमी है। यदि किले के शीर्ष एक दूसरे से 25 सेमी की दूरी पर हैं, तो दोनों किलों के बीच की दूरी (सेमी में) है:

*[SSC Sub Inspector (CPO), 2020]*

A. 7
B. 16
C. 25
D. 24

**Q.81** एक खेत के बीच में खड़ा एक लड़का, $30°$ की ऊँचाई के कोण पर उत्तर में एक उड़ने वाले पक्षी का निरीक्षण करता है और दो मिनट के बाद, वह $60°$ की ऊँचाई के कोण पर दक्षिण में उसी पक्षी का निरीक्षण करता है। यदि पक्षी सभी दिशाओं में $50\sqrt{3}$ मी की सीधी रेखा में उड़ता है तो इसकी गति किमी/घंटा में ज्ञात करें?

A. 4.5
B. 3
C. 9
D. 6

**Q.82** 15 सेमी त्रिज्या और ऊंचाई $18$ सेमी की एक शंकु पूरी तरह से पानी से भर जाती है। यह पानी $4.5$ सेमी के त्रिज्या के एक खाली बेलनाकार बर्तन में खाली कर दिया जाता है। इस बर्तन में पानी की ऊँचाई कितनी होगी?

A. $\frac{100}{3}$ सेमी
B. $\frac{200}{3}$ सेमी
C. 200 सेमी
D. 320 सेमी

**Q.83** एक निश्चित बिंदु से एक टावर के शीर्ष का उन्नयन कोण $30°$ है। यदि प्रेक्षक टावर की ओर $40$ मी चलता है, तो टावर के शीर्ष का उन्नयन कोण $15°$ बढ़ जाता है। टावर की ऊंचाई है:

A. 64.2
B. 62.2
C. 52.2
D. 54.6

**Q.84** यह देखा गया है कि क्षैतिज रेखा पर एक मीनार की ओर $x$ मीटर उसके आधार से चलते हुए उसके शिखर का उन्नयन कोण $30°$ से $60°$ परिवर्तित हो जाता है। मीनार की ऊँचाई है:

*[HTET TGT Mathematics, 2019]*

A. $3\sqrt{2}x$
B. $2\sqrt{3}x$
C. $\frac{\sqrt{3}}{2}x$
D. $\frac{2}{\sqrt{3}}x$

**Q.85** त्रिभुज $ABC$ के अंदर एक वृत्त खींचा जाता है। यह भुजा $AB, BC$ और $AC$ को क्रमशः बिंदु $R, P$ और $Q$ पर स्पर्श करता है।

यदि $AQ = 2.6$ सेमी, $PC = 2.7$ सेमी और $BR = 3$ सेमी है, तो $\triangle ABC$ का परिमाप (सेमी में) ज्ञात करें।

*[SSC Sub Inspector (CPO), 2020]*

**A.** 33.2    **B.** 16.6    **C.** 28    **D.** 30

**Q.86** $\triangle ABC$ में, बिंदु $D$ और $E$, $AB$ और $AC$ पर इस प्रकार है कि $\frac{AD}{BD} = \frac{2}{5}$ और $DE \parallel BC$ है, बिंदु $F$, $BC$ पर इस प्रकार है कि $AB \parallel EF$ और $EG$, $FC$ की माध्यिका है। यदि $H$, $EC$ पर एक बिंदु है, $EFGH$ के समानांतर है और $\triangle GHC$ का क्षेत्रफल 25 वर्ग सेमी है, तो, $\triangle ABC$ का क्षेत्रफल क्या है?

**A.** 196 वर्ग सेमी    **B.** 198 वर्ग सेमी

**C.** 225 वर्ग सेमी    **D.** 175 वर्ग सेमी

**Q.87** $\triangle ABC$ में, $\angle A = 55°$ और $\angle C = 54° E$ और $D$ अंक $AC$ और $BC$ पर हैं जैसे कि $\angle CED = 71°$ यदि $AB = 16$ सेमी, $BC = 20$ सेमी, $CD = 6$ सेमी और $ED = 4$ सेमी, तो, $(EC + AC)$ का मान ज्ञात कीजिए।

**A.** 5 सेमी    **B.** 29 सेमी    **C.** 25 सेमी    **D.** 24 सेमी

**Q.88** $\triangle ABC$ में, $A$, $B$ और $C$ से लंब क्रमशः $D$, $E$ और $F$ पर इसप्रकार बनायीं जाती हैं कि $AD$, $BE$ और $CF$ एक दूसरे को बिंदु $p$ पर काटती हैं। यदि $\angle EPD = 121°$ और $\angle A$ और $\angle B$ के सम्दिभाजक $Q$ पर मिलते हैं, तो $\angle AQB$ की माप क्या है?

**A.** 119.5°    **B.** 59°    **C.** 152°    **D.** 31°

**Q.89** $\triangle ABC$ में, $\angle ABC = 55°$ और $P$, भुजा $AB$ पर और $Q$, भुजा $AC$ पर एक बिंदु इस प्रकार हैं, कि $\angle PQC = 125°$, यदि $AB = 24$ सेमी, $AP = 10$ सेमी और $AQ = 12$ सेमी, $CQ$ का मान क्या है?

**A.** 6 सेमी    **B.** 8 सेमी    **C.** 12 सेमी    **D.** 10 सेमी

**Q.90** $\triangle ABC \sim \triangle DEF$ यदि $AB = 4$ सेमी, $BC = 3.5$ सेमी, $CA = 2.5$ सेमी और $DF = 7.5$ सेमी, तो $\triangle DEF$ का परिमाप ज्ञात कीजिए।

**A.** 20 सेमी    **B.** 25 सेमी    **C.** 30 सेमी    **D.** 35 सेमी

**Q.91** $\triangle ABC$ में, $DE \parallel BC$, $x$ का मान ज्ञात कीजिए।

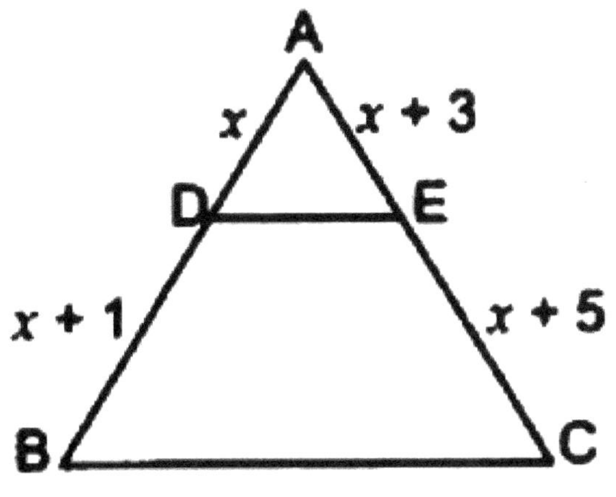



**A.** 3 सेमी    **B.** 6 सेमी    **C.** 9 सेमी    **D.** 12 सेमी

**Q.92** दो मित्रों अनी और बीजू की आयु में 3 वर्ष का अंतर है। अनी के पिता धरम की आयु अनी से दोगुनी है और बीजू की आयु अपनी बहन कैथी से दोगुनी है। कैथी और धरम की आयु में 30 वर्ष का अंतर है। अनी और बीजू की आयु ज्ञात कीजिए।

**A.** अनी की उम्र 20 साल , बीजू की उम्र 17 साल

**B.** अनी की उम्र 15 साल , बीजू की उम्र 16 साल

**C.** अनी की उम्र 25 साल , बीजू की उम्र 16 साल

**D.** अनी की उम्र 19 साल , बीजू की उम्र 16 साल

**Q.93** एक ट्रेन एक समान गति से एक निश्चित दूरी तय करती है। यदि ट्रेन 10 किमी/घंटा तेज होती, तो उसे निर्धारित समय से 2 घंटे कम लगते। और, यदि ट्रेन 10 किमी/घंटा से धीमी होती तो उसे निर्धारित समय से 3 घंटे अधिक लगते। ट्रेन द्वारा तय की गई दूरी ज्ञात कीजिए।

**A.** 600 किमी    **B.** 700 किमी    **C.** 800 किमी    **D.** 900 किमी

**Q.94** एक कक्षा के विद्यार्थियों को पंक्तियों में खड़ा किया जाता है। यदि 3 छात्र एक पंक्ति में अतिरिक्त हैं, तो 1 पंक्ति कम होगी। यदि 3 विद्यार्थी एक पंक्ति में कम हैं, तो 2 पंक्तियाँ अधिक होंगी। कक्षा में छात्रों की संख्या ज्ञात कीजिए।

**A.** 16    **B.** 26    **C.** 36    **D.** 46

**Q.95** $\triangle ABC$ में, $\angle C = 3\angle B = 2(\angle A + \angle B)$ तीनो कोणों का मान ज्ञात कीजिए।

**A.** 120°    **B.** 140°    **C.** 160°    **D.** 180°

**Q.96** $ABCD$ एक चक्रीय चतुर्भुज है। (आकृति देखें) चक्रीय चतुर्भुज के कोण ज्ञात कीजिए।

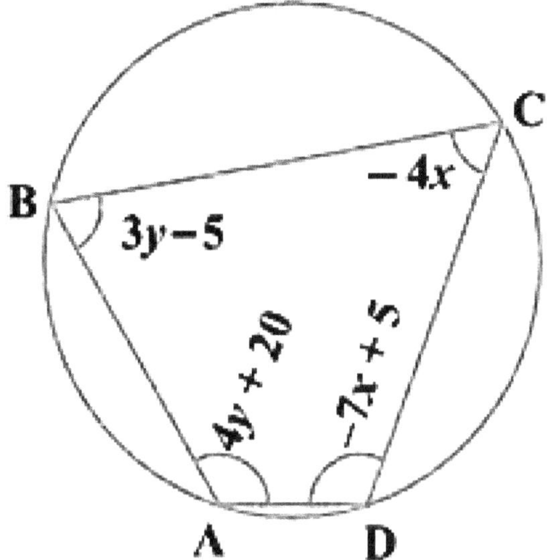



**A.** $\angle A = 120°, \angle B = 70°, \angle C = 60°$ and $\angle D = 110°$

**B.** $\angle A = 130°, \angle B = 80°, \angle C = 70°$ and $\angle D = 100°$

**C.** $\angle A = 140°, \angle B = 90°, \angle C = 80°$ and $\angle D = 120°$

**D.** $\angle A = 150°, \angle B = 100°, \angle C = 90°$ and $\angle D = 130°$

**Q.97** यदि $\sin^2\theta = \cos^3\theta$ है, तो $(\cot^2\theta - \cot^6\theta)$ का मान क्या है?

**A.** -1    **B.** 0    **C.** 2    **D.** 1

**Q.98** यदि $\tan\theta + \cot\theta$ का मान $= \sqrt{3}$ है, तो $\tan^6\theta + \cot^6\theta$ का मान ज्ञात कीजिये।

**A.** $-2$    **B.** $-1$    **C.** $-3$    **D.** $-4$

**Q.99** यदि $\sec\theta - \tan\theta = 2.5$ है, तो $\sec\theta$ का मान क्या है?

**A.** 1.30 **B.** 1.60 **C.** 1.45 **D.** 1.70

**Q.100** यदि $\sec\theta + \tan\theta = 2$, तब $\sin\theta$ का मान ज्ञात कीजिए।

**A.** $\frac{4}{5}$ **B.** $\frac{5}{3}$ **C.** $\frac{5}{4}$ **D.** $\frac{3}{5}$

# // स्मार्ट उत्तर पुस्तिका //

**सही उत्तर** — उन छात्रों का प्रतिशत जिन्होंने प्रश्नों का सही उत्तर दिया था।    **छोड़ दिया** — उन छात्रों का प्रतिशत जिन्होंने प्रश्नों को छोड़ दिया था।

| प्रश्न संख्या | उत्तर | सही उत्तर / छोड़ दिया | प्रश्न संख्या | उत्तर | सही उत्तर / छोड़ दिया | प्रश्न संख्या | उत्तर | सही उत्तर / छोड़ दिया | प्रश्न संख्या | उत्तर | सही उत्तर / छोड़ दिया | प्रश्न संख्या | उत्तर | सही उत्तर / छोड़ दिया | प्रश्न संख्या | उत्तर | सही उत्तर / छोड़ दिया |
|---|---|---|---|---|---|---|---|---|---|---|---|---|---|---|---|---|---|
| 1 | A | 65.21 % / 1.84 % | 18 | A | 15.28 % / 4.18 % | 35 | B | 54.64 % / 1.5 % | 52 | A | 53.33 % / 1.9 % | 69 | A | 47.43 % / 1.91 % | 86 | A | 14.84 % / 3.59 % |
| 2 | D | 40.8 % / 1.04 % | 19 | B | 20.19 % / 4.73 % | 36 | A | 57.42 % / 1.56 % | 53 | C | 66.8 % / 1.46 % | 70 | B | 48.46 % / 1.71 % | 87 | B | 62.13 % / 1.2 % |
| 3 | C | 58.17 % / 1.87 % | 20 | D | 76.12 % / 0.0 % | 37 | B | 46.43 % / 1.41 % | 54 | B | 63.07 % / 1.05 % | 71 | A | 45.03 % / 1.23 % | 88 | A | 59.26 % / 1.61 % |
| 4 | C | 89.72 % / 0.0 % | 21 | B | 78.38 % / 0.0 % | 38 | D | 87.83 % / 0.0 % | 55 | A | 52.95 % / 1.22 % | 72 | B | 86.88 % / 0.0 % | 89 | B | 41.73 % / 1.5 % |
| 5 | A | 77.59 % / 0.0 % | 22 | C | 76.27 % / 0.0 % | 39 | B | 65.56 % / 1.16 % | 56 | C | 20.47 % / 4.13 % | 73 | B | 88.04 % / 0.0 % | 90 | C | 66.8 % / 1.46 % |
| 6 | D | 79.83 % / 0.0 % | 23 | C | 58.79 % / 1.4 % | 40 | A | 60.8 % / 1.12 % | 57 | A | 61.66 % / 1.05 % | 74 | D | 79.04 % / 0.0 % | 91 | A | 40.65 % / 1.36 % |
| 7 | A | 56.65 % / 1.2 % | 24 | A | 83.4 % / 0.0 % | 41 | D | 58.88 % / 1.29 % | 58 | A | 52.13 % / 1.38 % | 75 | B | 81.19 % / 0.0 % | 92 | D | 28.37 % / 3.55 % |
| 8 | D | 82.46 % / 0.0 % | 25 | A | 57.78 % / 1.9 % | 42 | A | 52.75 % / 1.41 % | 59 | A | 19.98 % / 4.33 % | 76 | A | 59.84 % / 1.67 % | 93 | A | 56.94 % / 1.58 % |
| 9 | B | 21.21 % / 4.76 % | 26 | C | 52.98 % / 1.15 % | 43 | D | 27.89 % / 3.86 % | 60 | B | 82.02 % / 0.0 % | 77 | C | 82.37 % / 0.0 % | 94 | C | 65.45 % / 1.63 % |
| 10 | C | 50.0 % / 1.38 % | 27 | A | 47.41 % / 1.01 % | 44 | D | 53.06 % / 1.04 % | 61 | C | 14.6 % / 3.01 % | 78 | C | 81.4 % / 0.0 % | 95 | A | 64.97 % / 1.49 % |
| 11 | B | 43.67 % / 1.08 % | 28 | B | 42.16 % / 1.11 % | 45 | A | 40.88 % / 1.77 % | 62 | A | 52.46 % / 1.65 % | 79 | B | 65.2 % / 1.68 % | 96 | A | 68.5 % / 1.55 % |
| 12 | A | 63.42 % / 1.07 % | 29 | A | 40.39 % / 1.25 % | 46 | D | 44.32 % / 1.02 % | 63 | A | 66.98 % / 1.4 % | 80 | D | 41.12 % / 1.53 % | 97 | A | 89.93 % / 0.0 % |
| 13 | D | 43.37 % / 1.49 % | 30 | C | 63.09 % / 1.15 % | 47 | A | 42.89 % / 1.43 % | 64 | C | 56.69 % / 1.72 % | 81 | D | 45.2 % / 1.12 % | 98 | A | 47.17 % / 1.68 % |
| 14 | C | 30.03 % / 4.66 % | 31 | D | 48.74 % / 1.08 % | 48 | B | 27.74 % / 4.77 % | 65 | B | 66.81 % / 1.28 % | 82 | B | 40.15 % / 1.75 % | 99 | C | 68.86 % / 1.39 % |
| 15 | C | 50.05 % / 1.75 % | 32 | D | 41.67 % / 1.85 % | 49 | B | 82.81 % / 0.0 % | 66 | D | 61.28 % / 1.16 % | 83 | D | 68.41 % / 1.63 % | 100 | D | 66.6 % / 1.45 % |
| 16 | C | 51.61 % / 1.03 % | 33 | B | 61.25 % / 1.48 % | 50 | B | 31.33 % / 3.31 % | 67 | B | 40.82 % / 1.78 % | 84 | C | 41.83 % / 1.3 % | | | |
| 17 | A | 56.47 % / 1.9 % | 34 | B | 29.76 % / 4.64 % | 51 | C | 69.15 % / 1.64 % | 68 | C | 43.51 % / 1.33 % | 85 | B | 20.18 % / 4.82 % | | | |

## //संकेत और समाधान//

**1.** $84 = 2 \times 2 \times 3 \times 7 = 2^2 \times 3^1 \times 7^1$ और

$144 = 2 \times 2 \times 2 \times 2 \times 3 \times 3 = 2^4 \times 3^2$

$\therefore HCF(84,144) = 2^2 \times 3^1 = 4 \times 3 = 12$ और

$LCM(84,144) = 2^4 \times 3^2 \times 7^1 = 16 \times 9 \times 7 = 1008$

अतः विकल्प (A) सही है।

**2.** $6 = 2 \times 3 = 2^1 \times 3^1$

$72 = 2 \times 2 \times 2 \times 3 \times 3 = 2^3 \times 3^2$

$120 = 2 \times 2 \times 2 \times 3 \times 5 = 2^3 \times 3^1 \times 5^1$

यहाँ, $2^1$ और $3^1$ दी गई संख्याओं में सामान्य अभाज्य गुणनखंड 2 और 3 की सबसे छोटी घातें हैं।

$\therefore HCF(6,72,120) = 2^1 \times 3^1$

$= 2 \times 3$

$= 6$

हम देखते हैं कि $2^3, 3^2, 5^1$ दी गई संख्याओं में शामिल अभाज्य गुणनखंड 2,3 और 5 की सबसे बड़ी घात हैं।

$\therefore LCM(6,72,120) = 2^3 \times 3^2 \times 5^1$

$= 8 \times 9 \times 5$

$= 360.$

अतः विकल्प (D) सही है।

**3.** दी गई संख्याओं का अभाज्य गुणनखंड,

$96 = 2 \times 2 \times 2 \times 2 \times 2 \times 3 = 2^5 \times 3^1$ और

$404 = 2 \times 2 \times 101 = 2^2 \times (101)^1$

HCF $(96,404) = 2^2 = 4$

हम जानते हैं कि HCF $\times$ LCM $=$ दो प्राकृत संख्याओं का गुणनफल

HCF $(96,404) \times$ LCM $(96,404) = 96 \times 404$

$\Rightarrow 4 \times$ LCM $(96,404) = 96 \times 404$

$\Rightarrow$ LCM $(96,404) = \frac{96 \times 404}{4} = 96 \times 101 = 9696.$

अतः विकल्प (C) सही है।

**4.** $\dfrac{43}{2^4 \times 5^3}$

$= \dfrac{43}{2^4 \times 5^3} \times \dfrac{5^1}{5^1}$

$= \dfrac{43 \times 5}{2^4 \times 5^4}$

$= \dfrac{215}{10^4}$

4 दशमलव स्थानों के बाद।

अतः विकल्प (C) सही है।

**5.** दिया है,

कक्षा $X$ में छात्रों की संख्या $= 104$

कक्षा $IX$ में छात्रों की संख्या $= 96$

छात्रों को समानांतर पंक्तियों में समान रूप से बैठना है।

तो हमें $104$ और $96$ का HCF ज्ञात करना होगा,

$104 = 2^3 \times 13$

$96 = 2^5 \times 3$

HCF $= 2^3 = 8$

कक्षा $X$ के छात्रों की पंक्तियों की संख्या $= \dfrac{104}{8} = 13$

कक्षा $IX$ पंक्तियों की संख्या $= \dfrac{96}{8} = 12$

पंक्तियों की कुल संख्या $= 13 + 12 = 25$

अतः विकल्प (A) सही है।

**6.** संख्याओं में से शेषफलों को घटाएं

$398 - 7 = 391$

$436 - 11 = 425$

$542 - 15 = 527$

इसलिए, हमें सबसे बड़ी संख्या ज्ञात करनी होगी जो $391, 425$ और $527$ को विभाजित करती है।

और शेष $0$ देता है

इस प्रकार, हमें सबसे बड़ी संख्या चाहिए जो $391, 425,$ और $527$ को विभाजित करती है

HCF of $391, 425, 527$

$391 = 23 \times 17$

$425 = 5^2 \times 17$

$527 = 31 \times 17$

HCF $= 17$

अतः विकल्प (D) सही है।

**7.** हम जानते हैं कि समीकरण $ax^2 + bx + c = 0$

फिर मूलों का योग $= \dfrac{-b}{a}$ और मूलों का गुणनफल $= \dfrac{c}{a}$

दिए गए समीकरण के लिए,

मान लीजिए कि मूल $\alpha$ और $\beta$ हैं,

$\alpha + \beta = b$ और $\alpha\beta = c$ ...(i)

दी गई स्थिति के अनुसार,

$(\alpha - 2 + \beta - 2) = 2$ ...(ii)

$\therefore \alpha + \beta = 6$

$\therefore b = 6$    ... (i) और (ii) से

साथ ही, $(\alpha - 2)(\beta - 2) = 1$    ...(iii)

$\therefore \alpha\beta - 2(\alpha + \beta) + 4 = 1$

$\therefore c - 2(6) = -3$

$\therefore c = 9$

अत: विकल्प (A) सही है।

**8.** यदि $\alpha$ और $\beta$ बहुपद के शून्यक हैं तब $(x - \alpha)(x - \beta)$ बहुपद के गुणनखंड हैं।

इस प्रकार, $(x - \alpha)(x - \beta)$ बहुपद है।

इसलिए, बहुपद $= x^2 - \alpha x - \beta x + \alpha\beta$

$= x^2 - (\alpha + \beta)x + \alpha\beta$ ... (i)

अब, द्विघात बहुपद है

$2 - 3x - x^2 = x^2 + 3x - 2$ ... (ii)

अब, समीकरण (i) और (ii) की तुलना करने पर, हम प्राप्त करते हैं,

$-(\alpha + \beta) = 3$

$\alpha + \beta = -3$

अत: विकल्प (D) सही है।

**9.** हम जानते हैं कि समीकरण $ax^2 + bx + c = 0$

फिर मूलों का योग $= \dfrac{-b}{a}$

मान लीजिए कि समीकरण के मूल $a$ और $b$ हैं।

फिर,

$a + b = p$

$ab = q$

$\dfrac{a}{b} = k$

अब, $\dfrac{k}{1 + k^2}$

$= \dfrac{\frac{a}{b}}{1 + \left(\frac{a}{b}\right)^2}$

$= \dfrac{ab}{a^2 + b^2}$

$= \dfrac{ab}{(a+b)^2 - 2ab}$

$= \dfrac{q}{p^2 - 2q}$

अत: विकल्प (B) सही है।

**10.** प्रयल-त्रुटि विधि से पहला वर्गमूल प्राप्त करते हैं

चूंकि गुणांकों का योग शून्य नहीं है, 1 एक वर्गमूल नहीं है

माना $x = -2$

$\Rightarrow -8 + 16 + 22 - 30 = 0$

$\therefore -2$ या $(x + 2)$ एक गुणक है

$x^3 + 4x^2 - 11x - 30$ को $(x + 2)$ से भाग देते हैं

भागफल $= x^2 + 2x - 15$

$\Rightarrow x^2 + 5x - 3x - 15 = 0$

$\Rightarrow x(x + 5) - 3(x + 5) = 0$

$\Rightarrow (x - 3)(x + 5) = 0$

अन्य गुणक $(x - 3)$ और $(x + 5)$ हैं

$\therefore (x + 2), (x - 3)$ और $(x + 5)$ समीकरण के वर्गमूल हैं।

अत: विकल्प (C) सही है।

**11.** बहुपद $ax^2 + bx + c$ के तीन पद हैं। पहला है $ax^2$, दूसरा है $bx$, और तीसरा $c$ है।

पहले पद का घातांक $2$ है।

दूसरे पद का घातांक $1$ है क्योंकि $bx = bx^1$

तीसरे पद का घातांक $0$ है क्योंकि $c = cx^0$

चूँकि उच्चतम घातांक $2$ है, इसलिए $ax^2 + bx + c$ की घात $2$ है।

चूँकि बहुपद की घात $2$ है, इसलिए, बहुपद $ax^2 + bx + c$ में शून्यक, एक या दो शून्यक हो सकते हैं।

तो, बहुपद $ax^2 + bx + c$ में अधिकतम दो शून्यक हो सकते हैं।

अत: विकल्प (B) सही है।

**12.** यदि $\alpha\beta$ द्विघात बहुपद के शून्य हों, जैसा कि इसके शून्यों का योग $5$ और इसके शून्य का गुणनफल $-14$ दिया गया है फिर $\alpha + \beta = 5$ और $\alpha\beta = -14$

$(x - \alpha)(x - \beta)$ द्विघात बहुपद है।

$x^2 - \alpha x - \beta x + \alpha\beta$

$x^2 - (\alpha + \beta)x + \alpha\beta$

$x^2 - 5x + (-14)$

$x^2 - 5x - 14$

इसलिए द्विघात बहुपद $x^2 - 5x - 14$ है।

अत: विकल्प (A) सही है।

**13.** $x^2 + (a + 1)x + b$ द्विघात बहुपद है।

$2$ और $-3$ द्विघात बहुपद के शून्यक हैं।

इस प्रकार, $2 + (-3) = \dfrac{-(a+1)}{1}$

$\dfrac{(a+1)}{1} = 1$

$a + 1 = 1$

$a = 0$

साथ ही, $2 \times (-3) = b$

$b = -6$

अत: विकल्प (D) सही है।

**14.** दिया है,

माना आयत की लंबाई $x$ इकाई है।

और आयत की चौड़ाई $y$ इकाई है।

इसलिए,

क्षेत्रफल $=$ लंबाई $\times$ चौड़ाई

क्षेत्रफल $= xy$

दिया है ,

क्षेत्रफल $9$ वर्ग इकाई से कम हो जाता है,

यदि लंबाई को $5$ इकाई से कम किया जाता है और चौड़ाई में $3$ इकाई की वृद्धि की जाती है।

इसलिए,

नया क्षेत्रफल $=$ नई लंबाई $\times$ नई चौड़ाई

पुराना क्षेत्रफल $-9 = ($ लंबाई $-5) \times ($ चौड़ाई $+3)$

$xy - 9 = (x - 5)(y + 3)$

$xy - 9 = x(y + 3) - 5(y + 3)$

$xy - 9 = xy + 3x - 5y - 15$

$0 = xy + 3x - 5y - 15 - xy + 9$

$3x - 5y - 6 = 0$

$3x - 5y = 6 \qquad \ldots \ldots (1)$

इसके अलावा,

क्षेत्रफल $67$ वर्ग इकाई से बढ़ता है,

यदि लंबाई में $3$ इकाई की वृद्धि की जाती है और चौड़ाई में $2$ इकाई की वृद्धि की जाती है।

इसलिए,

नया क्षेत्रफल $=$ नई लंबाई $\times$ नई चौड़ाई

पुराना क्षेत्रफल $+67 = ($ लंबाई $+3) \times ($ चौड़ाई $+2)$

$xy + 67 = (x + 3)(y + 2)$

$xy + 67 = x(y + 2) + 3(y + 2)$

$xy + 67 = xy + 2x + 3y + 6$

$0 = xy + 2x + 3y + 6 - xy - 67$

$2x + 3y - 61 = 0$

$2x + 3y = 61 \qquad \ldots \ldots (2)$

तो, हमारे समीकरण हैं

$3x - 5y = 6 \qquad \ldots \ldots (1)$

$2x + 3y = 61 \qquad \ldots \ldots (2)$

$(1)$ से,

$3x - 5y - 6 = 0$

$3x = 6 + 5y$

$x = \frac{6+5y}{3}$

$x$ का मान $(2)$ में रखने पर,

$2x + 3y = 61$

$2 \left( \frac{6+5y}{3} \right) + 3y = 61$

दोनों पक्षों को $3$ से गुणा करने पर,

$3 \times 2 \left( \frac{(6+5y)}{3} \right) + 3 \times 3y = 3 \times 61$

$2(6 + 5y) + 9y = 183$

$12 + 10y + 9y = 183$

$19y = 183 - 12$

$19y = 171$

$y = \frac{171}{19}$

$y = 9$

$y = 9$ को समीकरण $(1)$ में रखने पर,

$3x - 5y = 6$

$3x - 5(9) = 6$

$3x - 45 = 6$

$3x = 6 + 45$

$3x = 51$

$x = \frac{51}{3}$

$x = 17$

इसलिए $x = 17, y = 9$ इसका हल है

इसलिए,

आयत की लंबाई $= x = 17$ इकाई

आयत की चौड़ाई $= y = 9$ इकाई

अतः विकल्प (C) सही है।

**15.** दिया गया है:

एक भिन्न का हर, अंश के दोगुने से 4 अधिक है।

यदि अंश और हर दोनों में से 6 को घटाया जाता है, तो

हर, अंश का 12 गुना हो जाता है

गणना:

माना कि अभीष्ट भिन्न $\dfrac{p}{q}$ है

प्रश्न के अनुसार,

$$q = 2p + 4 \quad \text{-----(1)}$$

जब अंश और हर दोनों में से 6 को घटाया जाता है,

नया भिन्न $= \dfrac{(p-6)}{(q-6)}$

पुनः, प्रश्न के अनुसार,

$$(q - 6) = 12(p - 6)$$

$$\Rightarrow q - 6 = 12p - 72$$

समीकरण (1) से

$$\Rightarrow (2p + 4) - 6 = 12p - 72$$

$$\Rightarrow 2p - 2 = 12p - 72$$

$$\Rightarrow 10p = 70$$

$$\Rightarrow p = 7$$

पुनः, समीकरण (1) से

$$q = 2 \times 7 + 4$$

$$\Rightarrow q = 18$$

$\therefore$ अभीष्ट भिन्न $\dfrac{7}{18}$ है।

अतः विकल्प (C) सही है।

**16.** दिया है,

$\dfrac{5}{x-1} + \dfrac{1}{y-2} = 2 \quad \dots(1)$    माना $\dfrac{1}{x-1} = u$

$\dfrac{6}{x-1} - \dfrac{3}{y-2} = 1 \quad \dots(2)$    और $\dfrac{1}{y-2} = v$

तो, हमारे समीकरण बन जाते हैं,

$$5u + v = 2 \qquad \dots\dots(3)$$

$$6u - 3v = 1 \qquad \dots\dots(4)$$

हमारे समीकरण हैं,

$$5u + v = 2$$

$$6u - 3v = 1$$

(3) से,

$$5u + v = 2$$

$$v = 2 - 5u$$

$v$ का मान (4) में रखने पर,

$$6u - 3v = 1$$

$$6u - 3(2 - 5u) = 1$$

$$6u - 6 + 15u = 1$$

$$6u + 15u = 1 + 6$$

$$21u = 7$$

$$u = \frac{7}{21}$$

$$u = \frac{1}{3}$$

$u = \dfrac{1}{3}$ को (3) में रखने पर,

$$5u + v = 2$$

$$5\left(\frac{1}{3}\right) + v = 2$$

$$\frac{5}{3} + v = 2$$

$$v = 2 - \frac{5}{3}$$

$$v = \frac{2(3) - 5}{3}$$

$$v = \frac{1}{3}$$

इसलिए, $u = \dfrac{1}{3}$ और $v = \dfrac{1}{3}$

हमें $x$ और $y$ को ज्ञात करना है,

हम जानते हैं कि,

$$u = \frac{1}{x-1}$$

$$\frac{1}{3} = \frac{1}{x-1}$$

$$x - 1 = 3$$

$$x = 3 + 1$$

$$x = 4$$

$$v = \frac{1}{y-2}$$

$$\frac{1}{3} = \frac{1}{y-2}$$

$$y - 2 = 3$$

$$y = 3 + 2$$

$$y = 5$$

इसलिए, $x = 4, y = 5$ हमारे समीकरणों का हल है।

अतः विकल्प (C) सही है।

**17.** दिया है,

$\frac{10}{x+y} + \frac{2}{x-y} = 4$ ... ... (1)    माना $\frac{1}{x+y} = u$

$\frac{15}{x+y} - \frac{5}{x-y} = -2$ ... ... (2)    और $\frac{1}{x-y} = v$

तो, हमारे समीकरण बन जाते हैं,

$10u + 2v = 4$ ... ... (3)

$15u - 5v = -2$ ... ... (4)

अब, हम हल करते हैं

$10u + 2v = 4$ ... ... (3)

$15u - 5v = -2$ ... ... (4)

(3) से,

$10u + 2v = 4$

$10u = 4 - 2v$

$u = \frac{4-2v}{10}$

$u$ का मान (4) में रखने पर,

$15u - 5v = -2$

$15\left(\frac{4-2v}{10}\right) - 5v = -2$

$3\left(\frac{4-2v}{2}\right) - 5v = -2$

दोनों पक्षों को 2 से गुणा करने पर,

$2 \times 3\left(\frac{4-2v}{2}\right) - 2 \times 5v = 2 \times -2$

$3(4 - 2v) - 10v = -4$

$12 - 6v - 10v = -4$

$-6v - 10v = -4 - 12$

$-16v = -16$

$v = \frac{-16}{-16}$

$v = 1$

$v = 1$ को (3) में रखने पर,

$10u + 2v = 4$

$10u + 2(1) = 4$

$10u + 2 = 4$

$10u = 4 - 2$

$10u = 2$

$u = \frac{2}{10}$

$u = \frac{1}{5}$

इसलिए, $u = \frac{1}{5}$ और $v = 1$

लेकिन, हमें $x$ और $y$ को ज्ञात करना है,

$u = \frac{1}{x+y}$

$\frac{1}{5} = \frac{1}{x+y}$

$x + y = 5$ ... ... (5)

$v = \frac{1}{x-y}$

$1 = \frac{1}{x-y}$

$x - y = 1$ ... ... (6)

तो, हमारे समीकरण बन जाते हैं

$x + y = 5$ ... ... (5)

$x - y = 1$ ... ... (6)

(5) और (6) को जोड़ने पर,

$(x + y) + (x - y) = 5 + 1$

$2x = 6$

$x = \frac{6}{2}$

$x = 3$

$x$ का मान (5) में रखने पर,

$x + y = 5$

$3 + y = 5$

$y = 5 - 3$

$y = 2$

इसलिए, $x = 3, y = 2$ हमारे समीकरण का हल है।

अतः विकल्प (A) सही है।

**18.** दिया है,

माना शांत जल में नाव की गति $x$ किमी/घंटा है

और धारा की गति $y$ किमी/घंटा है।

अब,

अनुप्रवाह की ओर गति $= x + y$

ऊर्ध्वप्रवाह की ओर गति $= x - y$

रितु 20 किमी की दूरी अनुप्रवाह में तय कर सकती है।

2 घंटे में

अनुप्रवाह के लिए,

दूरी $= 20$ किमी

समय $= 2$ घंटे

गति $= x + y$

हम जानते हैं कि,

गति $=$ दूरी / समय

$x + y = \dfrac{20}{2}$

$x + y = 10$ ...... (1)

रितु $4$ किमी की दूरी ऊर्ध्वप्रवाह में तय कर सकती है।

$2$ घंटे में

ऊर्ध्वप्रवाह के लिए,

दूरी $= 4$ किमी

समय $= 2$ घंटे

गति $= x - y$

हम जानते हैं कि,

गति $=$ दूरी / समय

$x - y = \dfrac{4}{2}$

$x - y = 2$ ...... (2)

तो, हमारे समीकरण हैं

$x + y = 10$ ...... (1)

$x - y = 2$ ...... (2)

$(1)$ से,

$x + y = 10$

$x = 10 - y$

$x = 10 - y$ को $(2)$ में रखने पर,

$x - y = 2$

$(10 - y) - y = 2$

$-2y = 2 - 10$

$-2y = -8$

$y = \dfrac{-8}{-2}$

$y = 4$

$y = 4$ को $(1)$ में रखने पर,

$x + y = 10$

$x + 4 = 10$

$x = 10 - 4$

$x = 6$

इस प्रकार, $x = 6, y = 4$ समीकरण का हल है।

इसलिए,

शांत पानी में नाव की गति, $= x = 6$ किमी/घंटा

धारा की गति, $y = 4$ किमी/घंटा

अतः विकल्प (A) सही है।

**19.** दिया है,

माना $1$ महिला द्वारा कार्य पूरा करने में लिया गया समय $= x$ दिन

$1$ महिला द्वारा $1$ दिन में समाप्त किया गया कार्य $= \dfrac{1}{x}$

इसी तरह,

माना $1$ पुरुष द्वारा कार्य पूरा करने में लिया गया समय $= y$ दिन

$1$ पुरुष द्वारा $1$ दिन में समाप्त किया गया कार्य $= \dfrac{1}{y}$

दिया है कि,

$2$ महिलाएं और $5$ पुरुष कार्य को $4$ दिनों में पूरा करते हैं

$\therefore$ $2$ महिलाओं और $5$ पुरुषों द्वारा $1$ दिन में कार्य पूरा किया

$= \dfrac{1}{4}$

$\Rightarrow 2 \times ($ $1$ महिला द्वारा $1$ दिन में पूरा किया गया कार्य$)$

$+ 5 \times ($ $1$ पुरुष द्वारा $1$ दिन में पूरा किया गया कार्य $= \dfrac{1}{4}$

$\Rightarrow 2 \times \dfrac{1}{x} + 5 \times \dfrac{1}{y} = \dfrac{1}{4}$

$\dfrac{2}{x} + \dfrac{5}{y} = \dfrac{1}{4}$ ...... (1)

इसके अलावा,

$3$ महिलाएं और $6$ पुरुष इस कार्य को $3$ दिनों में पूरा करते हैं

$\therefore$ $3$ महिलाओं और $6$ पुरुषों द्वारा $1$ दिन में किया गया कार्य $= \dfrac{1}{3}$

$\Rightarrow 3 \times ($ $1$ महिला द्वारा $1$ दिन $)$ में पूरा किया गया काम

$+ 6 \times ($ $1$ पुरुष द्वारा $1$ दिन में पूरा किया गया काम $= \dfrac{1}{3}$

$\Rightarrow 3 \times \dfrac{1}{x} + 6 \times \dfrac{1}{y} = \dfrac{1}{3}$

$\dfrac{3}{x} + \dfrac{6}{y} = \dfrac{1}{3}$ ...... (2)

समीकरण $(1) \times 3 -$ समीकरण $2) \times 2$ को हल करने पर,

$\dfrac{6}{x} + \dfrac{15}{y} = \dfrac{3}{4}$

$\dfrac{6}{x} + \dfrac{12}{y} = \dfrac{2}{3}$

$\overline{\phantom{-} \quad \overline{\phantom{-}} \quad \overline{\phantom{-}}}$

$\dfrac{3}{y} = \dfrac{3}{4} - \dfrac{2}{3}$

$\therefore \frac{3}{y} = \frac{9-8}{12}$

$\therefore \frac{3}{y} = \frac{1}{12}$

$\Rightarrow y = 36$ दिन

$y = 36$ को समीकरण $(1)$ में रखने पर,

$\frac{2}{x} + \frac{5}{36} = \frac{1}{4}$

$\Rightarrow \frac{2}{x} = \frac{1}{4} - \frac{5}{36}$

$\Rightarrow \frac{2}{x} = \frac{9-5}{36}$

$\Rightarrow \frac{2}{x} = \frac{4}{36}$

$\Rightarrow x = 18$ दिन

इसलिए, $x = 18, y = 36$ दिए गए समीकरण का हल है।

$\therefore$ एक महिला द्वारा अकेले कार्य को पूरा करने में लिया गया समय $= x = 18$ दिन

और एक पुरुष द्वारा अकेले कार्य को पूरा करने में लिया गया समय $= y = 36$ दिन

अतः विकल्प (B) सही है।

**20.** दिया है:

$A^2 + 25A - 900 = 0$

$\Rightarrow A^2 + 45A - 20A - 900 = 0$

$\Rightarrow A(A + 45) - 20(A + 45) = 0$

$\Rightarrow (A + 45)(A - 20) = 0$

$\Rightarrow A = -45, 20$

अतः विकल्प (D) सही है।

**21.** दिया है, $(x - 2)^2 + 1 = 2x - 3$

$\Rightarrow x^2 + 4 - 2 \times x \times 2 + 1 = 2x - 3$

$\Rightarrow x^2 - 4x + 5 - 2x + 3 = 0$

$\therefore x^2 - 6x + 8 = 0$, जो द्विघात समीकरण है।

अतः विकल्प (B) सही है।

**22.** चूँकि -5 समीकरण $2x^2 + px - 15 = 0$ का मूल है।

$\therefore 2(-5)^2 + p(-5) - 15 = 0$

$\Rightarrow 50 - 5p - 15 = 0$

$\Rightarrow 5p = 35$

$\Rightarrow p = 7$

अतः विकल्प (C) सही है।

**23.** दिया है,

$S_{14} = 1050, n = 14$ और $a = 10$

$S_n = \frac{n}{2}[2a + (n - 1)d]$

$a = $ पहला पद

$d = $ सार्व अंतर

$S_n = n$वें पद का योग

इसलिए,

$1050 = \frac{14}{2}[2 \times 10 + (14 - 1)d]$

$\Rightarrow 1050 = 7(20 + 13d)$

$\Rightarrow 150 = 20 + 13d$

$\Rightarrow 13d = 130$

$\Rightarrow d = 10$

$T_n = a + (n - 1)d$

$T_n = n$वाँ पद

$\therefore 20$वाँ पद $= a + (20 - 1)d = 10 + 19 \times 10 = 200$

अतः विकल्प (C) सही है।

**24.** दिया है,

$a$ (पहला पद) $= -5, l$ (अंतिम पद) $= 45$ और पदों का योग $= 120$

मान लीजिए कि पदों की संख्या $n$ है और सार्व अंतर $d$ है।

$S_n = \frac{n}{2}(a + l)$ का प्रयोग करने पर, हम प्राप्त करते हैं

$120 = \frac{n}{2}(-5 + 45)$

$\Rightarrow 120 = \frac{n}{2} \times 40$

$\Rightarrow 20n = 120$

$\Rightarrow n = 6$

$l = a + (n - 1)d$ का प्रयोग करने पर, हम प्राप्त करते हैं

$45 = -5 + (6 - 1)d$

$\Rightarrow 50 = 5d$

$\Rightarrow d = 10$

अतः विकल्प (A) सही है।

**25.** यहाँ, $a = 9$ और $d = 17 - 9 = 8$ हमें $n$ ज्ञात करना है।

$S_n = \frac{n}{2}[2a + (n - 1)d]$ का उपयोग करने पर

$a = $ पहला पद

$d = $ सार्व अंतर

$S_n = n$वें पद का योग जो हमें प्राप्त होता है,

$\frac{n}{2}(2 \times 9 + (n - 1) \times 8) = 636$

$\Rightarrow n(9 + (n - 1)4) = 636$

$\Rightarrow n(4n + 5) = 636$

$\Rightarrow 4n^2 + 5n - 636 = 0$

$x = \frac{-b \pm \sqrt{b^2 - 4ac}}{2a}$

$\Rightarrow a = 4,\ b = 5$ और $c = -636$

$\Rightarrow n = \frac{-5 \pm \sqrt{5^2 - 4 \times 4(-636)}}{2 \times 4} = \frac{-5 \pm \sqrt{10201}}{8}$

$= \frac{-5 \pm 101}{8} = \frac{96}{8}, -\frac{106}{8} = 12, -\frac{53}{4}$

लेकिन $n$ पदों की संख्या होने के कारण, $n \neq -\frac{53}{4}$

इसलिए, $n = 12$

इसलिए, हम दिए गए $AP$ का $12$ पद लेते हैं, जिससे योग $636$ मिलता है।

अतः विकल्प (A) सही है।

**26.** आलेख पर इन बिंदुओं को बनाने पर:

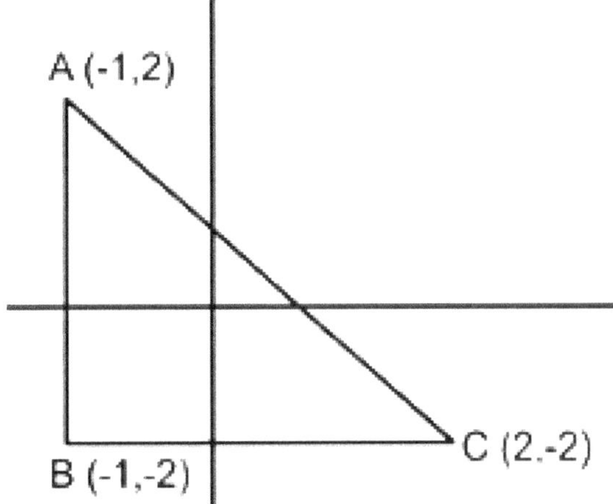


हम यह देख सकते हैं:

$AB = 2 + 2 = 4$ इकाई

$BC = 2 + 1 = 3$ और

$AC = \sqrt{(2 + 1)^2 + (-2 - 2)^2} = 5$ सेमी

इसलिए, यह एक समकोण त्रिभुज है।

क्षेत्रफल $= \frac{1}{2} \times 4 \times 3 = 6$ वर्ग इकाई

अतः विकल्प (C) सही है।

**27.** दिया है,

दिशा के निर्देशांक $(B) = (0,1)$

श्रेया के निर्देशांक $(A) = (5, -3)$

गीता के निर्देशांक $(C) = (x, 6)$

दूरी के सूत्र से:

$\sqrt{(x_2 - x_1)^2 + (y_2 - y_1)^2}$

दूरी के सूत्र से, दोनों दूरियों की तुलना करते हैं;

$\Rightarrow \sqrt{[(5 - 0)^2 + (-3 - 1)^2]} = \sqrt{[(0 - x)^2 + (6 - 1)^2]}$

$\Rightarrow 25 + 16 = x^2 + 25$

$\Rightarrow x = 4$

$\Rightarrow$ श्रेया और गीता के बीच की दूरी, $AC = \sqrt{[(5 - 4)^2 + (6 + 3)^2]}$

$\Rightarrow AC = \sqrt{(1 + 81)}$

$\therefore AC = \sqrt{82}$

अतः विकल्प (A) सही है।

**28.** दिया है,

एक त्रिभुज के दो शीर्ष हैं $(-1,4)$ और $(5,2)$ और केन्द्रक $(0, -3)$ है

माना तीसरा शीर्ष $(x, y)$ है,

जैसा कि हम जानते हैं,

त्रिभुज के केन्द्रक का निर्देशांक जिसका शीर्ष $A(x_1, y_1)$, $B(x_2, y_2)$ और $C(x_3, y_3)$ है

$G(x, y) = \left[\frac{(x_1 + x_2 + x_3)}{3}, \frac{(y_1 + y_2 + y_3)}{3}\right]$

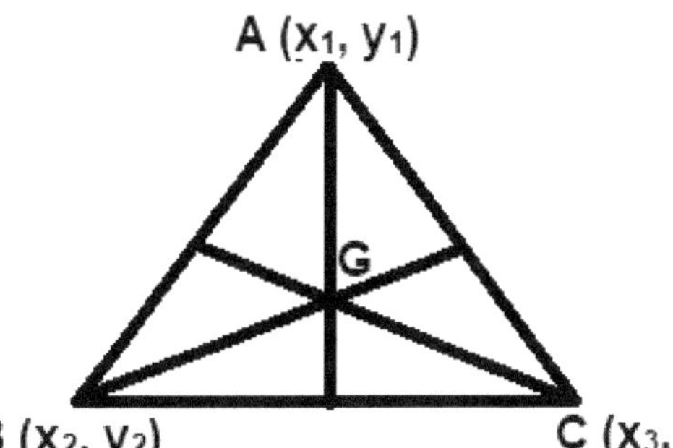


तब त्रिभुज का केन्द्रक है

$\Rightarrow \left(\frac{-1 + 5 + x}{3}, \frac{4 + 2 + y}{3}\right)$

$\Rightarrow \left(\frac{x + 4}{3}, \frac{y + 6}{3}\right)$

लेकिन त्रिभुज का केन्द्रक $(0, -3)$ दिया गया है

$\Rightarrow \frac{x + 4}{3} = 0$ और $\frac{y + 6}{3} = -3$

$\Rightarrow x + 4 = 0$ और $y + 6 = -9$

$\Rightarrow x = -4$ और $y = -15$.

$\therefore$ त्रिभुज का तीसरा शीर्ष $(-4, -15)$ है।

अतः विकल्प (B) सही है।

**29.** दिया है,

त्रिभुज के शीर्ष $A(-1,3), B(0,4)$ और $C(-5,2)$ हैं।

जैसा कि हम जानते हैं,

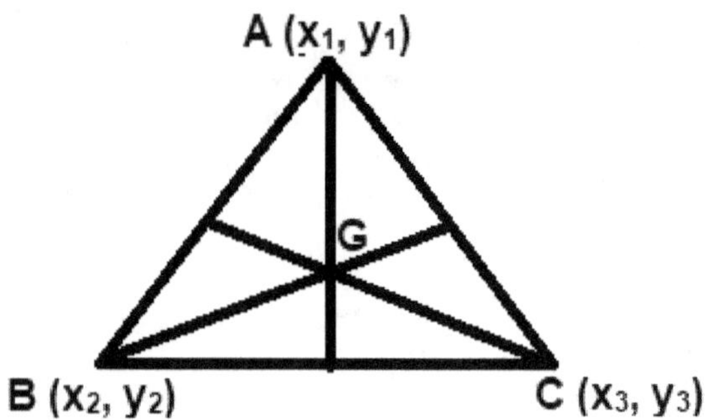


त्रिभुज के केन्द्रक का निर्देशांक जिसका शीर्ष $A(x_1, y_1)$, $B(x_2, y_2)$ और $C(x_3, y_3)$ है

$$G(x, y) = \left[ \frac{(x_1+x_2+x_3)}{3}, \frac{(y_1+y_2+y_3)}{3} \right]$$

तो, दिए गए त्रिभुज, $ABC$ के केन्द्रक $G$ के निर्देशांक $\left( \frac{(-1)+0+(-5)}{3}, \frac{3+4+2}{3} \right)$ है

$$\Rightarrow (-2, 3)$$

चूँकि केन्द्रक $G(-2, 3)$ माध्यिका $x - 2y + k = 0$ पर स्थित है

इसलिए, यह इसे संतुष्ट करेगा

$$-2 - 2 \times 3 + k = 0$$

$$\Rightarrow k = 8$$

इसलिए, $k$ का मान 8 है।

अतः विकल्प (A) सही है।

**30.** दिया है:

पहले त्रिकोण की भुजाएँ 2 सेमी, 3 सेमी और 4 सेमी हैं

दूसरे त्रिकोण की परिधि 81 सेमी है

संकल्पना:

भुजा-भुजा समानता: यदि दो त्रिकोण समान हैं, तो त्रिकोण के संबंधित भुजाओं के बीच एक सामान्य अनुपात होगा

गणना:

माना $a, b$, और $c$ त्रिभुज की तीन भुजाएँ हैं जिसकी परिधि 81 सेमी है

$\Rightarrow a = 2x, b = 3x$ and $c = 4x$ (∵ दो त्रिभुज एक समान होते हैं जो संबंधित भुजाओं के बीच एक समान अनुपात होंगे)

अब,

$$2x + 3x + 4x = 81$$

$$\Rightarrow 9x = 81$$

$$\therefore x = 9$$

$$a = 2 \times 9 = 18 \text{ सेमी}$$

$$b = 3 \times 9 = 27 \text{ सेमी}$$

$$c = 4 \times 9 = 36 \text{ सेमी}$$

∴ अन्य त्रिभुज की संगत भुजाएँ 18, 27, 36 हैं

अतः विकल्प (C) सही है।

**31.** संकल्पना:

रेखा:

रेखा का ढलान रूप:

$y = mx + c$, जहाँ $m$ ढलान है और $c$, $y$-अंतःखंड है।

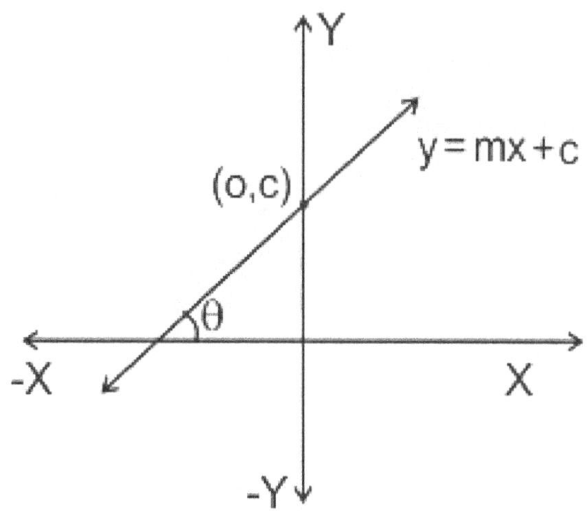


गणना:

दिया गया है:

अंतःखंड $= c = -2$

ढलान $= m = \tan\theta$

$$\Rightarrow m = \tan 30°$$

$$\Rightarrow m = \frac{1}{\sqrt{3}}$$

अपूर्ण आरेख:

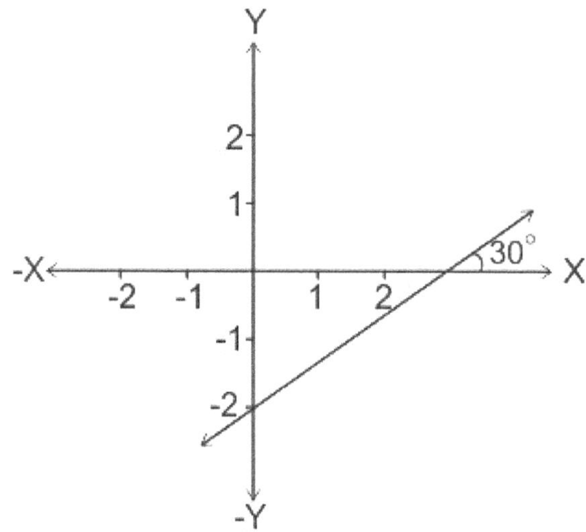


एक रेखा का अंतःखंड रूप निम्न दिया गया है:

$$y = mx + c$$

जहाँ $m$ ढलान है और $c, y$ - अंतःखंड है।

$$y = \frac{x}{\sqrt{3}} - 2$$

$$\Rightarrow \sqrt{3}y = x - 2\sqrt{3}$$

$$\Rightarrow x - \sqrt{3}y - 2\sqrt{3} = 0$$

अतः विकल्प (D) सही है।

**32.** यूक्लिड के दूसरे कथन के अनुसार, एक समाप्त रेखा खंड को आगे अनंत तक खींचा जा सकता है।

∴ कथन 1 सही नहीं है।

यूक्लिड के पहले कथन के अनुसार, एक सीधी रेखा को किसी बिंदु से किसी अन्य बिंदु तक खींचा जा सकता है।

∴ दिए गए दो बिंदुओं से केवल एक रेखा खींची जा सकती है।

इस प्रकार, कथन 2 सही नहीं है।

अतः विकल्प (D) सही है।

**33.** दिया गया है:

$$\angle EBC = 135° \text{ और } \angle BAC = 75°$$

संकल्पना:

बाह्य कोण: त्रिभुज की एक भुजा और उसकी आसन्न भुजा के विस्तार के बीच बनने वाले कोण को बाह्य कोण कहते हैं।

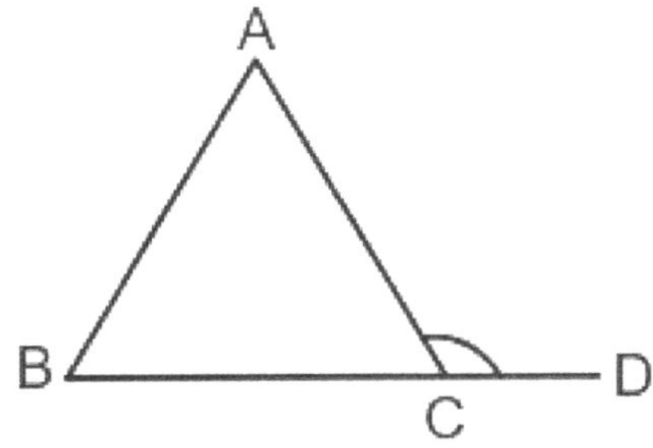

प्रमेय: इस प्रकार निर्मित बाह्य कोण दो अंतः सम्मुख कोणों के योग के बराबर होता है। इसे त्रिभुज का बाह्य कोण प्रमेय कहते हैं।

उपरोक्त आकृति में, ∠A और ∠B आंतरिक कोण का निरूपण करते हैं लेकिन ∠ACD बाह्य कोण का निरूपण करता है। अतः बाह्य कोण प्रमेय के अनुसार,

$$\angle ACD = \angle A + \angle B$$

गणना:

$$\because \angle EBC + \angle ABC = 180°$$

$$\Rightarrow 135° + \angle ABC = 180°$$

$$\Rightarrow \angle ABC = 180° - 135°$$

$$\Rightarrow \angle ABC = 45° \quad ..........(1)$$

$$\because \angle ACD = \angle BAC + \angle ABC$$

$$\therefore \angle ACD = 75° + 45° \text{ (1 से)}$$

$$\Rightarrow \angle ACD = 120°$$

अतः विकल्प (B) सही है।

**34.** गणना:

सम्पूरक कोण: सम्पूरक कोण वे कोण होते हैं जिनका माप 180° तक होता है।

$$\angle AOB + \angle BOD = 180°$$

$$\angle BOD + \angle COD + \angle EOC = 180°$$

$$\angle COD + \angle EOC + \angle AOE = 180°$$

$$\angle AOE + \angle AOB = 180°$$

$$\angle BOC + \angle COD \neq 180°$$

अतः विकल्प (B) सही है।

**35.** दिया गया है:

$$\angle COE = 90° \text{ साथ ही } DO \perp AB, \angle EOB = 45°$$

संकल्पना:

शीर्षाभिमुख कोण: जब दो रेखाएं एक-दूसरे को प्रतिच्छेद करती हैं तो उनके द्वारा निर्मित सम्मुख कोण बराबर होते हैं।

रैखिक युग्म: जब दो रेखाएँ एक बिंदु पर प्रतिच्छेद करती हैं तो उनके द्वारा निर्मित आसन्न कोणों का योग 180° अर्थात $\theta_1 + \theta_2 = 180°$ होता है

गणना:

$$\angle DOB = \angle DOE + \angle BOE = 90°$$

$$\Rightarrow \angle DOE = 45°$$

$$\Rightarrow \text{साथ ही, } \angle COE = \angle DOC + \angle DOE = 90°$$

$$\Rightarrow \angle DOC = 45°$$

$$\Rightarrow \text{अतः, } \angle AOC = 45°$$

$$\Rightarrow \text{हम जानते हैं कि शीर्षाभिमुख कोण बराबर होते हैं,}$$

अतः $\angle AOC = \angle FOB = 45°$

$$\therefore \angle DOF = 45° + 45° + 45° = 135°$$

अतः विकल्प (B) सही है।

**36. दिया गया है:**

BC || RS, ∠RAQ = ∠BAC, ∠SAD = 52°

**गणना:**

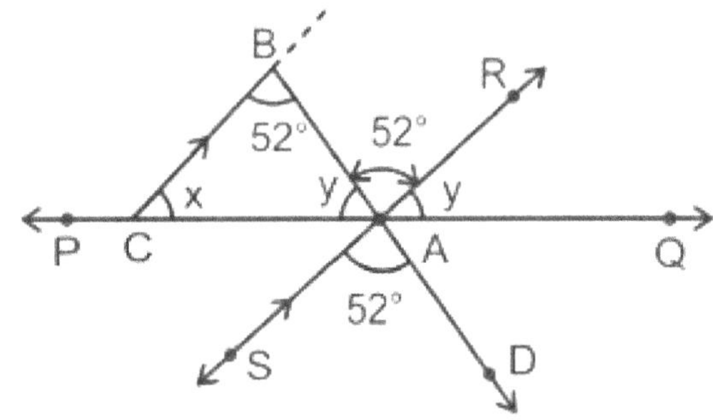

∠BAR = ∠SAD = 52° (शीर्षाभिमुख कोण)

माना ∠ RAQ = ∠ BAC = y

52° + 2y = 180° (एक सीधी रेखा 180° कोण बनाती है।)

$\Rightarrow 2y = 180° - 52°$

$\Rightarrow y = 64°$

Δ ABC में,

$x + y + 52° = 180°$

$\Rightarrow x + 64° + 52° = 180°$

$\therefore x = 64°$

अत: विकल्प (A) सही है।

**37. दिया हुआ:**

$\angle ACD = 112°$ and $\angle CBA = \dfrac{3}{4} \angle BAC,$

**गणना:**

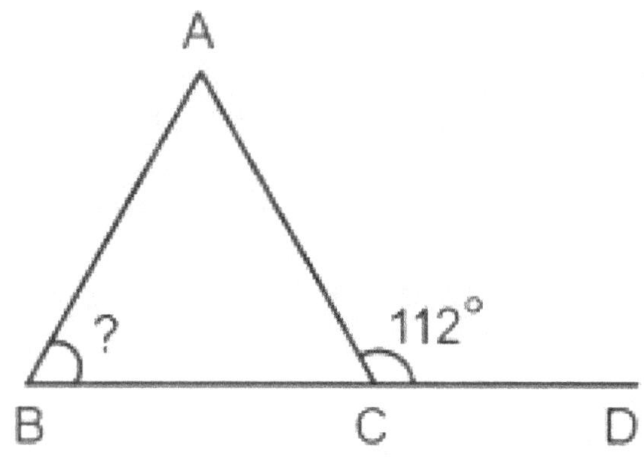

$\angle ACD + \angle ACB = 180°$ (रैखिक युग्म कोणों का योग 180° होता है)

$\Rightarrow \angle ACB = 180° - 112°$

$\Rightarrow \angle ACB = 68°$

अब हमारे पास है,

$\angle CBA = \left(\dfrac{3}{4}\right) \angle BAC$

$\Rightarrow \angle BAC = \left(\dfrac{4}{3}\right) \angle CBA$

Δ ABC में,

$\angle BAC + \angle CBA + \angle ACB = 180°$ (एक त्रिभुज के तीनों कोणों का योगफल 180° होता है)

$\Rightarrow \left(\dfrac{4}{3}\right) \angle CBA + \angle CBA + 68° = 180°$

$\Rightarrow \left(\dfrac{7}{3}\right) \angle CBA = 180° - 68°$

$\Rightarrow \left(\dfrac{7}{3}\right) \angle CBA = 112°$

$\Rightarrow \angle CBA = 16 \times 3 = 48°$

$\therefore \angle CBA = 48°$

अत: विकल्प (B) सही है।

**38. दिया गया है:**

$\angle MOQ = 80°$ और $\angle NOQ = 100°$

**व्याख्या:**

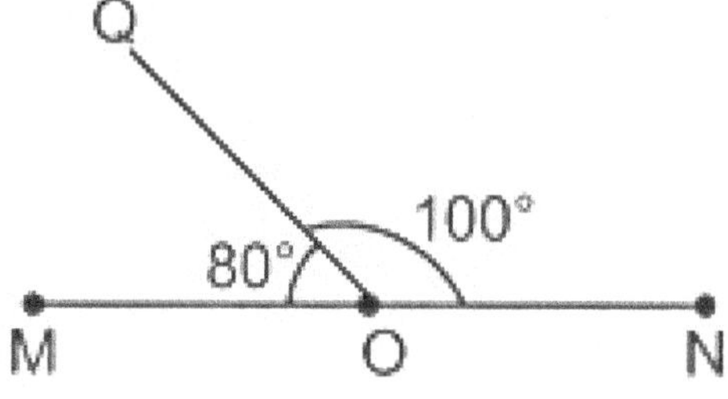

स्पष्ट रूप से,

$\angle MOQ$ और $\angle NOQ$ कोणों की समान भुजा 'OQ' है।

OQ के एक रेखा होने से, हम M और N को दो दिशाओं में विस्तार करते हैं।

अब कोणों का योग $\angle MOQ + \angle NOQ = 80° + 100° = 180°$

बिंदु M, O और N समरेख हैं अर्थात वे एक ही रेखा में स्थित हैं।

$\because \angle MOQ + \angle NOQ = 180°$

$\therefore \angle MOQ$ और $\angle NOQ$ रैखिक युग्म बनाते हैं।

अत: विकल्प (D) सही है।

**39. दिया गया है:**

A अपने पूरक कोण से 22° अधिक है।

B अपने पूरक कोण से 26° अधिक है।

**गणना:**

$A + (A - 22°) = 90°$ (दो पूरक कोणों का योग 90° होता है।)

$\Rightarrow 2A = 112°$

$\Rightarrow A = 56°$

और, $B + (B - 26°) = 90°$ (दो पूरक कोणों का योग 90° होता है।)

$\Rightarrow 2B = 116°$

$\Rightarrow B = 58°$

इसलिए, $A + B = 56° + 58° = 114°$

$\therefore A + B$ का अभीष्ट मान $= 114°$

अत: विकल्प (B) सही है।

**40.** दिया गया है,

$ABCD$ एक वर्ग है और वर्ग के बाहर $CDE$ एक समबाहु त्रिभुज है।

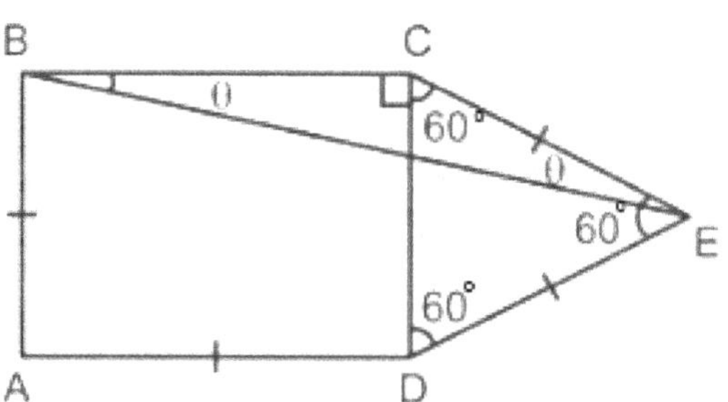

$CD = DE = EC = CB$

$\angle DCE = \angle CED = \angle CDE = 60°$

$\Delta BEC$ में,

$$\Rightarrow \angle BCE = \angle BCD + \angle DCE$$
$$\Rightarrow \angle BCE = 90° + 60°$$
$$\Rightarrow \angle BCE = 150°$$
$$\Rightarrow \angle BCE + \angle BEC + \angle EBC = 180°$$
$$\Rightarrow 150° + 2\angle BEC = 180° (\because EC = CB)$$
$$\Rightarrow \angle BEC = \frac{30°}{2}$$
$$\therefore \angle BEC = 15°$$

अतः विकल्प (A) सही है।

**41.** दिया गया है,

एक आयत की लंबाई उसकी चौड़ाई की दुगुनी है। यदि इसकी लंबाई 5 सेमी कम कर दी जाती है और चौड़ाई 5 सेमी बढ़ा दी जाती है, तो आयत का क्षेत्रफल 75 वर्ग सेमी बढ़ जाता है।

माना चौड़ाई $= x$

लंबाई $= 2x$

आयत का क्षेत्रफल $= l \times b$

$= 2x \times x$

$= 2x^2$

दिए गए परिवर्तनों के बाद;

लंबाई $= 2x - 5$

चौड़ाई $= x + 5$

परिवर्तन के बाद आयत का क्षेत्रफल $= 2x^2 + 75$

$$\Rightarrow (2x - 5)(x + 5) = 2x^2 + 75$$
$$\Rightarrow 2x^2 - 5x + 10x - 25 = 2x^2 + 75$$
$$\Rightarrow 5x = 75 + 25 = 100$$
$$\Rightarrow x = 20$$

इस प्रकार, आयत की चौड़ाई $= 20$ सेमी

और, आयत की लंबाई $= 2x$

$= 2 \times 20$ सेमी

$= 40$ सेमी

अतः विकल्प (D) सही है।

**42.** दिया गया है,

$L = 30$ सेमी

विकर्ण $= (2x - 10)$ सेमी

प्रयुक्त सूत्र,

आयत का क्षेत्रफल $= L \times B$

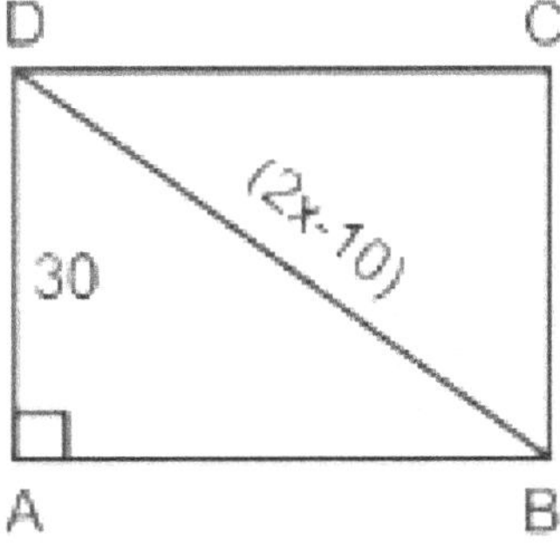


आयत की लम्बाई,

$$L^2 = (2x - 10)^2 - 30^2$$
$$\Rightarrow L = \sqrt{(4x^2 + 100 - 40x - 900)}$$
$$\Rightarrow L = \sqrt{(4x^2 - 40x - 800)}$$

आयत का क्षेत्रफल $= L \times B$

$$\Rightarrow \sqrt{(4x^2 - 40x - 800)} \times 30 = 1200$$
$$\Rightarrow 4x^2 - 40x - 800 = 1600$$
$$\Rightarrow 4x^2 - 40x - 2400 = 0$$
$$\Rightarrow x^2 - 10x - 600 = 0$$
$$\Rightarrow x^2 - 30x + 20x - 600 = 0$$
$$\Rightarrow (x - 30)(x + 20) = 0$$
$$\Rightarrow x = -20 \text{ या } x = 30$$

इसलिए, $x$ का मान 30 है।

अतः विकल्प (A) सही है।

**43.** दिया गया है,

एक लॉन एक आयत के रूप में है, जिसकी भुजाओं का अनुपात $2 : 3$ है। लॉन का क्षेत्रफल $\frac{1}{6}$ हेक्टेयर है।

माना लंबाई $= 2x$ मीटर और चौड़ाई $= 3x$ मीटर है।

अब, क्षेत्रफल $= \left(\frac{1}{6} \times 10000\right)$ वर्गमीटर

$= \left(\frac{5000}{3}\right)$ वर्गमीटर

लॉन का क्षेत्रफल $=$ लॉन की लंबाई $\times$ लॉन की चौड़ाई

$$\Rightarrow 2x \times 3x = \frac{5000}{3}$$
$$\Rightarrow x^2 = \frac{2500}{9}$$
$$\Rightarrow x = \left(\frac{50}{3}\right)$$

इसलिए,

लंबाई $= 2x = \frac{100}{3}$ मीटर

$= 33\frac{1}{3}$ मीटर

चौड़ाई $= 3x = \left(3 \times \frac{50}{3}\right)$ मीटर

$= 50$ मीटर

अतः विकल्प (D) सही है।

**44.** दिया गया है,

एक आयताकार की लम्बाई और चौड़ाई का अनुपात क्रमशः $5:2$ है, इसके परिमाप और क्षेत्रफल का अनुपात क्रमशः $1:3$ है।

माना आयत की लंबाई, $l = 5x$

तब आयत की चौड़ाई, $b = 2x$

प्रश्न के अनुसार,

परिमाप और क्षेत्रफल का अनुपात $= \frac{1}{3}$

$\frac{2(l+b)}{l \times b} = \frac{1}{3}$

$\frac{2(5x+2x)}{5x \times 2x} = \frac{1}{3}$

$\frac{2 \times 7x}{5x \times 2x} = \frac{1}{3}$

$\frac{7}{5x} = \frac{1}{3}$

$x = \frac{21}{5}$

आयत की लंबाई, $l = 5x$

$= \frac{21}{5} \times 5$

$= 21$

अतः विकल्प (D) सही है।

**45.** दिया गया है,

एक आयताकार बगीचे का परिमाप, जिसकी लंबाई उसकी चौड़ाई से $4$ मी अधिक है, $36$ मी है।

आयताकार बगीचे की लंबाई = $x$ मी

आयताकार बगीचे की चौड़ाई = $y$ मी

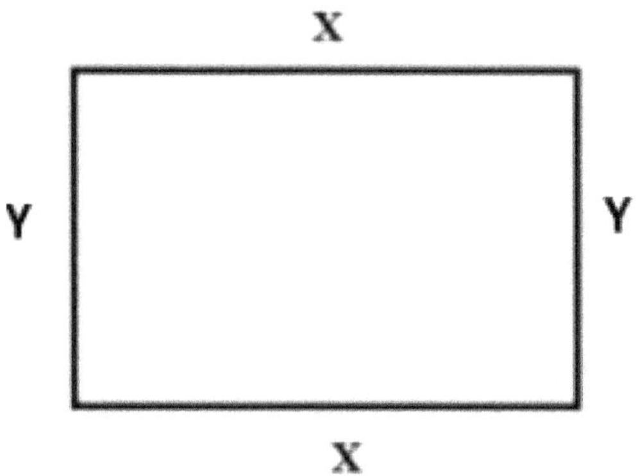


बगीचे की लंबाई इसकी चौड़ाई से $4$ मी अधिक है।

$x = y + 4$

$x - y = 4 \dots$ (i)

परिमाप का आधा भाग $36$ मी है।

$\frac{2x + 2y}{2} = 36$

$2x + 2y = 72$

$x + y = 36 \dots \dots$ (ii)

समीकरण (i) और (ii) को जोड़ने पर, हम प्राप्त करते हैं

$\therefore 2x = 40$ मी

$x = 20$ मी

समीकरण (i) में $'x'$ का मान रखने पर, हम प्राप्त करते हैं

$x - y = 4$

$\Rightarrow 20 - y = 4$

$\Rightarrow -y = 4 - 20$

$\Rightarrow -y = -16$

$\Rightarrow y = 16\, m$

इस प्रकार, बगीचे की लंबाई $= 20$ मी

और, बगीचे की चौड़ाई $= 16$ मी

अतः विकल्प (A) सही है।

**46.**

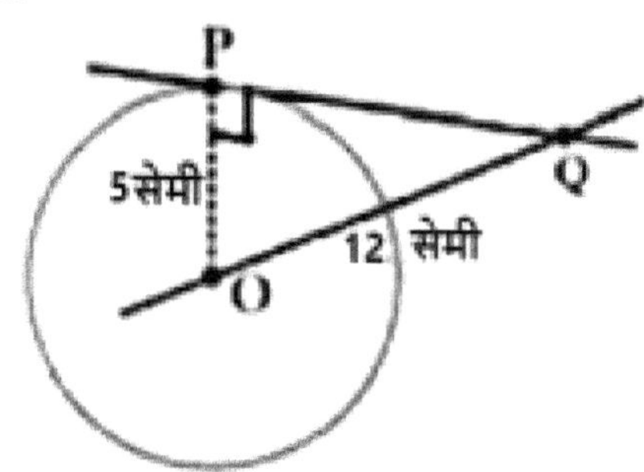


जैसा कि हम जानते हैं कि त्रिज्या हमेशा संपर्क के बिंदु पर स्पर्शरेखा के लंबवत होती है यानी $OP \perp PQ$।

अब, पाइथागोरस प्रमेय को $\triangle OPQ$ में लागू करते हुए,

$OP^2 + PQ^2 = OQ^2$

$\Rightarrow 5^2 + PQ^2 = 12^2$

$\Rightarrow PQ^2 = 144 - 25$

$\Rightarrow PQ = \sqrt{119}$ सेमी

इसलिए $PQ$ की लंबाई $\sqrt{119}$ सेमी है।

अतः विकल्प (D) सही है।

**47.**

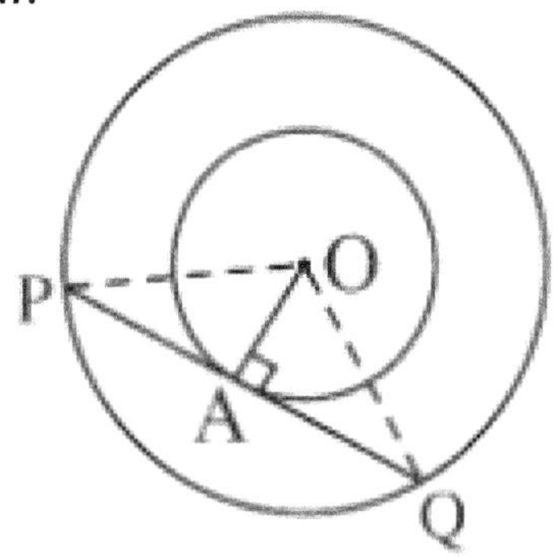

मान लीजिए कि दो संकेंद्रित वृत्तों का केंद्र $O$ है और बड़े वृत्त की जीवा $PQ$ छोटे वृत्त को $A$ पर स्पर्श करती है।

चूँकि $PQ$ छोटे वृत्त की स्पर्श रेखा है, इसलिए $OA \perp PQ$

पाइथागोरस प्रमेय को $\triangle OAP$ में लागू करने पर, हम प्राप्त करते हैं

$OA^2 + AP^2 = OP^2$

$\Rightarrow 3^2 + AP^2 = 5^2$

$\Rightarrow AP^2 = 16$

$\Rightarrow AP = 4$ सेमी

चूँकि $AP = AQ$ (वृत्त के केंद्र से लंबवत जीवा को समद्विभाजित करता है)

$\Rightarrow PQ = 2AP = 2 \times 4$ सेमी $= 8$ सेमी

बड़े वृत्त की जीवा की लंबाई $8$ सेमी है।

अत: विकल्प (A) सही है।

**48.**

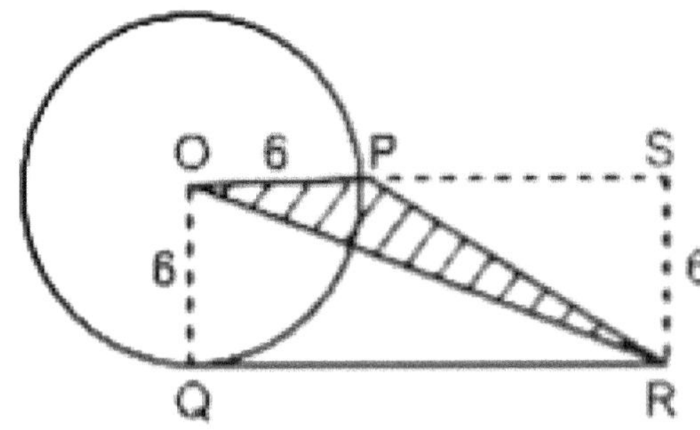

$OP \parallel QR$ (दिया है)

$\Rightarrow$ बिंदु $P$ को बिंदु $S$ तक इस प्रकार बढ़ाते हैं कि $QR = OS$

इसलिए आयत $QRSO$ का निर्माण होता है

$\Rightarrow OQ = SR = 6$ सेमी ( $\triangle OPR$ की ऊंचाई)

$\Rightarrow OP = 6$ सेमी $= \triangle OPR$ का आधार

$\Rightarrow \triangle OPR$ का क्षेत्रफल $= \dfrac{1}{2} \times 6 \times 6 = 18$ सेमी $^2$

अत: विकल्प (B) सही है।

**49.**

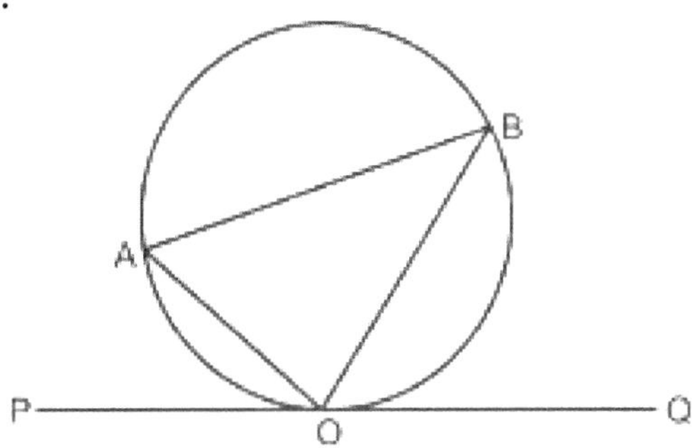

प्रमेय के अनुसार, अर्द्ध वृत्त में कोण समकोण होता है,

$\Rightarrow \angle BOA = 90°$

प्रमेय: वैकल्पिक खंड प्रमेय के अनुसार संपर्क बिंदु के माध्यम से स्पर्श रेखा और जीवा के बीच का कोण वैकल्पिक खंड में कोण के बराबर है।

$\Rightarrow \angle BOQ = \angle BAO = 60°$

चूँकि, त्रिभुज में सभी कोणों का योग $180°$ होता है

$\Rightarrow \angle ABO = 180° - BOA - \angle BAO$

$= 180° - 60° - 90°$

$= 30°$

अत: विकल्प (B) सही है।

**50.** दिया गया है,

$\angle Q = 70°$ और $\angle R = 55°$

$PT, QR$ पर लम्ब है

जैसा कि हम जानते हैं,

त्रिभुज के तीनों कोणों का योग $180°$ होता है।

केंद्र पर बना कोण एक वृत्त के एक ही चाप पर परिधि पर बने कोण का दोगुना होता है।

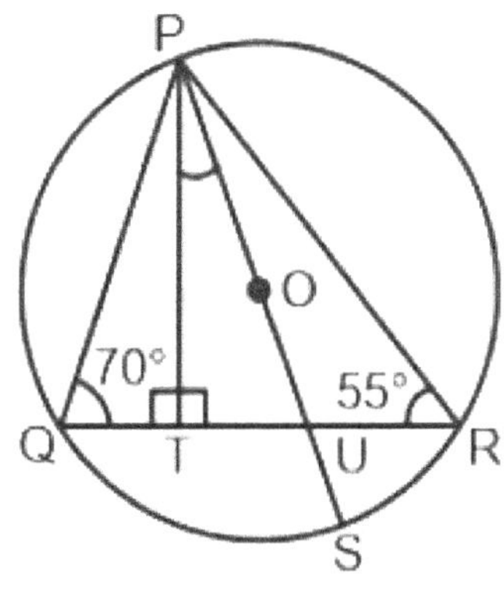

बिंदु $O$ और $R$ को मिलाइये

समकोण त्रिभुज $\triangle PTQ$ में $[PT \perp QR]$

तो, $\angle PQT = 70°$

$\Rightarrow \angle QPT = 180° - (70° + 90°)$

$\Rightarrow \angle QPT = 180° - 160°$

$\Rightarrow \angle QPT = 20°$

$\triangle PQR$ में भी,

$\Rightarrow \angle P = 180° - (70° + 55°)$

$\Rightarrow \angle P = (180° - 125°)$

$\Rightarrow \angle P = 55°$

अब,

$\angle POR = 2 \times \angle PQR$ [केंद्र में बना कोण परिधि पर बने कोण का दोगुना होता हैं]

$\angle POR = (2 \times 70°)$

$\Rightarrow \angle POR = 140°$

अब,

$\triangle POR$ में,

$\Rightarrow PO = OR$ [त्रिज्या]

इसलिए,

$\Rightarrow \angle OPR = \angle ORP$ [समान लम्बाई की भुजाओं के सम्मुख कोण बराबर होते हैं]

अब,

$\Rightarrow \angle OPR = \frac{(180° - \angle POR)}{2}$

$\Rightarrow \angle OPR = \frac{(180° - 140°)}{2}$

$\Rightarrow \angle OPR = \left(\frac{40}{2}\right)$

$\Rightarrow \angle OPR = 20°$

फिर,

$\Rightarrow \angle TPS = \angle QPR - (\angle QPT + \angle OPR)$

$\Rightarrow \angle TPS = 55° - (20° + 20°)$

$\Rightarrow \angle TPS = 55° - 40°$

$\Rightarrow \angle TPS = 15°$

$\therefore \angle TPS$ का अभीष्ट मान $15$ है।

अतः विकल्प (B) सही है।

**51.** दिया गया है,

$OP = 17$ सेमी, $PA = 12$ सेमी और $PB = 22.5$ सेमी

जैसा कि हम जानते हैं,

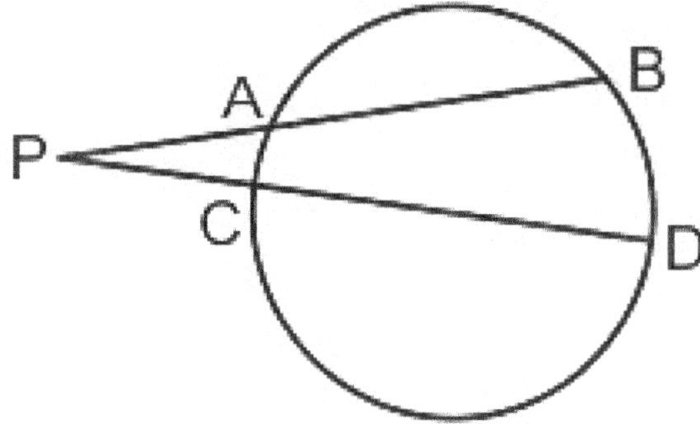

ऐसी स्थिति में $= PA \times PB = PC \times PD$

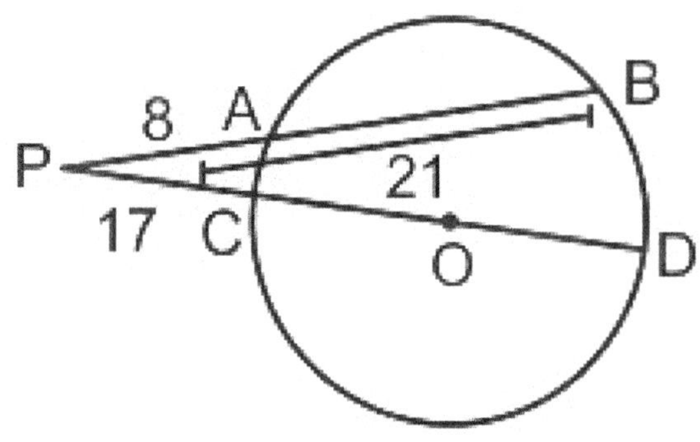

मान ले की त्रिज्या $= x$

$\Rightarrow PC = 17 - x$ और $PD = 17 + x$

प्रश्न के अनुसार,

$PA \times PB = PC \times PD$

$\Rightarrow 12 \times 22.5 = (17 - x)(17 + x)$

$\Rightarrow 270 = 289 - x^2$

$\Rightarrow x^2 = 19$

$\Rightarrow x = \sqrt{19}$

$\therefore$ वृत्त की त्रिज्या $\sqrt{19}$ सेमी है।

अतः विकल्प (C) सही है।

**52.** दिया गया है:

$O$, $9$ सेमी त्रिज्या वाले एक वृत्त का केंद्र है।

$M$ वृत्त के बाहर एक बिंदु है और $MN$ वृत की स्पर्श रेखा है।

$MN$ की लंबाई $12$ सेमी है।

प्रयुक्त अवधारणा:

स्पर्शरेखा त्रिज्या के लंबवत है।

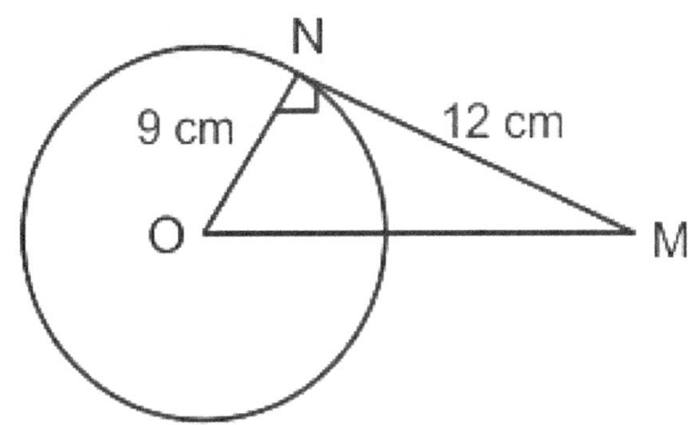


स्पर्शरेखा त्रिज्या के लंबवत है $\Rightarrow \angle ONM = 90°$

$\therefore \triangle ONM$ में पाइथागोरस प्रमेय का प्रयोग करने पर, हम प्राप्त करते हैं,
$OM^2 = ON^2 + NM^2$

$\Rightarrow OM = \sqrt{(9^2 + 12^2)}$

$= \sqrt{225}$

$= 15$ सेमी

अतः विकल्प (A) सही है।

**53.** दिया गया है:

त्रिभुज की विभित्र भुजाएँ $50$ मीटर, $65$ मीटर और $65$ मीटर हैं $7$ रुपये प्रति मीटर $^2$ की दर से घास लगाने का खर्च।

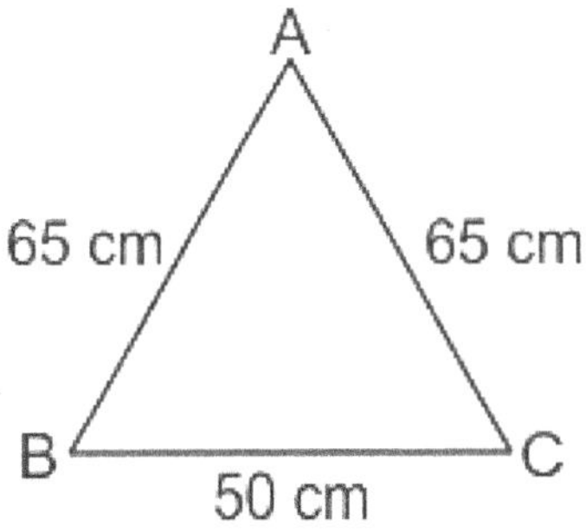


$a = 50$ सेमी, $b = 65$ सेमी, $c = 65$ सेमी

हीरोन के सूत्र का उपयोग करने पर

$s = \frac{50+65+65}{2} = 90$ सेमी

$\triangle ABC$ का क्षेत्रफल $=$
$\sqrt{90(90 - 50)(90 - 65)(90 - 65)} = 1500$ मीटर $^2$

घास लगाने का खर्च $= \triangle ABC$ का क्षेत्रफल $\times$ दर पर घास लगाने का खर्च
$= 1500 \times 7$ मीटर $^2$

$= 10500$ मीटर $^2$

अतः विकल्प (C) सही है।

**54.** जैसा कि हम जानते है,

वर्ग का परिमाप $= 4 \times$ भुजा

$\Rightarrow 28 = 4 \times$ भुजा

$\Rightarrow$ भुजा $= \frac{28}{4}$

$= 7$

$\therefore$ एक भुजा की लंबाई $7$ सेमी है।

अत: विकल्प (B) सही है।

**55.**

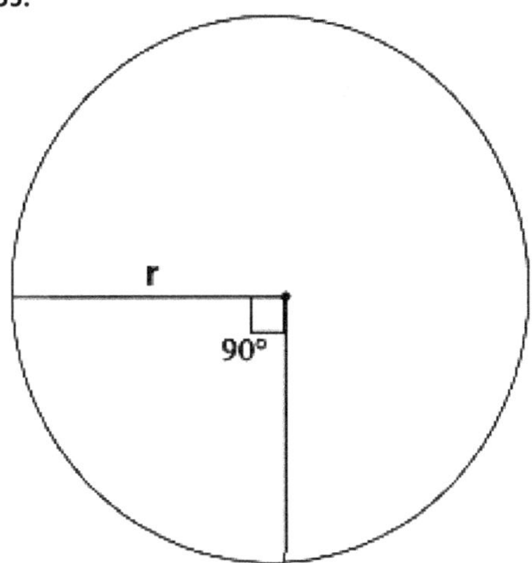


दिया है,

परिधि $= 22$ सेमी

माना वृत्त की त्रिज्या $r$ है।

दी गई शर्त के अनुसार,

$2\pi r = 22$

$\Rightarrow r = \frac{22}{2\pi}$

$= \frac{11}{\pi}$

हम जानते हैं कि, वृत्त का चतुर्थांश वृत्त के केंद्र पर $90°$ कोण अंतरित करता है।

इस प्रकार,

वृत्त के ऐसे चतुर्थांश का क्षेत्रफल $= \frac{90°}{360°} \times \pi \times r^2$

$= \frac{1}{4} \times \pi \times \left(\frac{11}{\pi}\right)^2$

$= \frac{121}{4\pi}$

$= \frac{121 \times 7}{4 \times 22}$

$= \frac{77}{8}$ cm $^2$

इसलिए, एक वृत्त के चतुर्थांश का क्षेत्रफल जिसकी परिधि $22$ सेमी है।

$= \frac{77}{8}$ सेमी $^2$

अतः विकल्प (A) सही है।

**56.**

दिया है,

घड़ी या वृत्त की त्रिज्या $r = 14$ सेमी.

हम जानते हैं कि, $1$ घंटे (यानी $60$ मिनट) में मिनट की सुई $360°$ घूमती है।

इस प्रकार, $5$ मिनट में मिनट की सुई घूम जाएगी $= \dfrac{360°}{60°} \times 5$

अब,

$= 30°$

$5$ मिनट में मिनट की सूई से निकाला गया क्षेत्रफल $= 14$ सेमी त्रिज्या वाले एक वृत्त में $30°$ के त्रिज्यखंड का क्षेत्रफल।

कोण के $\theta$ त्रिज्यखंड का क्षेत्रफल $= \dfrac{\theta}{360°} \times \pi r^2$

इस प्रकार, $30°$ के त्रिज्यखंड का क्षेत्रफल $= \dfrac{30°}{360°} \times \dfrac{22}{7} \times 14 \times 14$

$= \dfrac{11 \times 14}{3}$

$= \dfrac{154}{3}$ सेमी $^2$

इसलिए, मिनट की सुई द्वारा $5$ मिनट में बनने वाले क्षेत्र का क्षेत्रफल $\dfrac{154}{3}$ cm $^2$ है।

अतः विकल्प (C) सही है।

**57.** दिया गया है,

D, E और F क्रमशः BC, CA और AB के मध्यबिंदु हैं और P, Q और R क्रमशः EF, FD और DE के मध्यबिंदु हैं।

जैसा कि हम जानते हैं कि,

ABC का क्षेत्रफल = 4 DEF.....(i)

लेकिन, ABC का क्षेत्रफल = 64 वर्ग इकाई

समीकरण (i) से, हम प्राप्त करते हैं

4 DEF = 64

$\Rightarrow \Delta DEF = \dfrac{64}{4}$

$\Rightarrow$ DEF = 16 वर्ग इकाई

और $\Delta$DEF का क्षेत्रफल = 4 PQR......(ii)

समीकरण (ii) से, हम प्राप्त करते हैं

$\Rightarrow$ 4 PQR = 16

$\Rightarrow$ PQR = $\dfrac{16}{4}$

$\Rightarrow$ PQR = 4 वर्ग इकाई

अतः विकल्प (A) सही है।

**58.** दिया गया है,

a  = 122 मीटर

b = 22 मीटर

b = 120 मीटर

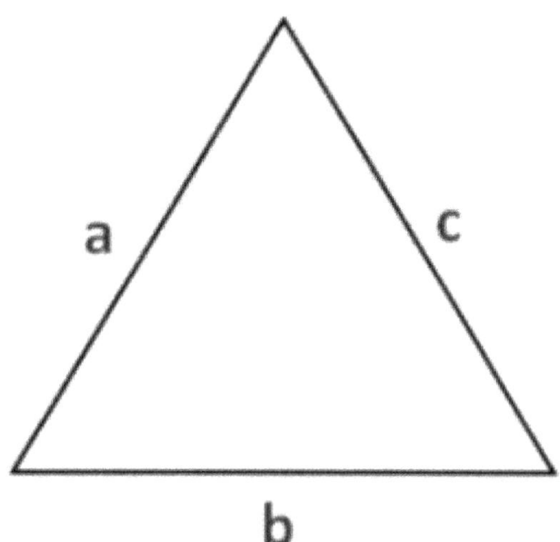


त्रिभुज की अर्ध-परिधि है,

$s = \dfrac{a+b+c}{2}$

$= \dfrac{122+22+120}{2} = 132$

अब, हम हीरोन के सूत्र द्वारा फ्लाईओवर के त्रिभुज भाग का क्षेत्रफल ज्ञात करते हैं,

$\Delta = \sqrt{s(s-a)(s-b)(s-c)}$

$\sqrt{132(132-122)(132-22)(132-120)}$

$= 1320$ मीटर²

अतः विकल्प (A) सही है।

**59.**

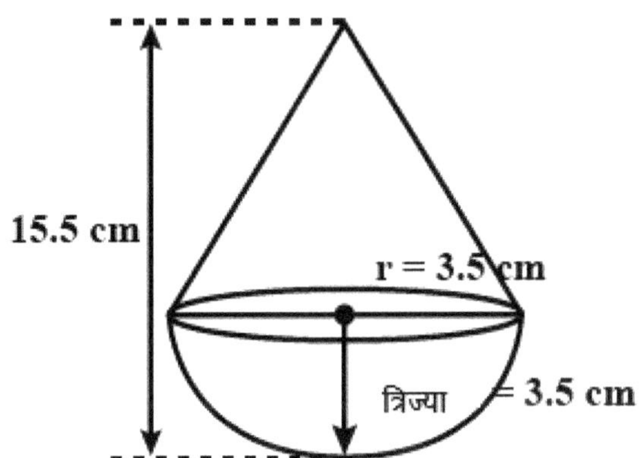


यह देखते हुए कि खिलौना एक अर्धगोले पर लगे शंकु के आकार का है।

अर्धगोले की त्रिज्या $=$ शंकु के वृत्ताकार आधार की त्रिज्या $= 3.5cm$

खिलौने की कुल ऊंचाई $= 15.5cm$

शंकु की ऊंचाई $=$ शंकु की कुल ऊँचाई $-$ अर्धगोले की त्रिज्या

$= (15.5 - 3.5)cm = 12cm$

शंकु की तिरछी ऊँचाई $(l) = \sqrt{h^2 + b^2}$

$= \sqrt{(12)^2 + (3.5)^2}$

$= \sqrt{144 + 12.25}$

$= \sqrt{156.25}$

$= 12.5cm$

जैसा कि हम जानते हैं,

शंकु का वक्र पृष्ठीय क्षेत्रफल $= \pi r l$ ⎡जहाँ $r =$ त्रिज्या और $l =$ शंकु की तिर्यक ऊँचाई⎤

अर्धगोले का वक्र पृष्ठीय क्षेत्रफल $= 2\pi r^2$ ⎡जहाँ $r =$ अर्धगोले की त्रिज्या⎤

खिलौने का कुल पृष्ठीय क्षेत्रफल $=$ शंकु का वक्र पृष्ठीय क्षेत्रफल $+$ अर्धगोले का वक्र पृष्ठीय क्षेत्रफल

खिलौने का कुल सतह क्षेत्र $= \pi r l + 2\pi r^2$

$= \frac{22}{7} \times 3.5 \times 12.5 + 2 \times \frac{22}{7} \times (3.5)^2$

$= \frac{22}{7} \times 43.75 + \frac{22}{7} \times 24.5$

$= \frac{962.5}{7} + \frac{539}{7}$

$= 137.5cm^2 + 77cm^2$

$= 214.5cm^2$

खिलौने का आयतन $=$ शंकु का आयतन $+$ अर्धगोले का आयतन

खिलौने का आयतन $= \frac{1}{3}\pi r^2 h + \frac{2}{3}\pi r^3$

$= \frac{1}{3}\pi r^2[h + 2r]$

$= \frac{1}{3} \times \frac{22}{7} \times 3.5 \times 3.5 \times [12 + 2 \times 3.5]$

$= \frac{77}{6} \times [12 + 7]$

$= \frac{77 \times 19}{6}$

$= \frac{1463}{6}$

$= 243.83cm^3$

इसलिए, खिलौने का कुल पृष्ठीय क्षेत्रफल और आयतन $214.5cm^2$ and $243.83cm^3$ हैं।

अतः विकल्प (A) सही है।

**60.** दिया गया,

बेलन की ऊँचाई $= 10cm$

आधार की त्रिज्या $= 3.5cm$

जैसा कि हम जानते हैं,

बेलन का वक्र पृष्ठीय क्षेत्रफल $= 2\pi r h$

गोलार्द्ध का वक्र पृष्ठीय क्षेत्रफल $= 2\pi r^2$

वस्तु का कुल पृष्ठीय क्षेत्रफल $=$ बेलन का वक्र पृष्ठीय क्षेत्रफल $+2$ गोलार्द्ध का वक्र पृष्ठीय क्षेत्रफल

$= 2\pi r h + 2(2\pi r^2)$

$= 2\pi r(h + 2r)$

$= 2 \times \frac{22}{7} \times 3.5(10 + 2 \times 3.5)$

$= 2 \times \frac{22}{7} \times 3.5(10 + 7)$

$= 2 \times \frac{22}{7} \times 3.5 \times 17$

$= 374cm^2$

अतः, वस्तु का कुल पृष्ठीय क्षेत्रफल $374cm^2$ है।

अतः विकल्प (B) सही है।

**61.** कुएं का आकार बेलनाकार होगा जैसा कि नीचे दिए गए चित्र में दिखाया गया है:

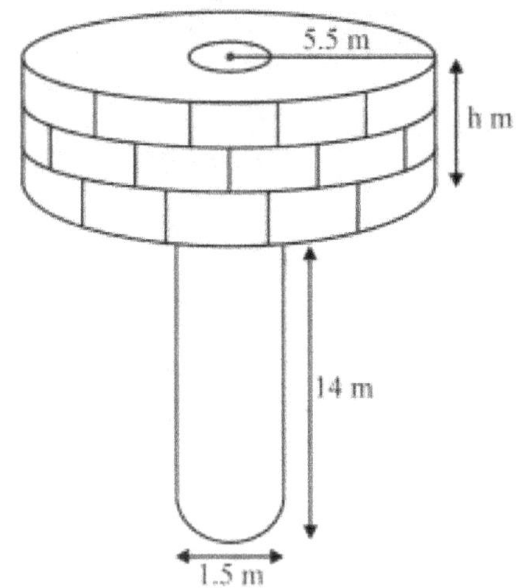

**62.**

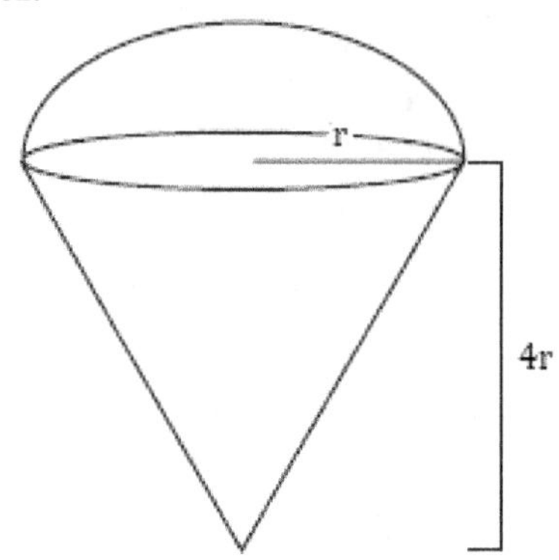

दिया गया,

कुएं की गहराई $(h_1) = 14m$

कुएँ के वृत्ताकार सिरे की त्रिज्या $= \dfrac{3}{2}m$

तटबंध की चौड़ाई $= 4m$

आकृति से, यह देखा जा सकता है कि हमारा तटबंध बाहरी त्रिज्या $(r_2) = 4 + \dfrac{3}{2}$ के बेलनाकार आकार में होगा

$= \dfrac{11}{2}m$

माना तटबंध की ऊंचाई $h_2$ है।

जैसा कि हम जानते हैं,

बेलन का आयतन $= \pi r^2 h$

कुएँ से खोदी गई मिट्टी का आयतन = तटबंध बनाने में प्रयुक्त मिट्टी का आयतन

$$\pi \times r_1^2 \times h_1 = \pi \times (r_2^2 - r_1^2) \times h_2$$

$$\Rightarrow \pi \times \left(\dfrac{3}{2}\right)^2 \times 14 = \pi \times \left[\left(\dfrac{11}{2}\right)^2 - \left(\dfrac{3}{2}\right)^2 \times h_2\right]$$

$$\Rightarrow \dfrac{9}{4} \times 14 = \left(\dfrac{121}{4} - \dfrac{9}{4}\right) \times h_2$$

$$\Rightarrow \dfrac{9}{4} \times 14 = \dfrac{121-9}{4} \times h_2$$

$$\Rightarrow \dfrac{9}{4} \times 14 = \dfrac{112}{4} \times h_2$$

$$\Rightarrow \dfrac{9 \times 14}{112} = h_2$$

$$\Rightarrow \dfrac{9}{8} = h_2$$

$$\therefore h_2 = 1.125m$$

अत: तटबंध की ऊँचाई $1.125m$ है।

अतः विकल्प (C) सही है।

दिया गया,

बेलनाकार कंटेनर की त्रिज्या $= 6cm$

बेलनाकार कंटेनर की ऊंचाई $= 15cm$

जैसा कि हम जानते हैं,

शंकु का आयतन $= \dfrac{1}{3}\pi r^2 h$

गोलार्द्ध का आयतन $= \dfrac{2}{3}\pi r^3$

बेलन का आयतन $= \pi r^2 h$

बेलनाकार कंटेनर का आयतन $= \pi \times (6)^2 \times 15 = 540\pi cm^3$

चूँकि इसे $10$ बच्चों में बाँटना होता है,

$\therefore$ मात्रा को विभाजित करने पर $10 = \dfrac{540}{10} = 54\pi cm^3$

शंकु का आयतन + अर्धगोलाकार शीर्ष का आयतन = उसमें आइसक्रीम का आयतन

$$\dfrac{1}{3}\pi r^2 h + \dfrac{2}{3}\pi r^3 = \pi r^2 h$$

$$\Rightarrow \dfrac{1}{3}\pi r^2 (4r) + \dfrac{2}{3}\pi r^3 = 54\pi$$

$$\Rightarrow \dfrac{4}{3}\pi r^3 + \dfrac{2}{3}\pi r^3 = 54\pi$$

$$\Rightarrow \dfrac{1}{3}\pi r^3 (4 + 2) = 54\pi$$

$$\Rightarrow \dfrac{6}{3}\pi r^3 = 54\pi$$

$$\Rightarrow 2r^3 = 54$$

$$\Rightarrow r^3 = \dfrac{54}{2}$$

$$\Rightarrow r^3 = 27$$

$$\Rightarrow r^3 = (3)^3$$

$$\therefore r = 3$$

इसलिए, आइसक्रीम कोन की त्रिज्या $3cm$ है।

अतः विकल्प (A) सही है।

**63.** दिया गया,

गोलार्द्ध की त्रिज्या = शंकु की त्रिज्या $= 5cm$

आइसक्रीम से भरे शंकु की ऊंचाई $= 10cm$

गोलार्ध की ऊंचाई $= 5cm$

शंकु की ऊंचाई $= (10 - 5)cm = 5cm$

जैसा कि हम जानते हैं,

गोलार्द्ध का आयतन $= \frac{2}{3}\pi r^3$

शंकु का आयतन $= \frac{1}{3}\pi r^2 h$

आइसक्रीम की मात्रा = गोलार्द्ध का आयतन + शंकु का आयतन

$\therefore$ आइसक्रीम की मात्रा $= \frac{2}{3}\pi r^3 + \frac{1}{3}\pi r^2 h$

$= \frac{1}{3}\pi r^2 (2r + h)$

$= \frac{1}{3} \times \frac{22}{7} \times (5)^2 (2 \times 5 + 5)$

$= \frac{1}{3} \times \frac{22}{7} \times 25 \times 15$

$= \frac{2750}{7}$

$= 392.85 cm^3$

जैसा की $\frac{1}{6}$ वां भाग आइसक्रीम से भरा नहीं है

$= \frac{392.85}{6} = 65.475 cm^3$

$\therefore$ आइसक्रीम के आवश्यक भाग का आयतन

$= (392.85 - 65.47)cm^3 = 327.375cm^3$

इसलिए, आइसक्रीम का निकटतम पूर्णांक में आयतन $327 cm^3$ है।

अतः विकल्प (A) सही है।

**64.** दिया गया,

बेलनाकार कंटेनर की त्रिज्या $(r) = 6cm$

बेलनाकार कंटेनर की ऊंचाई $= h$

बेलन का आयतन $= \pi r^2 h$

$= \frac{22}{7} \times 6 \times 6 \times h$

आइसक्रीम के शंकाकार भाग के लिए

शंकु की त्रिज्या $(r) = 3cm$

शंकु की ऊंचाई $(h) = 12cm$

गोलार्द्ध की त्रिज्या $(r_1) = 3cm$

जैसा कि हम जानते हैं,

बेलन का आयतन $= \pi r^2 h$

शंकु का आयतन $= \frac{1}{3}\pi r^2 h$

$\therefore$ शंकु में आइसक्रीम का आयतन जिसके ऊपर गोलार्द्ध है = शंकु का आयतन + अर्धगोले का आयतन

$= \frac{1}{3}\pi r^2 h + \frac{2}{3}\pi r_1^2$

$= \frac{1}{3}\pi r^2 [h + 2r] \quad [\because r = r_1]$

$= \frac{1}{3} \times \frac{22}{7} \times (3)^2 \times [12 + 2 \times 3]$

$= \frac{22}{7} \times 3 \times 18$

मान लीजिए $n$ आइसक्रीम से भरे शंकुओं की संख्या है।

$\therefore n \times$ आइसक्रीम कोन का आयतन = बेलनाकार आइसक्रीम कंटेनर का आयतन

दिया गया है कि 10 शंकु आइसक्रीम से भरे हुए हैं।

$n = 10$

$\Rightarrow 10 \times \frac{22}{7} \times 3 \times 18 = \frac{22}{7} \times 6 \times 6 \times h$

$\Rightarrow 10 \times 3 \times 18 = 36h$

$\Rightarrow \frac{10 \times 3 \times 18}{36} = h$

$\therefore h = 15cm$

अत: बेलन की ऊँचाई $15cm$ है।

अतः विकल्प (C) सही है।

**65.** दिया है: कुछ अवलोकनों के लिए हमारे पास क्रमशः $1.2$ और $25.6$ के रूप में मानक विचलन और भिन्नता का गुणांक है।

यहाँ, हमें उन्हीं अवलोकनों के लिए माध्य ज्ञात करना है।

माना कि माध्य $x$ है।

जैसा कि हम जानते हैं, विचलन के सह-गुणांक = मानक विचलन / माध्य $\times 100$

$\Rightarrow$ विचलन के सह-गुणांक $= \frac{1.2}{x} \times 100 = 25.6$

$\Rightarrow x = \frac{1.2}{25.6} \times 100$

$\Rightarrow x = 4.69$ (लगभग)

अत: विकल्प (B) सही है।

**66.** दिया है:

संख्या का माध्य $1,3,5,4,7,4$ is $m$

संख्या $3,2,2,4,3,3,p$ का माध्य $m - 1$ है।

सूत्र का उपयोग करने पर:

माध्य = सभी संख्याओं का योग / कुल संख्या

विषम संख्या का माध्य $= \left(\frac{(n+1)}{2}\right)$ वाँ पद

माध्य $= \dfrac{(1+3+4+5+7+4)}{6}$

$\Rightarrow \dfrac{24}{6} = m$

$\Rightarrow m = 4$ .......(1)

और, माध्य $= \dfrac{(3+2+2+4+3+3+p)}{7}$

$\Rightarrow \dfrac{(17+p)}{7} = m - 1$

$\Rightarrow 17 + p = 3 \times 7$ ...... (समीकरण (1) से)

$\Rightarrow p = 4$

दिए गए आँकड़ों को आरोही क्रम में व्यवस्थित करने पर,

$2,2,3,3,3,4,4$

यहाँ, पदों की संख्या, $(n) = 7$

माध्य $= \left\{\dfrac{(7+1)}{2}\right\}$वाँ पद $= 4$वाँ पद

उपरोक्त आँकड़े में 4वाँ पद 3 है।

माध्य $= 3 = q$

अब, $p + q = 4 + 3 = 7$

अत: विकल्प (D) सही है।

**67.** 250 और 300 के बीच कई प्रेक्षण ज्ञात करते है।

सबसे पहले, हमें इस आँकड़े से एक बारंबारता बंटन तालिका बनानी होगी।

| वर्ग-अंतराल | अवलोकन की संख्या (CF) | आवृत्ति (F) |
|---|---|---|
| 200-250 | 56 | 18 |
| 250-300 | 38 | 23 |
| 300-350 | 15 | 15 |
| 350-400 | 0 | 0 |
| कुल | | 56 |

$\therefore$ 250 से 300 के बीच प्रेक्षणों की संख्या = 38 - 15 = 23

अत: विकल्प (B) सही है।

**68.** दिया है:

पियरसन की विषमता की माप = 0.33

माध्य $(\bar{x}) = 116$

माध्यिका $(M_d) = 105$

सूत्र:

विषमता $(SK_p) = 3($माध्य - माध्यिका$)/$मानक विचलन

परिवर्तिता का गुणांक = मानक विचलन$/$माध्य $\times 100$

गणना:

हम जानते हैं कि,

विषमता $(SK_p) = 3($माध्य - माध्यिका$)/$मानक विचलन

$\Rightarrow 0.33 = \dfrac{3(\bar{x} - M_d)}{\sigma}$

$\Rightarrow 0.33 = \dfrac{3(116-105)}{\sigma}$

$\Rightarrow \sigma = \dfrac{33}{0.33}$

$\Rightarrow \sigma = 100$

तो मानक विचलन 100 है।

परिवर्तिता का गुणांक = मानक विचलन$/$माध्य $\times 100$

$= \left(\dfrac{\sigma}{\bar{x}}\right) \times 100$

$\Rightarrow CV = \left(\dfrac{100}{116}\right) \times 100$

$= (0.8621) \times 100$

$\therefore$ परिवर्तिता का गुणांक 86.21 है।

अत: विकल्प (C) सही है।

**69.** यहाँ n = 8, हम पहले विचलनों की गणना कर सकते हैं और फिर मानक विचलन की गणना करने के लिए विचलनों के वर्गों के योग की गणना कर सकते हैं।

| अवलोकन ($x_i$) | विचलन ($x_i - \bar{x}$) | विचलन$^2$ ($x_i - \bar{x}$)$^2$ |
|---|---|---|
| 4.8 | 4.8 - 4.45 = 0.35 | 0.1225 |
| 4.2 | 4.2 - 4.45 = - 0.25 | 0.0625 |
| 5.1 | 5.1 - 4.45 = 0.65 | 0.4225 |
| 3.8 | 3.8 - 4.45 = - 0.65 | 0.4225 |
| 4.4 | 4.4 - 4.45 = - 0.05 | 0.0025 |
| 4.7 | 4.7 - 4.45 = 0.25 | 0.0625 |
| 4.1 | 4.1 - 4.45 = - 0.35 | 0.1225 |
| 4.5 | 4.5 - 4.45 = 0.05 | 0.0025 |
| **योग** = 35.6 | **योग** = 0 | **योग** = 1.22 |

माध्य: $\bar{x} = \dfrac{35.6}{8} = 4.45$

मानक विचलन: $\sigma = \sqrt{\dfrac{1.22}{8}} = 0.3905$

अत: विकल्प (A) सही है।

**70.** पासे पर अभाज्य संख्याएँ हैं $2,3,5$

पासे पर भाज्य संख्याएँ हैं $4,6$

पासे पर अभाज्य और समग्र संख्याएँ $= 2,3,4,5,6$

संभावित परिणामों की संख्या $n(A) = 5$

कुल परिणामों की संख्या $n(A) = 6$

आवश्यक प्रायिकता $= \dfrac{n(A)}{n(S)} = \dfrac{5}{6}$

अत: विकल्प (B) सही है।

**71.** शब्द GUITARIST में अक्षरों की कुल संख्या $= 9$

एक बार में लिए गए $r$ चीजों के सभी $n$ संयोजनों की संख्या $^nC_r = \dfrac{n!}{(r)!(n-r)!}$ द्वारा दी जाती है।

यादृच्छिक रूप से चुने गए दो अक्षरों के कुल तरीके $n(S) = {}^9C_2$

$$= \frac{9!}{2!7!}$$

$$= \frac{9 \times 8}{2 \times 1}$$

$$= 36$$

संभावित अवसर जिसमे एक अक्षर $T$ है और एक $R$ है $= {}^2C_1 \times {}^1C_1$

$$= \frac{2!}{1!1!} \times \frac{1!}{1!0!}$$

$$= 2 \times 1$$

$$= 2$$

$$\Rightarrow n(E) = 2$$

अभीष्ट प्रायिकता $P(E) = \frac{n(E)}{n(S)}$

$$= \frac{2}{36} = \frac{1}{18}$$

अतः विकल्प (A) सही है।

**72.** पिता के कम से कम एक लड़के से तीन बच्चे हैं।

3 में से कम से कम एक का मतलब है कि लड़कों की संख्या कम से कम एक होनी चाहिए और यह 3 तक हो सकती है।

लड़के को B के साथ और लड़की को $G$ के साथ निरूपित करते है।

फिर संभावित परिणाम BBB, BBG, BGG हैं।

और, अनुकूल परिणाम यानी 2 लड़के और 1 लड़की BBG हैं।

$P(E)$ = अनुकूल परिणामों की संख्या/कुल संभावित परिणामों की संख्या

$$\Rightarrow P(E) = \frac{1}{3}$$

∴ उसके 2 लड़के और 1 लड़की होने की प्रायिकता $\frac{1}{3}$ है।

अतः विकल्प (B) सही है।

**73.** दिया गया है:

$$\sin\theta\cos\theta = k$$

$$\frac{2\sin\theta\cos\theta}{2} = k$$

$$\frac{\sin2\theta}{2} = k$$

$$\Rightarrow \theta = \frac{\pi}{4} \text{ पर, अधिकतम मान } = 0.5$$

$$\Rightarrow \theta = 0 \text{ पर, और } \theta = \frac{\pi}{2} \text{ पर, न्यूनतम मान } = 0$$

$$\therefore 0 \leq k \leq 0.5$$

अतः विकल्प (B) सही है।

**74.** दिया गया है:

$$cosec\theta - \cot\theta = m - (i)$$

हम जानते हैं कि,

$$cosec^2\theta - \cot^2\theta = 1$$

$$(cosec\theta - \cot\theta)(cosec\theta + \cot\theta) = 1$$

$$m(cosec\theta + \cot\theta) = 1$$

$$(cosec\theta + \cot\theta) = \frac{1}{m} - (ii)$$

$(i)$ और $(ii)$ का योग करने पर,

$$2cosec\theta = m + \frac{1}{m}$$

$$cosec\theta = \frac{m}{2} + \frac{1}{2m}$$

अतः विकल्प (D) सही है।

**75.** हम जानते हैं कि,

$$\sin(x + y) = \sin x \cos y + \cos x \sin y$$

$$\sin(x - y) = \sin x \cos y - \cos x \sin y$$

$$\sin 75°$$

$$= \sin(45° + 30°)$$

$$= \sin 45° \cos 30° + \cos 45° \sin 30°$$

$$= \frac{1}{\sqrt{2}} \times \frac{\sqrt{3}}{2} + \frac{1}{\sqrt{2}} \times \frac{1}{2}$$

$$= \frac{\sqrt{3}+1}{2\sqrt{2}}$$

अतः विकल्प (B) सही है।

**76.** दिया गया है,

$$\tan35°\cot40°\tan45°\cot50°\tan55°$$

$$= \tan35°\tan(90 - 35)°\cot40°\cot(90 - 40)°\tan45°$$

$$= \tan35°\cot35°\cot40°\tan40°\tan45°$$

$$= \tan35° \times \frac{1}{\tan35°}\cot40° \times \frac{1}{\cot40°}\tan45°$$

$$= \tan45°$$

$$= 1$$

∴ आवश्यक मान 1 है।

अतः विकल्प (A) सही है।

**77.** दिया हुआ,

$$\sin A - \cos A = 0$$

$$\Rightarrow \sin A = \cos A$$

$$\Rightarrow A = 45°$$

$$\Rightarrow \sin A = \cos A = \frac{1}{\sqrt{2}}$$

अब,

$$\sin^4 A + \cos^4 A = \left(\frac{1}{\sqrt{2}}\right)^4 + \left(\frac{1}{\sqrt{2}}\right)^4$$

$$= \frac{1}{4} + \frac{1}{4}$$

$$= \frac{1}{2}$$

अत: विकल्प (C) सही है।

**78.** जैसा कि हम जानते हैं,

$$\sin(X + Y) = \sin X \cos Y + \cos X \sin Y$$
$$\sin(X - Y) = \sin X \cos Y - \cos X \sin Y$$
$$\sin 45° = \frac{1}{\sqrt{2}}$$

अब,

$$\sin(45° + x) + \sin(45° - x) = \sin 45° \cos x + \cos 45° \sin x + \sin 45° \cos x - \cos 45° \sin x$$

$$= 2\sin 45° \cos x$$

$$= \sqrt{2} \cos x$$

अत: विकल्प (C) सही है।

**79.** एक महिला अपने घर से 30 मी दूर खड़ी है। उसके ऊपर से उन्नयन कोण घर के शीर्ष की ओर 30° है और उसके पैर से उन्नयन कोण घर के शीर्ष की ओर 60° है

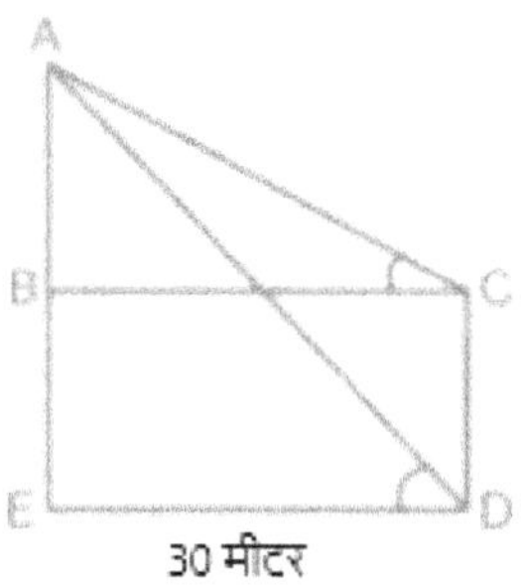


$\triangle ABC$ में,

$$\Rightarrow \tan 30° = \frac{AB}{BC}$$

$$\Rightarrow \frac{1}{\sqrt{3}} = \frac{AB}{30}$$

$$\Rightarrow AB = \frac{30}{\sqrt{3}}$$

$$\Rightarrow AB = \frac{30\sqrt{3}}{(\sqrt{3} \times \sqrt{3})}$$

$$\Rightarrow AB = 10\sqrt{3} \text{ मीटर}$$

$\triangle AED,$ में,

$$\Rightarrow \tan 60° = \frac{AE}{ED}$$

$$\Rightarrow \sqrt{3} = \frac{(AB + BE)}{30}$$

$$\Rightarrow AB + BE = 30\sqrt{3}$$

$$\Rightarrow BE = 30\sqrt{3} - 10\sqrt{3}$$

$$\Rightarrow BE = 20\sqrt{3} \text{ मीटर}$$

घर की कुल ऊंचाई $= 10\sqrt{3} + 20\sqrt{3} = 30\sqrt{3}$

महिलाओं की ऊंचाई $= CD = BE = 20\sqrt{3}$

घर और महिलाओं की कुल ऊंचाई $= 30\sqrt{3} + 20\sqrt{3} = 50\sqrt{3}$

∴ घर और महिलाओं की कुल ऊंचाई $50\sqrt{3}$ है।

अतः विकल्प (B) सही है।

**80.** दिया है,

आशा के किले की ऊंचाई $= 9$ सेमी

सुमन के किले की ऊंचाई $= 16$ सेमी

किलों के शीर्षों के बीच की दूरी $= 25$ सेमी

जैसा कि हम जानते हैं,

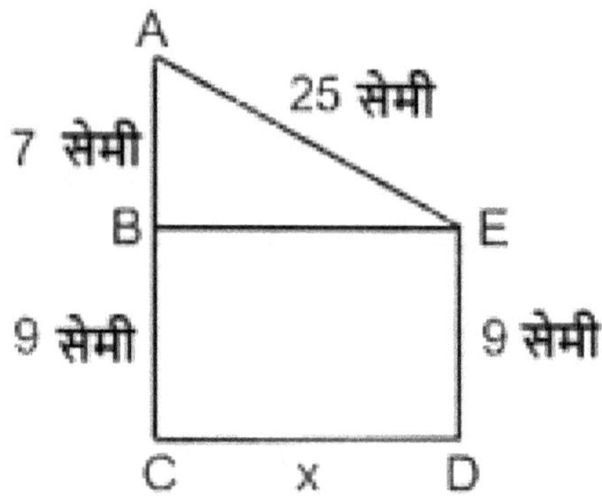


माना किले की बीच की दूरी $CD$, $x$ है

उपरोक्त आरेख से

सुमन के किले की ऊंचाई $AC = 16$ सेमी

आशा के किले की ऊंचाई $ED = 9$ सेमी

यहाँ $BCDE$ एक आयत बनाता है।

विपरीत भुजा बराबर है $BE = CD = x$ और $BC = DE = 9$ सेमी

पाइथागोरस प्रमेय द्वारा

$$AB^2 + BE^2 = AE^2$$

$$\Rightarrow 7^2 + x^2 = 25^2$$

$$\Rightarrow x^2 = 625 - 49$$

$$\Rightarrow x = \sqrt{576}$$

$$\Rightarrow x = 24$$

∴ किलों के बीच की दूरी $= 24$ सेमी

अतः विकल्प (D) सही है।

**81.** समकोण $\triangle ABC$ में,

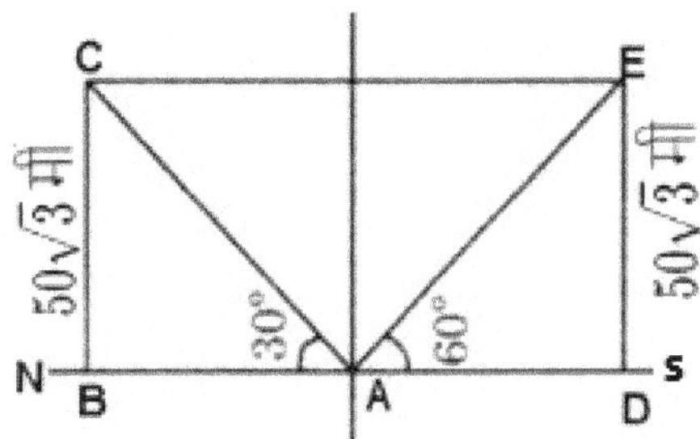


$$\tan30° = \frac{BC}{AB}$$

$$\frac{1}{\sqrt{3}} = \frac{50\sqrt{3}}{AB}$$

$$AB = 50\sqrt{3} \times \sqrt{3}$$

$$AB = 50 \times 3 = 150 \text{ मी}$$

समकोण $\triangle ADE$ में,

$$\tan60° = \frac{DE}{AD}$$

$$\Rightarrow \sqrt{3} = \frac{50\sqrt{3}}{AD}$$

$$AD = \frac{50\sqrt{3}}{\sqrt{3}} = 50 \text{ मी}$$

पक्षी द्वारा की गई दूरी $= AB + AD = 150 + 50$

$$= 200 \text{ मी}$$

अब गति = दूरी/समय

$$= \frac{200}{2} \times \frac{60}{1000}$$

= 6 किमी/घंटा

अतः विकल्प (D) सही है।

**82.** माना, बेलन की ऊंचाई $= h$ सेमी

त्रिज्या $r = 4.5$ सेमी

शंकु की ऊंचाई $(H) = 18$ सेमी

त्रिज्या $(R) = 7$ सेमी

प्रश्न के अनुसार,

बेलन का आयतन = शंकु का आयतन

$$\Rightarrow \pi r^2 h = \frac{1}{3}\pi R^2 H$$

$$\Rightarrow (4.5)^2 h = \frac{1}{3} \times (15)^2 \times 18$$

$$\Rightarrow 20.25 \times h \times 3 = 225 \times 18$$

$$\Rightarrow h = 225 \times \frac{18}{20.25 \times 3}$$

$$\Rightarrow h = \frac{200}{3}$$

अतः विकल्प (B) सही है।

**83.** माना $DC$ टावर हो और $A$ और $B$ प्रेक्षक की स्थिति इस तरह हो कि $AB = 40$ मी है

हमें ज्ञात है $\angle DAC = 30°, \angle DBC = 45°$

माना $DC = h$

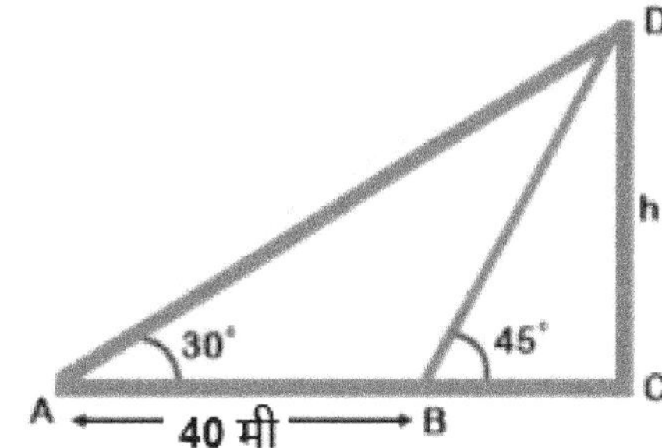


समकोण $\triangle ACD$ से हमें प्राप्त होता है

$$\tan30° = \frac{DC}{AC}$$

$$\Rightarrow \frac{1}{\sqrt{3}} = \frac{h}{AC}$$

$$\Rightarrow AC = h\sqrt{3} \dots\dots\dots (i)$$

समकोण $\triangle BCD$ से हमें प्राप्त होता है

$$\tan45° = \frac{DC}{BC}$$

$$\Rightarrow 1 = \frac{h}{BC}$$

$$\Rightarrow BC = h \dots (ii)$$

हम जानते हैं,

$$AB = (AC - BC)$$

$$\Rightarrow 40 = (AC - BC)$$

समीकरण $(i)$ और $(ii)$ से, हम प्राप्त करते हैं

$$\Rightarrow 40 = (h\sqrt{3} - h)$$

$$\Rightarrow 40 = h(\sqrt{3} - 1)$$

$$\Rightarrow h = \frac{40}{(\sqrt{3}-1)}$$

$$\Rightarrow h = \frac{40}{(\sqrt{3}-1)} \times \frac{(\sqrt{3}+1)}{(\sqrt{3}+1)}$$

$$\Rightarrow h = \frac{40(\sqrt{3}+1)}{(3-1)}$$

$$\Rightarrow h = \frac{40(\sqrt{3}+1)}{2}$$

$$\Rightarrow h = 20(\sqrt{3} + 1)$$

$$\Rightarrow h = 20(1.73 + 1)$$

$$h = 20 \times 2.73$$

$\therefore h = 54.6$ मी

अतः विकल्प (D) सही है।

**84.**

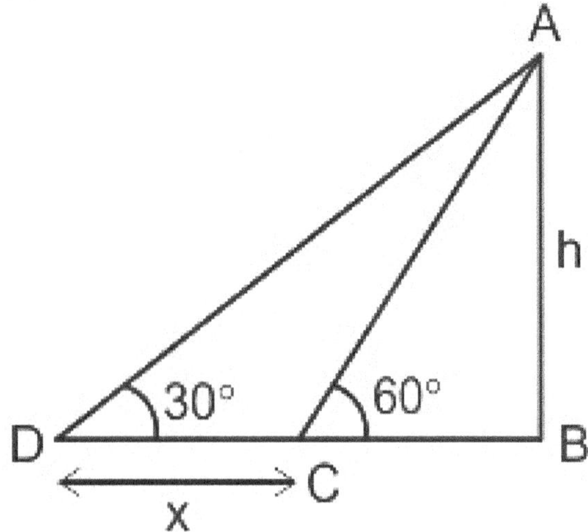



माना $AB$ मीनार है और $CB$ और $DB$ इसकी छाया है।

$\triangle ABC$ में,

$\Rightarrow \tan 60° = \dfrac{AB}{BC}$

$\Rightarrow \sqrt{3} = \dfrac{h}{BC}$

$\Rightarrow BC = \dfrac{h}{\sqrt{3}}$ ....(1)

और $\triangle ABD$ में,

$\Rightarrow \tan 30° = \dfrac{AB}{BD}$

$\Rightarrow \dfrac{1}{\sqrt{3}} = \dfrac{h}{(BC+x)}$

$\Rightarrow x + BC = h\sqrt{3}$

$\Rightarrow BC = h\sqrt{3} - x$ ....(2)

(1) और (2) से, हम प्राप्त करते हैं

$\Rightarrow \dfrac{h}{\sqrt{3}} = h\sqrt{3} - x$

$\Rightarrow h = 3h - x\sqrt{3}$

$\Rightarrow 2h = x\sqrt{3}$

$\Rightarrow h = \dfrac{x\sqrt{3}}{2}$

$\therefore$ मीनार की ऊंचाई $\dfrac{\sqrt{3}}{2}x$ है।

अतः विकल्प (C) सही है।

**85.** दिया गया है:

एक वृत्त, त्रिभुज $ABC$ में अन्तर्निहित है। यह क्रमशः भुजा $AB, BC$ और $AC$ को $R, P$ और $Q$ पर स्पर्श करता है।

$AQ = 2.6$ सेमी, $PC = 2.7$ सेमी और $BR = 3$ सेमी

जैसा कि हम जानते हैं,

एक बाह्य बिंदु से एक वृत्त पर खींची गई दो स्पर्शरेखाओं की लंबाई समान होती है।

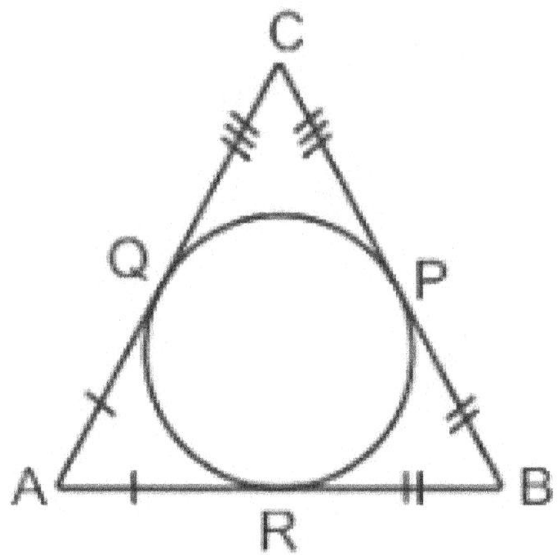



बिंदु $A$ से वृत्त पर $AQ$ और $AR$ दो स्पर्शरेखाएँ हैं

$\Rightarrow AQ = AR = 2.6$ सेमी

बिंदु $B$ से वृत्त पर $BP$ और $BR$ दो स्पर्शरेखाएँ हैं

$\Rightarrow BR = BP = 3$ सेमी

बिंदु $C$ से वृत्त पर $CP$ और $CQ$ दो स्पर्शरेखाएँ हैं

$\Rightarrow CP = CQ = 2.7$ सेमी

त्रिभुज का परिमाप $AB + BC + CA$ है

$= AR + RB + BP + PC + CQ + QA$

$= 2.6 + 3 + 3 + 2.7 + 2.7 + 2.6$

$= 16.6$

$\therefore$ त्रिभुज का परिमाप $16.6$ सेमी है।

अतः विकल्प (B) सही है।

**86.** दिया है:

$\dfrac{AD}{BD} = \dfrac{2}{5}$ और $\dfrac{DE}{BC}$

$\Delta GHC$ का क्षेत्रफल $25$ वर्ग सेमी है

प्रयुक्त सूत्र:

$\Delta CEF$ का क्षेत्रफल$/$ $\triangle ABC$ का क्षेत्रफल $= \left(\dfrac{EC}{AB}\right)^2$

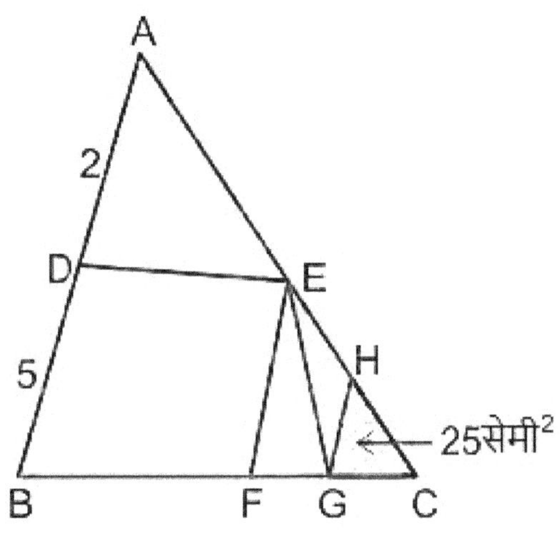

$AD : AB = 2 : 7$

हम जानते हैं कि,

$\Delta CEF$ का क्षेत्रफल/ $\triangle ABC$ का क्षेत्रफल $= \left(\dfrac{EC}{AB}\right)^2$

$\Rightarrow \Delta CEF$ का क्षेत्रफल/ $\triangle ABC$ का क्षेत्रफल $= \left(\dfrac{5}{7}\right)^2$

$\Rightarrow \Delta CEF$ का क्षेत्रफल/ $\triangle ABC$ का क्षेत्रफल $= \dfrac{25}{49}$ ----(i)

अब,

$\Delta GHC$ का क्षेत्रफल/ $\Delta CEF$ का क्षेत्रफल $= \left(\dfrac{GC}{FC}\right)^2$

$\Rightarrow \Delta GHC$ का क्षेत्रफल/ $\Delta CEF$ का क्षेत्रफल $= \left(\dfrac{1}{2}\right)^2$

$\Rightarrow \Delta GHC$ का क्षेत्रफल/ $\Delta CEF$ का क्षेत्रफल $= \dfrac{1}{4}$

$\Rightarrow \Delta CEF$ का क्षेत्रफल $= 25 \times 4 = 100$ वर्ग सेमी

समीकरण (i) से, हमें प्राप्त होता है

$\Delta ABC$ का क्षेत्रफल $= \dfrac{49}{25} \times 100$

$\therefore \Delta ABC$ का क्षेत्रफल $= 196$ वर्ग सेमी

अतः विकल्प (A) सही है।

**87.** दिया है:

$\angle A = 55°, \angle C = 54°,$ और $\angle CED = 71°$

$AB = 16$ सेमी, $BC = 20$ सेमी, $CD = 6$ सेमी और $ED = 4$ सेमी

प्रयुक्त सूत्र:

यदि $\Delta ABC$ और $\Delta DEC$ समान हैं,

$\dfrac{AC}{DC} = \dfrac{BC}{EC} = \dfrac{AB}{DE}$

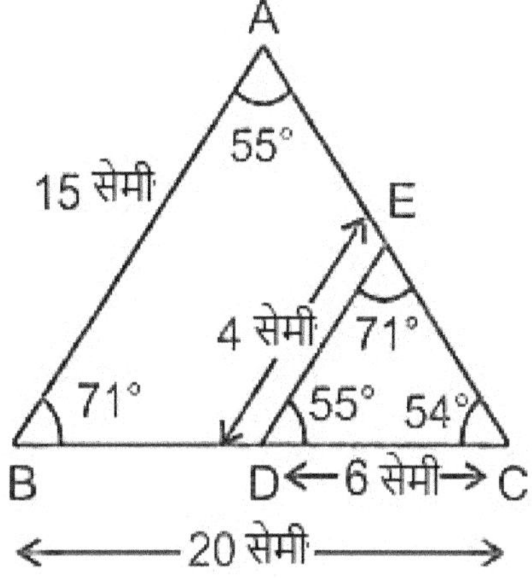

उपरोक्त आकृति में,

$\angle B = 180° - (55° + 54°) = 71°$

$\angle CDE = 180° - (71° + 54°) = 55°$

यदि $\Delta ABC$ और $\Delta DEC$ समान हैं,

$\dfrac{AC}{DC} = \dfrac{BC}{EC} = \dfrac{AB}{DE}$

$\Rightarrow \dfrac{AC}{6} = \dfrac{20}{EC} = \dfrac{16}{4}$

$\Rightarrow \dfrac{20}{EC} = \dfrac{16}{4}$

$\Rightarrow EC = 20 \times \dfrac{4}{16} = 5$ सेमी

$\Rightarrow \dfrac{AC}{6} = \dfrac{16}{4}$

$\Rightarrow AC = \dfrac{16 \times 6}{4} = 24$ सेमी

$\therefore EC + AC = 5 + 24 = 29$ सेमी

अतः विकल्प (B) सही है।

**88.**

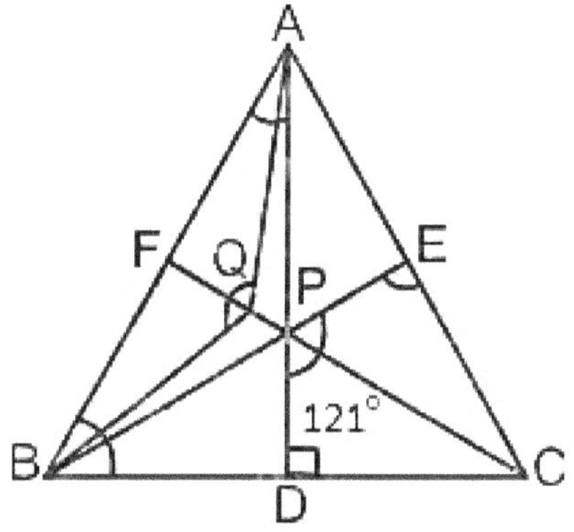

दिया है, $\angle EPD = 121°$

जैसा कि हम जानते हैं,

$\angle PEC = \angle PDC = 90°$

चतुर्भुज $PECD$ में,

$\Rightarrow \angle PEC + \angle PDC + \angle EPD + \angle ECD = 360°$ (एक चतुर्भुज के सभी आंतरिक कोणों का योग $360°$ होता है)

$\Rightarrow \angle ECD = 360° - 121° - 90° - 90° = 59°$

$\triangle ABQ$ में,

$\frac{\angle A}{2} + \frac{\angle B}{2} + \angle Q = 180°$

$\Rightarrow \angle Q = 180° - \frac{(\angle B + \angle A)}{2}$

$\Rightarrow \angle Q = 180° - \left[\frac{(180° - \angle C)}{2}\right]$

$\Rightarrow \angle Q = 180° - 90° + \frac{\angle C}{2}$

$\Rightarrow \angle Q = 90° + \frac{59°}{2}$

$\Rightarrow \angle Q = 90° + 29.5° = 119.5°$

अतः विकल्प (A) सही है।

**89.** दिया है:

$\angle ABC = 55°$ और $\angle PQC = 125°$

$AB = 24$ सेमी, $AP = 10$ सेमी और $AQ = 12$ सेमी

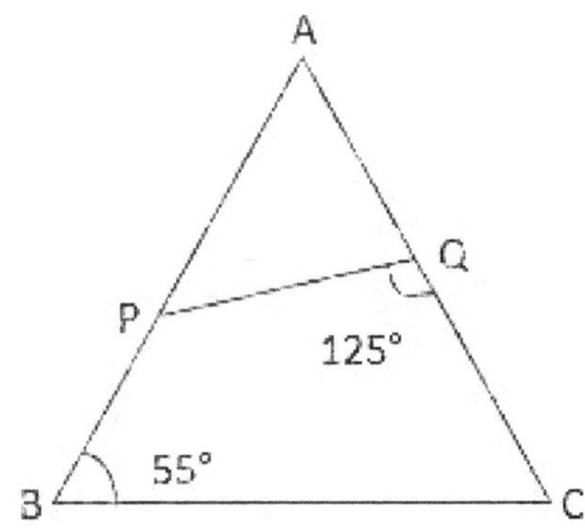

$\triangle ABC$ और $\triangle APQ$ में

$\angle A$ उभयनिष्ठ है,

$\angle B = \angle AQP = 55°$

इसलिए, $\triangle ABC \sim \triangle AQP$ तो,

$\frac{AB}{AQ} = \frac{BC}{QP} = \frac{AC}{AP}$

$\Rightarrow \frac{AB}{AQ} = \frac{AC}{AP}$

$\Rightarrow \frac{24}{12} = \frac{AC}{10}$

$\Rightarrow AC = 20$

$CQ = AC - AQ = 20 - 12 = 8$ सेमी

$\therefore CQ$ का मान $8$ सेमी है।

अतः विकल्प (B) सही है।

**90.** दिया है,

$\triangle ABC \sim \triangle DEF$

$\therefore$ ($\triangle ABC$ का परिमाप ) / ($\triangle DEF$ का परिमाप ) $= \frac{AC}{DF}$

$(AB + BC + CA)$ / ($\triangle DEF$ का परिमाप ) $= \frac{AC}{DF}$

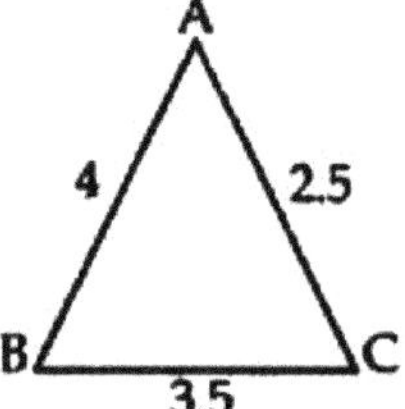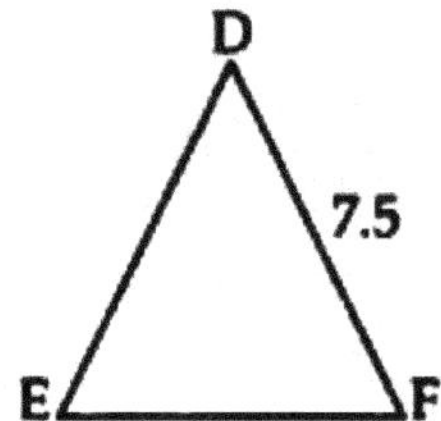

$(4 + 3.5 + 2.5)$ / ($\Delta DEF$ का परिमाप ) $= \frac{2.5}{7.5}$

$(10)$ / ($\Delta DEF$ का परिमाप ) $= \frac{1}{3}$

$\therefore$ ($\Delta DEF$) का परिमाप $= 30$ सेमी

अतः विकल्प (C) सही है।

**91.** दिया है,

$\triangle ABC$ में, $DE \parallel BC$

$\frac{AD}{BD} = \frac{AE}{EC}$

(थेल्स का प्रमेय)

$\frac{x}{x+1} = \frac{x+3}{x+5}$

$x(x + 5) = (x + 3)(x + 1)$

$x^2 + 5x = x^2 + 3x + x + 3$

$x^2 + 5x - x^2 - 3x - x = 3$

$\therefore x = 3$ सेमी

अतः विकल्प (A) सही है।

**92.** माना अनी की वर्तमान आयु $= x$ वर्ष

और बीजू की वर्तमान आयु $= y$ वर्ष

दिया है,

अनी और बीजू की आयु में $3$ का अंतर है

$x - y = 3$ ... ... (1)

दिया है,

अनी के पिता धरम की आयु अनी से दुगनी है

धर्म की वर्तमान आयु $= 2x$

और

बीजू की आयु कैथी से दोगुनी है,

बीजू की वर्तमान आयु $= 2 \times$ कैथी की वर्तमान आयु

कैथी की वर्तमान आयु $=$ बीजू की वर्तमान आयु / $2$

कैथी की वर्तमान आयु $= \frac{y}{2}$ वर्ष

इसके अलावा,

धरम और कैथी की आयु में $30$ वर्ष का अंतर है।

$2x - \frac{y}{2} = 30$

$\frac{4x - y}{2} = 30$

$4x - y = 60 \qquad \ldots\ldots(2)$

तो, समीकरण हैं

$x - y = 3 \qquad \ldots\ldots(1)$

$4x - y = 60 \qquad \ldots\ldots(2)$

समीकरण $(1)$ से,

$x - y = 3$

$x = 3 + y$

$x = 3 + y$ को समीकरण $(2)$ में रखने पर,

$4x - y = 60$

$4(3 + y) - y = 60$

$12 + 4y - y = 60$

$12 + 3y = 60$

$3y = 60 - 12$

$3y = 48$

$y = \frac{48}{3}$

$y = 16$

$y = 16$ को समीकरण $(1)$ में रखने पर,

$x - y = 3$

$x = 3 + y$

$x = 3 + 16$

$x = 19$

इसलिए,

अनी की वर्तमान आयु $= x = 19$ वर्ष

बीजू की वर्तमान आयु $= y = 16$ वर्ष

अतः विकल्प (D) सही है।

**93.** माना ट्रेन की गति $= x$ किमी/घंटा

लिया गया समय $= y$ घंटे

हम जानते हैं कि,

गति $=$ दूरी $/$ समय

दूरी $=$ गति $\times$ समय

दूरी $= xy \qquad \ldots\ldots(1)$

यदि ट्रेन $10$ किमी/घंटा तेज होती

गति $= x + 10$

इसमें $2$ घंटे कम लगते हैं

समय $= y - 2$

अब,

दूरी $=$ गति $\times$ समय

दूरी $= (x + 10)(y - 2)$

दूरी $= xy$ का मान समीकरण $(1)$ में रखने पर,

$xy = (x + 10)(y - 2)$

$xy = x(y - 2) + 10(y - 2)$

$xy = xy - 2x + 10y - 20$

$2x - 10y + 20 = xy - xy$

$2x - 10y + 20 = 0 \qquad \ldots\ldots(2)$

यदि ट्रेन $10$ किमी/घंटा से धीमी होती

गति $= x - 10,$

इसमें $3$ घंटे अधिक लगेंगे

समय $= y + 3$

अब,

दूरी $=$ गति $\times$ समय

दूरी $= (x - 10)(y + 3)$

दूरी $= xy$ का मान समीकरण $(1)$ से रखने पर,

$xy = (x - 10)(y + 3)$

$xy = x(y + 3) - 10y - 30$

$xy = xy + 3x - 10y - 30$

$xy - xy = 3x - 10y - 30$

$3x - 10y - 30 = 0 \qquad \ldots\ldots(3)$

तो, समीकरण हैं,

$2x - 10y + 20 = 0 \qquad \ldots\ldots(2)$

$3x - 10y - 30 = 0 \qquad \ldots\ldots(3)$

समीकरण $(2)$ से,

$2x - 10y + 20 = 0$

$2(x - 5y + 10) = 0$

$x - 5y + 10 = 0$

$x = 5y - 10 \qquad …\,…(4)$

समीकरण $(4)$का मान समीकरण $(3)$में रखने पर ,

$3x - 10y - 30 = 0$

$3(5y - 10) - 10y - 30 = 0$

$15y - 30 - 10y - 30 = 0$

$5y - 60 = 0$

$5y = 60$

$y = \dfrac{60}{5}$

$y = 12$

$y = 12$ का मान समीकरण $(4)$ रखने पर ,

$x = 5y - 10$

$x = (5 \times 12) - 10$

$x = 60 - 10$

$x = 50$

इस प्रकार,

ट्रेन की गति $= x = 50$किमी/घंटा

और ट्रेन द्वारा लिया गया समय $= y = 12$ घंटे।

अब,

दूरी $=$ गति $\times$ समय

दूरी $= 50 \times 12$

दूरी $= 600$ किमी

अतः विकल्प (A) सही है।

**94.** दिया गया,

मान लीजिए $1$ पंक्ति $= x$ में विद्यार्थियों की संख्या

दिया गया, मान लीजिए $1$ पंक्ति $= x$ में विद्यार्थियों की संख्या

और पंक्तियों की संख्या $= y$

फिर,

छात्रों की कुल संख्या

$= 1$ पंक्ति में छात्रों की संख्या $\times$ पंक्तियों की संख्या

छात्रों की कुल संख्या $= xy \qquad …\,…(1)$

यदि $3$ छात्र एक पंक्ति में अतिरिक्त हैं, इसलिए $1$ पंक्ति कम होगी।

$1$ पंक्ति $= x + 3$ में विद्यार्थियों की संख्या

पंक्तियों की संख्या $= y - 1$

अब,

छात्रों की कुल संख्या,

$= (x + 3)(y - 1)$

छात्रों की संख्या रखने पर $= xy$

$xy = (x + 3)(y - 1)$

$(x + 3)(y - 1) = xy$

$x(y - 1) + 3(y - 1) = xy$

$xy - x + 3y - 3 = xy - xy$

$-x + 3y - 3 = 0$

$x - 3y + 3 = 0 \qquad …\,…(2)$

यदि $3$ छात्र एक पंक्ति में कम हैं, तो $2$ पंक्ति कम होगी।

$1$ पंक्ति $= x - 3$ में विद्यार्थियों की संख्या

पंक्तियों की संख्या $= y + 2$

अब,

छात्रों की कुल संख्या,

$= (x - 3)(y + 2)$

छात्रों की संख्या $= xy$,

$xy = (x - 3)(y + 2)$

$(x - 3)(y + 2) = xy$

$x(y + 2) - 3(y + 2) = xy$

$xy + 2x - 3y - 6 = xy$

$2x - 3y - 6 = xy - xy$

$2x - 3y - 60 \qquad …\,…(3)$

तो, समीकरण हैं

$x - 3y + 3 = 0 \qquad …\,…(3)$

$2x - 3y - 6 = 0 \qquad …\,…(4)$

समीकरण $(2)$ से

$x - 3y + 3 = 0$

$x = 3y - 3$

$x = 3y - 3$ को समीकरण $(3)$ में रखने पर,

$2x - 3y - 6 = 0$

$2(3y - 3) - 3y - 6 = 0$

$6y - 6 - 3y - 6 = 0$

$3y - 12 = 0$

$3y = 12$

$y = \dfrac{12}{3}$

$y = 4$

$y = 4$ को समीकरण $(2)$ में रखने पर,

$x - 3y + 3 = 0$

$x - (3 \times 4) + 3 = 0$

$x - 12 + 3 = 0$

$x - 9 = 0$

$x = 9$

इसलिए,

1 पंक्ति $= x = 9$ में विद्यार्थियों की संख्या

पंक्तियों की संख्या $= y = 4$

छात्रों की कुल संख्या,

$= 1$ पंक्ति में छात्रों की संख्या $\times$ पंक्तियों की संख्या

$= 9 \times 4$

$= 36$

अतः विकल्प (C) सही है।

**95.** दिया गया,

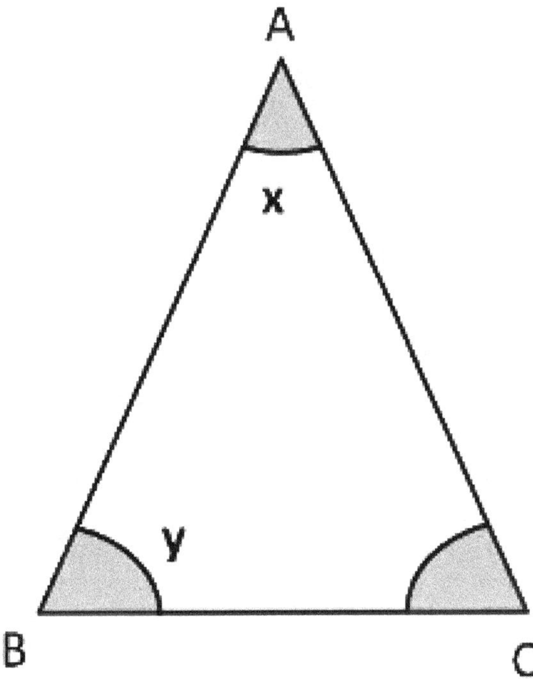



मान लीजिए $\angle A = x$

$\angle B = y$

दिया गया,

$\angle C = 3\angle B$

$\angle C = 3y$

इसके अलावा,

$\angle C = 2(\angle A + \angle B)$

$\angle C = 2(x + y)$

$\angle C = 3y$ के लिए

$\angle A = x$ रखने पर

$\angle B = y$ और

$\angle C = 3y$

चूँकि $ABC$ एक त्रिभुज है,

कोण योग गुण द्वारा,

$\angle A + \angle B + \angle C = 180$

$x + y + 3y = 180$

$x + 4y = 180 \qquad \ldots\ldots(1)$

$\angle C = 2(x + y)$ के लिए

$\angle A = x$ रखने पर

$\angle B = y$ और

$\angle C = 2(x + y)$

चूँकि $ABC$ एक त्रिभुज है,

कोण योग गुण द्वारा,

$\angle A + \angle B + \angle C = 180$

$x + y + 2(x + y) = 180$

$x + y + 2x + 2y = 180$

$3x + 3y = 180$

$3(x + y) = 180$

$(x + y) = \dfrac{180}{3}$

$x + y = 60 \qquad \ldots\ldots(2)$

इसलिए, समीकरण हैं

$x + 4y = 180 \qquad \ldots\ldots(1)$

$x + y = 60 \qquad \ldots\ldots(2)$

समीकरण $(1)$ से,

$x + 4y = 180$

$x = 180 - 4y$

$x = 180 - 4y$ को समीकरण $(2)$ में रखने पर,

$x + y = 60$

$180 - 4y + y = 60$

$180 - 60 = 4y - y$

$120 = 3y$

$3y = 120$

$y = \dfrac{120}{3}$

$y = 40$

$y = 40°$ को समीकरण $(1)$ में रखने पर,

$x + 4y = 180$

$x + (4 \times 40) = 180$

$x + 160 = 180$

$x = 20$

इस प्रकार,

$\angle A = x = 20°$

$\angle B = y = 40°$

$\angle C = 3y = 3 \times 40 = 120°$

अतः विकल्प (A) सही है।

**96.** दिया गया,

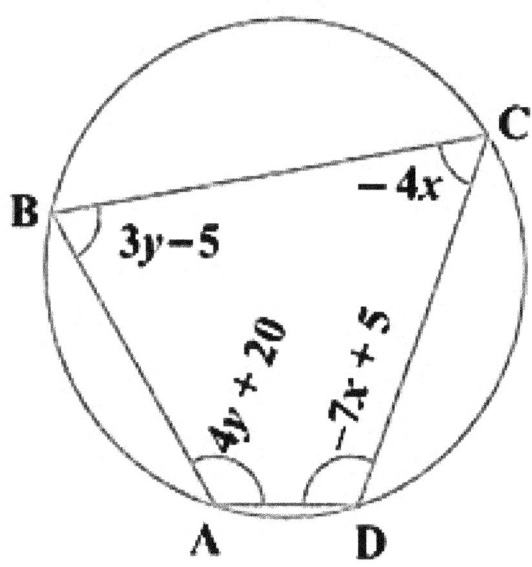


$\angle A = 4y + 20$

$\angle B = 3y - 5$

$\angle C = -4x$

$\angle D = -7x + 5$

हम जानते हैं कि एक चक्रीय चतुर्भुज में,

विपरीत कोणों का योग $180°$ होता है

इसलिए,

$\angle A + \angle C = 180°$

और $\angle B + \angle D = 180°$

$\angle A + \angle C = 180°$

$4y + 20 - 4x = 180$

$4y - 4x = 160$

$4(y - x) = 160$

$y - x = \dfrac{160}{4}$

$y - x = 40 \qquad \ldots\ldots (1)$

$\angle B + \angle D = 180°$

$3y - 5 - 7x + 5 = 180$

$3y - 7x = 180 \qquad \ldots\ldots (2)$

इसलिए, समीकरण हैं

$y - x = 40 \qquad \ldots\ldots (1)$

$3y - 7x = 180 \qquad \ldots\ldots (2)$

समीकरण $(1)$ से,

$y - x = 40$

$y = x + 40$

$y = x + 40$ को समीकरण $(2)$ में रखने पर,

$3y - 7x = 180$

$3(x + 40) - 7x = 180$

$3x + 120 - 7x = 180$

$3x - 7x = 180 - 120$

$-4x = 60$

$x = \dfrac{60}{-4}$

$x = -15$

समीकरण $(1)$ में $x = -15$ रखने पर,

$y - x = 40$

$y - (-15) = 40$

$y + 15 = 40$

$y = 25$

इसलिए, $x = -15$ और $y = 25$

चतुर्भुज के कोण हैं,

$\angle A = 4y + 20 = (4 \times 25) + 20 = 120°$

$\angle B = 3y - 5 = (3 \times 25) - 5 = 75 - 5 = 70°$

$\angle C = -4x = -4(-15) = 60°$

$\angle D = -7x + 5 = -7(-15) + 5 = 105 + 5 = 110°$

इसलिए, चक्रीय चतुर्भुज के कोण हैं

$\angle A = 120°, \angle B = 70°, \angle C = 60°$ and $\angle D = 110°$.

अतः विकल्प (A) सही है।

**97.** प्रश्न के अनुसार, हमारे पास है,

$\Rightarrow \sin^2\theta = \cos^3\theta$

$\Rightarrow$ दोनों पक्षों का वर्ग करने पर

$\Rightarrow \sin^4\theta = \cos^6\theta$ .... (1)

$\Rightarrow$ अब,

$\Rightarrow \cot^2\theta - \cot^6\theta = \cot^2\theta - \dfrac{\cos^6\theta}{\sin^6\theta}$

$\Rightarrow$ समीकरण 1 से

$\Rightarrow \cot^2\theta - \dfrac{\sin^4\theta}{\sin^6\theta} = \cot^2\theta - \dfrac{1}{\sin^2\theta} = \cot^2\theta - \operatorname{cosec}^2\theta = -1$

इसलिए, $\cot^2\theta - \cot^6\theta$ का मान $-1$ है।

अतः विकल्प (A) सही है।

**98.** दिया गया है:

$\tan\theta + \cot\theta = \sqrt{3}$

प्रयुक्त सूत्र:

$(a+b)^3 = a^3 + b^3 + 3ab(a+b)$

$a^2 + b^2 = (a+b)^2 - 2(a \times b)$

$\tan\theta \times \cot\theta = 1$

$\tan\theta + \cot\theta = \sqrt{3}$

दोनों ओर का घन लेने पर, हमें प्राप्त होता है

$(\tan\theta + \cot\theta)^3 = \left(\sqrt{3}\right)^3$

$\Rightarrow \tan^3\theta + \cot^3\theta + 3 \times \tan\theta \times \cot\theta \times (\tan\theta + \cot\theta) = 3\sqrt{3}$

$\Rightarrow \tan^3\theta + \cot^3\theta + 3\sqrt{3} = 3\sqrt{3}$

$\Rightarrow \tan^3\theta + \cot^3\theta = 0$

दोनों ओर का वर्ग लेने पर

$(\tan^3\theta + \cot^3\theta)^2 = 0$

$\Rightarrow \tan^6\theta + \cot^6\theta + 2 \times \tan^3\theta \times \cot^3\theta = 0$

$\Rightarrow \tan^6\theta + \cot^6\theta + 2 = 0$

$\Rightarrow \tan^6\theta + \cot^6\theta = -2$

$\therefore \tan^6\theta + \cot^6\theta$ का मान $-2$ है।

अतः विकल्प (A) सही है।

**99.** दिया गया है:

$\sec\theta - \tan\theta = 2.5$

प्रयुक्त अवधारणा:

$\sec^2\theta - \tan^2\theta = 1$

$(a^2 - b^2) = (a+b)(a-b)$

$\sec\theta - \tan\theta = 2.5$ ... (i)

अब,

$\sec^2\theta - \tan^2\theta = 1$

$\Rightarrow (\sec\theta + \tan\theta)(\sec\theta - \tan\theta) = 1$

$\Rightarrow (\sec\theta + \tan\theta) \times 2.5 = 1$

$\Rightarrow \sec\theta + \tan\theta = 1/2.5$ ... (ii)

समीकरण (i) और समीकरण (ii) को जोड़ने पर, हमें प्राप्त होता है

$2\sec\theta = 2.5 + (1/2.5)$

$\Rightarrow 2\sec\theta = [(6.25 + 1)/2.5]$

$\Rightarrow \sec\theta = [(7.25)/5]$

$\Rightarrow \sec\theta = 1.45$

$\therefore$ Value of $\sec\theta$ का मान $1.45$ है।

अतः विकल्प (C) सही है।

**100.** दिया गया है:

$\sec\theta + \tan\theta = 2$ ... (1)

प्रयुक्त अवधारणा:

पाइथागोरस प्रमेय:

$P^2 + B^2 = H^2$

$1 + \tan^2\theta = \sec^2\theta$

$\sec^2\theta - \tan^2\theta = 1$

$\Rightarrow (\sec\theta + \tan\theta)(\sec\theta - \tan\theta) = 1$

$\Rightarrow 2 \times (\sec\theta - \tan\theta) = 1$

$\Rightarrow \sec\theta - \tan\theta = \dfrac{1}{2}$ ... (2)

समीकरण (1) और (2) को जोड़ने पर

$\Rightarrow 2 \times \sec\theta = 2 + \dfrac{1}{2}$

$\Rightarrow 2 \times \sec\theta = \dfrac{5}{2}$

$\Rightarrow \sec\theta = \dfrac{5}{4} = \dfrac{H}{B}$

पाइथागोरस प्रमेय से:

$H = 5, B = 4$ और $P = 3$

$\Rightarrow \sin\theta = \dfrac{P}{H} = \dfrac{3}{5}$

$\therefore \sin\theta$ का मान $\dfrac{3}{5}$ है।

अतः विकल्प (D) सही है।

**Q.1** परिमेय संख्या $\frac{33}{(2^2 \times 5)}$ का दशमलव प्रसार इसके बाद समाप्त हो जाएगा।

A. एक दशमलव स्थान
B. दो दशमलव स्थान
C. तीन दशमलव स्थान
D. 3 से अधिक दशमलव स्थान

**Q.2** किसी पूर्णांक q के लिए, प्रत्येक विषम पूर्णांक का रूप होता है:

A. $q$    B. $q+1$    C. $2q$    D. $2q+1$

**Q.3** तीन अलार्म घड़ियां क्रमशः 20 मिनट, 25 मिनट और 30 मिनट के नियमित अंतराल पर अपने अलार्म बजाती हैं। यदि वे पहली बार दोपहर 12 एक साथ बजती है, तो वे पहली बार फिर किस समय बजेंगी?

A. 4:00 pm    B. 4:30 pm
C. 5:00 pm    D. 5:30 pm

**Q.4** सबसे बड़ी संख्या जिसे 1251, 9377 और 15628 से विभाजित करने पर क्रमशः 1, 2 और 3 शेष बचता है:

A. 575    B. 450    C. 750    D. 625

**Q.5** यदि $a$ और $b$ दो सहअभाज्य संख्याएँ हैं, तो $a^3$ और $b^3$ हैं:

A. सह अभाज्य
B. सह अभाज्य नहीं
C. सम संख्या
D. विषम संख्या

**Q.6** यदि $n$ एक प्राकृत संख्या है, तो $2(5^n + 6^n)$ हमेशा समाप्त होता है:

A. 1    B. 4    C. 3    D. 2

**Q.7** यदि घन बहुपद $x^3 + ax^2 + bx + c$ के शून्यकों में से एक है $-1$ है, तो अन्य दो शून्यकों का गुणनफल _____ है।

A. $b - a - 1$    B. $b - a + 1$
C. $a - b + 1$    D. $a - b - 1$

**Q.8** यह देखते हुए कि घन बहुपद $ax^3 + bx^2 + cx + d$ के दो शून्यक 0 हैं, तीसरा शून्यक है:

A. $\frac{-b}{a}$    B. $\frac{b}{a}$    C. $\frac{c}{a}$    D. $\frac{-d}{a}$

**Q.9** यदि द्विघात बहुपद $x^2 + 3x + k$ का एक शून्यक 2 है, तो $k$ का मान है:

A. 10    B. $-10$    C. 5    D. $-5$

**Q.10** द्विघात बहुपद $x^2 + 7x + 10$ के शून्यक हैं:

A. $-4, -3$    B. 2,5    C. $-2, -5$    D. $-2, 5$

**Q.11** यदि एक बहुपद $p(x)$ को एक बहुपद $g(x)$ से विभाजित करने पर भागफल शून्य है, तो $p(x)$ और $(x)$ की घातों के बीच संबंध है:

A. $p(x)$ की घात $< g(x)$ की घात
B. $p(x)$ की घात $= g(x)$ की घात
C. $p(x)$ की घात $> g(x)$ की घात
D. $p(x)$ और $g(x)$ की घात के बारे में कुछ नहीं कहा जा सकता है

**Q.12** यदि $\alpha, \beta$ वास्तविक हैं और $\alpha^2, -\beta^2$ समीकरण $a^2 x^2 + x + 1 - a^2 = 0; (a > 1)$, के मूल हैं, तो $\beta^2 = ?$

A. $a^2$    B. 1    C. $1 - a^2$    D. $1 + a^2$

**Q.13** यदि दिए गए समीकरण के मूल $2x^2 + 3(\lambda - 2)x + \lambda + 4 = 0$ परिमाण में बराबर हों लेकिन चिन्ह विपरीत हों, तो $\lambda$ का मान _____ है।

A. 1    B. 2    C. 3    D. $\frac{2}{3}$

**Q.14** निम्नलिखित रैखिक समीकरण युग्मों को हल कीजिए।

$3x - 5y - 4 = 0$ और $9x = 2y + 7$

A. $x = \frac{19}{13}$ and $y = -\frac{15}{13}$
B. $x = \frac{10}{13}$ and $y = -\frac{6}{13}$
C. $x = \frac{9}{13}$ and $y = -\frac{5}{13}$
D. $x = \frac{5}{13}$ and $y = -\frac{9}{13}$

**Q.15** मीना एक बैंक में 2000 रुपये निकालने गई। उसने कैशियर से केवल 50 ₹ और 100 ₹ के नोट देने को कहा। मीना को कुल मिलाकर 25 नोट मिले। पता करें कि 50 ₹ और 100 ₹ के कितने नोट उसने प्राप्त किया हैं।

A. 100 ₹ के नोट = 50, 50 ₹ के नोट = 10
B. 50 ₹ के नोट = 10, 100 ₹ के नोट = 15
C. 150 ₹ के नोट = 20, 200 ₹ के नोट = 15
D. 100 ₹ के नोट = 30, 50 ₹ के नोट = 15

**Q.16** एक उधार देने वाले पुस्तकालय में पहले तीन दिनों के लिए एक निश्चित शुल्क और उसके बाद प्रत्येक दिन के लिए एक अतिरिक्त शुल्क होता है। सरिता ने सात दिनों तक रखी एक किताब के लिए 27 रु, जबकि सूसी ने पांच दिनों तक के लिए 21 रु. का भुगतान किया। नियत शुल्क और प्रत्येक अतिरिक्त दिन के लिए शुल्क ज्ञात कीजिए।

A. निश्चित शुल्क 15 रु, अतिरिक्त शुल्क 3 रु, प्रति दिन
B. निश्चित शुल्क 50 रु, अतिरिक्त शुल्क 5 रु, प्रति दिन
C. निश्चित शुल्क 35 रु, अतिरिक्त शुल्क 3 रु, प्रति दिन
D. निश्चित शुल्क 65 रु, अतिरिक्त शुल्क 3 रु, प्रति दिन

**Q.17** मासिक छात्रावास शुल्क का एक हिस्सा निश्चित किया जाता है और शेष मेस में भोजन करने के दिनों की संख्या पर निर्भर करता है। जब एक विद्यार्थी $A$, 20 दिनों के लिए भोजन करता है तो उसे 1000 रुपये छात्रावास शुल्क के रूप में जबकि एक छात्र $B$, जो 26 दिनों के लिए भोजन करता है, 1180 रुपये का भुगतान छात्रावास शुल्क के रूप में करता है। निर्धारित शुल्क और प्रतिदिन भोजन की लागत ज्ञात कीजिए।

A. निश्चित शुल्क 500 रुपये, प्रतिदिन भोजन का शुल्क 60 रुपये
B. निश्चित शुल्क 400 रुपये प्रतिदिन भोजन का शुल्क 30 रुपये
C. निश्चित शुल्क 700 रुपये प्रतिदिन भोजन का शुल्क 90 रुपये
D. निश्चित शुल्क 300 रुपये प्रतिदिन भोजन का शुल्क 30 रुपये

**Q.18** एक भिन्न $\frac{1}{3}$ बन जाती है जब अंश से 1 घटाया जाता है तथा यह भिन्न $\frac{1}{4}$ हो जाता है, जब 8 को इसके हर में जोड़ा जाता है। भिन्न ज्ञात कीजिए।

A. $\frac{25}{12}$    B. $\frac{15}{12}$    C. $\frac{10}{12}$    D. $\frac{5}{12}$

**Q.19** यश ने एक परीक्षा में 40 अंक प्राप्त किए, प्रत्येक सही उत्तर के लिए 3 अंक प्राप्त किए और प्रत्येक गलत उत्तर के लिए 1 अंक गंवाए। यदि

प्रत्येक सही उत्तर के लिए 4 अंक दिए जाते और प्रत्येक गलत उत्तर के लिए 2 अंक काटे जाते, तो यश को 50 अंक प्राप्त होते। टेस्ट में कितने प्रश्न थे?

A. 10     B. 20     C. 30     D. 40

**Q.20** यदि $ax^2 + bx + c = 0$ का मूल $m:n$ के अनुपात में हैं, तो:

A. $mna^2 = (m + n)c^2$

B. $mnb^2 = (m + n)ac$

C. $mnb^2 = (m + n)^2ac$

D. $mnb^2 = (m - n)^2ac$

**Q.21** यदि α और β समीकरण x² - q(1 + x) - r = 0 के मूल हैं, तो (1 + α)(1 + β) किसके बराबर है?

A. 1 - r     B. q - r     C. 1 + r     D. q + r

**Q.22** p का वह मान क्या है जिसके लिए समीकरण x² - (p - 2)x - p + 1 = 0 के मूलों के वर्गों का योग न्यूनतम होगा?

A. 0     B. 1     C. 2     D. 3

**Q.23** किसी $AP$ का 26वां, 11वां और अंतिम पद क्रमशः 0,3 और $-\frac{1}{5}$ है। सार्व अंतर और पदों की संख्या ज्ञात कीजिए।

A. $-\frac{1}{5}$, 27     B. $-\frac{2}{5}$, 29     C. $-\frac{1}{10}$, 17     D. $-\frac{3}{5}$, 37

**Q.24** एक $AP$ के चौथे पद और आठवें पद का योग 24 है तथा छठे और 10वें पदों का योग 44 है। $AP$ के पहले तीन पद ज्ञात कीजिए।

A. +13, -8, +3

B. -13, -8, -3

C. -18, -8, -13

D. +13, +8, -18

**Q.25** $AP$ में तीन संख्याओं का योग 24 है और उनके वर्गों का योग 194 है। संख्याएँ ज्ञात कीजिए।

A. 5,8,9     B. 9,8,6     C. 6,8,7     D. 7,8,9

**Q.26** ढलान 4 और बिंदु (4, 3) से होकर गुजरने वाली एक रेखा का समीकरण ज्ञात कीजिए।

A. y + 8x + 3 = 0

B. y - 5x + 26 = 0

C. y - 4x + 13 = 0

D. y + 2x + 16 = 0

**Q.27** यदि बिंदु (3, 4) और (a, 2) के बीच की दूरी 8 इकाई है, तो a का मान ज्ञात कीजिए।

A. $3 \pm 2\sqrt{15}$

B. $2 \pm 2\sqrt{15}$

C. $1 \pm \sqrt{15}$

D. इनमें से कोई नहीं

**Q.28** यदि बिंदु (5, - 2) और (1, a) के बीच की दूरी 5 है, तो a का मान ज्ञात कीजिए।

A. -1 और - 5

B. - 5 और 2

C. 5 और 1

D. 1 और -5

**Q.29** यदि, $A(x, y)$, $P(-3,2)$ और $Q(2, -3)$ से समदूरस्थ है, तो:

A. $2x = y$     B. $x = -y$     C. $x = 2y$     D. $x = y$

**Q.30** एक चतुर्भुज के कोण 4: 7: 6: 13 के अनुपात में हैं। चतुर्भुज के सबसे छोटे और सबसे बड़े कोणों के बीच क्या अंतर है?

A. 102°     B. 108°     C. 117°     D. 156°

**Q.31** एक समांतर चतुर्भुज $ABCD$ में, जिसमें $DC = 3.6$ सेमी, $BC = 2.4$ सेमी और $\angle BCD = 75°$ है। तो 1.5 $(\angle ADC) + \angle BAD$ ज्ञात कीजिए।

A. 212.5°     B. 222.5°     C. 232.5°     D. 242.5°

**Q.32** $ABCD$ एक समलम्ब है जिसमें $CD$ और $AB$ की लंबाई 12 सेमी और 8 सेमी है। $AC$ और $BD$ विकर्ण हैं जिनके मध्य बिंदु $P$ और $Q$ हैं। $PQ$ की लंबाई ज्ञात कीजिए? (जहां, $CD \parallel AB$ )

A. 2 सेमी     B. 4 सेमी     C. 3 सेमी     D. 5 सेमी

**Q.33** आयत $ABCD$ में, $ADE$ एक समद्विबाहु त्रिभुज है जिसका क्षेत्रफल 18 सेमी² है। इसके अलावा, $EC = 2 \times DE$ है। यदि $AD = DE$ है, तो $ABCD$ का क्षेत्रफल क्या है?

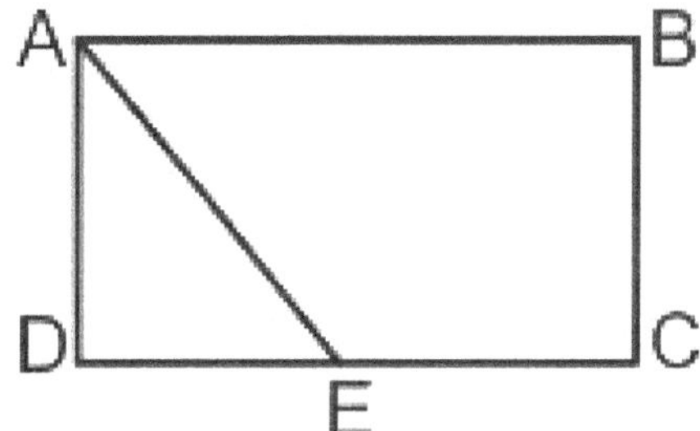

A. 72 सेमी²     B. 90 सेमी²

C. 108 सेमी²     D. 126 सेमी²

**Q.34** $\triangle ABC$ में, $BY$ तथा $CX$ क्रमशः $AC$ और $AB$ पर खींची गयी माध्यिकाएं हैं। माध्यिकाएं $BY$ तथा $CX$ एक दूसरे को बिंदु $O$ पर 90° पर प्रतिछेदित करते हैं। यदि $BY = 12$ सेमी तथा $CX = 9$ सेमी है तो, त्रिभुज $\triangle XYO$ का क्षेत्रफल क्या होगा (वर्ग सेमी में)?

A. 12     B. 10     C. 6     D. 8

**Q.35** दो समान त्रिभुजों की संगत भुजाएँ 3: 1 के अनुपात में हैं। उनके माध्यिकाओं में क्या अनुपात होगा?

A. 3:1     B. 1:3     C. 1:5     D. 3:5

**Q.36** दी गई आकृति में, रेखा PQ और ST एक दूसरे को O पर प्रतिच्छेद करती हैं। यदि ∠ROQ = 90° और a : b = 4 : 5 है। कोण c का मान क्या है?

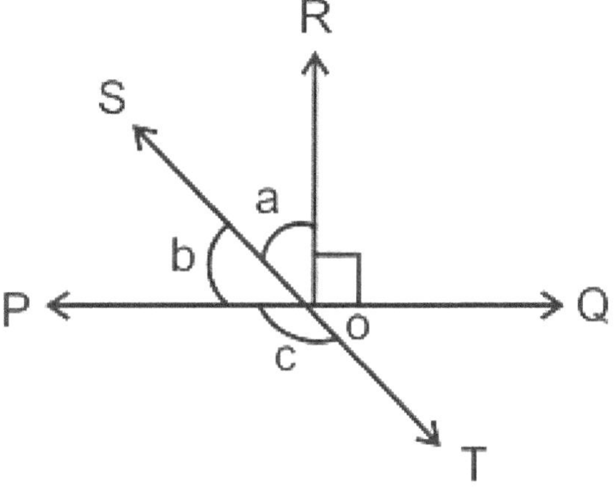


A. 120°     B. 100°     C. 130°     D. 145°

**Q.37** दी गई आकृति में AH ‖ BG ‖ CF, ∠DCH = 55° है। ∠AED : ∠BDE का मान ज्ञात कीजिए।

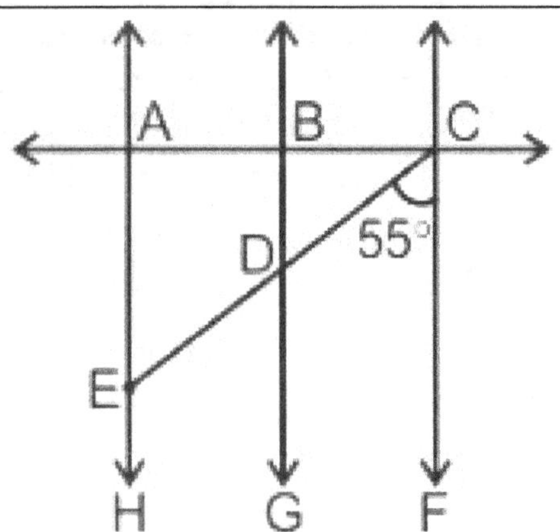

**A.** 11 : 25　　**B.** 12 : 25　　**C.** 13 : 25　　**D.** 14 : 25

**Q.38** दी गई आकृति में किरणें P || Q || R || S और किरण l || m है। क्रमशः θ₁ और θ₂ ज्ञात कीजिए।

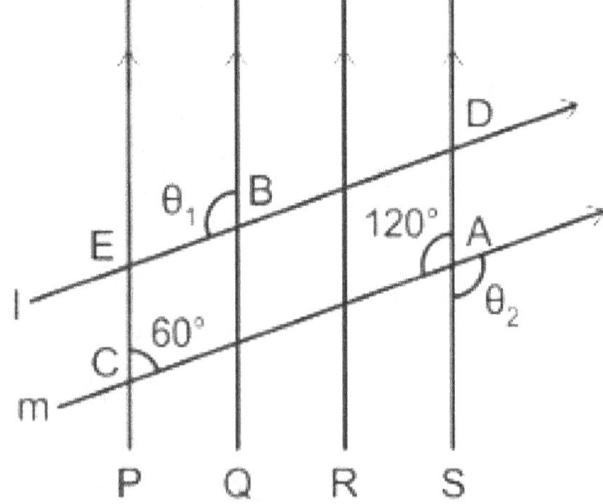

**A.** 120°, 140°　　　　　　**B.** 120°, 120°
**C.** 160°, 150°　　　　　　**D.** 60°, 120°

**Q.39** दी गई आकृति में AC || EG, ∠DBC = 135° और ∠DFG = 145° है, तो ∠BDF का मान ज्ञात कीजिए।

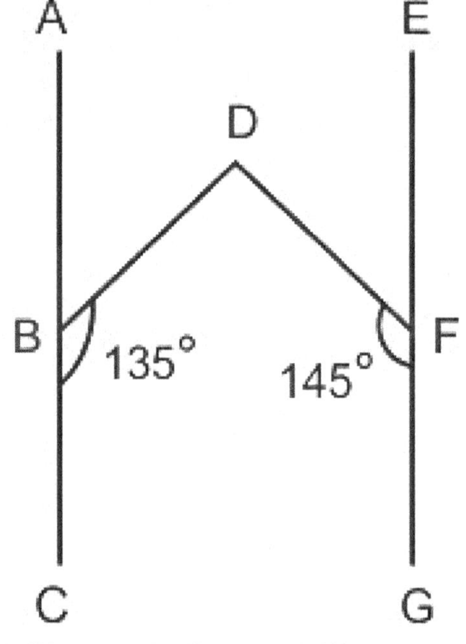

**A.** 60°　　　**B.** 70°　　　**C.** 80°　　　**D.** 85°

**Q.40** चतुर्भुज $ABCD$ के सभी शीर्ष एक वृत्तों की परिधि पर हैं और इसके विकर्ण बिंदु $O$ पर स्थित हैं। यदि $\angle CAB = 40°$ और $\angle DBC = 70°$, $AB = BC$ हैं, तो $\angle DCO$ ज्ञात कीजिये।

**A.** 60°　　　**B.** 30°　　　**C.** 40°　　　**D.** 50°

**Q.41** $PQRS$ एक वर्ग है जिसकी भुजा $16$ सेंटीमीटर है। दिए गए वर्ग में से जिस सबसे बड़े नियमित अष्टभुज को काटा जा सकता है उसकी भुजा (सेंटीमीटर में) ज्ञात कीजिये?

**A.** $8 - 4\sqrt{2}$　　　　　　**B.** $16 + 8\sqrt{2}$
**C.** $16\sqrt{2} - 16$　　　　　**D.** $16 - 8\sqrt{2}$

**Q.42** $ABCD$ एक चक्रीय चतुर्भुज है जिसमें $AB$ वृत्त का एक व्यास है जो इसे घेरता है और कोण $ADC = 140°$ है। तब कोण $BAC$ बराबर है:

**A.** 38°　　　**B.** 40°　　　**C.** 50°　　　**D.** 60°

**Q.43** एक आयत का एक विकर्ण आयत की एक भुजा पर $25º$ झुका हुआ है। विकर्णों के बीच का न्यून कोण है:

**A.** 25°　　　**B.** 40°　　　**C.** 50°　　　**D.** 55°

**Q.44** एक चतुर्भुज PQRS की भुजाओं के मध्य-बिंदुओं को क्रम से मिलाने से बनने वाला चतुर्भुज एक आयत होता है, यदि:

**A.**　PQRS एक आयत है
**B.**　PQRS एक समांतर चतुर्भुज है
**C.**　PQRS के विकर्ण लंबवत हैं
**D.**　PQRS के विकर्ण बराबर हैं

**Q.45** $12.40$ रुपये प्रति मीटर की दर से $75$ सेमी चौड़े कालीन से $13$ मीटर लंबे और $9$ मीटर चौड़े एक कमरे पर कालीन बिछाने का खर्च ज्ञात कीजिए।

**A.**　1934.40 रुपये　　　　**B.**　1265.43 रुपये
**C.**　1374.40 रुपये　　　　**D.**　1005.21 रुपये

**Q.46** वृत्त-चाप की लंबाई ज्ञात कीजिए जिसका केंद्रीय कोण $60°$ है और वृत्त की त्रिज्या $4.9$ सेमी है?

**A.** 5.13　　**B.** 5.11　　**C.** 8.2　　**D.** 5.33

**Q.47** एक त्रिभुज $ABC$ में एक अंतःवृत्त है। यह भुजाओं $AB$ और $AC$ को क्रमशः $M$ और $N$ पर स्पर्श करता है। यदि वृत्त का केन्द्र $O$ है और $\angle A = 70°$ है, तो $\angle MON$ किसके बराबर है?

*[Indian Military Academy (IMA), 2020]*

**A.** 90°　　**B.** 100°　　**C.** 110°　　**D.** 120°

**Q.48** $\triangle ABC$ के परिकेन्द्र $I$ से $BC$ पर लंब $ID$ खींचा जाता है। यदि $\angle BAC = 60°$, तो $\angle BID$ का मान है:

**A.** 75°　　**B.** 60°　　**C.** 45°　　**D.** 80°

**Q.49** एक समबाहु त्रिभुज $ABC$ और एक विषमबाहु त्रिभुज $DBC$ एक वृत्त में चाप के एक ही तरफ अंकित किए जाते हैं। $\angle BDC$ किसके बराबर है?

*[Indian Military Academy (IMA), 2021]*

**A.** 30°　　**B.** 45°　　**C.** 60°　　**D.** 90°

**Q.50** 20 सेमी व्यास वाले वृत्त के केन्द्र की 16 सेमी लम्बाई वाली जीवा से दूरी है:

*[HTET TGT Mathematics, 2020]*

**A.** 2 सेमी　　**B.** 4 सेमी　　**C.** 6 सेमी　　**D.** 8 सेमी

**Q.51** केंद्र $O$ और 13 सेमी त्रिज्या वाले वृत्त में, चाप $AB$ खींचा जाता है। $A$ और $B$ पर खींची गई स्पर्श रेखाएं, $P$ पर इस प्रकार प्रतिच्छेदित करती हैं कि $\angle APB = 60°$ है। यदि केंद्र $O$ से $AB$ की दूरी 5 सेमी है, तो $AP$ की लंबाई (सेमी में) ज्ञात करें।

*[SSC CGL, 2021]*

**A.** 12　　**B.** 11　　**C.** 22　　**D.** 24

**Q.52** नीचे दिए गए चित्र में, एक बाहरी बिंदु $A$ से केंद्र $O$ वाले वृत्त पर खींची गई स्पर्श रेखाओं का युग्म $AP$ और $AQ$ 5 एक दूसरे के लंबवत हैं और प्रत्येक स्पर्शरेखा की लंबाई 5 सेमी है। तब वृत्त की त्रिज्या है:

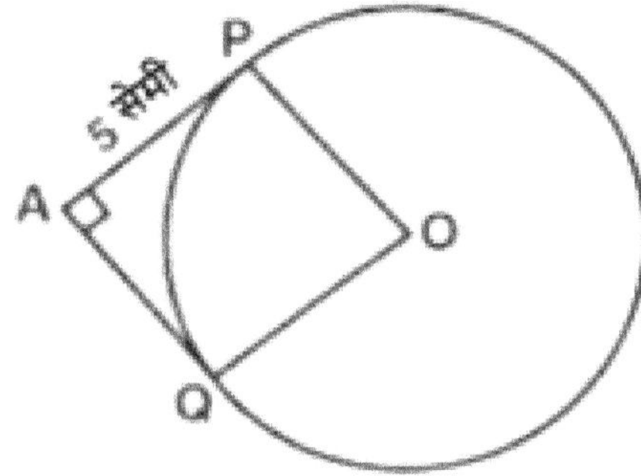


**A.** 10 सेमी　　**B.** 7.5 सेमी　　**C.** 5 सेमी　　**D.** 2.5 सेमी

**Q.53** एक समद्विबाहु त्रिभुज $ABC$ में यदि $AB = AC = 26$ सेमी और $BC = 20$ सेमी, त्रिभुज $ABC$ का क्षेत्रफल ज्ञात कीजिए।

*[RRB (NTPC), 2021]*

**A.** 180 सेमी $^2$　　**B.** 240 सेमी $^2$
**C.** 220 सेमी $^2$　　**D.** 260 सेमी $^2$

**Q.54** आयताकार मैदान की एक भुजा 15 मीटर है और इसका एक विकर्ण 17 मीटर है, मैदान का क्षेत्रफल ज्ञात कीजिए?

**A.** 75 वर्गमीटर　　**B.** 120 वर्गमीटर
**C.** 240 वर्गमीटर　　**D.** 350 वर्गमीटर

**Q.55** यदि किसी वृत्त का परिमाप और क्षेत्रफल संख्यात्मक रूप से बराबर है, तो वृत्त की त्रिज्या है:

**A.** 2 इकाई　　**B.** $\pi$ इकाई　　**C.** 4 इकाई　　**D.** 7 इकाई

**Q.56** 6 सेमी त्रिज्या वाले एक वृत्त के त्रिज्यखंड का क्षेत्रफल ज्ञात कीजिए, यदि त्रिज्यखंड का कोण 60° है। $\left(\pi = \frac{22}{7}\right)$

**A.** $\frac{132}{7}$ सेमी $^2$　　**B.** $\frac{136}{7}$ सेमी $^2$
**C.** $\frac{143}{7}$ सेमी $^2$　　**D.** $\frac{146}{7}$ सेमी $^2$

**Q.57** $2\sqrt{3}$ सेमी भुजा वाले एक समबाहु त्रिभुज का क्षेत्रफल है:

**A.** 5.196 सेमी $^2$　　**B.** 0.866 सेमी $^2$
**C.** 3.496 सेमी $^2$　　**D.** 1.732 सेमी $^2$

**Q.58** एक समद्विबाहु त्रिभुज का क्षेत्रफल जिसका आधार 2 सेमी है और एक समान भुजा की लंबाई 4 सेमी है, है:

**A.** $\sqrt{15}$ सेमी $^2$　　**B.** $\sqrt{\frac{15}{2}}$ सेमी $^2$
**C.** $2\sqrt{15}$ सेमी $^2$　　**D.** $4\sqrt{15}$ सेमी $^2$

**Q.59** शंकु का सम्पूर्ण पृष्ठीय क्षेत्रफल ज्ञात कीजिए यदि शंकु की त्रिज्या और ऊँचाई क्रमशः 42 सेमी और 56 सेमी है।

**A.** 14784 वर्ग सेमी　　**B.** 22176 वर्ग सेमी
**C.** 11088 वर्ग सेमी　　**D.** 7392 वर्ग सेमी

**Q.60** एक गोलार्ध का कुल पृष्ठ क्षेत्रफल 41.58 सेमी² है। समान त्रिज्या के साथ गोले का कुल पृष्ठ क्षेत्रफल ज्ञात कीजिये।

**A.** 26.42 सेमी²　　**B.** 55.44 सेमी²
**C.** 13.43 सेमी²　　**D.** 27.72 सेमी²

**Q.61** 12 सेमी व्यास के एक ठोस गोले को पिघलाया जाता है और तीन छोटे गोले तैयार किए जाते हैं। यदि दो छोटे गोलों के व्यास क्रमशः 6 सेमी और 10 सेमी हैं, तीसरे छोटे गोले का पृष्ठीय क्षेत्रफल (सेमी² में) क्या है?

**A.** $64\pi$　　**B.** $32\pi$　　**C.** $48\pi$　　**D.** $24\pi$

**Q.62** बाह्य और भीतरी त्रिज्या 4 सेमी और 3 सेमी वाला एक खोखला गोला पिघलाकर 2 सेमी के त्रिज्या वाले ठोस गोले बनाया जाता है। तो ऐसे कितने गोले बनाए जा सकते हैं?

**A.** 5　　**B.** 2　　**C.** 4　　**D.** 3

**Q.63** एक ठोस अर्धगोले का आयतन 19404 सेमी³ है। इसका कुल पृष्ठीय क्षेत्रफल क्या होगा?

**A.** 4158 सेमी²　　**B.** 2858 सेमी²
**C.** 1738 सेमी²　　**D.** 2038 सेमी²

**Q.64** एक अर्धगोले का आयतन 155232 सेमी³ है। तो अर्धगोले की त्रिज्या क्या है?

**A.** 40 सेमी　　**B.** 42 सेमी　　**C.** 38 सेमी　　**D.** 36 सेमी

**Q.65** किसी विवर्णित समूह का माध्य 22 है। यदि विवर्णित समूह के बहुलक और माध्यिका का अनुपात 1:3 है, तो माध्य, माध्यिका और बहुलक के बीच सही संबंध ज्ञात करें।

**A.** माध्य > माध्यिका > बहुलक
**B.** बहुलक > माध्यिका > माध्य
**C.** माध्यिका = बहुलक > माध्य
**D.** माध्य = बहुलक < माध्यिका

**Q.66** यदि वितरण 10, 8, 15, 12, K, 25 का माध्य 12 है, तो K का मान ज्ञात कीजिए।

**A.** 2　　**B.** 1　　**C.** 4　　**D.** 3

**Q.67** यदि आंकड़ों का विभिन्नता का गुणांक और माध्य क्रमशः 20 और 45 है, तो आंकड़ों का मानक विचलन ज्ञात कीजिये।

A. 3     B. 9     C. 81     D. 30

**Q.68** यदि $f(x + y, x - y) = xy$, तो $f(x, y)$ और $f(y, x)$ का समांतर माध्य है:

*[UPSESSB TGT Mathematics, 2013]*

A. $x$     B. $y$     C. 0     D. $xy$

**Q.69** निम्नलिखित समूह के लिए मानक विचलन की गणना कीजिए:

A = { 2, 4, 6, 8, 10}

A. $\sqrt{6}$     B. 6     C. 3     D. $2\sqrt{2}$

**Q.70** एक गैर-लीप वर्ष में 53 सोमवार होने की प्रायिकता _____ है।

A. $\frac{1}{7}$     B. $\frac{2}{7}$     C. $\frac{1}{4}$     D. $\frac{1}{5}$

**Q.71** 3 से 20 तक के कार्डों को एक बैग में रखा जाता है और अच्छी तरह मिलाया जाता है। बैग से यादृच्छिक रूप से एक कार्ड निकाला जाता है। इसकी क्या प्रायिकता है कि निकाले गए कार्डों की संख्या एक सम संख्या है?

A. $\frac{1}{2}$     B. $\frac{1}{4}$     C. $\frac{1}{3}$     D. $\frac{5}{2}$

**Q.72** एक पासे को फेंके जाने पर एक सम संख्या प्राप्त करने की प्रायिकता क्या है?

*[IBPS Clerk, 2021]*

A. $\frac{1}{6}$     B. $\frac{2}{3}$     C. $\frac{1}{2}$     D. $\frac{5}{6}$

**Q.73** $\sqrt{3}\csc 20° - \sec 20°$ का मान ज्ञात कीजिए।

A. 0     B. 1     C. 4     D. -1

**Q.74** $5\sin 15°\sec 75° + 2\tan 45° + 3\sec^2 30°$ का मान ज्ञात करें।

A. 9     B. 10     C. 11     D. 12

**Q.75** $\sqrt{2 + \sqrt{2 + 2\cos 4\theta}}$ का मान ज्ञात कीजिए।

A. $2\sin\theta$     B. $2\cos\theta$     C. $\sin\theta$     D. $\cos\theta$

**Q.76** $\cot A\cot 2A - \cot 2A\cot 3A - \cot 3A\cot A$ का मान ज्ञात कीजिए।

A. 1     B. 0     C. $\frac{1}{2}$     D. $\frac{\sqrt{3}}{2}$

**Q.77** यदि $2\sec^2\theta + \tan^2\theta = 17$, तो $\cot\theta$ का मान ज्ञात कीजिए।

A. $\sqrt{5}$     B. $\frac{1}{\sqrt{5}}$     C. $\sqrt{3}$     D. $\frac{1}{\sqrt{3}}$

**Q.78** tan A + sec A किसके बराबर है?

A. $\tan\left(\frac{\pi}{4} - \frac{A}{2}\right)$     B. $\cot\left(\frac{\pi}{4} - \frac{A}{2}\right)$

C. $2\tan\left(\frac{\pi}{4} - \frac{A}{2}\right)$     D. $2\cot\left(\frac{\pi}{4} - \frac{A}{2}\right)$

**Q.79** दीवार की तरफ झुकी हुई सीढ़ी का उन्नयन कोण $60°$ है और सीढ़ी का आधार दीवार से $3.6$ मी दूर है। सीढ़ी की लंबाई (मी में) ज्ञात करें।

*[SSC Sub Inspector (CPO), 2020]*

A. 5.4     B. 3.6     C. 14.4     D. 7.2

**Q.80** एक अधूरी मीनार के शिखर का उन्नयन कोण, उसके आधार से 78 मीटर की दूरी पर स्थित एक बिंदु पर $30°$ है। मीनार की ऊंचाई (मीटर में) को कितना बढ़ाया जाये ताकि उसी बिंदु पर, पूर्ण मीनार के शीर्ष का उन्नयन कोण $60°$ हो जाये?

*[SSC CGL, 2022]*

A. $52\sqrt{3}$     B. $26\sqrt{3}$     C. 80     D. $78\sqrt{3}$

**Q.81** एक व्यक्ति मॉल के निकट सड़क पर खड़ा है। वह मॉल से 1425 मीटर की दूरी पर है और सड़क से मॉल के शीर्ष को इस प्रकार देखने में सक्षम है कि उसके और मॉल के बीच स्थित पेड़ का शीर्ष मॉल के शीर्ष के साथ दृष्टि रेखा में है। पेड़ की ऊंचाई $10$ मीटर है और यह उस व्यक्ति से $30$ मीटर की दूरी पर स्थित है। मॉल की ऊंचाई (मीटर में) ज्ञात करें।

*[SSC Sub Inspector (CPO), 2020]*

A. 475     B. 300     C. 425     D. 525

**Q.82** $240$ मीटर ऊंची पहाड़ी के शीर्ष से, किसी खंभे के शीर्ष और तल का अवनमन कोण क्रमशः $30°$ और $60°$ है। खंभे की ऊँचाई और पहाड़ी से उसकी दूरी के बीच का अंतर (मीटर में) ज्ञात कीजिए।

*[SSC CGL, 2020]*

A. $80(\sqrt{3} - 1)$     B. $120(2 - \sqrt{3})$

C. $120(\sqrt{3} - 1)$     D. $80(2 - \sqrt{3})$

**Q.83** जैसा कि एक प्रकाशस्तंभ, जो समुद्र तल से $120\sqrt{3}$ मीटर ऊपर है, से देखा गया कि इसकी तरफ आ रहे एक जहाज का अवनमन कोण $30°$ से $60°$ तक बदल जाता है। अवलोकन की अवधि के दौरान जहाज द्वारा तय की गई दूरी क्या है?

*[SSC CGL, 2020]*

A. $180\sqrt{3}$ मी     B. $180$ मी

C. $240$ मी     D. $240\sqrt{3}$ मी

**Q.84** 12 मीटर ऊंचा एक पेड़ हवा से टूटकर इस प्रकार जमीन पर गिरता है कि इसका शीर्ष सिरा जमीन को स्पर्श करता है और जमीन के साथ $60°$ का कोण बनाता है। पेड़ हवा की वजह से जमीन से कितनी ऊंचाई से टूटा है?

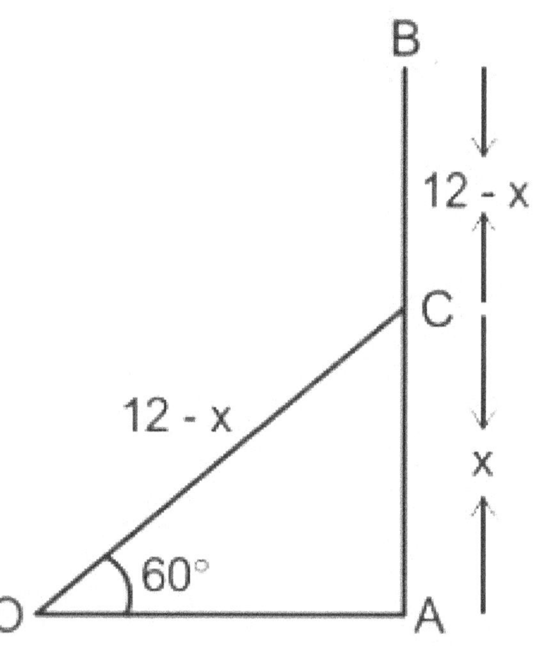


*[RRB (NTPC), 2021]*

A. $(24\sqrt{2} - 30)$ मीटर     B. $24\sqrt{3}$ मीटर

C. $(2\sqrt{3} - 3)$ मीटर     D. $(24\sqrt{3} - 36)$ मीटर

**Q.85** ΔABC में, ∠B = 65°, ∠C = 30° है। तो निम्नलिखित में से कौन सा कथन सत्य है?

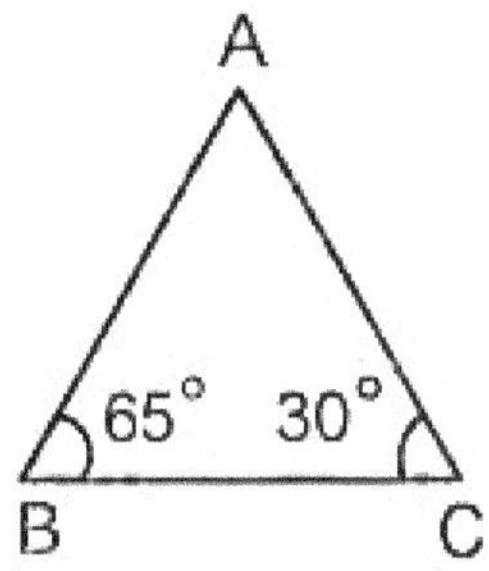

A) AC > AB
B) BC > AB
C) AB > AC
D) AB > BC

**A.** केवल A
**B.** केवल B
**C.** A और C दोनों
**D.** A और B दोनों

**Q.86** ΔPQT में, PQ = PT, QT पर बिंदु R और S इस प्रकार हैं कि PR = PS यदि ∠PTS = 62° और ∠RPS = 34°, तो ∠QPR की माप क्या है?

**A.** 11°	**B.** 13°	**C.** 15°	**D.** 17°

**Q.87** एक समद्विबाहु त्रिभुज में, ∠Q और ∠R के समद्विभाजक PQR बिंदु E पर मिलते हैं। यदि P = 50° है, तो ∠QER क्या है?

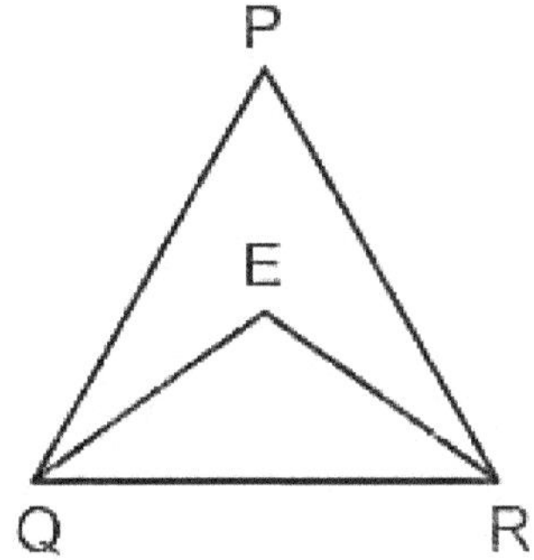

**A.** 115°	**B.** 65°	**C.** 55°	**D.** 105°

**Q.88** ΔPQR में, ∠PQR = 90° है, PX, RY और ZQ, क्रमशः QR, PQ और PR पर माध्यिकाएँ हैं। अब, $\dfrac{PQ^2 + QR^2}{(PX)^2 + RY^2}$ का मान क्या है?

**A.** $\dfrac{3}{4}$	**B.** $\dfrac{4}{5}$	**C.** $\dfrac{5}{4}$	**D.** $\dfrac{4}{7}$

**Q.89** दी गई आकृति में, PT : TS : SR = 2 : 1 : 1 और SU, TQ के समानांतर है। यदि RU = 10 सेमी, RS = 8 सेमी और SU = 6 सेमी, तो PQ का मान (सेमी में) क्या है?

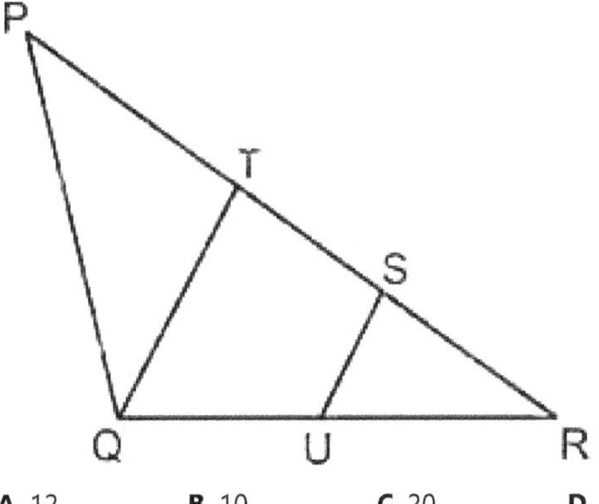

**A.** 12	**B.** 10	**C.** 20	**D.** 30

**Q.90** निम्नलिखित आकृति में, $\angle B = 90°$ और $BD, AC$ पर लंबवत है, $AD = 8$ सेमी और $CD = 10$ सेमी है। यदि $AB = x$ सेमी, $BC = y$ सेमी और $BD = z$ सेमी है, तो, $(x + y + z)$ का मान ज्ञात कीजिए।

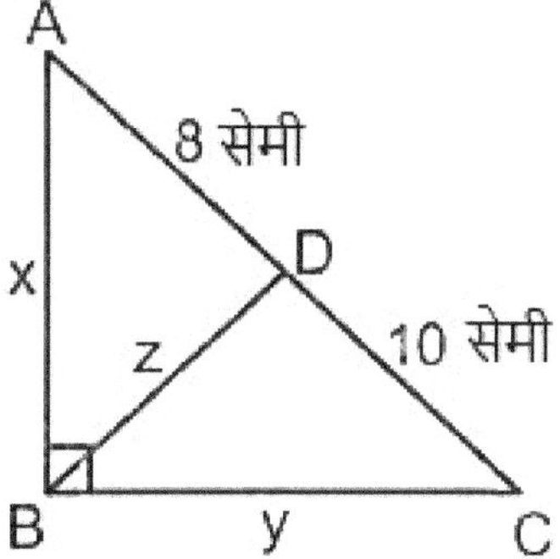


**A.** $(12 + 10\sqrt{5})$ सेमी	**B.** $(10 + 10\sqrt{5})$ सेमी
**C.** $(10 + 12\sqrt{5})$ सेमी	**D.** $(12 + 8\sqrt{5})$ सेमी

**Q.91** $AD, \triangle ABC$ की मध्यिका है और $AB = (x - 2)$ सेमी, $AC = (x + 2)$ सेमी, $BD = (x\text{-}5)$ सेमी और $AD = \sqrt{8x - 1}$ सेमी, तो $(AB + AC)$ का मान क्या है?

**A.** 24 सेमी	**B.** 25 सेमी	**C.** 18 सेमी	**D.** 20 सेमी

**Q.92** यदि दी गई दो अंकों की संख्या को उसी संख्या के अंकों को उलटकर प्राप्त दो अंकों की संख्या में जोड़ दिया जाता है, तो योग हमेशा निम्नलिखित में से किस संख्या से विभाज्य होता है?

**A.** 7	**B.** 9	**C.** 10	**D.** 11

**Q.93** यदि दो अंकों की एक संख्या का $\dfrac{1}{3}$ उसी संख्या के $\dfrac{1}{4}$ से 8 से अधिक है, तो संख्या के अंकों का योग क्या है?

**A.** 6	**B.** 13	**C.** 15	**D.** 17

**Q.94** एक व्यक्ति ने स्टेशन P से स्टेशन Q के लिए 5 टिकट खरीदे और स्टेशन P से स्टेशन R के लिए 10 टिकट खरीदे। उसने 350 रुपये का भुगतान किया। यदि P से Q तक के टिकट और P से R तक के टिकट का योग 42 रुपये है, तो P से Q तक का किराया कितना होगा?

**A.** 12 रुपये	**B.** 14 रुपये	**C.** 16 रुपये	**D.** 18 रुपये

**Q.95** एक रेलवे के आधे टिकट की कीमत पूरे किराए का आधा है लेकिन आरक्षण शुल्क आधे टिकट के साथ-साथ पूरे टिकट के लिए समान है। दो स्टेशनों के बीच यात्रा के लिए एक आरक्षित प्रथम श्रेणी की टिकट की कीमत 362 रुपये है और एक पूर्ण और आधा आरक्षित प्रथम श्रेणी की टिकट की कीमत 554 रुपये है। आरक्षण शुल्क क्या होगा?

**A.** 18 रुपये	**B.** 22 रुपये	**C.** 38 रुपये	**D.** 46 रुपये

**Q.96** इन समीकरणों $x + \left(\dfrac{1}{y}\right) = 2$ और $2xy - 3y = -2$ के हलों की संख्या है:

**A.** 0	**B.** 1
**C.** 2	**D.** इनमें से कोई नहीं

**Q.97** cosec θ sec θ का मान ज्ञात कीजिए।

**A.** cos θ + tan θ	**B.** cos θ – tan θ
**C.** tan θ – cot θ	**D.** cot θ + tan θ

**Q.98** $\frac{1+\cos\theta}{\sin\theta}(cosec\theta - \cot\theta)$ का मान ज्ञात कीजिए।

**A.** $cosec\theta + \cot\theta$

**B.** $\cot^2\theta + \tan^2\theta$

**C.** $\cot\theta - \tan\theta$

**D.** $cosec^2\theta - \cot^2\theta$

**Q.99** $\sec^2\theta - \sec^4\theta$ बराबर है:

**A.** $-\sec^2\theta\tan^2\theta$

**B.** $-\sec^2\theta\tan^2\theta$

**C.** $1$

**D.** $0$

**Q.100** $\sec^2 A + (1 + \tan A)(1 - \tan A)$ का मान ज्ञात कीजिए।

**A.** 3    **B.** 0    **C.** 2    **D.** 1

# // स्मार्ट उत्तर पुस्तिका //

**सही उत्तर** — उन छात्रों का प्रतिशत जिन्होंने प्रश्नों का सही उत्तर दिया था।    **छोड़ दिया** — उन छात्रों का प्रतिशत जिन्होंने प्रश्नों को छोड़ दिया था।

| प्रश्न संख्या | उत्तर | सही उत्तर / छोड़ दिया | प्रश्न संख्या | उत्तर | सही उत्तर / छोड़ दिया | प्रश्न संख्या | उत्तर | सही उत्तर / छोड़ दिया | प्रश्न संख्या | उत्तर | सही उत्तर / छोड़ दिया | प्रश्न संख्या | उत्तर | सही उत्तर / छोड़ दिया | प्रश्न संख्या | उत्तर | सही उत्तर / छोड़ दिया |
|---|---|---|---|---|---|---|---|---|---|---|---|---|---|---|---|---|---|
| 1 | B | 61.7% / 1.48% | 18 | D | 64.27% / 1.16% | 35 | A | 78.28% / 0.0% | 52 | C | 32.68% / 4.89% | 69 | D | 61.2% / 1.42% | 86 | A | 30.88% / 4.69% |
| 2 | D | 89.35% / 0.0% | 19 | B | 29.08% / 4.5% | 36 | C | 67.42% / 1.02% | 53 | B | 69.5% / 1.79% | 70 | A | 44.86% / 1.61% | 87 | A | 60.48% / 1.68% |
| 3 | C | 56.82% / 1.56% | 20 | C | 51.87% / 1.14% | 37 | A | 48.58% / 1.27% | 54 | B | 62.49% / 1.39% | 71 | A | 41.7% / 1.52% | 88 | B | 18.81% / 3.77% |
| 4 | D | 13.19% / 4.22% | 21 | A | 58.82% / 1.94% | 38 | B | 56.46% / 1.85% | 55 | A | 86.26% / 0.0% | 72 | C | 51.56% / 1.67% | 89 | C | 40.11% / 1.3% |
| 5 | A | 83.13% / 0.0% | 22 | B | 86.49% / 0.0% | 39 | C | 62.49% / 1.25% | 56 | A | 67.03% / 1.72% | 73 | C | 48.65% / 1.79% | 90 | A | 42.01% / 1.44% |
| 6 | D | 76.67% / 0.0% | 23 | A | 52.8% / 1.47% | 40 | B | 66.49% / 1.02% | 57 | A | 77.9% / 0.0% | 74 | C | 66.46% / 1.27% | 91 | D | 56.55% / 1.07% |
| 7 | B | 12.67% / 4.22% | 24 | B | 46.01% / 1.98% | 41 | C | 15.77% / 3.06% | 58 | A | 66.13% / 1.84% | 75 | B | 62.11% / 1.33% | 92 | D | 67.97% / 1.48% |
| 8 | A | 30.53% / 4.16% | 25 | D | 80.46% / 0.0% | 42 | C | 63.91% / 1.28% | 59 | A | 64.68% / 1.32% | 76 | A | 66.53% / 1.42% | 93 | C | 88.96% / 0.0% |
| 9 | B | 53.71% / 1.34% | 26 | C | 78.22% / 0.0% | 43 | C | 67.56% / 1.65% | 60 | B | 55.46% / 1.86% | 77 | B | 60.74% / 1.64% | 94 | B | 50.03% / 1.78% |
| 10 | C | 89.24% / 0.0% | 27 | A | 49.32% / 1.94% | 44 | C | 80.85% / 0.0% | 61 | A | 22.22% / 3.62% | 78 | B | 79.45% / 0.0% | 95 | A | 50.22% / 1.88% |
| 11 | A | 43.37% / 1.83% | 28 | D | 61.32% / 1.09% | 45 | A | 69.94% / 1.31% | 62 | C | 68.32% / 2.0% | 79 | D | 62.37% / 1.95% | 96 | A | 52.85% / 1.88% |
| 12 | B | 18.45% / 5.0% | 29 | D | 51.68% / 1.41% | 46 | A | 84.76% / 0.0% | 63 | A | 84.08% / 0.0% | 80 | A | 26.35% / 4.48% | 97 | D | 82.5% / 0.0% |
| 13 | B | 59.97% / 1.46% | 30 | B | 40.29% / 1.75% | 47 | C | 52.68% / 1.18% | 64 | B | 89.91% / 0.0% | 81 | A | 64.33% / 1.35% | 98 | D | 47.23% / 1.88% |
| 14 | C | 60.94% / 1.36% | 31 | C | 55.65% / 1.68% | 48 | B | 52.99% / 1.79% | 65 | A | 69.25% / 1.84% | 82 | D | 69.26% / 1.9% | 99 | A | 76.38% / 0.0% |
| 15 | B | 30.0% / 4.27% | 32 | A | 14.1% / 4.66% | 49 | C | 44.89% / 1.13% | 66 | A | 88.46% / 0.0% | 83 | C | 83.84% / 0.0% | 100 | C | 77.95% / 0.0% |
| 16 | A | 20.87% / 4.64% | 33 | C | 59.36% / 1.93% | 50 | C | 77.3% / 0.0% | 67 | B | 81.9% / 0.0% | 84 | D | 18.66% / 4.63% | | | |
| 17 | B | 22.36% / 4.27% | 34 | C | 32.76% / 3.57% | 51 | D | 44.68% / 1.5% | 68 | C | 59.16% / 1.12% | 85 | D | 78.78% / 0.0% | | | |

## //संकेत और समाधान//

**1.** दिया गया है,

$$\frac{33}{2^2 \times 5}$$

इसलिए,

$$= \frac{33}{2^2 \times 5} \times \frac{5}{5}$$

$$= \frac{33 \times 5}{(2^2 \times 5^2)}$$

$$= \frac{33 \times 5}{(2 \times 5)^2}$$

$$= \frac{33 \times 5}{10^2}$$

इसलिए, संख्या 2 दशमलव स्थानों के बाद समाप्त हो जाएगी

अतः विकल्प (B) सही है।

**2.** जैसा कि हम जानते हैं,

प्रत्येक विषम पूर्णांक 2 से विभाजित नहीं होता है।

$\therefore$ हमारे पास एकमात्र विकल्प $2q + 1$ है।

अतः विकल्प (D) सही है।

**3.** यहां,

वह समय जब वे अगली बार एक साथ बजेंगे $= 20, 25$ और $30$ का LCM

| 2 | 20, 25, 30 |
|---|---|
| 2 | 10, 25, 15 |
| 3 | 5, 25, 15 |
| 5 | 5, 25, 5 |
| 5 | 1, 5, 1 |
|   | 1, 1, 1 |

$\therefore$ LCM $= 2 \times 2 \times 3 \times 5 \times 5$

$= 4 \times 3 \times 25$

$= 300$

इस प्रकार, तीन घड़ियां 300 मिनट के बाद, यानी 5 घंटों के बाद एक साथ बजती हैं।

इसलिए, समय जब तीनों घड़ियां एक साथ बजती हैं 5 : 00 बजे है।

अतः विकल्प (C) सही है।

**4.** शेष को संख्याओं में से घटाते हैं,

$1251 - 1 = 1250$

$9377 - 2 = 9375$

$15628 - 3 = 15625$

इसलिए, हमें सबसे बड़ी संख्या ज्ञात करनी होगी जो 1250, 9375 और 15625 को विभाजित करती है, और शेष 0 छोड़ता है।

इस प्रकार, हमें सबसे बड़ी संख्या चाहिए जो 1250, 9375, और 15625 को विभाजित करती है।

इसलिए हमें 1250, 9375, और 15625 का HCF ज्ञात करना होगा।

1250, 9375 और 15625 का HCF

| 2 | 1250 | | 3 | 9375 | | 5 | 15625 |
|---|---|---|---|---|---|---|---|
| 5 | 625 | | 5 | 3125 | | 5 | 3125 |
| 5 | 125 | | 5 | 625 | | 5 | 625 |
| 5 | 25 | | 5 | 125 | | 5 | 125 |
| 5 | 5 | | 5 | 25 | | 5 | 25 |
|   | 1 | | 5 | 5 | | 5 | 5 |
|   |   | |   | 1 | |   | 1 |

इस प्रकार,

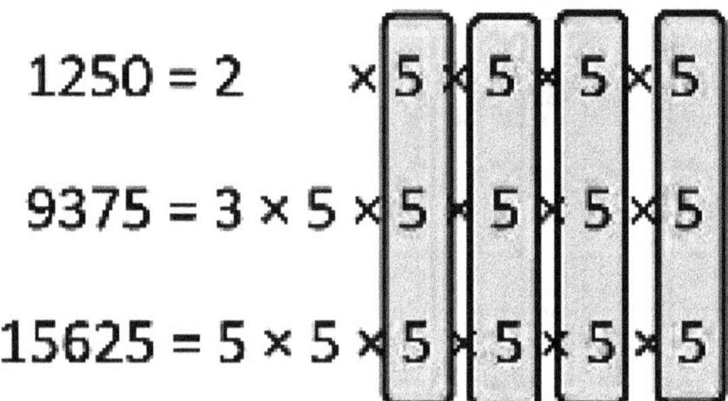


$\therefore$ 1250, 9375, और 15625 का HCF $= 5 \times 5 \times 5 \times 5 = 625$

अतः विकल्प (D) सही है।

**5.** चूँकि $a$ और $b$ सहअभाज्य हैं

$a^3$ और $b^3$ भी सहअभाज्य होंगे

उदाहरण:

2 और 3 सहअभाज्य हैं

और, $2^3 = 8$, और $3^3 = 27$

$\therefore$ 8 और 27 भी सहअभाज्य हैं।

अतः विकल्प (A) सही है।

**6.** हम जानते हैं,

$5^n$ हमेशा 5 के साथ समाप्त होता है

$6^n$ हमेशा 6 के साथ समाप्त होता है

इस प्रकार, $(5^n + 6^n)$ हमेशा $5 + 6 = 11$ के साथ समाप्त होता है

इस प्रकार,

$2 \times (5^n + 6^n)$ हमेशा $2 \times 11 = 22$ के साथ समाप्त होता है

यानी यह हमेशा 2 के साथ समाप्त होता है।

अतः विकल्प (D) सही है।

**7.** चूँकि एक शून्यक $-1$, इसलिए;

$$P(x) = x^3 + ax^2 + bx + c$$

$$P(-1) = (-1)^3 + a(-1)^2 + b(-1) + c$$

$$0 = -1 + a - b + c$$

$$c = 1 - a + b$$

शून्यकों का गुणनफल, $\alpha\beta\gamma = -$अचर पद $/x^3$ का गुणांक

$$(-1)\beta\gamma = \frac{-c}{1}$$

$$c = \beta\gamma$$

$$\beta\gamma = b - a + 1$$

अत: विकल्प (B) सही है।

**8.** मान लीजिए $p(x) = ax^3 + bx^2 + cx + d$

दिया है कि दो शून्यक हैं $0$

$$\therefore \alpha = 0, \beta = 0$$

और हमें $\gamma$ खोजने की जरूरत है

हम जानते हैं कि

शून्यक का योग $= \dfrac{-b}{a}$

$$\alpha + \beta + \gamma = \frac{-b}{a}$$

$$0 + 0 + \gamma = \frac{-b}{a}$$

$$\gamma = \frac{-b}{a}$$

इस प्रकार, तीसरा शून्यक है $\dfrac{-b}{a}$

अत: विकल्प (A) सही है।

**9.** दिया गया है, द्विघात बहुपद $x^2 + 3x + k$ है।

बहुपद का एक शून्यक $2$ होता है।

हमें $k$ का मान ज्ञात करना है।

मान लीजिए $f(x) = x^2 + 3x + k$

$$f(2) = 0$$

बहुपद में $x = 2$ रखें

$$(2)^2 + 3(2) + k = 0$$

$$4 + 6 + k = 0$$

$$10 + k = 0$$

$$k = -10$$

इसलिए, $k$ का मान $-10$ है

अत: विकल्प (B) सही है।

**10.** आइए हम समीकरण के गुणनखंड ज्ञात करने के लिए मध्य पद को विभाजित करें,

$$x^2 + 7x + 10$$

$$x^2 + 7x + 10 = x^2 + 2x + 5x + 10$$

उभयनिष्ठ पद को निकालने पर, हम प्राप्त करते हैं,

$$x(x + 2) + 5(x + 2)$$

$$(x + 2)(x + 5)$$

दोनों गुणनखंडों को शून्य के बराबर रखें।

$$x + 2 = 0 \text{ और } x + 5 = 0$$

$$x = -2 \text{ और } x = -5$$

बहुपद $x^2 + 7x + 10$ के शून्यक $-2$ और $-5$ हैं।

अत: विकल्प (C) सही है।

**11.** हम जानते हैं कि, $p(x) = g(x) \times q(x) + r(x)$

दिया गया है, $q(x) = 0$

जब $q(x) = 0$, तब $r(x) = 0$

इसलिए, अब जब हम $p(x)$ को $g(x)$ से विभाजित करते हैं,

तब $p(x)$ शून्य के बराबर होना चाहिए।

यदि $r(x) = 0$, तो $p(x) <$ की डिग्री $g(x)$ की डिग्री है।

अत: विकल्प (A) सही है।

**12.** $\alpha^2, -\beta^2$ समीकरण $a^2x^2 + x + 1 - a^2 = 0$ के मूल हैं

$$\Rightarrow \alpha^2 - \beta^2 = -\frac{1}{a^2}$$

और,

$$\Rightarrow \alpha^2(-\beta^2) = \frac{1 - a^2}{a^2}$$

$$(\alpha^2 + \beta^2)^2 = (\alpha^2 - \beta^2)^2 + 4\alpha^2\beta^2$$

$$= \frac{1}{a^4} + 4\left(\frac{a^2 - 1}{a^2}\right) = \frac{1}{a^4} + 4 - \frac{4}{a^2}$$

$$= \left(2 - \frac{1}{a^2}\right)^2 \Rightarrow \alpha^2 + \beta^2 = 2 - \frac{1}{a^2}$$

$$\beta^2 = \frac{1}{2}\left[(\alpha^2 + \beta^2) - (\alpha^2 - \beta^2)\right]$$

$$= \frac{1}{2}\left[2 - \frac{1}{a^2} + \frac{1}{a^2}\right] = 1$$

अत: विकल्प (B) सही है।

**13.** दिया गया समीकरण है $2x^2 + 3(\lambda - 2)x + \lambda + 4 = 0$

हम जानते हैं कि समीकरण $ax^2 + bx + c = 0$

तब मूलों का योग $= \dfrac{-b}{a}$

मान लीजिए $\alpha, \beta$ दिए गए समीकरण के मूल हैं

$$\therefore \alpha + \beta = -\frac{3(\lambda-2)}{2}$$

लेकिन यह दिया गया है कि,

$$\alpha = -\beta$$

इसलिए, $-\beta + \beta = -\frac{3(\lambda-2)}{2}$

$$0 = -\frac{3(\lambda-2)}{2}$$

$$0 \times 2 = -3(\lambda - 2)$$

$$\frac{0}{-3} = (\lambda - 2)$$

$$0 = (\lambda - 2)$$

$$\lambda - 2 = 0$$

$$\therefore \lambda = 2$$

अत: विकल्प (B) सही है।

**14.** दिया गया है,

$$3x - 5y - 4 = 0$$

$$3x - 5y = 4 \qquad ……(1)$$

$$9x = 2y + 7$$

$$9x - 2y = 7 \qquad ……(2)$$

पहले समीकरण को $3$ से गुणा करने पर,

$$3(3x - 5y) = 3 \times 4$$

$$9x - 15y = 12 \qquad ……(3)$$

समीकरणों $(3)$ और $(2)$ हल करने पर,

$$9x - 2y = 7$$
$$9x - 15y = 12$$
$$(-) \quad (+) \quad (-)$$
$$\overline{\phantom{xx}13y = -5}$$

$$13y = -5$$

$$y = \frac{-5}{13}$$

$y = \frac{-5}{13}$ का मान समीकरण $(2)$ में रखने पर,

$$9x - 2y = 7$$

$$9x - 2 \times \left(\frac{-5}{13}\right) = 7$$

$$9x + \frac{10}{13} = 7$$

$$9x = 7 - \frac{10}{13}$$

$$9x = \frac{7 \times 13 - 10}{13}$$

$$9x = \frac{91 - 10}{13}$$

$$9x = \frac{81}{13}$$

$$x = \frac{81}{13} \times \frac{1}{9}$$

$$x = \frac{9}{13}$$

इसलिए,

$x = \frac{9}{13}$ और $y = -\frac{5}{13}$ दिए गए समीकरणों के हल हैं।

अत: विकल्प (C) सही है।

**15.** माना, $50$ ₹ के नोट की संख्या $= x$

$100$ ₹ के नोट की संख्या $= y$

दिया गया है,

कुल नोट $25$ है,

$50$ ₹ के नोट की संख्या $+ 100$ ₹ के नोट की संख्या $= 25$

$$x + y = 25 \qquad ……(1)$$

यह भी दिया गया है,

कुल निकाली गई राशि $= 2000$ ₹

| $50$ ₹ के नोट | $100$ ₹ के नोट | कुल नोट |
|---|---|---|
| 1 | 1 | $50 \times 1 + 100 \times 1 = 50 + 100 = 150$ |
| 1 | 3 | $50 \times 2 + 100 \times 3 = 100 + 300 = 400$ |
| $x$ | $y$ | $50 \times x + 100 \times y = 50x + 100y$ |

इस प्रकार,

$$50x + 100y = 2000$$

$$50(x + 2y) = 2000$$

$$x + 2y = \frac{2000}{50}$$

$$x + 2y = 40 \qquad ……(2)$$

तो, हमारे समीकरण हैं,

$$x + y = 25 \qquad ……(1)$$

$$x + 2y = 40 \qquad ……(2)$$

विलोपन विधि का उपयोग करने पर,

$$x + y = 25$$

$$x + 2y = 40$$

$$\underline{(-)(-) \quad (-)}$$
$$-y = -15$$

$$-y = -15$$

$$y = 15$$

$y = 15$ का मान समीकरण $(1)$ में रखने पर,

$x + y = 25$

$x + 15 = 25$

$x = 25 - 15$

$x = 10$

तो, $x = 10, y = 15$ हमारे समीकरणों के हल हैं,

इसलिए,

$50$ ₹ की नोट संख्या, $x = 10$

$100$ ₹ की नोट संख्या, $y = 15$

अतः विकल्प (B) सही है।

**16.** माना कि पहले $3$ दिनों के लिए निश्चित शुल्क $= x$ रु.

$3$ दिनों के बाद अतिरिक्त शुल्क $= y$ रु. प्रति दिन

दिया है,

सरिता ने $27$ रु. का भुगतान सात दिनों तक रखी गई किताब के लिए किया

पहले $3$ दिनों के लिए निश्चित शुल्क $+$ (अतिरिक्त दिनों की संख्या) $\times$ ( प्रति दिन अतिरिक्त शुल्क) $= 27$ रु.

$x + (7 - 3)y = 27$

$x + 4y = 27 \qquad \dots \dots (1)$

सूसी ने पांच दिनों तक रखी गई किताब के लिए $21$ रु. का भुगतान किया

पहले $3$ दिनों के लिए निश्चित शुल्क $+$ (अतिरिक्त दिनों की संख्या) $\times$( प्रति दिन अतिरिक्त शुल्क) $= 21$ रु.

$x + (5 - 3)y = 21$

$x + 2y = 21 \qquad \dots \dots (2)$

समीकरण $(1)$ और $(2)$ के साथ विलोपन विधि का प्रयोग करने पर,

$$\begin{array}{ll} x + 4y & = 27 \\ x + 2y & = 21 \\ (-)(-) & (-) \\ \hline \quad 2y & = 6 \end{array}$$

$2y = 6$

$y = \dfrac{6}{2}$

$y = 3$

$y = 3$ का मान समीकरण $(2)$ में रखने पर,

$x + 2y = 21$

$x + 2(3) = 21$

$x + 6 = 21$

$x = 21 - 6$

$x = 15$

तो, $x = 15, y = 3$ समीकरणों का हल है,

इसलिए,

पहले $3$ दिनों के लिए निश्चित शुल्क, $x = 15$ रु.

$3$ दिनों के बाद अतिरिक्त शुल्क, $y = 3$ रु. प्रति दिन

अतः विकल्प (A) सही है।

**17.** मान लीजिए कि नियत शुल्क $= x$ रुपये

प्रतिदिन भोजन के लिए दिया गया शुल्क $= y$ रुपये

दिया है,

छात्र $A$ द्वारा $20$ दिनों के लिए भुगतान किया गया शुल्क $1000$ रुपये है

निश्चित शुल्क $+ 20 \times$ ( शुल्क प्रति दिन ) $= 1000$

$x + 20y = 1000 \qquad \dots \dots (1)$

छात्र $B$ द्वारा $26$ दिनों के लिए भुगतान किया गया शुल्क $1180$ रुपये है,

निश्चित शुल्क $+ 26 \times$ ( शुल्क प्रति दिन) $= 1180$ रुपये

$x + 26y = 1180 \qquad \dots \dots (1)$

तो, हमारे समीकरण हैं,

$x + 20y = 1000 \qquad \dots \dots (1)$

$x + 26y = 1180 \qquad \dots \dots (2)$

समीकरण $(1)$ से,

$x + 20y = 1000$

$x = 1000 - 20y$

$x$ का मान समीकरण $(2)$ में रखने पर,

$x + 26y = 1180$

$(1000 - 20y) + 26y = 1180$

$-20y + 26y = 1180 - 1000$

$6y = 180$

$y = \dfrac{180}{6}$

$y = 30$

$y = 30$ का मान समीकरण $(1)$ में रखने पर,

$x + 20y = 1000$

$x + 20(30) = 1000$

$x + 600 = 1000$

$x = 1000 - 600$

$x = 400$

इसलिए, $x = 400, y = 30$ समीकरणों का हल है।

इसलिए, निश्चित शुल्क, $x = 400$ रुपये

प्रति दिन का शुल्क $y = 30$ रुपये

अतः विकल्प (B) सही है।

**18.** मान लीजिए अंश $x$ है।

तथा हर $y$ है

तो, भिन्न $\frac{x}{y}$ है

दिया गया है,

यदि अंश में से $1$ घटा दिया जाए तो भिन्न $\frac{1}{3}$ हो जाता है।

(अंश -1)/हर $= \frac{1}{3}$

$\frac{x-1}{y} = \frac{1}{3}$

$3(x - 1) = y$

$3x - 3 = y$

$3x - y = 3$ ... ... (1)

तथा,

यदि हर में $8$ जोड़ा जाता है, तो भिन्न $\frac{1}{4}$ हो जाता है।

अंश / (हर $+8$) $= \frac{1}{4}$

$\frac{x}{y+8} = \frac{1}{4}$

$4x = y + 8$

$4x - y = 8$ ... ... (2)

समीकरण $(1)$ से,

$3x - y = 3$

$3x = y + 3$

$x = \left(\frac{y+3}{3}\right)$

$x$ का मान समीकरण $(2)$ में रखने पर,

$4x - y - 8 = 0$

$4\left(\frac{y+3}{3}\right) - y - 8 = 0$

दोनों पक्षों को $3$ से गुणा करने पर,

$3 \times 4\left(\frac{y+3}{3}\right) - 3 \times y - 3 \times 8 = 3 \times 0$

$4(y + 3) - 3y - 24 = 0$

$4y + 12 - 3y - 24 = 0$

$y - 12 = 0$

$y = 12$

$y = 12$ का मान समीकरण $(1)$ में रखने पर,

$3x - y = 3$

$3x - 12 = 3$

$3x = 12 + 3$

$3x = 15$

$x = \frac{15}{3}$

$x = 5$

इसलिए $x = 5, y = 12$ समीकरण के हल है।

इसलिए

अंश $= x = 5$

हर $= y = 12$

अतः मूल भिन्न $=$ अंश/हर $= \frac{x}{y} = \frac{5}{12}$

अतः विकल्प (D) सही है।

**19.** माना सही उत्तरों की संख्या $x$ है

गलत उत्तरों की संख्या $y$ है

दिया है,

यश ने $40$ अंक प्राप्त किए यदि वह सही उत्तर के लिए $3$ अंक प्राप्त किए और गलत उत्तर के लिए $1$ अंक गंवाए

| | | अंक | कुल |
|---|---|---|---|
| सही उत्तर | $x$ | $3$ | $3x - y$ |
| गलत उत्तर | $y$ | $-1$ | |

$3x - y = 40$ ... ... (1)

तथा,

यश ने $50$ अंक प्राप्त किए यदि उसे सही उत्तर के लिए $4$ अंक मिलते हैं और गलत उत्तर के लिए $2$ अंक गंवाए

| | | अंक | कुल |
|---|---|---|---|
| सही उत्तर | $x$ | $4$ | $4x - 2y$ |
| गलत उत्तर | $y$ | $-2$ | |

$4x - 2y = 50$

$2(2x - y) = 50$

$(2x - y) = \frac{50}{2}$

$2x - y = 25$ ... ... (2)

तो, हमारे समीकरण हैं

$3x - y = 40$

$2x - y = 25$

समीकरण $(1)$ से,

$3x - y = 40$

$3x - 40 = y$

$y = 3x - 40$

$y$ का मान समीकरण (2) में रखने पर,

$2x - y = 25$

$2x - (3x - 40) = 25$

$2x - 3x + 40 = 25$

$2x - 3x = 25 - 40$

$-x = -15$

$x = 15$

$x$ का मान समीकरण (1) में रखने पर,

$3x - y = 40$

$3(15) - y = 40$

$3(15) - y = 40$

$45 - y = 40$

$45 - 40 = y$

$5 = y$

$y = 5$

इसलिए $x = 15, y = 5$ समीकरण के हल है

तो, सही उत्तरों की संख्या $= x = 15$

गलत उत्तरों की संख्या $= y = 5$

परीक्षा में कुल प्रश्न $= x + y$

$= 15 + 5$

$= 20$

अतः विकल्प (B) सही है।

**20.** हमारे पास है $\frac{\alpha}{\beta} = \frac{m}{n}$

$\Rightarrow \frac{\alpha}{m} = \frac{\beta}{n}$

$\Rightarrow \frac{\alpha + \beta}{m + n} = \sqrt{\frac{\alpha\beta}{mn}}$ अनुपात के आधार पर

$mn(\alpha + \beta)^2 = \alpha\beta(m + n)^2$

$\Rightarrow mn\left(\frac{-b}{a}\right)^2 = (m + n)^2 \frac{c}{a}$

$\therefore mnb^2 = (m + n)^2 ac$

अतः विकल्प (C) सही है।

**21.** दिया है:

α और β समीकरण $x^2 - q(1 + x) - r = 0$ के मूल हैं।

$\Rightarrow x^2 - q - qx - r = 0$

$\Rightarrow x^2 - qx - (q + r) = 0$

मूलों का योग $= \alpha + \beta = q$

मूलों का गुणनफल $= \alpha\beta = -(q + r) = -q - r$

निम्न का मान ज्ञात करने के लिए: $(1 + \alpha)(1 + \beta)$

$(1 + \alpha)(1 + \beta) = 1 + \alpha + \beta + \alpha\beta$

$= 1 + q - q - r$

$= 1 - r$

अतः विकल्प (A) सही है।

**22.** दिया गया है,

$x^2 - (p - 2)x - p + 1 = 0$ ---(i)

माना समीकरण के मूल α और β हैं।

मूल के योग $\alpha + \beta = (p - 2)$

मूल के गुणनफल $= \alpha\beta = -p + 1$

$\because a^2 + b^2 = (a + b)^2 - 2ab$

$\Rightarrow \alpha^2 + \beta^2 = (p - 2)^2 - 2(-p + 1)$

$\Rightarrow \alpha^2 + \beta^2 = p^2 - 4p + 4 + 2p - 2$

$\Rightarrow \alpha^2 + \beta^2 = (p - 1)^2 + 1$ ---(ii)

$(p - 1)^2 + 1$ न्यूनतम होगा जब,

$p = 1$

अतः विकल्प (B) सही है।

**23.** मान लीजिए $a$ पहला पद है, $d$ सार्व अंतर है और $n$ $AP$ के पदों की कुल संख्या है,

दिया है,

$a_{26} = 0, a_{11} = 3$ और $a_n = -\frac{1}{5}$

हम जानते है,

$T_n = a + (n - 1)d$

$a =$ पहला पद

$d =$ सार्व अंतर

$T_n = n$वाँ पद

इसलिए,

$a_{26} = 0 \Rightarrow a + 25d = 0$ $\quad \ldots \ldots (i)$

$a_{11} = 3 \Rightarrow a + 10d = 3$ $\quad \ldots \ldots (ii)$

$a_n = -\frac{1}{5}$

$\Rightarrow a + (n - 1)d = -\frac{1}{5}$ $\quad \ldots \ldots (iii)$

$(ii)$ को $(i)$ से घटाने पर, हमें प्राप्त होता है

$15d = -3 \Rightarrow d = -\frac{1}{5}$

$d = -\frac{1}{5}$ को $(i)$ में रखने पर, हमें प्राप्त होता है

$a + 25\left(-\dfrac{1}{5}\right) = 0$

$\Rightarrow a - 5 = 0$

$\Rightarrow a = 5$

$a = 5$ और $d = -\dfrac{1}{5}$ को $(iii)$ में रखने पर, हम पाते हैं

$5 + (n-1)\left(-\dfrac{1}{5}\right) = -\dfrac{1}{5}$

$\Rightarrow 25 + (n-1)(-1) = -1$

$\Rightarrow 25 - n + 1 = -1$

$\Rightarrow n = 27$

इसलिए, सार्व अंतर $-\dfrac{1}{5}$ है और पदों की संख्या $27$ है।

अतः विकल्प (A) सही है।

**24.** मान लीजिए $a$ पहला पद है और $d$ $AP$ का सार्व अंतर है।

दिया है,

$a_4 + a_8 = 24$ और $a_6 + a_{10} = 44$

हम जानते है,

$T_n = a + (n-1)d$

$a = $ पहला पद

$d = $ सार्व अंतर

$T_n = n$वाँ पद

इसलिए,

$\Rightarrow (a + 3d) + (a + 7d) = 24$

$\Rightarrow 2a + 10d = 24$

$\Rightarrow a + 5d = 12 \quad \ldots\ldots (i)$

$\Rightarrow (a + 5d) + (a + 9d) = 44$

$\Rightarrow 2a + 14d = 44$

$\Rightarrow a + 7d = 22 \quad \ldots\ldots (ii)$

$(i)$ को $(ii)$ से घटाने पर, हम प्राप्त करते हैं

$2d = 10 \Rightarrow d = 5.$

$d = 5$ को $(i)$ में रखने पर हमें प्राप्त होता है

$a + 5 \times 5 = 12 \Rightarrow a + 25 = 12 \Rightarrow a = -13$

इसलिए, $AP$ के पहले तीन पद हैं $-13, (-13 + 5), (-13 + 2 \times 5)$ अर्थात $-13, -8, -3$.

अतः विकल्प (B) सही है।

**25.** दिया है,

$AP$ में तीन संख्याओं का योग $24$ है और उनके वर्गों का योग $194$ है।

मान लीजिए कि $AP$ में तीन संख्याएं $(a - d), a, (a + d)$ हैं

प्रश्न के अनुसार,

$(a - d) + a + (a + d) = 24$

$\Rightarrow 3a = 24$

$\Rightarrow a = 8$

और $(a - d)^2 + a^2 + (a + d)^2 = 194$

$\Rightarrow a^2 + d^2 - 2ad + a^2 + a^2 + d^2 + 2ad = 194$

$\Rightarrow 3a^2 + 2d^2 = 194$

ऊपर से $a$ का मान रखने पर,

$\Rightarrow 3 \times 64 + 2d^2 = 194$

$\Rightarrow 192 + 2d^2 = 194$

$\Rightarrow 2d^2 = 2$

$\Rightarrow d^2 = 1$

$\Rightarrow d = 1$

तो, संख्याएं हैं,

$\Rightarrow (a - d), a, (a + d)$

$\Rightarrow (8 - 1), 8, (8 + 1)$

$7, 8, 9$

अतः विकल्प (D) सही है।

**26.** दिया है:

रेखा की ढलान 4 और (4, 3) से होकर गुजरती है

m = 4

$(x_1, y_1)$ = (4, 3)

जैसा कि हम जानते हैं,

∴ रेखा का समीकरण निम्न है

$(y - y_1) = m(x - x_1)$

$\Rightarrow y - 3 = 4(x - 4)$

$\Rightarrow y - 4x + 13 = 0$

अतः विकल्प (C) सही है।

**27.** दिया है:

बिंदु $(3, 4)$ और $(a, 2)$ के बीच की दूरी 8 इकाई है।

यहाँ, हमें a का मान ज्ञात करना है।

चूँकि हम जानते हैं कि,

दो बिंदु $A(x_1, y_1)$ और $B(x_2, y_2)$ के बीच की दी गई दूरी,

$|AB| = \sqrt{(x_2 - x_1)^2 + (y_2 - y_1)^2}$

$\Rightarrow \sqrt{(a - 3)^2 + (2 - 4)^2} = 8$

दोनों पक्षों का वर्ग करने पर हमें निम्न प्राप्त होता है

$\Rightarrow (a-3)^2 + 4 = 64$

$\Rightarrow a^2 + 9 - 6a - 60 = 0$

$\Rightarrow a^2 - 6a - 51 = 0$

$\Rightarrow a = \dfrac{6 \pm \sqrt{240}}{2} = 3 \pm 2\sqrt{15}$

अतः विकल्प (A) सही है।

**28.** दिया गया है:

बिंदु $(5, -2)$ और $(1, a)$ के बीच की दूरी 5 है।

माना कि $A = (5, -2)$ और $B = (1, a)$ है।

चूँकि हम जानते हैं कि,

बिंदु A और $B$ के बीच की दूरी को निम्न द्वारा ज्ञात किया गया हैं $|AB| = \sqrt{(x_2 - x_1)^2 + (y_2 - y_1)^2}$

यहाँ, $x_1 = 5, y_1 = -2, x_2 = 1$ और $y_2 = a$

$\Rightarrow |AB| = \sqrt{(1-5)^2 + (a+2)^2} = 5$

समीकरण के दोनों पक्षों का वर्ग करने पर हमें निम्न प्राप्त होता है

$\Rightarrow 25 = 16 + (a+2)^2$

$\Rightarrow 9 = (a+2)^2$

$\Rightarrow (a+2) = \pm 3$

स्थिति 1: जब $(a+2) = 3$ है, तो $a = 1$ है।

स्थिति 2: जब $(a+2) = -3$ है, तो $a = -5$ है।

अतः विकल्प (D) सही है।

**29.** दिया है:

बिंदु $P(x_1, y_1)$ और $Q(x_2, y_2)$ के बीच का अंतर-

$PQ = \sqrt{(x_2 - x_1)^2 + (y_2 - y_1)^2}$

$PA = QA$

$\Rightarrow PA^2 = QA^2$

$\Rightarrow (x+3)^2 + (y-2)^2 = (x-2)^2 + (y+3)^2$

$\Rightarrow x^2 + 9 + 6x + y^2 + 4 - 4y = x^2 + 4 - 4x + y^2 + 9 + 6y$

$\Rightarrow 10x = 10y$

$\Rightarrow x = y$

अतः विकल्प (D) सही है।

**30.** दिया गया है:

चतुर्भुज के कोणों का अनुपात $= 4 : 7 : 6 : 13$

संकल्पना:

चतुर्भुज में सभी कोणों का योग $360°$ होता है।

गणना:

माना चतुर्भुज के कोण $4x, 7x, 6x,$ and $13x$ हैं।

$\Rightarrow 4x + 7x + 6x + 13x = 360°$

$\Rightarrow 30x = 360°$

$\Rightarrow x = 12°$

सबसे बड़ा कोण $= 13 \times 12 = 156°$

सबसे छोटा कोण $= 4 \times 12 = 48°$

सबसे बड़े और सबसे छोटे कोण के बीच का अंतर $= 156° - 48°$

$\Rightarrow 108°$

$\therefore$ सबसे बड़े और सबसे छोटे कोण के बीच का अंतर $108°$ है।

अतः विकल्प (B) सही है।

**31.** दिया गया:

$DC = 3.6$ सेमी

$BC = 2.4$ सेमी

$\angle BCD = 75°$

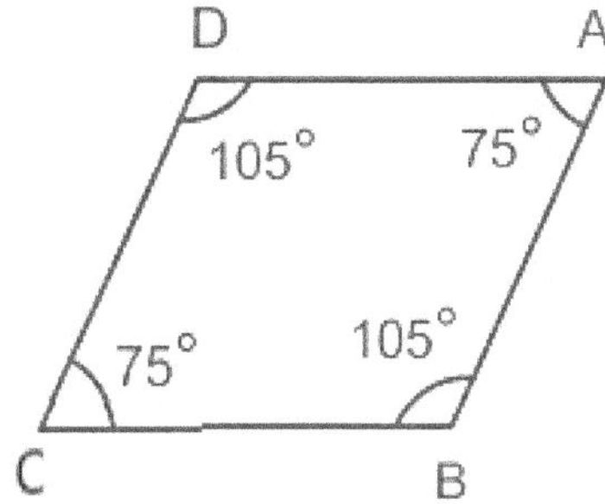

गणना:

$\angle BCD = \angle BAD = 75°$ (समांतर चतुर्भुज का सम्मुखकोण)

समानांतर रेखाओं के बीच आंतरिक कोण का योग $180°$ है।

$\angle BCD + \angle ADC = 180°$

$\Rightarrow 75° + \angle ADC = 180°$

$\Rightarrow \angle ADC = 105°$

$\Rightarrow \angle ADC = \angle ABC = 105°$ (समांतर चतुर्भुज का सम्मुखकोण)

प्रश्नानुसार:

$1.5(\angle ADC) + \angle BAD$

$\Rightarrow 1.5(105°) + 75°$

$\therefore 157.5° + 75° = 232.5°$

अतः विकल्प (C) सही है।

**32.** दिया गया है:

$AB = 8$ सेमी

$CD = 12$ सेमी

$AP = PC$

$BQ = QD$

**प्रयुक्त सूत्र:**

एक समलंब के विकर्णों के मध्य बिंदुओं से जुड़ने वाली रेखा की लंबाई = (लंबी समांतर भुजा - छोटी समांतर भुजा)/2

**गणना:**

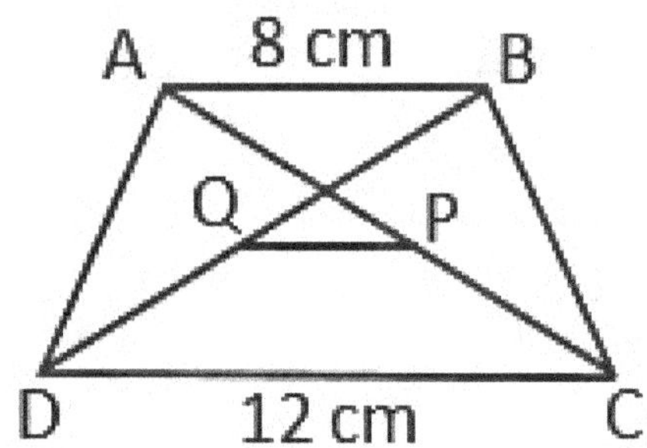

$PQ = \dfrac{(DC - AB)}{2}$

$\Rightarrow \dfrac{(12 - 8)}{2}$

$\Rightarrow \dfrac{4}{2}$

$\Rightarrow 2$ सेमी

Hence, the correct option is (A).

**33.** $\Rightarrow ADE$ एक समद्विबाहु त्रिभुज है जिसमें $AD = DE = a$

$\Rightarrow$ का क्षेत्रफल $ADE = \dfrac{1}{2} \times AD \times DE = 18$

$\therefore \dfrac{1}{2} \times a^2 = 18$

$\Rightarrow a = 6$ सेमी

$\Rightarrow AD = DE = 6$ सेमी

$\Rightarrow EC = 2 \times DE = 2 \times 6 = 12$ सेमी

$\Rightarrow \therefore$ का क्षेत्र
$ABCD = AD \times DC = 6 \times (DE + EC) = 6 \times (6 + 12) = 108$ सेमी²

अतः विकल्प (C) सही है।

**34.** दिया गया है:

$BY = 12$ सेमी तथा $CX = 9$ सेमी

$\angle XOY = 90°$

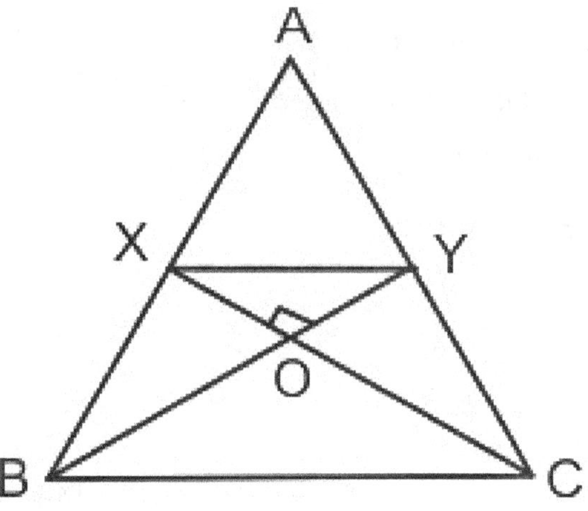

दी गई आकृति में, $BY = 12$ सेमी तथा $CX = 9$ सेमी

हम जानते हैं कि, माध्यिकाएं एक दूसरे को $1 : 2$ के अनुपात में विभाजित करतें हैं तो, $BO : OY = CO : OX = 2 : 1$

$\Rightarrow OY = \dfrac{1}{3} \times BY = \dfrac{1}{3} \times 12 = 4$ सेमी

$\Rightarrow OX = \dfrac{1}{3} \times CX = \dfrac{1}{3} \times 9 = 3$ सेमी

$\because XOY \angle XOY = 90°$ पर एक समकोण त्रिभुज है

$\therefore$ का क्षेत्रफल $\triangle XOY = \dfrac{1}{2} \times XO \times YO$

$\Rightarrow \dfrac{1}{2} \times 3 \times 4$

$\Rightarrow 6$ वर्ग सेमी

अतः विकल्प (C) सही है।

**35.** दिया गया है:

दो समान त्रिभुजों की संगत भुजाएँ $3 : 1$ के अनुपात में हैं।

उपयोग की गई अवधारणा:

त्रिभुज की समानता

गणना:

मान लें कि $\triangle ABC$ और $\triangle PQR$ दो समान त्रिकोण हैं।

$AD$ और $PM$ संबंधित त्रिभुजों की दो माध्यिकाएँ हैं।

यदि दो त्रिकोण समान हैं, तो आनुपातिक भुजाओं के लिए हमारे पास है,

भुजाओं का अनुपात = माध्यकों का अनुपात

भुजाओं का अनुपात $= 3 : 1$

माध्यिकाओं का अनुपात $= 3 : 1$

अतः विकल्प (A) सही है।

**36.** दिया है:

$\angle ROQ = 90°$

$a : b = 4 : 5$

**गणना:**

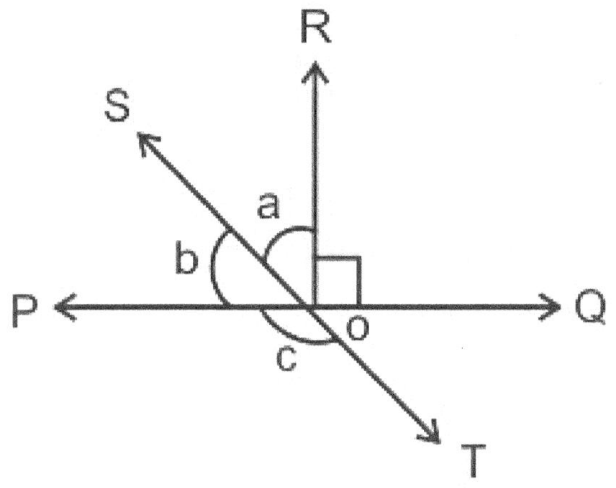

माना कि ∠a व ∠b क्रमशः 4x व 5x हैं।

प्रश्नानुसार, हमारे पास है

a + b = 90° (एक सीधी रेखा पर अंतरित कोण 180° है और∠ROQ = 90°)

$\Rightarrow$ 4x + 5x = 90°

$\Rightarrow$ 9x = 90°

$\Rightarrow$ x = 10°

∠b = 5x

∠b = 5 × 10° = 50°

अब,

∠b + ∠c = 180°

$\Rightarrow$ 50° + ∠c = 180°

$\Rightarrow$ ∠c = 130°

∴ ∠c का मान 130° है।

अत: विकल्प (C) सही है।

**37.** दिया गया है:

AH || BG || CF

∠DCF = 55°

CF || AH

$\Rightarrow$ ∠FCD = ∠AED = 55° (एकान्तर कोण)

∠FCD + ∠CDG = 180° (दो समानांतर रेखाएं एक तिर्यक रेखा द्वारा काटी गई हैं, आंतरिक कोण का योग 180° है)

$\Rightarrow$ ∠CDG = 180° - 55°

$\Rightarrow$ ∠CDG = 125°

$\Rightarrow$ ∠CDG = ∠BDE = 125° (शीर्षाभिमुख कोण)

∠AED : ∠BDE = 55° : 125°

∴ ∠AED : ∠BDE = 11 : 25

अत: विकल्प (A) सही है।

**38.** दिया गया है:

किरणें P || Q || R || S और किरण l || m है।

हमें दिया गया है कि, ∠ECA = 60°

इसलिए, ∠IBQ = 60° (समांतर चतुर्भुज में सम्मुख कोण बराबर होते हैं)

अब, ∠IBQ + $\theta_1$ = 180° (रैखिक युग्म)

$\Rightarrow$ $\theta_1$ = 180° - 60°

$\Rightarrow$ $\theta_1$ = 120°

अब, हम जानते हैं कि शीर्षाभिमुख कोण बराबर होते हैं

∴ ∠CAD = $\theta_2$ = 120°

∴ $\theta_1$ = 120° and $\theta_2$ = 120°

अत: विकल्प (B) सही है।

**39.** दिया गया है:

AC || EG

∠DBC = 135° और ∠DFG = 145°

हम AC और EG के समानांतर एक PQ रेखा बनाते हैं।

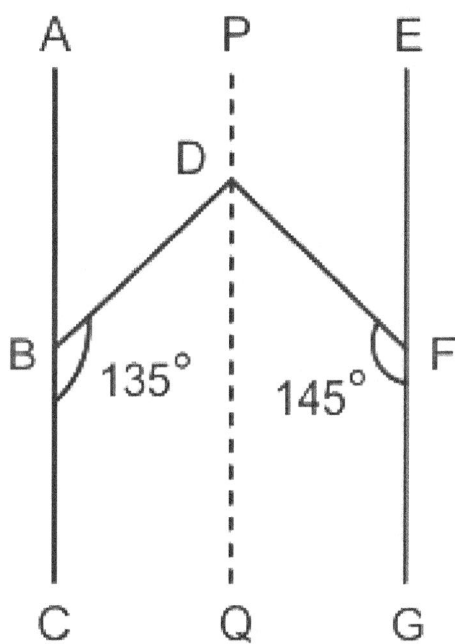

अब, AB || PQ || EG

हम जानते हैं कि समानांतर रेखाओं के एक ही ओर बने अंतः कोणों का योग 180° होता है।

∠BDQ + ∠DBC = 180°

$\Rightarrow$ ∠BDQ + 135° = 180°

$\Rightarrow$ ∠BDQ = 45° -------(1)

इसी प्रकार, हमारे पास है,

∠QDF + ∠DFG = 180°

$\Rightarrow$ ∠QDF + 145° = 180°

$\Rightarrow$ ∠QDF = 35° -------(2)

चूँकि, BDF = BDQ + QDF

इसलिए (1) और (2) से BDQ और QDF के मान रखने पर हमें प्राप्त होता है,

∠BDF = 45° + 35° = 80°

∴ ∠BDF का मान 80° है।

अतः विकल्प (C) सही है।

**40.** दिया गया है,

$$\angle CAB = 40° \text{ और } \angle DBC = 70°, AB = BC$$

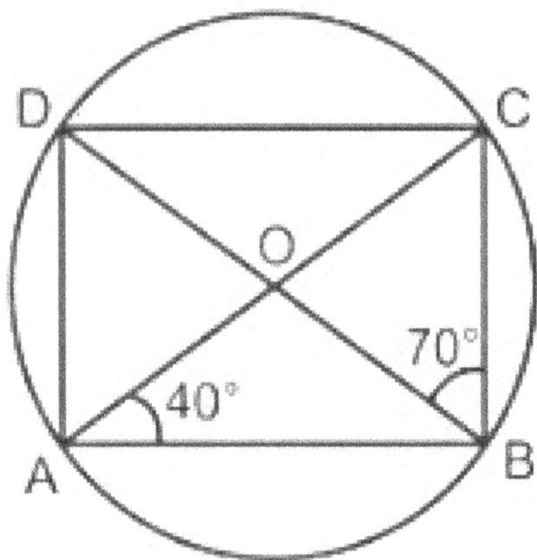

$\angle CAD = \angle DBC = 70°$ (समान चाप द्वारा बना कोण)

$\therefore \angle DAB = 70° + 40° = 110°$

$\angle BCD = 180° - 110° = 70°$ (एक चक्रीय चतुर्भुज के विपरीत कोण)

चूंकि $AB = BC$

$\therefore \angle BCA = \angle BAC = 40°$

$\therefore \angle DCO = \angle BCD - \angle BCA$

$\Rightarrow \angle DCO = 70° - 40° = 30°$

अतः विकल्प (B) सही है।

**41.**

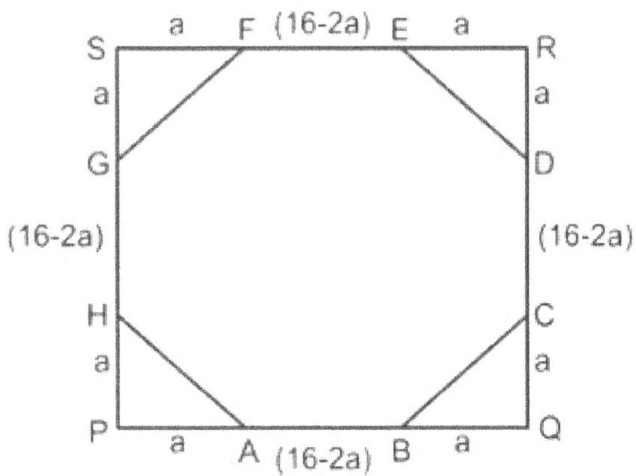

जैसा कि आरेख में दिखाया गया है कि 16 सेंटीमीटर की भुजा के वर्ग $PQRS$ को अष्टभुज $ABCDEFGH$ बनाया गया है,

यहाँ हम देख सकते हैं कि यह एक सामान्य अष्टभुज है,

क्योंकि $DC$ अष्टभुज की भुजा है और $ED$ भी एक भुजा है,

$\Rightarrow ED = CD = 16 - 2a$

$\Delta ERD$ में पाइथागोरस प्रमेय का प्रयोग करके,

$\Rightarrow ED^2 = a^2 + a^2$

$\Rightarrow 256 + 4a^2 - 64a = 2a^2$

$\Rightarrow 2a^2 - 64a + 256 = 0$

$\Rightarrow a^2 - 32a + 128 = 0$

$\Rightarrow a = \dfrac{[32 - \sqrt{(1024 - 512)}]}{2}$

$\Rightarrow a = \dfrac{(32 - 16\sqrt{2})}{2}$

$\Rightarrow a = 16 - 8\sqrt{2}$

$\therefore$ अष्टभुज की भुजा $= 16 - 2a$

$= 16 - 2(16 - 8\sqrt{2})$

$= 16\sqrt{2} - 16$

अतः विकल्प (C) सही है।

**42.**

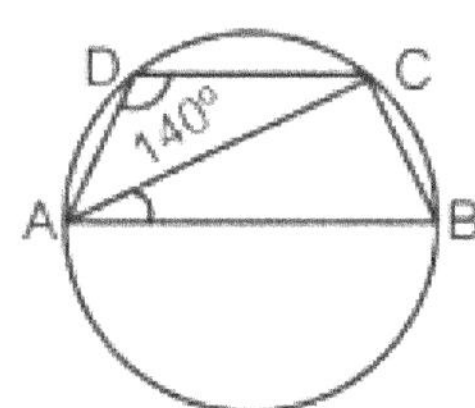

हम जानते हैं कि चक्रीय चतुर्भुज में विपरीत कोण का योग $180°$ होता है।

$\therefore \angle ADC + \angle ABC = 180°$

$\Rightarrow 140° + \angle ABC = 180°$

$\Rightarrow \angle ABC = 40°$

अब,

$\triangle ABC$ में,

हम जानते हैं कि वृत्त की परिधि पर व्यास द्वारा बनाया गया कोण $= 90°$

$\therefore \angle ACB = 90°$

$\angle BAC + \angle ABC + \angle ACB = 180°$

$\Rightarrow \angle BAC + 40° + 90° = 180°$

$\therefore \angle BAC = 180° - 130° = 50°$

अतः विकल्प (C) सही है।

**43.** $ABCD$ एक आयत है,

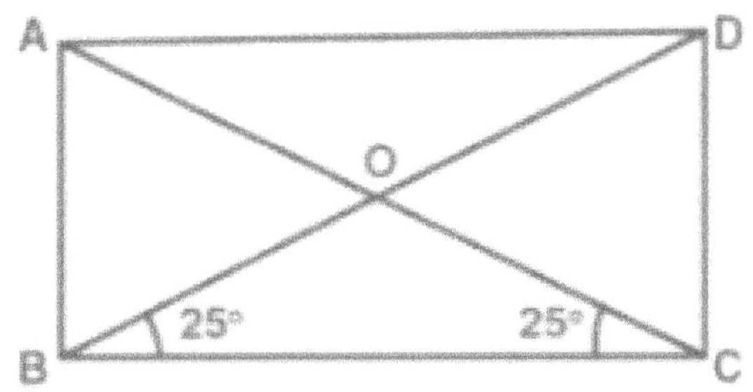

एक त्रिभुज $BOC$ में,

$\angle OBC = \angle OCB$ (समद्विबाहु त्रिभुज के सम्मुख कोण)

इसलिए, $\angle OBC + \angle OCB + \angle BOC = 180^\circ$

$25^\circ + 25^\circ + \angle BOC = 180^\circ$

$\angle BOC = 180^\circ - 50^\circ$

$\angle BOC = 130^\circ$

रैखिक युग्म का प्रयोग करने पर, हम प्राप्त करते हैं

$\angle AOB + \angle BOC = 180^\circ$

$\angle AOB = 180^\circ - 130^\circ$

$\angle AOB = 50^\circ$

इस प्रकार, विकर्णों के बीच न्यून कोण $50^\circ$ है।

अतः विकल्प (C) सही है।

**44.** एक चतुर्भुज PQRS की भुजाओं के मध्य-बिंदुओं को क्रम में मिलाने से बनने वाला चतुर्भुज एक आयत होता है, यदि PQRS के विकर्ण लंबवत हों।

PQRS के विकर्ण लंब हैं

चूँकि चतुर्भुज, ABCD, चतुर्भुज PQRS के मध्य-बिंदुओं को मिलाकर बना है, एक आयत है,

AC = BD [आयत के विकर्ण बराबर होते हैं]

PQ = QR

इस प्रकार, चतुर्भुज PQRS एक समचतुर्भुज है।

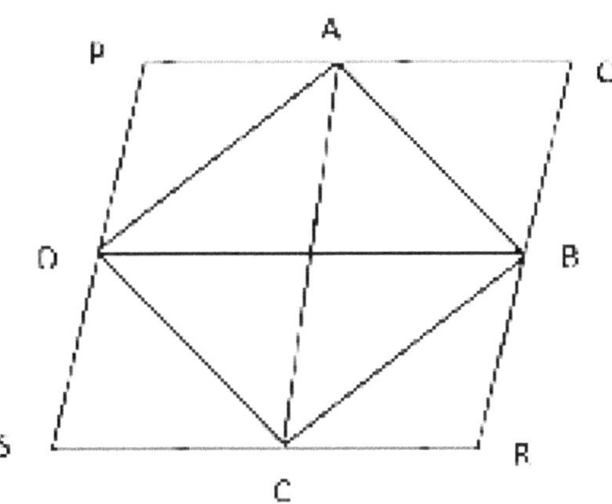

इसलिए, PQRS के विकर्ण यानी PR और QS लंबवत हैं [चूंकि एक समचतुर्भुज के विकर्ण एक दूसरे के लंबवत होते हैं]।

अतः विकल्प (C) सही है।

**45.** दिया गया है,

कमरे की लम्बाई 13 मीटर और चौड़ाई 9 मीटर है।

कालीन की चौड़ाई = 75 सेमी = 0.75 मीटर

प्रश्न के अनुसार,

कालीन का क्षेत्रफल = कमरे का क्षेत्रफल

कमरे का क्षेत्रफल, $(A)$ = कमरे की लम्बाई $\times$ कमरे की चौड़ाई

$= (13 \times 9)$ वर्गमीटर

$= 117$ वर्गमीटर

कालीन की लंबाई = क्षेत्रफल/चौड़ाई

$= \left(\dfrac{117}{0.75}\right)$

$= 156$ मीटर

तो, कालीन बनाने की लागत $= (156 \times 12.40)$ रुपये

$= 1934.40$ रुपये

अतः विकल्प (A) सही है।

**46.** प्रश्नानुसार,

केंद्रीय कोण $= 60^\circ$

वृत्त की त्रिज्या $= 4.9$ सेमी

चाप की लंबाई $= 2\pi r \times \dfrac{\theta}{360}$

$L = 2 \times \dfrac{22}{7} \times 4.9 \times \dfrac{60}{360}$

$L = 5.13$ सेमी

अतः विकल्प (A) सही है।

**47.** दिया गया है:

केंद्र " $O$ " का एक वृत्त एक त्रिभुज $ABC$ में स्थित है।

वृत्त भुजाएँ $AB$ और $AC$ को क्रमशः $M$ और $N$ पर स्पर्श करता है।

कोण $A$ का मापन $= 70^\circ$

जैसा कि हम जानते हैं,

1. वृत्त के केंद्र से स्पर्शरेखा के बिंदु तक की त्रिज्या स्पर्शरेखा पर लम्ब होती है।

2. एक चतुर्भुज के कोणों का योग हमेशा $360^\circ$ होता है।

अब, प्रयुक्त अवधारणा के अनुसार,

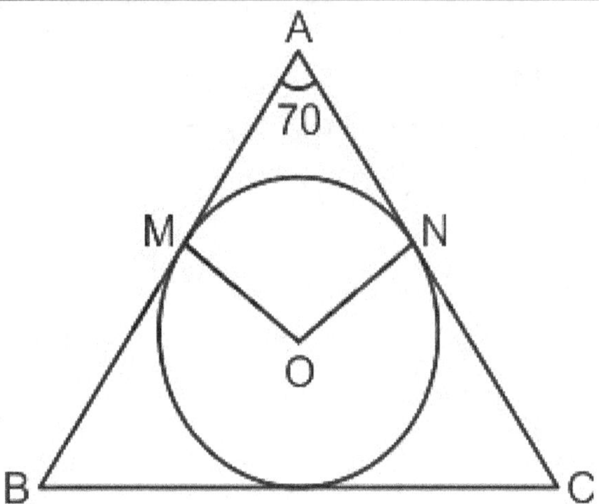


$\angle AMO = \angle ANO = 90°$

पुनः, यह दिया गया है कि $\angle MAN = 70°$

तब, प्रयोग की गई अवधारणा से,

हम चतुर्भुज $AMON$ में कह सकते हैं,

$\Rightarrow \angle AMO + \angle MON + \angle ONA + \angle NAM = 360°$

$\Rightarrow 90° + \angle MON + 90° + 70° = 360°$

$\Rightarrow \angle MON = 110°$

$\therefore \angle MON$ का मान $110°$ है।

अत: विकल्प (C) सही है।

**48.** दिया गया है,

$\angle BAC = 60°$

जैसा कि हम जानते हैं कि,

एक वृत्त के एक चाप द्वारा केंद्र पर बनाया गया कोण वृत्त के शेष भाग पर उसके द्वारा बनाए गए किसी भी बिंदु पर कोण का दोगुना होता है।

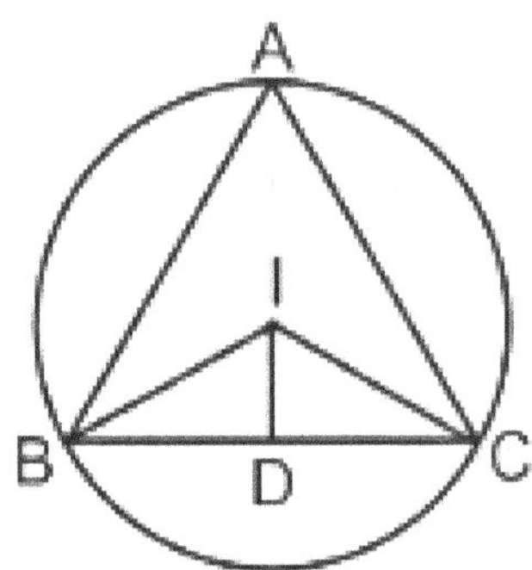


$\angle BIC = 2 \times \angle BAC$

$= 2 \times 60° = 120°$

$\therefore$ लम्ब $ID$ कोण $BIC$ को समान भागों में विभाजित करता है।

$\angle BID = \angle DIC = \dfrac{120°}{2} = 60°$

अत: विकल्प (B) सही है।

**49.**

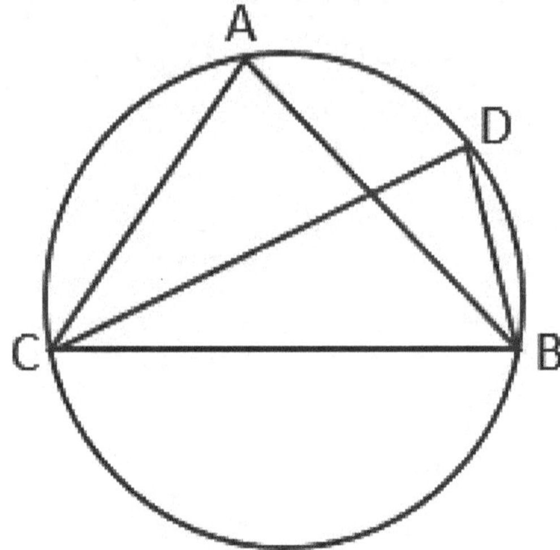


प्रमेय से: त्रिज्या द्वारा चाप पर बनाया गया कोण वृत्त पर किसी अन्य बिंदु पर उसी त्रिज्यखंड में बनाए गए कोण के बराबर होता है।

$\angle BAC = 60°$ (दिया गया है)

इसलिए, प्रमेय से:

$\angle BAC = \angle BDC = 60°$

अत: विकल्प (C) सही है।

**50.** दिया गया है

व्यास $= 20$ सेमी

जीवा की लंबाई $= 16$ सेमी

जैसा कि हम जानते हैं,

व्यास $= 2 \times$ त्रिज्या

$(\text{कर्ण})^2 = (\text{लंब})^2 + (\text{आधार})^2$

केंद्र से जीवा पर खींचा गया लंब, जीवा को समद्विभाजित करता है।

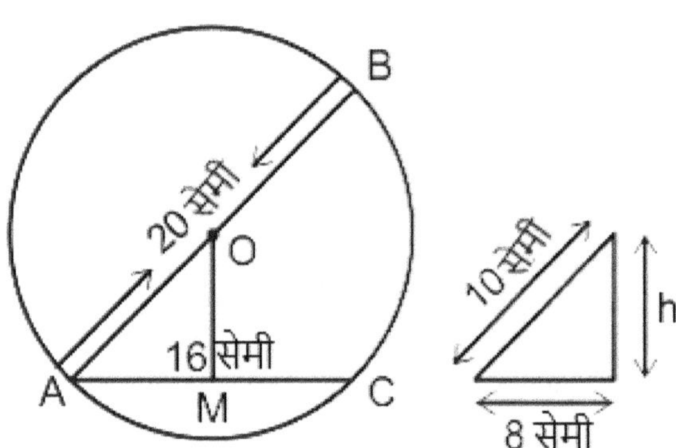


$AB$ (व्यास) $= 20$ सेमी

$AO$ (त्रिज्या) $= \dfrac{20}{2}$

$= 10$ सेमी

$AM = \dfrac{1}{2}(AC)$

$\Rightarrow AM = \dfrac{1}{2} \times 16 = 8$ सेमी

$\triangle AMO$ एक समकोण त्रिभुज है।

$(AO)^2 = (OM)^2 + (AM)^2$

$\Rightarrow (10)^2 = (OM)^2 + (8)^2$

$\Rightarrow 100 - 64 = (OM)^2$

$\Rightarrow OM = 6$ सेमी

$\therefore$ जीवा की केंद्र से दूरी  6 सेमी है।

अतः विकल्प (C) सही है।

**51.** दिया गया है:

त्रिज्या $=$ 13 सेमी

$\angle APB = 60°$

केंद्र $O$ से $AB$ की दूरी  5 सेमी है।

हम जानते हैं कि:

यदि एक बाह्य बिंदु से एक वृत्त पर दो स्पर्श रेखाएँ खींची जाती हैं तो उनके स्पर्श रेखा खंड समान होते हैं।

तो, $2\angle APB = \angle APM = \angle MPB = 60°$

$\angle APM = \angle MPB = \dfrac{60°}{2} = 30°$

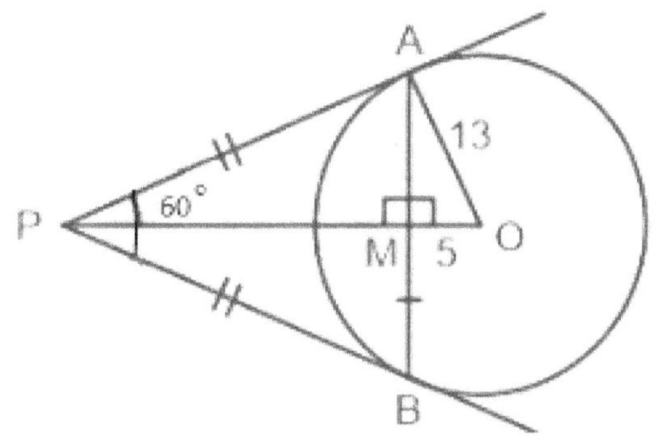

दी गई आकृति में,

$AM = (AO^2 - OM^2)^{\frac{1}{2}}$

$AM = (169 - 25)^{\frac{1}{2}}$

$AM = 12$ सेमी

$\triangle AMP$ में:

$Sin30° = \dfrac{AM}{AP}$

$\Rightarrow \dfrac{1}{2} = \dfrac{12}{AP}$

$AP = 24$ सेमी

अतः विकल्प (D) सही है।

**52.** $OP$ और $OQ$ को मिलाने पर,

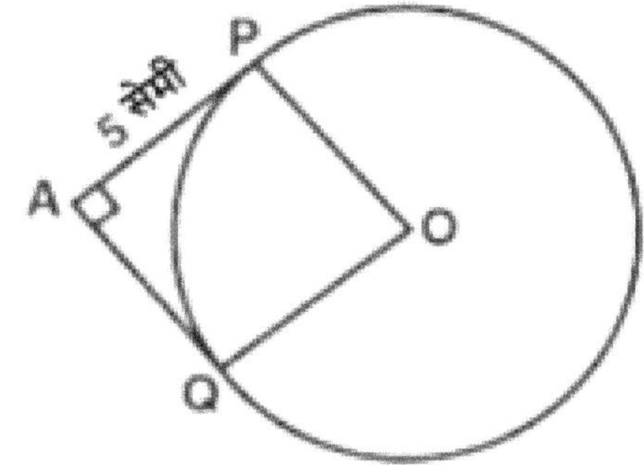


स्पर्शरेखा $AP = AQ$

त्रिभुज $APO$ और $AQO$ में,

$AP = AQ$

$AO = AO$ (उभयनिष्ठ)

$OP = OQ$ (एक ही वृत्त की त्रिज्या)

इस प्रकार, $\triangle APO \sim \triangle AQO$

यदि $\triangle APO$ और $\triangle AQO$ सर्वांगसम हैं तो हम कह सकते हैं,

$OP = OQ = AP = AQ$

तो, $AP = AQ = 5$ सेमी

और $AP = OP$

इसलिए, त्रिज्या $= OP = 5$ सेमी

अतः विकल्प (C) सही है।

**53.** दिया है:

एक समद्विबाहु त्रिभुज $ABC$ में,

$AB = AC = 26$ सेमी और $BC = 20$ सेमी

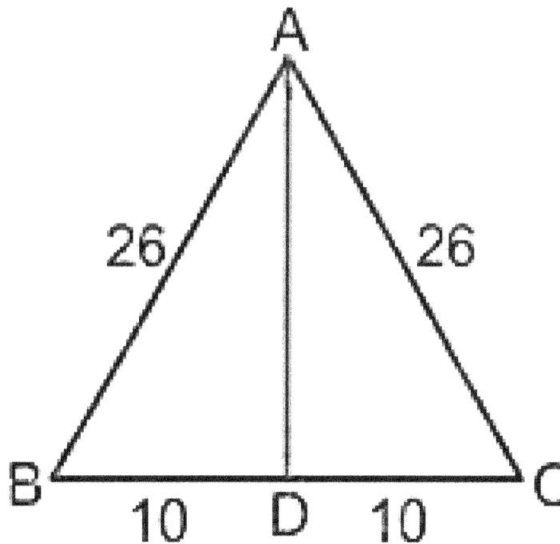


त्रिभुज $ABC$ में,

$\triangle ADC = 90°$ (समद्विबाहु त्रिभुज में सम्मुख शीर्ष से एक रेखा द्वारा असमान भुजा के मध्य बिंदु पर बनाया गया कोण $90°$ होता है)

इसलिए,

$AD^2 + BD^2 = AB^2$ (पाइथागोरस प्रमेय से)

$\Rightarrow AD^2 = 576$

$\Rightarrow AD = 24$

त्रिभुज का क्षेत्रफल $= \frac{1}{2}$ (आधार $\times$ ऊँचाई)

$= \frac{1}{2}(20 \times 24)$

$= 240$ सेमी $^2$

अतः विकल्प (B) सही है।

**54.** दिया गया है,

आयताकार मैदान की लम्बाई $= 15$ मीटर

आयताकार मैदान के विकर्ण की लम्बाई $= 17$ मीटर

प्रश्न के अनुसार,

आयताकार मैदान की चौड़ाई $= \sqrt{(17)^2 - (15)^2}$

$= \sqrt{289 - 225}$

$= \sqrt{64}$

$= 8$ मीटर

आयत का क्षेत्रफल, $A =$ आयताकार मैदान की लम्बाई $\times$ आयताकार मैदान की चौड़ाई

$\Rightarrow A = (15 \times 8)$ वर्गमीटर

$\Rightarrow A = 120$ वर्गमीटर

अत: विकल्प (B) सही है।

**55.** दिया है,

वृत्त की परिधि और क्षेत्रफल संख्यात्मक रूप से बराबर हैं।

मान लीजिए कि वृत्त की त्रिज्या $r$ ज्ञात की जानी है

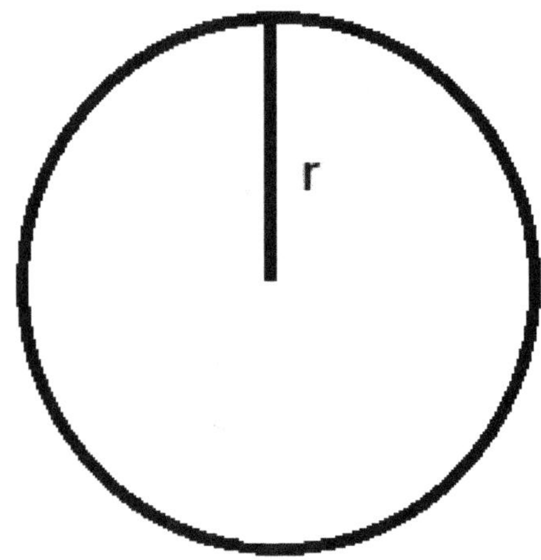


जैसा कि हम जानते हैं,

वृत्त की परिधि $= 2\pi r$ और

वृत्त का क्षेत्रफल $= \pi r^2$

दी गई शर्त के अनुसार,

$2\pi r = \pi r^2$

$\Rightarrow r = 2$

इसलिए, वृत्त की त्रिज्या $2$ इकाई है।

अतः विकल्प (A) सही है।

**56.**

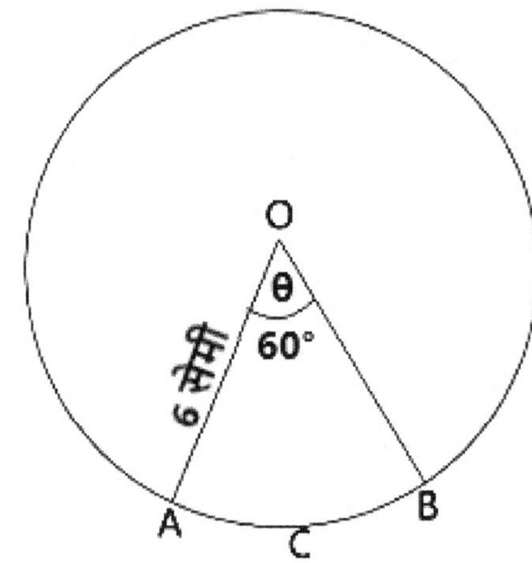


दिया है,

वृत्त की त्रिज्या $= r = 6$ सेमी

त्रिज्यखंड द्वारा केंद्र के साथ बनाया गया कोण, $\theta = 60°$

मान लीजिए $OACB$ वृत्त के केंद्र $O$ पर $60°$ कोण बनाने वाले वृत्त का त्रिज्यखंड है।

हम जानते हैं कि, त्रिज्यखंड का क्षेत्रफल $= \frac{\theta}{360°} \times \pi r^2$

इस प्रकार, त्रिज्यखंड $OACB$ का क्षेत्रफल $= \frac{60°}{360°} \times \frac{22}{7} \times (6)^2$

$= \frac{1}{6} \times \frac{22}{7} \times 6 \times 6$

$= \frac{132}{7}$ सेमी $^2$

इसलिए, वृत्त के केंद्र में $60°$ बनाने वाले वृत्त के त्रिज्यखंड का क्षेत्रफल $\frac{132}{7}$ सेमी $^2$ है।

अतः विकल्प (A) सही है।

**57.** दिया गया है,

एक समबाहु त्रिभुज की भुजा, $a = 2\sqrt{3}$ सेमी

एक समबाहु त्रिभुज का क्षेत्रफल,

$A = \frac{\sqrt{3}}{4} a^2$

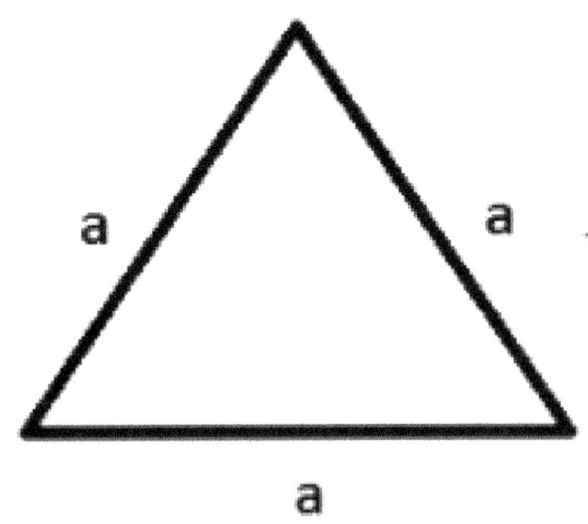

$$= \frac{\sqrt{3}(2\sqrt{3})^2}{4}$$

$$= 3\sqrt{3}$$

$$= 3(1.732) = 5.196 \text{ सेमी}^2$$

अतः विकल्प (A) सही है।

**58.**

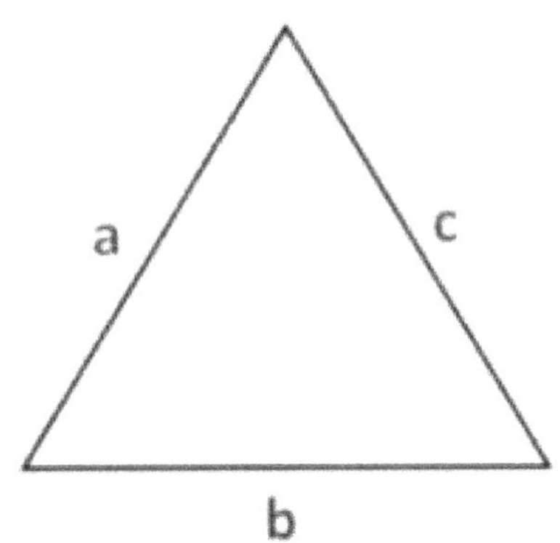

दिया गया है,

a= c = 4 सेमी

b = 2 सेमी

अर्ध-परिधि इस प्रकार दी गई है,

$$s = \frac{a+b+c}{2}$$

$$s = \frac{4+4+2}{2} = 5 \text{ सेमी}^2$$

हीरोन के सूत्र से,

त्रिभुज का क्षेत्रफल,

$$\Delta = \sqrt{s(s-a)(s-b)(s-c)}$$

$$= \sqrt{5(5-4)(5-4)(5-2)} = \sqrt{15} \text{ सेमी}^2$$

अतः विकल्प (A) सही है।

**59.** दिया है:

शंकु की त्रिज्या $= 42$ सेमी

शंकु की ऊँचाई $= 56$ सेमी

नीचे दी गयी आकृति को ध्यान से देखने पर

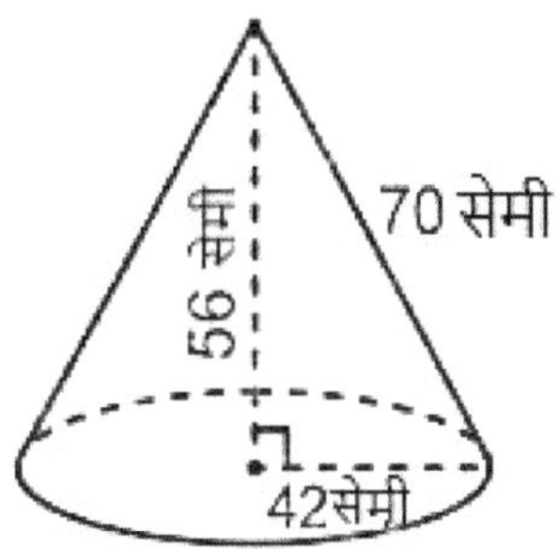


यहां,

शंकु की तिर्यक ऊँचाई, $l = \sqrt{(r^2 + h^2)}$

$$= \sqrt{\{(42)^2 + (56)^2\}}$$

$$= \sqrt{(1764 + 3136)}$$

$$= \sqrt{(4900)}$$

$$= 70 \text{ सेमी}$$

अब, शंकु का सम्पूर्ण पृष्ठीय क्षेत्रफल $= \pi r(l + r)$

$$= \frac{22}{7} \times 42 \times (70 + 42)$$

$$= 22 \times 6 \times 112$$

$$= 14784 \text{ सेमी}^2$$

∴ शंकु का सम्पूर्ण पृष्ठीय क्षेत्रफल $14784$ सेमी² है।

अतः विकल्प (A) सही है।

**60.** दिया है:

गोलार्ध का कुल पृष्ठ क्षेत्रफल $= 41.58$ सेमी²

गोलार्ध की त्रिज्या $=$ गोले की त्रिज्या

जैसा कि हम जानते हैं,

गोलार्ध का कुल पृष्ठ क्षेत्रफल $= 3\pi r^2$

गोले का कुल पृष्ठ क्षेत्रफल $= 4\pi r^2$

गोलार्ध का कुल पृष्ठ क्षेत्रफल $41.58$ सेमी²

$$\Rightarrow 3\pi r^2 = 41.58$$

$$\Rightarrow r^2 = \frac{41.58}{3\pi}$$

चूँकि गोले की त्रिज्या गोलार्ध की त्रिज्या के समान है।

गोले का कुल पृष्ठ क्षेत्रफल $= 4\pi r^2$

$r^2$ के उपरोक्त मान का उपयोग करने पर

गोले का कुल पृष्ठ क्षेत्रफल $= 4\pi \times \frac{41.58}{3\pi}$

$= 4 \times 13.86$

$= 55.44$

∴ गोले का कुल पृष्ठ क्षेत्रफल $55.44$ सेमी² है।

अतः विकल्प (B) सही है।

**61.** दिया गया है,

गोले का व्यास $d = 12$ सेमी

छोटे गोले के व्यास क्रमशः $6$ और $10$ सेमी हैं,

जैसा कि हम जानते हैं,

गोले का आयतन $= \frac{4}{3}\pi r^3$

गोले का कुल पृष्ठीय क्षेत्रफल $= 4\pi r^2$

माना कि तीसरे गोले की त्रिज्या $x$ सेमी है, तो

व्यास का त्रिज्या $r = \frac{12}{2} = 6$ सेमी

पहले छोटे गोले का त्रिज्या $= \frac{6}{2} = 3$ सेमी

दूसरे छोटे गोले की त्रिज्या $= \frac{10}{2} = 5$ सेमी

प्रश्नानुसार,

(सभी तीन छोटे गोलों का आयतन) = बड़े गोले का आयतन

$\Rightarrow \frac{4}{3}\pi \times 3^3 + \frac{4}{3}\pi \times 5^3 + \frac{4}{3}\pi \times x^3 = \frac{4}{3}\pi \times 6^3$

$\Rightarrow \frac{4}{3}\pi[3^3 + 5^3 + x^3] = \frac{4}{3}\pi \times 6^3$

$\Rightarrow (27 + 125 + x^3) = 216$

$\Rightarrow 152 + x^3 = 216$

$\Rightarrow x^3 = 216 - 152$

$\Rightarrow x^3 = 64$

$\Rightarrow x = \sqrt[3]{64}$

$\Rightarrow x = \sqrt[3]{(4 \times 4 \times 4)}$

$\Rightarrow x = 4$

∴ तीसरे गोले की त्रिज्या $= 4$ सेमी

तीसरे गोले का कुल पृष्ठीय क्षेत्रफल $= 4\pi \times 4^2 = 4\pi \times 16 = 64\pi$

अतः विकल्प (A) सही है।

**62.** दिया है:

$R_0 = 4$ सेमी

$Ri = 3$ सेमी

$r = 2$ सेमी

जैसा कि हम जानते हैं,

बड़े गोले का आयतन = छोटे गोले की संख्या × छोटे गोले का आयतन

n = छोटे गोलों की संख्या

$\frac{4}{3}\pi(R_0^3 - R_i^3) = n \times \frac{4}{3}\pi(r^3)$

$\therefore n = \frac{(R_0^3 - R_i^3)}{(r^3)}$

$= \frac{(4^3 - 3^3)}{(2^3)}$

$= \frac{37}{8}$

$\therefore n = 4$

अतः विकल्प (C) सही है।

**63.** अर्धगोले का वक्र पृष्ठीय क्षेत्रफल $= 2\pi r^2$

अर्धगोले का कुल पृष्ठीय क्षेत्रफल $= 2\pi r^2 + \pi r^2 = 3\pi r^2$

अर्धगोले का आयतन $= \frac{2}{3}\pi r^3$

$\frac{2}{3}\pi r^3 = 19404$

$\Rightarrow r = 21$ सेमी

कुल पृष्ठीय क्षेत्रफल $= 3\pi r^2$

$= 3 \times \frac{22}{7} \times (21)^2 = 4158$ सेमी²

अतः विकल्प (A) सही है।

**64.** दिया गया है:

अर्धगोले का आयतन $155232$ सेमी³ है।

जैसा कि हम जानते हैं,

अर्धगोले का आयतन $= \frac{2\pi}{3} \times r^3$

$\frac{2\pi}{3} \times r^3 = 155232$

$\Rightarrow \pi \times r^3 = 232848$

$\Rightarrow \frac{22}{7} \times r^3 = 232848$

$\Rightarrow r^3 = 74088$

$\Rightarrow r = 42$ सेमी

अतः विकल्प (B) सही है।

**65.** दिया है:

विवर्णित समूह का माध्य = 22

बहुलक और माध्यिका का अनुपात = 1 : 3

सूत्र:

बहुलक = 3(माध्यिका) - 2(माध्य)

गणना:

मान लें कि बहुलक और माध्यिका का अनुपात 1x : 3x है

x = 3 × (3x) - (2 × 22)

$\Rightarrow 8x = 44$

$\Rightarrow x = \dfrac{44}{8}$

$\Rightarrow x = 5.5$

चूंकि बहुलक $x$ है, इसलिए, विवरण का बहुलक 5.5 है

माध्यिका $= 3x = 3 \times 5.5$

माध्यिका $= 16.5$

माध्य $= 22$

बहुलक $= 5.5$

$\therefore$ सही संबंध माध्य > माध्यिका > बहुलक है।

अत: विकल्प (A) सही है।

**66.** दिया गया है,

वितरण $10, 8, 15, 12, K, 25$ का माध्य $12$ है।

जैसा कि हम जानते हैं,

माध्य $=$ सभी संख्याओं का योग $/$कुल संख्या

$\therefore \dfrac{(10+8+15+12+K+25)}{6} = 12$

$\Rightarrow 70 + K = 72$

$\Rightarrow K = 2$

$\therefore K$ का मान $2$ है।

अत: विकल्प (A) सही है।

**67.** दिया है:

विभिन्नता का गुणांक $= 20$

माध्य $= 45$

जैसा कि हम जानते हैं,

मानक विचलन $=$ (विभिन्नता का गुणांक $\times$ माध्य) $/100$

मानक विचलन $= \dfrac{(20 \times 45)}{100}$

$= \dfrac{900}{100}$

$= 9$

$\therefore$ आंकड़ों का मानक विचलन $9$ है।

अत: विकल्प (B) सही है।

**68.** समांतर माध्य $=$ पदों का योग $/$ पदों की संख्या

दिया है: $f(x + y, x - y) = xy$

माना $a = x + y, b = x - y$

$\Rightarrow \dfrac{a+b}{2} = x, \dfrac{a-b}{2} = y$

$\therefore f(a, b) = f(x + y, x - y)$

$= xy = \left(\dfrac{a+b}{2}\right)\left(\dfrac{a-b}{2}\right)$

इस प्रकार, $f(b, a) = \left(\dfrac{b+a}{2}\right)\left(\dfrac{b-a}{2}\right)$

अब, $f(a, b)$ और $f(b, a)$ का समांतर माध्य।

$= \dfrac{\left(\frac{a+b}{2}\right)\left(\frac{a-b}{2}\right) + \left(\frac{b+a}{2}\right)\left(\frac{b-a}{2}\right)}{2}$

$= \dfrac{1}{8}[(a^2 - b^2) + (b^2 - a^2)] = 0$

$\Rightarrow f(x, y)$ और $f(y, x) = 0$ का समांतर माध्य।

अत: विकल्प (C) सही है।

**69.** सर्वप्रथम हमें माध्य की गणना निम्न रूप में करनी होगी:

$\overline{X} = \dfrac{\sum x}{n}$

$= \dfrac{30}{5} = 6$

सारणीबद्ध रूप में दिए गए आँकड़ा को निम्न रूप में व्यक्त कीजिए:

| अवयव Xi | $(X - \overline{X})$ | $\left(X_i - \overline{X}\right)^2$ |
|---|---|---|
| 2 | -4 | 16 |
| 4 | -2 | 4 |
| 6 | 0 | 0 |
| 8 | 2 | 4 |
| 10 | 4 | 16 |
| | | $\sum \left(X_i - \overline{X}\right)^2 = 40$ |

इसलिए, मानक विचलन निम्न द्वारा दिया गया है:

$s = \sqrt{\dfrac{40}{5}} = \sqrt{8} = 2\sqrt{2}$

अत: विकल्प (D) सही है।

**70.** गैर-लीप वर्ष में दिनों की संख्या $= 365$

पूरे सप्ताहों की संख्या $= 52(52 \times 7 = 364)$

शेष दिनों की संख्या $= 1$

$\therefore$ (इस दिन के सोमवार होने की प्रायिकता ) $P =$ एक संभावित सोमवार $/$सप्ताह में कुल $7$ दिन

$53$ सोमवारों की प्रायिकता $= \dfrac{1}{7}$

अत: विकल्प (A) सही है।

**71.** दिया गया है,

कार्डों की कुल संख्या $= 18$

$3$ से $20$ तक की सम संख्याएं $4, 6, 8, 10, 12, 14, 16, 18, 20 = 9$ संख्याएं हैं,

संभावना है कि निकाले गए कार्ड पर संख्या एक सम संख्या है, $=$अनुकूल परिणामों की संख्या $/$परिणामों की कुल संख्या

$= \dfrac{9}{18} = \dfrac{1}{2}$

अत: विकल्प (A) सही है।

**72.** दिया गया है:

जब एक पासे को फेंका जाता है, तो एक सम संख्या प्राप्त करना।

एक पासे को फेंकने पर कुल संभव परिणाम हैं,

$1,2,3,4,5,6$

कुल संभव परिणामों की कुल संख्या $= 6$

सम संख्या $2,4$ और $6$ हैं।

परिणामों की संख्या $= 3$

जैसा कि हम जानते हैं,

प्रायिकता $=$ कुल परिणामों की संख्या $/$ कुल संभव परिणाम

$= \dfrac{3}{6}$

$= \dfrac{1}{2}$

$\therefore$ एक पासे को फेंके जाने पर एक सम संख्या प्राप्त करने की प्रायिकता $\dfrac{1}{2}$ है।

अतः विकल्प (C) सही है।

**73.** दिया गया है,

$\sqrt{3}\,\text{cosec }20° - \sec 20°$

$= \dfrac{\sqrt{3}}{\sin 20°} - \dfrac{1}{\cos 20°}$

$= 2\left(\dfrac{\frac{\sqrt{3}}{2}}{\sin 20°} - \dfrac{\frac{1}{2}}{\cos 20°}\right)$

$= 2\left(\dfrac{\sin 60°}{\sin 20°} - \dfrac{\cos 60°}{\cos 20°}\right)$

$= 2\left(\dfrac{\sin 60°\cos 20° - \cos 60°\sin 20°}{\sin 20°\cos 20°}\right)$

$= 2\left(\dfrac{\sin(60° - 20°)}{\sin 20°\cos 20°}\right)$

$= 2\,\dfrac{\sin 40°}{\sin 20°\cos 20°}$

$= 2 \times \dfrac{2\sin 20°\cos 20°}{\sin 20°\cos 20°}$

$= 4$

अतः विकल्प (C) सही है।

**74.** दिया गया है,

$5\sin 15°\sec 75° + 2\tan 45° + 3\sec^2 30°$

$5\sin 15°\sec 75° + 2\tan 45° + 3\sec^2 30°$

$= 5\sin 15°\sec(90° - 15°) + 2\tan 45° + 3\sec^2 30°$

$= 5\sin 15°\,cosec\,15° + 2\tan 45° + 3\sec^2 30°$

$= 5\sin 15°\left(\dfrac{1}{\sin 15°}\right) + 2 \times 1 + 3\left(\dfrac{2}{\sqrt{3}}\right)^2$

$= 5 + 2 + 4$

$= 11$

$5\sin 15°\sec 75° + 2\tan 45° + 3\sec^2 30°$ का मान $11$ है।

अतः विकल्प (C) सही है।

**75.** दिया गया है,

$y = \sqrt{2 + \sqrt{2 + 2\cos 4\theta}}$

$y = \sqrt{2 + \sqrt{2(1 + \cos 4\theta)}}$

$\because 1 + \cos 2\theta = 2\cos^2\theta$

$\Rightarrow y = \sqrt{2 + \sqrt{2(2\cos^2 2\theta)}}$

$\Rightarrow y = \sqrt{2(1 + \cos 2\theta)}$

$\Rightarrow y = \sqrt{2.2\cos^2\theta}$

$\therefore y = 2\cos\theta$

अतः विकल्प (B) सही है।

**76.** समीकरण का मान प्राप्त करने के लिए,

$3A = A + 2A$

दोनों ओर $\cot$ लेने पर,

$\Rightarrow \cot 3A = \cot(A + 2A)$

$\Rightarrow \cot 3A = \dfrac{\cot A\cot 2A - 1}{\cot 2A + \cot A}$

$\Rightarrow \cot 3A\cot 2A + \cot 3A\cot A = \cot A\cot 2A - 1$

$\Rightarrow \cot A\cot 2A - \cot 2A\cot 3A - \cot 3A\cot A = 1$

अतः विकल्प (A) सही है।

**77.** जैसा कि हम जानते हैं,

$\sec^2\theta - \tan^2\theta = 1$

$\sec^2\theta = 1 + \tan^2\theta$

$\cot\theta = \left(\dfrac{1}{\tan\theta}\right)$

दिया हुआ,

$2\sec^2\theta + \tan^2\theta = 17$

$\Rightarrow 2(1 + \tan^2\theta) + \tan^2\theta = 17$

$\Rightarrow 2 + 2\tan^2\theta + \tan^2\theta = 17$

$\Rightarrow 3\tan^2\theta = 15$

$\Rightarrow \tan^2\theta = \left(\dfrac{15}{3}\right)$

$\Rightarrow \tan^2\theta = 5$

$\Rightarrow \tan\theta = \sqrt{5}$

$\therefore \cot\theta = \left(\dfrac{1}{\sqrt{5}}\right)$

अतः विकल्प (B) सही है।

**78.** दिया हैं:

$\tan A + \sec A$

$$= \frac{\sin A}{\cos A} + \frac{1}{\cos A}$$

$$= \frac{\sin A + 1}{\cos A}$$

$$= \frac{2\sin\frac{A}{2}\cos\frac{A}{2} + \sin^2\frac{A}{2} + \cos^2\frac{A}{2}}{\cos^2\frac{A}{2} - \sin^2\frac{A}{2}}$$

$$= \frac{\left(\sin\frac{A}{2} + \cos\frac{A}{2}\right)^2}{\left(\sin\frac{A}{2} + \cos\frac{A}{2}\right)\left(\sin\frac{A}{2} - \cos\frac{A}{2}\right)}$$

$$= \frac{\sin\frac{A}{2} + \cos\frac{A}{2}}{\sin\frac{A}{2} - \cos\frac{A}{2}}$$

$\cos\frac{A}{2}$, से भाग करने पर, हमें निम्न प्राप्त होता है:

$$= \frac{\cot\frac{A}{2} + 1}{\cot\frac{A}{2} - 1}$$

$\cot\frac{\pi}{4} = 1$, का प्रयोग करने पर, इसे निम्न रूप में लिखा जा सकता है;

$$= \frac{\cot\frac{\pi}{4}\cot\frac{A}{2} + 1}{\cot\frac{A}{2} - \cot\frac{\pi}{4}}$$

$$= \cot\left(\frac{\pi}{4} - \frac{A}{2}\right)$$

अतः विकल्प (B) सही है।

**79.**

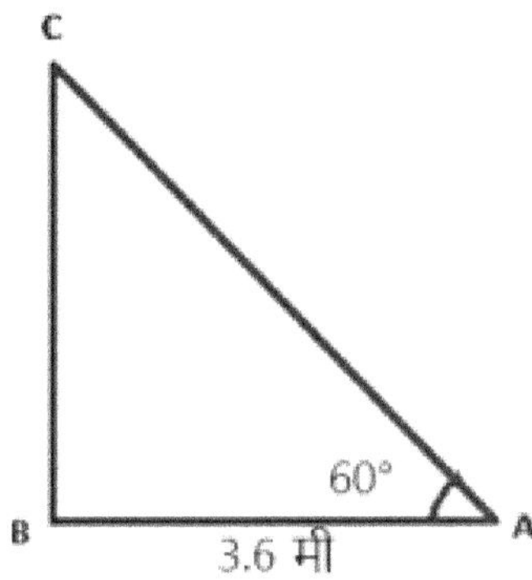


दिया गया है,

सीढ़ी का उन्नयन कोण $= 60°$

त्रिभुज का आधार $= 3.6$ मी

$\Delta BAC$ में,

$\tan 60° = \sqrt{3}$

$\sin 60° = \frac{\sqrt{3}}{2}$

$\sin\theta = $ लंब $/$ कर्ण

$\tan\theta = $ लंब $/$ आधार

$\Rightarrow \tan 60° = $ लंब $/3.6$

$\Rightarrow \sqrt{3} = $ लंब $/3.6$

$\therefore$ लंब $= \sqrt{3} \times 3.6$

$\sin 60° = $ लंब $/$ कर्ण

$\Rightarrow \frac{\sqrt{3}}{2} = \left(\sqrt{3} \times 3.6\right)/$ कर्ण

$\Rightarrow$ कर्ण $= \frac{\sqrt{3} \times 3.6 \times 2}{\sqrt{3}}$

$\Rightarrow$ कर्ण $= 3.6 \times 2$

$\Rightarrow$ कर्ण $= 7.2$ मी

कर्ण $= $ सीढ़ी की लंबाई $= 7.2$ मी

इसलिए, सीढ़ी की लंबाई $7.2$ मी है।

अतः विकल्प (D) सही है।

**80.** दिया गया है:

एक बिंदु पर एक अधूरी मीनार के शीर्ष का उन्नयन कोण $= 30°$

बिंदु पर पूर्ण मीनार के शीर्ष का उन्नयन कोण $= 60°$

मीनार से बिंदु तक की दूरी $= 78$ मीटर

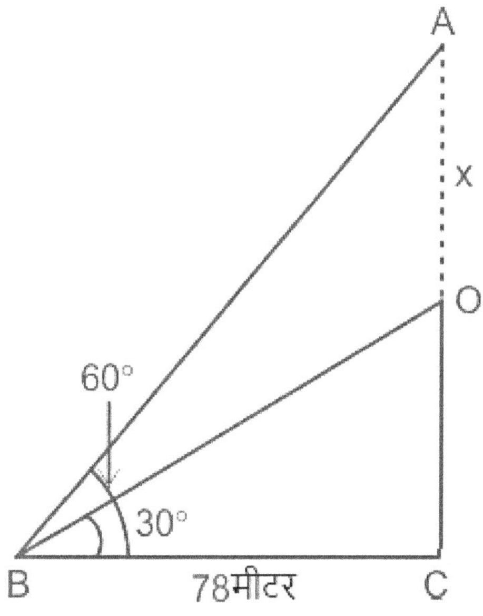


यहाँ, $OC = $ अधूरे मीनार की ऊंचाई

$AC = $ पूर्ण मीनार की ऊंचाई होगी

$\triangle OBC$ में, $\tan 30° = \frac{OC}{BC}$

$\Rightarrow \frac{1}{\sqrt{3}} = \frac{OC}{78} \left[\because \tan 30° = \frac{1}{\sqrt{3}}\right]$

$\Rightarrow OC = \frac{78}{\sqrt{3}}$

$\Rightarrow OC = \frac{(78 \times \sqrt{3})}{(\sqrt{3} \times \sqrt{3})} = 26\sqrt{3}$ ...(i)

माना, मीनार की ऊंचाई बढ़ाई जाएगी $(AO) = x$

$\triangle ABC$ में, $\tan 60° = \dfrac{AC}{BC}$

$\Rightarrow \sqrt{3} = \dfrac{(OC+x)}{78}$  $[\because \tan 60° = \sqrt{3}]$

$\Rightarrow x + OC = 78\sqrt{3}$

$\Rightarrow x + 26\sqrt{3} = 78\sqrt{3}$

$\Rightarrow x = 78\sqrt{3} - 26\sqrt{3}$

$\qquad = 52\sqrt{3}$

$\therefore$ मीनार की ऊंचाई (मीटर में) $52\sqrt{3}$ मीटर बढ़ाई जाएगी।

अत: विकल्प (A) सही है।

**81.** दिया गया है,

मॉल से व्यक्ति की दूरी $= 1425$ मीटर

पेड़ की ऊंचाई $= 10$ मीटर

जैसा कि हम जानते हैं,

$\tan\theta = $ ऊंचाई/आधार

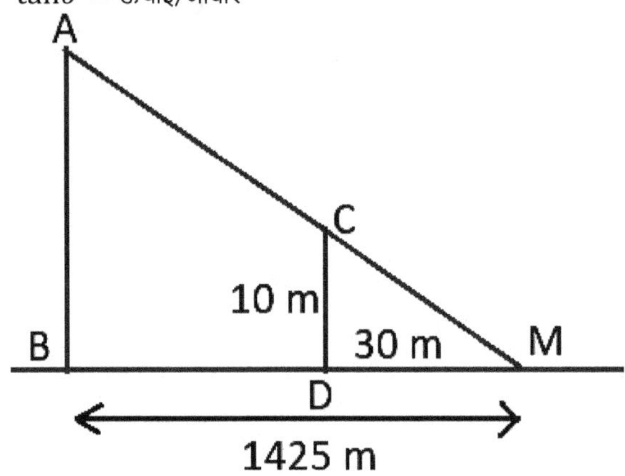

माना, मॉल की ऊंचाई $(AB) = x$ मीटर

चित्र से,

$CD = 10$ मीटर

$DM = 30$ मीटर

$BM = 1425$ मीटर

माना, $\angle AMB = \angle CMD = \theta$

$\Delta AMB$ और $\Delta CMD$ से प्राप्त करते हैं,

$$\dfrac{AB}{BM} = \dfrac{CD}{DM}$$

$$\Rightarrow \dfrac{x}{1425} = \dfrac{10}{30}$$

$$\Rightarrow \dfrac{x}{1425} = \dfrac{1}{3}$$

$$\Rightarrow x = 475$$

$\therefore$ मॉल $475$ मीटर लंबा है।

अत: विकल्प (A) सही है।

**82.**

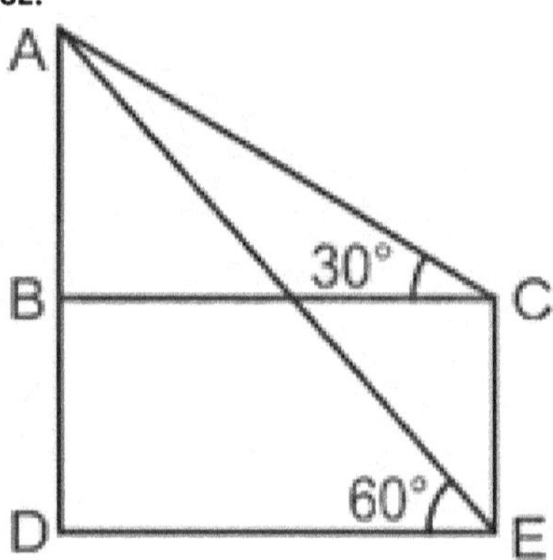


ऊपर दिखाए गए चित्र के अनुसार, $AD$, $240$ मीटर ऊंचाई की पहाड़ी है। $CE$ खंभे की ऊंचाई है।

$\triangle ADE$ में, $\tan 60° = \dfrac{AD}{DE}$

$\Rightarrow \sqrt{3} = \dfrac{240}{DE}$

$\Rightarrow DE = \dfrac{240}{\sqrt{3}}$

$\Rightarrow DE = 80\sqrt{3}$

$\Delta ABC$ में, $\tan 30° = \dfrac{AB}{BC} = \dfrac{1}{\sqrt{3}}$

जहाँ $BC = DE = 80\sqrt{3}$

$\Rightarrow \dfrac{AB}{80\sqrt{3}} = \dfrac{1}{\sqrt{3}}$

$\Rightarrow AB = \dfrac{80\sqrt{3}}{\sqrt{3}}$

$\Rightarrow AB = 80$

पहाड़ी की ऊंचाई $240$ मीटर है और $AB = 80$

$BD = 240 - 80$

$BD = 160$ (खंभे की ऊँचाई)

खंभे की ऊंचाई और खंभे और पहाड़ी के बीच की दूरी के बीच का अंतर $=$ $BD - DE$

$= 160 - 80\sqrt{3}$

$\therefore$ पहाड़ी से दूरी $80\left(2 - \sqrt{3}\right)$ है।

अतः विकल्प (D) सही है।

**83.** दिया गया है:

प्रकाशस्तंभ की ऊँचाई समुद्र तल से $120\sqrt{3}$ मीटर है।

जैसा कि हम जानते है,

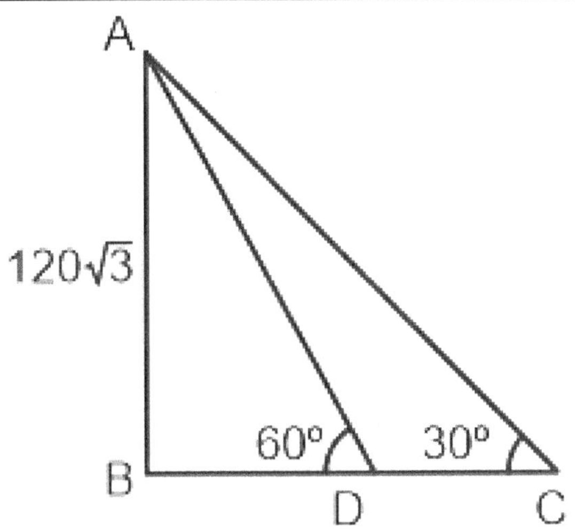

$\triangle\,ABD$ में,

$\tan 60° = \dfrac{AB}{BD}$

$\Rightarrow \sqrt{3} = \dfrac{120\sqrt{3}}{BD}$

$\Rightarrow BD = 120$

$\triangle\,ABC$ में,

$\tan 30° = \dfrac{AB}{BC}$

$\Rightarrow \dfrac{1}{\sqrt{3}} = \dfrac{120\sqrt{3}}{BC}$

$\Rightarrow BC = 360$

$DC = 360 - 120$

$DC = 240$ मी

अत: विकल्प (C) सही है।

**84.** दिया गया है,

पेड़ की ऊंचाई $= 12$ मीटर

बिना टूटे हुए पेड़ द्वारा जमीन से बनाया गया कोण $= 60°$

जैसा कि हम जानते हैं,

$\sin\theta = $ लंब / कर्ण

माना बिना टूटे हुए भाग की ऊंचाई $= x$

टूटे हुए भाग की ऊंचाई $= 12 - x$

बिना टूटे हुए पेड़ द्वारा जमीन से बनाया गया कोण $= 60°$

इसलिए, टूटा हुआ भाग, बिना टूटा हुआ भाग और जमीन एक समकोण त्रिभुज बनाते हैं।

$\sin\theta = $ लंब / कर्ण

$\sin 60 = \dfrac{x}{12 - x}$

$\dfrac{\sqrt{3}}{2} = \dfrac{x}{12 - x}$

$\sqrt{3}(12 - x) = 2x$

$12\sqrt{3} - x\sqrt{3} = 2x$

$x = \dfrac{12\sqrt{3}}{\sqrt{3}+2}$

अब, परिमेयीकरण से हमें प्राप्त होता है,

$x = \dfrac{12\sqrt{3}}{\sqrt{3}+2} \times \dfrac{\sqrt{3}-2}{\sqrt{3}-2}$

$\therefore x = 24\sqrt{3} - 36$ मीटर

अत: विकल्प (D) सही है।

**85.** दिया गया है:

$\angle B = 65°$ तथा $\angle C = 30°$

$\angle A = 180° - 65° - 30° = 85°$

As, $\angle B > \angle C$, इसलिए AC > AB (बड़ी भुजा का सम्मुख कोण बड़ा होता है।)

और, $\angle A > \angle B$, इसलिए BC > AC (बड़ी भुजा का सम्मुख कोण बड़ा होता है।)

और, $\angle A > \angle C$, इसलिए BC > AB (बड़ी भुजा का सम्मुख कोण बड़ा होता है।)

इसलिए, A और B दोनों कथन सत्य है।

अत: विकल्प (D) सही है।

**86.** दिया है:

PQ = PT

PR = PS

$\angle PTS = 62°$

$\angle RPS = 34°$

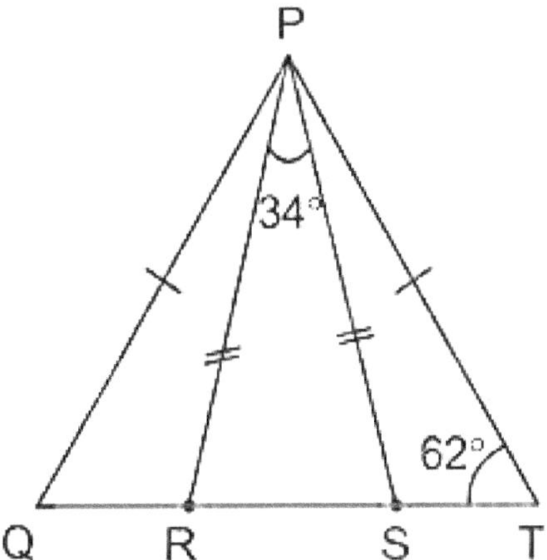

त्रिभुज की दो भुजाएँ बराबर होती हैं इस प्रकार,

$\angle PQT = \angle PTQ$

$\Rightarrow \angle PTS = \angle PTQ$

$\Rightarrow \angle PQT = 62°$

$\Delta PRS$ में, PR = PS

$\Rightarrow \angle PRS = \angle PSR$

$\Rightarrow \angle PRS = \dfrac{(180° - \angle RPS)}{2}$

$\Rightarrow \angle PRS = \dfrac{(180° - 34°)}{2}$

$\Rightarrow \angle PRS = 73°$

$\angle PRT = \angle QPR + \angle PQR$ (बहिष्कोण)

$\angle QPR = \angle PRS - \angle PQT$ [बाह्य कोण प्रमेय]

$\Rightarrow \angle QPR = 73° - 62°$

$\Rightarrow \angle QPR = 11°$

$\therefore \angle QPR$ की माप 11° है।

अतः विकल्प (A) सही है।

**87.** दिया है:

$\angle P = 50°$

$\Delta PQR$ में,

$\angle P + \angle Q + \angle R = 180°$

(एक त्रिभुज के सभी अभ्यांतर कोणों का योगफल 180° होता है।)

$\Rightarrow 50° + \angle Q + \angle R = 180°$

$\Rightarrow \angle Q + \angle R = 180° - 50°$

$\Rightarrow \angle Q + \angle R = 130°$

$\angle EQR = \angle PQE = \dfrac{1}{2} \angle Q$ (EQ $\angle$Q का एक द्विभाजक है)

$\angle ERQ + \angle PRE = \dfrac{1}{2} \angle R$ ((ER $\angle$R का एक द्विभाजक है)

$\Delta QER$ में

$\Rightarrow \angle EQR + \angle ERQ + \angle QER = 180°$

(एक त्रिभुज के सभी अभ्यांतर कोणों का योगफल 180° होता है।)

$\Rightarrow \dfrac{1}{2} \angle Q + \dfrac{1}{2} \angle R + \angle E = 180°$

$\Rightarrow \dfrac{1}{2} (\angle Q + \angle R) + \angle E = 180°$

$\Rightarrow \dfrac{1}{2} (130°) + \angle E = 180°$

$\Rightarrow \angle E = 180° - 65°$

$\Rightarrow \angle E = 115°$

$\therefore \angle QER$ 115° है।

अतः विकल्प (A) सही है।

**88.**

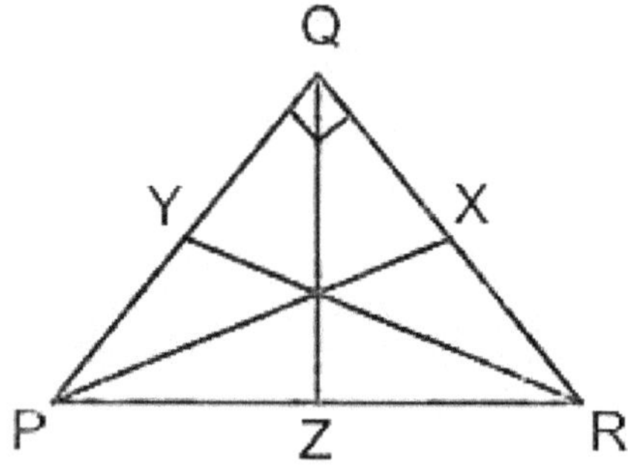

हम जानते हैं कि,

$$PX^2 + RY^2 + QZ^2 = \dfrac{3}{4}(PQ^2 + QR^2 + PR^2)$$

समकोण त्रिभुज में,

$$PQ^2 + QR^2 = PR^2$$

$$QZ = \dfrac{PR}{2}$$

अब,

$$PX^2 + RY^2 + QZ^2 = \dfrac{3}{4}(PQ^2 + QR^2 + PR^2)$$

$$\Rightarrow PX^2 + RY^2 + \left(\dfrac{PR}{2}\right)^2 = \dfrac{3}{4}(PR^2 + PR^2)$$

$$\Rightarrow PX^2 + RY^2 = \dfrac{3}{2}(PR^2) - \dfrac{PR^2}{4}$$

$$\Rightarrow PX^2 + RY^2 = \dfrac{6PR^2 - PR^2}{4}$$

$$\Rightarrow PX^2 + RY^2 = \dfrac{5PR^2}{4}$$

$$\Rightarrow PX^2 + RY^2 = \dfrac{5}{4}(PQ^2 + QR^2)$$

$$\Rightarrow \dfrac{(PX^2 + RY^2)}{(PQ^2 + QR^2)} = \dfrac{5}{4}$$

$$\Rightarrow \dfrac{PQ^2 + QR^2}{PX^2 + RY^2} = \dfrac{4}{5}$$

अतः विकल्प (B) सही है।

**89.** BPT प्रमेय से

$$\dfrac{RU}{QU} = \dfrac{RS}{ST}$$

$$\Rightarrow \dfrac{10}{QU} = \dfrac{1}{1}$$

$\therefore$ QU = 10 सेमी

QR = QU + UR = 20 सेमी

RT = SR + ST = 8 + 8 = 16 cm [$\because$ ST = SR = 8 सेमी]

BPT प्रमेय से,

$$\dfrac{RS}{RT} = \dfrac{SU}{TQ}$$

$$\Rightarrow \dfrac{1}{2} = \dfrac{6}{TQ}$$

$\therefore$ TQ = 12 सेमी

त्रिभुज TQR में, TQ = 12 सेमी, QR = 20 सेमी और TR = 16 सेमी

$\therefore \angle QTR = 90°$ [$\because$ भुजाएं पाइथागोरस त्रिक बनाती हैं]

$\therefore$ त्रिभुज PQT समकोण त्रिभुज है

QT = 12 सेमी और PT = 2 × SR = 16 सेमी

$PQ = \sqrt{(QT^2 + PT^2)}$ = 20 सेमी

अतः विकल्प (C) सही है।

**90.** दिया है:

$AD = 8$ सेमी और $CD = 10$ सेमी

$AB = x$ सेमी, $BC = y$ सेमी और $BD = z$ सेमी

$\triangle ABC$ में, $\angle B = 90°$

$BD, AC$ पर लंबवत है

$BD^2 = AD \times DC$

$\Rightarrow z^2 = 8 \times 10$

$\Rightarrow z = \sqrt{80}$

$\Rightarrow z = 4\sqrt{5}$ सेमी

हम जानते है कि,

$AD = \dfrac{AB^2}{AC}$

$\Rightarrow 8 = \dfrac{x^2}{18}$

$\Rightarrow x^2 = 144$

$\Rightarrow x = 12$ सेमी

अब, $CD = \dfrac{BC^2}{AC}$

$\Rightarrow 10 = \dfrac{y^2}{18}$

$\Rightarrow y^2 = 180$

$\Rightarrow y = 6\sqrt{5}$ सेमी

$\therefore (x + y + z) = (12 + 6\sqrt{5} + 4\sqrt{5}) = (12 + 10\sqrt{5})$ सेमी

अतः विकल्प (A) सही है।

**91.** दिया गया है:

$AB = (x - 2)$ सेमी, $AC = (x + 2)$ सेमी, $BD = (x - 5)$ सेमी और $AD = \sqrt{8x - 1}$ सेमी

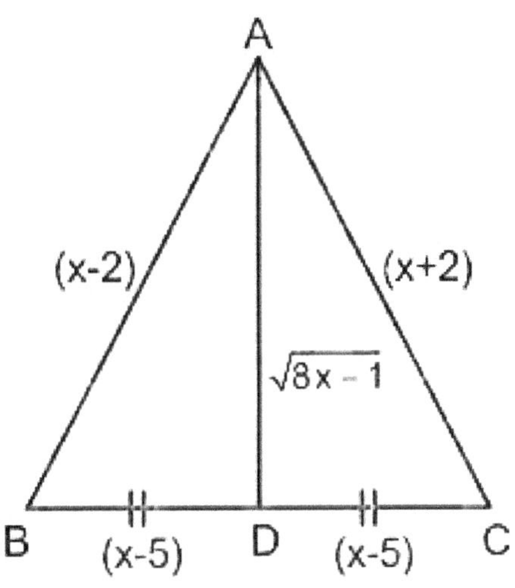


उपरोक्त चित्र में, हम जानते हैं कि:

$AB^2 + AC^2 = 2(AD^2 + DC^2)$

$\Rightarrow (x - 2)^2 + (x + 2)^2 = 2\left[\left(\sqrt{8x - 1}\right)^2 + (x - 5)^2\right]$

$\Rightarrow x^2 + 4 - 4x + x^2 + 4 + 4x = 16x - 2 + 2x^2 + 50 - 20x$

$\Rightarrow 8 = -4x + 48$

$\Rightarrow 4x = 40$

$\Rightarrow x = 10$

$AB = (x - 2) = (10 - 2) = 8$ सेमी

$AC = (x + 2) = (10 + 2) = 12$ सेमी

$\therefore AB + AC = 8 + 12 = 20$ सेमी

अतः विकल्प (D) सही है।

**92.** मान लीजिए दो अंकों की संख्या (10x + y) है और प्रतिवर्ती संख्या (10y + x) है।

$\therefore$ अभीष्ट योग = 10x + y + 10y + x

= 11x + 11y

= 11(x + y)

इसलिए, यह 11 से विभाज्य है।

अतः विकल्प (D) सही है।

**93.** मान लीजिए कि संख्या $y$ है,

$\therefore \left(\dfrac{y}{3}\right) = \left(\dfrac{y}{4}\right) + 8$

$\Rightarrow \dfrac{(4y - 3y)}{12} = 8$

$\Rightarrow y = 12 \times 8 = 96$

$\therefore$ अंकों का योग $= 9 + 6 = 15$

अतः विकल्प (C) सही है।

**94.** माना स्टेशन P से स्टेशन Q का किराया x रुपये है और स्टेशन P से स्टेशन R का किराया y रुपये है।

दी गई शर्त के अनुसार, x + y = 42 .....(i)

और 5x + 10y = 350 .... (ii)

समीकरण (i) और (ii) को हल करने पर, हम प्राप्त करते हैं

x = 14 और y = 28

इसलिए, स्टेशन P से स्टेशन Q का किराया 14 रुपये है।

अतः विकल्प (B) सही है।

**95.** माना प्रथम श्रेणी का किराया x रुपये और आरक्षण शुल्क $y$ रुपये है। तब,

$x + y = 362$ और $(x + y) + \left(\dfrac{1}{2}\right)x + y = 554$

$\therefore x + y = 362$ और $3x + 4y = 1108$

इन समीकरणों को हल करने पर, हमें प्राप्त होता है: $y = 22$

अतः विकल्प (A) सही है।

**96.** प्रथम समीकरण देता है: $\left(\frac{1}{y}\right) = 2 - x$ या $y = \frac{1}{(2-x)}$

दूसरा समीकरण है: $y(2x - 3) = -2$ या $\frac{(2x-3)}{(2-x)} = -2$

$\therefore 2x - 3 = -2(2 - x)$ यह $1 = 0$ देता है।

यह असंभव है। तो कोई समाधान ही नहीं है।

अतः विकल्प (A) सही है।

**97.** $cosec\theta\, sec\theta = \frac{1}{\sin\theta}\frac{1}{\cos\theta}$

$= \frac{1}{\sin\theta\cos\theta}\left(\cos^2\theta + \sin^2\theta\right)$

$= \frac{\cos\theta}{\sin\theta} + \frac{\sin\theta}{\cos\theta}$

$= \cot\theta + \tan\theta$

अतः विकल्प (D) सही है।

**98.** $\frac{1+\cos\theta}{\sin\theta}\left(cosec\theta - \cot\theta\right)$

$= \frac{1}{\sin\theta} + \frac{\cos\theta}{\sin\theta}\left(cosec\theta - \cot\theta\right)$

$= (cosec\theta + \cot\theta)(cosec\theta - \cot\theta)$

$= cosec^2\theta - \cot^2\theta$

अतः विकल्प (D) सही है।

**99.** $\sec^2\theta - \sec^4\theta = \sec^2\theta\left(1 - \sec^2\theta\right)$ $\quad(\because \sec^2\theta - \tan^2\theta = 1)$

$= \sec^2\theta(-\tan^2\theta)$

$= -\sec^2\theta\tan^2\theta$

अतः विकल्प (A) सही है।

**100.** $\sec^2 A + (1 + \tan A)(1 - \tan A) = \sec^2 A + 1^2 - \tan^2 A$

$= (\sec^2 A - \tan^2 A) + 1$

$= 1 + 1$

$= 2$

अतः विकल्प (C) सही है।

**Q.1** निम्नलिखित में से कौन सी परिमेय संख्या $\frac{-4}{5}$ और $\frac{-2}{3}$ के बीच स्थित है?

A. $\frac{-1}{3}$  B. $\frac{-7}{9}$  C. $\frac{-13}{45}$  D. $\frac{-3}{5}$

**Q.2** असांत आवर्ती संख्या $1.2\overline{16}$ किसके बराबर है?

A. $\frac{602}{900}$  B. $\frac{602}{990}$  C. $\frac{632}{495}$  D. $\frac{602}{495}$

**Q.3** मान लीजिए $x = \frac{15}{2^3 \times 5^2}$ एक परिमेय संख्या है। तब $x$ का दशमलव प्रसार होता है जो ____ समाप्त होगा।

A. दशमलव के 4 स्थानों के बाद
B. दशमलव के 3 स्थानों के बाद
C. दशमलव के 2 स्थानों के बाद
D. दशमलव के 5 स्थानों के बाद

**Q.4** यदि $x = (\sqrt{5}) + 1$ और $y = (\sqrt{5}) - 1$, तो $\left(\frac{x^2}{y^2}\right) + \left(\frac{y^2}{x^2}\right) + 4\left[\left(\frac{x}{y}\right) + \left(\frac{y}{x}\right)\right] + 6$ का मान क्या है?

A. 31  B. $23\sqrt{5}$  C. $27\sqrt{5}$  D. 25

**Q.5** प्रत्येक धनात्मक पूर्णांक $n$ के लिए $n^7 + \frac{n^5}{5} + \frac{2n^3}{3} - \frac{n}{105}$ क्या है?

A. एक विषम पूर्णांक
B. पूर्णांक
C. एक ऋणात्मक वास्तविक संख्या
D. एक परिमेय संख्या

**Q.6** यदि $\sqrt{2} = 1.4$ है, तो $\sqrt{50} - \sqrt{18}$ का मान क्या है?

A. 2  B. 2.8  C. 3  D. 3.4

**Q.7** यदि $(x - 3)$ और $\left(x - \frac{1}{3}\right)$ दोनों बहुपद $ax^2 + 5x + b$ के गुणनखंड हैं, तो:

A. b=2
B. a = b
C. a = 3, b = 2
D. a = ± b

**Q.8** यदि $x - 1$ और $x + 3$, $x^3 + ax + b$ के दो गुणनखंड हैं, तो शेष गुणनखंड है:

*[UPSESSB TGT Mathematics, 2019]*

A. $x + 2$  B. $x - 2$  C. $x - 3$  D. $x + 1$

**Q.9** दो बहुपढों का महत्तम समापवर्तक और लघुतम समापवर्त्य क्रमशः $3x + 1$ और $30x^3 + 7x^2 - 10x - 3$ है। यदि एक बहुपद $6x^2 + 5x + 1$ है, तो दूसरा बहुपद क्या है?

*[Indian Military Academy (IMA), 2020]*

A. $15x^2 + 4x + 3$
B. $15x^2 + 4x - 3$
C. $15x^2 - 4x + 3$
D. $15x^2 - 4x - 3$

**Q.10** यदि $\alpha, \beta$, और $\gamma$ घनीय बहुपद $x^3 - px^2 + 11x - 6 = 0$ के शून्य इस प्रकार हैं कि इसका एक मूल 1 है। $p$ और $\frac{1}{\alpha} + \frac{1}{\beta} + \frac{1}{\gamma}$ का मान क्रमशः है:

A. $-6, \frac{13}{5}$  B. $11, \frac{5}{6}$  C. $6, \frac{11}{6}$  D. $6, \frac{7}{5}$

**Q.11** घन बहुपद $x^3 - 12x^2 + 47x - 60$ के शून्य क्रमशः $a, b$ और $c$ हैं, तो, $(ab + bc + ca)$ के बराबर है:

A. 43  B. 45  C. 42  D. 47

**Q.12** कौन सा दिए गए बहुपदीय समीकरण $x^3 - 2x^2 - x + 2$ का गुणनखंड नहीं है?

A. $x - 1$  B. $x + 1$  C. $x - 2$  D. $x + 2$

**Q.13** व्यंजक $(6x - 3y)^3$ में $y^2$ का गुणांक ज्ञात कीजिये।

A. $162x$  B. $-162x$  C. $216x^3$  D. $-324x^2$

**Ques (14-19):निर्देश:** निम्नलिखित समस्याओं के लिए रैखिक समीकरण युग्म बनाइए और प्रतिस्थापन विधि द्वारा उनका हल ज्ञात कीजिए।

**Q.14** दो संख्याओं के बीच का अंतर 26 है और एक संख्या दूसरी संख्या की तीन गुनी है।उन संख्याओं को ज्ञात कीजिए।

A. 39, 13  B. 29, 13  C. 59, 23  D. 49, 13

**Q.15** दो संपूरक कोणों में से बड़ा कोण छोटे से 18 डिग्री से अधिक है। उन कोणों को ज्ञात कीजिए।

A. 99°, 81°  B. 100°, 81°
C. 98°, 88°  D. 89°, 91°

**Q.16** एक क्रिकेट टीम का कोच 7 बल्ले और 6 गेंदों को 3800 रुपये में खरीदता है। बाद में, वह 3 बल्ले और 5 गेंदों को 1750 रुपये में खरीदता है। प्रत्येक बल्ले और प्रत्येक गेंद का मूल्य ज्ञात कीजिए।

A. 500, 50  B. 560, 50  C. 400, 50  D. 3500, 50

**Q.17** एक शहर में टैक्सी के शुल्क में तय की गई दूरी के लिए शुल्क के साथ एक निश्चित शुल्क शामिल होता है। 10 किमी की दूरी के लिए 105 रु का भुगतान किया गया और 15 किमी की यात्रा के लिए 155 रु का शुल्क भुगतान किया गया। एक व्यक्ति को 25 किमी की दूरी तय करने के लिए कितना भुगतान करना पड़ता है?

A. 255 रु  B. 355 रु  C. 555 रु  D. 655 रु

**Q.18** यदि एक भिन्न के अंश और हर दोनों में 2 जोड़ दिया जाए तो भिन्न $\frac{9}{11}$ बन जाती है। यदि अंश और हर दोनों में 3 जोड़ दिया जाए तो यह $\frac{5}{6}$ हो जाता है। भिन्न ज्ञात कीजिए।

A. $\frac{8}{9}$  B. $\frac{7}{9}$  C. $\frac{11}{9}$  D. $\frac{15}{9}$

**Q.19** पाँच वर्ष बाद, याकूब की आयु उसके पुत्र की आयु की तीन गुनी होगी। पाँच वर्ष पूर्व, याकूब की आयु उसके पुत्र की आयु की सात गुनी थी। उनकी वर्तमान आयु क्या है?

A. 40 वर्ष, 10 वर्ष  B. 50 वर्ष, 20 वर्ष
C. 60 वर्ष, 30 वर्ष  D. 70 वर्ष, 40 वर्ष

**Q.20** द्विघात समीकरण $2x^2 - \sqrt{5}x + 1 = 0$ में है:

**A.** दो अलग वास्तविक मूल
**B.** दो समान वास्तविक मूल
**C.** कोई वास्तविक मूल नहीं
**D.** दो से अधिक वास्तविक मूल

**Q.21 निर्देश:** प्रश्न में दो समीकरण I और II दिए गए हैं। आपको $x$ और $y$ के बीच सही संबंध स्थापित करने के लिए दोनों समीकरणों को हल करना है और सही विकल्प चुनना है।

I. $x^2 + 5x - 36 = 0$

II. $y^2 + 24y + 135 = 0$

**A.** $x > y$    **B.** $x \geq y$    **C.** $x < y$    **D.** $x \leq y$

**Q.22** समीकरण $2x^2 + kx + 3 = 0$ के दो बराबर मूल हैं, तो $k$ का मान है:

**A.** $\pm\sqrt{6}$    **B.** $\pm 4$    **C.** $\pm 3\sqrt{2}$    **D.** $\pm 2\sqrt{6}$

**Q.23** यदि किसी $AP$ के तीसरे और नौवें पद क्रमशः $4$ और $-8$ हैं, तो इस $AP$ का कौन-सा पद शून्य है?

**A.** 10    **B.** 8    **C.** 6    **D.** 5

**Q.24** एक $AP$ में $37$ पद हैं। तीन सबसे मध्यम पदों का योग $225$ है और अंतिम तीन पदों का योग $429$ है। सभी $37$ पदों का योग ज्ञात कीजिए।

**A.** 2775    **B.** 2875    **C.** 3775    **D.** 4775

**Q.25** $6$ से विभाज्य पहले $40$ धनात्मक पूर्णांकों का योग ज्ञात कीजिए।

**A.** 4520    **B.** 4920    **C.** 5920    **D.** 6920

**Q.26** समीकरण $y - \sqrt{3}x - 5 = 0$ और $\sqrt{3}y - x + 6 = 0$ द्वारा दर्शायी गयी रेखाओं के बीच का न्यून कोण कितना है?

**A.** 30°    **B.** 45°    **C.** 60°    **D.** 75°

**Q.27** $ABC$ एक त्रिभुज है और $G(4,3)$ त्रिभुज का केन्द्रक है। यदि $A$, $B$ और $C$ क्रमशः बिंदु $(1,3)$, $(4,b)$ और $C(a,1)$ हैं, तो भुजा $BC$ की लंबाई ज्ञात कीजिए।

**A.** 3 यूनिट    **B.** 4 यूनिट    **C.** 5 यूनिट    **D.** 6 यूनिट

**Q.28** एक त्रिभुज का क्षेत्रफल ज्ञात कीजिए जिसके शीर्ष $(1,-1), (-4,6), (-3,-5)$ हैं:

**A.** 24 वर्ग इकाई    **B.** 28 वर्ग इकाई
**C.** 32 वर्ग इकाई    **D.** 34 वर्ग इकाई

**Q.29** एक त्रिभुज का क्षेत्रफल ज्ञात कीजिए जिसके शीर्ष हैं:
$(5,2), (4,7), (7,-4)$

**A.** 2 वर्ग इकाई    **B.** 4 वर्ग इकाई
**C.** 6 वर्ग इकाई    **D.** 8 वर्ग इकाई

**Q.30** निम्नलिखित कथनों पर विचार कीजिए।
I. एक समाप्त रेखा खंड को अनंत तक नहीं खींचा जा सकता है।
II. अनंत रेखा खंड दो बिंदुओं से खींचे जा सकते हैं।
उपरोक्त कथन में से कौन-सा सत्य है?

**A.** केवल 1    **B.** केवल 2
**C.** 1 और 2 दोनों    **D.** ना तो 1 और ना ही 2

**Q.31** दी गयी आकृति में, चतुर्भुज ABCD की भुजा AB और AD को क्रमशः E और F तक बढ़ाया गया है। यदि $\angle CBE = 100°$, तो $\angle CDF = $ __________

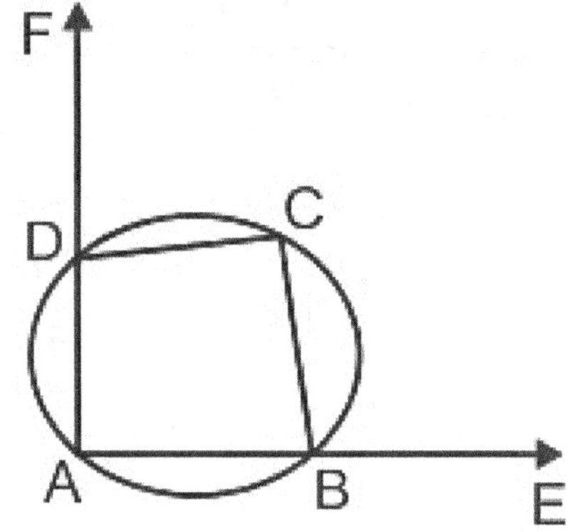

**A.** 130°    **B.** 100°    **C.** 80°    **D.** 110°

**Q.32** आकृति में, ABC एक त्रिभुज है। $\angle ABD$ का माप, डिग्री में, है

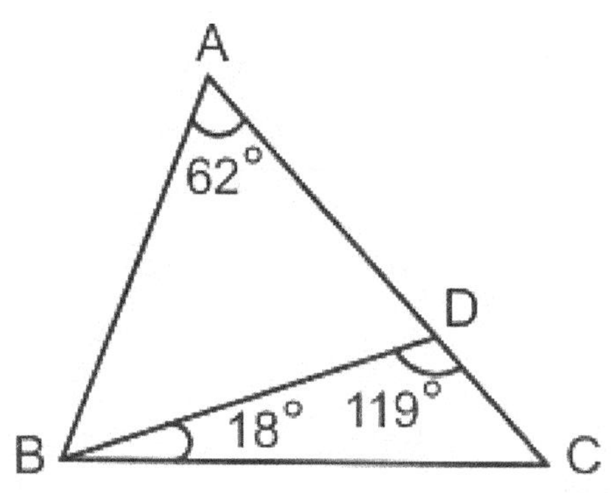

**A.** 57    **B.** 61    **C.** 72    **D.** 80

**Q.33** यदि समकोण त्रिभुज की भुजा की लंबाई 48 सेमी, 55 सेमी और 73 सेमी है। अन्त: वृत्त की त्रिज्या और परिवृत्त की त्रिज्या ज्ञात कीजिए।

**A.** 15 सेमी, 46.5 सेमी    **B.** 15 सेमी, 36.5 सेमी
**C.** 16 सेमी, 35.5 सेमी    **D.** 30 सेमी, 36.5 सेमी

**Q.34** ABCD एक आयत, $\angle CBM = 40°$ है। $\angle X$ का मान ज्ञात कीजिये।

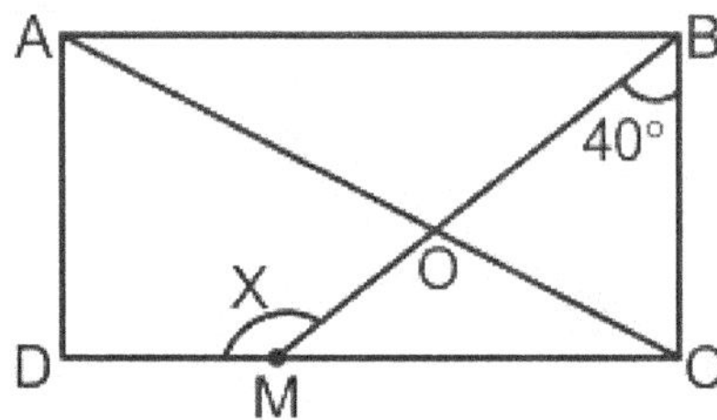

**A.** 130°    **B.** 140°    **C.** 150°    **D.** 160°

**Q.35** गणित में अभिगृहीत और अभिधारणाओं में मुख्य अंतर क्या है?

**A.** अभिगृहीत सिद्ध किए बिना स्वीकार किए जाते हैं जबकि अभिधारणाओं को सिद्ध करना होता है।

**B.** अभिगृहीत केवल एक कथन है जो सत्य हो सकता है या नहीं, जबकि अभिधारणाओं को सत्य माना जाना चाहिए।

**C.** अभिगृहीत सार्वभौमिक हैं जबकि अभिधारणाएँ केवल गणित के विशिष्ट भागों से संबंधित हैं।

**D.** दोनों कथनों को बिना सिद्ध किये स्वीकार नहीं किया जाता है।

**Q.36** समानांतर रेखाएँ हमेशा ______ पर होती हैं।

**A.** समान दूरी    **B.** छोटी

**C.** बड़ी        **D.** इनमें से कोई नहीं

**Q.37** यदि दो कोणों के मापों का योग $90°$ है, तो उनमें से प्रत्येक दूसरे कोण का _____ है।

**A.** पूरक        **B.** अनुपूरक
**C.** (A) और (B) दोनों        **D.** इनमें से कोई नहीं

**Q.38** दो _____ आसन्न कोण एक रैखिक युग्म बनाते हैं।

**A.** अनुपूरक        **B.** पूरक
**C.** (A) और (B) दोनों        **D.** इनमें से कोई नहीं

**Q.39** $98°$ का अनुपूरक ज्ञात कीजिए।

**A.** $82°$    **B.** $98°$    **C.** $85°$    **D.** $88°$

**Q.40** एक समलम्ब $PQRS$ के विकर्ण एक दूसरे से बिंदु $O$ पर प्रतिच्छेदित होते हैं एवं $PQ|$ $|RS$। यदि $2PQ = RS$, त्रिभुज $ROS$ एवं त्रिभुज $POQ$ के क्षेत्रफलों का अनुपात ज्ञात कीजिये।

**A.** $2:3$    **B.** $4:1$    **C.** $1:4$    **D.** $3:2$

**Q.41** एक चतुर्भुज के तीन कोण $75º, 90º$ और $75º$ हैं। चौथा कोण है:

**A.** $90º$    **B.** $95º$    **C.** $105º$    **D.** $120º$

**Q.42** एक आयत की दो आसन्न भुजाएँ $5x^2 - 3y^2$ और $x^2 + 2xy$ हैं। आयत का परिमाप बताइए।

**A.** $12x^2 + 5xy + 9y^2$    **B.** $12x^2 - 6y^2 + 4xy$
**C.** $7x^2 - 3y^2 + 4xy$    **D.** $8x^2 - 8y^2 + 3xy$

**Q.43** एक त्रिभुज तथा समानांतर चतुर्भुज समान आधार पर तथा समान समानांतर रेखाओं के बीच स्थित है। त्रिभुज तथा समानांतर चतुर्भुज के क्षेत्रफल का अनुपात _____ है।

**A.** $1:3$    **B.** $1:2$    **C.** $2:3$    **D.** $3:4$

**Q.44** $ABCD$ एक समांतर चतुर्भुज है तथा $E$ भुजा $BC$ का मध्य बिन्दु है। यदि $DE$ और $AB$ को बिन्दु $F$ पर मिलाने के लिए बढ़ाया जाता है, तो दर्शाइए कि कौन सा सत्य है?

**A.** $BF = 2BE$        **B.** $AD = 2EC$
**C.** $RS = 2BF$        **D.** $AF = 2AB$

**Q.45** $5$ मीटर $44$ सेमी लंबा और $3$ मीटर $74$ सेमी चौड़ा एक कमरा चौकोर टाइलों से पक्का किया जाना है। फर्श को ढकने के लिए आवश्यक वर्गाकार टाइलों की न्यूनतम संख्या ज्ञात कीजिए।

**A.** 120    **B.** 145    **C.** 176    **D.** 185

**Q.46** त्रिज्या $r$ के एक वृत्त के केन्द्र पर $\theta$ कोण बनाने वाले खंड का क्षेत्रफल क्या है ?

*[Indian Military Academy (IMA), 2020]*

**A.** $\frac{1}{2}r^2\left(\frac{\pi\theta}{180°} - \sin\theta\right)$
**B.** $\frac{1}{2}r^2\left(\frac{\theta}{360°} - 2\sin\frac{\theta}{2}\cos\frac{\theta}{2}\right)$
**C.** $\frac{1}{2}r^2\theta$
**D.** $\frac{1}{2}r^2\sin\frac{\theta}{2}\cos\frac{\theta}{2}$

**Q.47** यदि $TP$ और $TQ$, $O$ केंद्र वाले वृत्त की दो स्पर्श रेखाएँ हैं ताकि $\angle POQ = 110°$, फिर $\angle PTQ$ के बराबर है:

**A.** $60°$    **B.** $70°$    **C.** $80°$    **D.** $90°$

**Q.48** $4$ सेमी और $2$ सेमी त्रिज्या के दो वृतों के केंद्रों के बीच की दूरी $10$ सेमी है। उभयनिष्ठ अनुप्रस्थ स्पर्श रेखा की लंबाई (सेमी में) है:

**A.** 10    **B.** 4    **C.** 8    **D.** 6

**Q.49** दो संकेंद्रित वृत्तों की त्रिज्याएँ $5$ सेमी और $3$ सेमी हैं। बड़े वृत्त की जीवा की लंबाई जो छोटे वृत्त को स्पर्श करती है:

**A.** 8 सेमी    **B.** 10 सेमी    **C.** 12 सेमी    **D.** 18 सेमी

**Q.50** $AB$ और $CD$ एक वृत्त के व्यास हैं जो एक-दूसरे को $P$ पर काटते हैं। $AC, CB, BD$ और $DA$ को मिला दीजिए। यदि $\angle PAD = 60°$ है, तो $\angle BPD$ किसके बराबर है?

*[Indian Military Academy (IMA), 2021]*

**A.** $30°$    **B.** $60°$    **C.** $90°$    **D.** $120°$

**Q.51** $AD$ एक वृत्त का व्यास और $AB$ एक जीवा है। यदि $AD = 34$ सेमी, $AB = 30$ सेमी, तो वृत्त के केन्द्र से $AB$ की दूरी बराबर है:

*[HTET TGT Mathematics, 2018]*

**A.** 8 सेमी    **B.** 10 सेमी    **C.** 15 सेमी    **D.** 17 सेमी

**Q.52** दिए आकृति में $O$ वृत्त का केंद्र है और $\angle PQR = 40°$, कोण $\angle POR$ का मान ज्ञात करे:

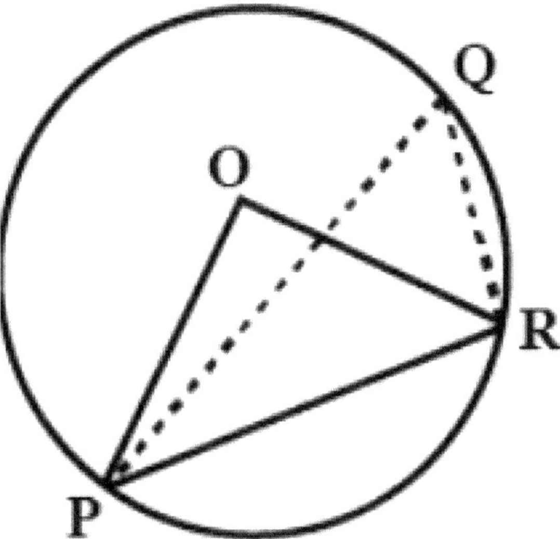


**A.** $80°$    **B.** $60°$    **C.** $50°$    **D.** $40°$

**Q.53** एक वर्ग का क्षेत्रफल क्या होगा जिसकी भुजा का माप $13$ सेमी है?

**A.** 169 सेमी वर्ग        **B.** 168 सेमी वर्ग
**C.** 167 सेमी वर्ग        **D.** 166 सेमी वर्ग

**Q.54** त्रिभुज का परिमाप ज्ञात कीजिए जिसकी भुजाएँ $(14 + 16 + 10)$ सेमी हैं।

**A.** 30 सेमी    **B.** 20 सेमी    **C.** 40 सेमी    **D.** 10 सेमी

**Q.55** $10$ सेमी त्रिज्या वाले एक वृत्त की एक जीवा केंद्र पर एक समकोण अंतरित करती है। संबंधित लघु खंड का क्षेत्रफल ज्ञात कीजिए।

**A.** 29.5 सेमी $^2$        **B.** 27.5 सेमी $^2$
**C.** 28.5 सेमी $^2$        **D.** 29.5 सेमी $^2$

**Q.56** $21$ सेमी त्रिज्या वाले एक वृत्त में एक चाप केंद्र पर $60°$ का कोण अंतरित करता है। चाप की लंबाई ज्ञात कीजिए?

**A.** 22 सेमी    **B.** 24 सेमी    **C.** 26 सेमी    **D.** 28 सेमी

**Q.57** एक त्रिभुजाकार मैदान की तीन भुजाएँ क्रमशः 20 मी, 21 मी और 29 मी लंबी हैं। क्षेत्र का क्षेत्रफल है:

**A.** 215 मी²    **B.** 230 मी²    **C.** 210 मी²    **D.** 205 मी²

**Q.58** एक त्रिभुज की भुजाएँ 56 सेमी, 60 सेमी और 52 सेमी लंबी हैं। तब त्रिभुज का क्षेत्रफल है:

A. 1322 सेमी²
B. 1311 सेमी²
C. 1344 सेमी²
D. 1392 सेमी²

**Q.59** आधार त्रिज्या और 2156 घन सेमी के बेलन की ऊँचाई का अनुपात 1: 2 है। यदि बेलन की त्रिज्या 3 सेमी बढ़ जाती है और ऊंचाई 3.5 सेमी कम हो जाती है, तो बेलन के आयतन में क्या बदलाव होगा?

A. 1144 घन सेमी
B. 1240 घन सेमी
C. 929 घन सेमी
D. 3344 घन सेमी

**Q.60** एक लम्बवृत्तीय धातु शंकु (ठोस) की ऊँचाई 8 सेमी और त्रिज्या 2 सेमी है। उसे पिघलाकर गोले में ढाला गया है। गोले की त्रिज्या क्या है?

A. 2 सेमी
B. 3 सेमी
C. 4 सेमी
D. 5 सेमी

**Q.61** एक बोतल एक अर्धगोले कटोरे पर बने एक खोखले शंकु के आकार का है। अर्धगोले का व्यास 14 सेमी है और बोतल की क्षमता 1232 सेमी³ है। तो बोतल की कुल ऊंचाई ज्ञात कीजिए।

A. 10 सेमी
B. 14 सेमी
C. 17 सेमी
D. 24 सेमी

**Q.62** 21 सेमी त्रिज्या वाले एक अर्द्ध-गोले का आयतन, वक्रीय पृष्ठफल और संपूर्ण पृष्ठफल ज्ञात कीजिये।

A. 19404 सेमी³, 2772 वर्ग सेमी, 4758 वर्ग सेमी
B. 18640 सेमी³, 2772 वर्ग सेमी, 4558 वर्ग सेमी
C. 16528 सेमी³, 2568 वर्ग सेमी, 4758 वर्ग सेमी
D. 19404 सेमी³, 2772 वर्ग सेमी, 4558 वर्ग सेमी

**Q.63** एक खोखले अर्धगोले की आंतरिक तथा बाह्य त्रिज्या क्रमशः 7 सेमी तथा 9 सेमी हैं। अर्धगोले का सम्पूर्ण पृष्ठ क्षेत्रफल ज्ञात कीजिये।

A. $189\pi$ सेमी²
B. $292\pi$ सेमी²
C. $192\pi$ सेमी²
D. $282\pi$ सेमी²

**Q.64** 1350 सेमी² पृष्ठीय क्षेत्रफल वाले ठोस घन से 54 सेमी² के पृष्ठीय क्षेत्रफल वाले कितने ठोस घनों का निर्माण किया जा सकता है?

A. 125
B. 136
C. 144
D. 64

**Q.65** दिए गए आँकड़ों {a, b, a, a, b, a, b, c, a, b, a, c, a, b, a} का माध्य ज्ञात कीजिए, जहाँ a, b से कम है और b, c से कम है।

A. $\frac{(3a+2b+4c)}{9}$
B. $\frac{(8a+4b+2c)}{15}$
C. $\frac{(8a+5b+2c)}{15}$
D. $\frac{(8a+5b+c)}{15}$

**Q.66** एक समुच्चय A, A = {(x - 2), x, (x - 3), (x + 8), (x - 7)} के रूप में दिया गया है। समुच्चय A का माध्यिका क्या है यदि x शून्य से अधिक है?

A. x + 3
B. x - 2
C. x
D. x - 3

**Q.67** यदि दो वितरणों का माध्य $M_1$ और $M_2$ है, जबकि उनकी सम्बन्धित आवृत्तियाँ $f_1$ और $f_2$ हैं, तो दो वितरणों का संयोजित मान होगा:

A. $\frac{M_1+M_2}{f_1+f_2}$
B. $\frac{M_1f_1+M_2f_2}{f_1+f_2}$
C. $\frac{M_1f_1+M_2f_2}{M_1+M_2}$
D. उपरोक्त में से कोई नहीं

**Q.68** निम्नलिखित में से कौन केंद्रीय प्रवृत्ति का माप नहीं है:

*[UPSESSB TGT Mathematics, 2016]*

A. माध्य
B. माध्यिका
C. बहुलक
D. मानक विचलन

**Q.69** डेटा सेट 4, 5, 0, 10, 8 और 3 का अंकगणितीय माध्य क्या है?

A. 4
B. 5
C. 6
D. 7

**Q.70** पासे को एक बार फेंकने पर, 4 से बड़ी संख्या प्राप्त होने की प्रायिकता क्या है?

A. $\frac{1}{2}$
B. $\frac{1}{3}$
C. $\frac{2}{3}$
D. $\frac{1}{4}$

**Q.71** एक थैले में 5 लाल गेंदें और कुछ नीली गेंदें हैं। यदि एक नीली गेंद निकालने की प्रायिकता लाल गेंद से दुगुनी है, तो थैले में नीली गेंदों की संख्या ज्ञात कीजिए।

A. 8
B. 12
C. 11
D. 10

**Q.72** एक डब्बे में 100 गोल डिस्क, 50 वर्ग डिस्क और 30 त्रिभुजाकार डिस्क हैं। सभी डिस्क लोहे के बने हैं और चुम्बक से खींचे जाने की समान प्रायिकता रखते हैं। यदि ऐसा चुम्बक जो एक बार में केवल एक डिस्क खींच सकता है उनके ऊपर दो बार फिराया जाता है। इसकी क्या प्रायिकता है कि दोनों बार त्रिभुजाकार डिस्क खींची जाती है? एक बार खींची जाने वाली डिस्क डब्बे में दोबारा नहीं गिरती हालाँकि प्रत्येक बार एक वर्ग डिस्क डब्बे में रख दी जाती है।

A. $\frac{29}{180}$
B. $\frac{29}{1074}$
C. $\frac{1}{36}$
D. $\frac{29}{1080}$

**Q.73** यदि $p = sec\theta - tan\theta$ और $q = cosec\theta + cot\theta$ है, तो $p + q(p - 1)$ किसके बराबर है?

*[Indian Military Academy (IMA), 2021]*

A. −1
B. 0
C. 1
D. 2

**Q.74** यदि $tan\theta + sin\theta = m$ और $tan\theta - sin\theta = n$ हो, तो $m^2 - n^2$ का मान है:

*[Joint Entrance Examination (Polytechnic), 2019]*

A. $4mn$
B. $\sqrt{mn}$
C. $2\sqrt{mn}$
D. $4\sqrt{mn}$

**Q.75** व्यंजक $cos60°cos36°cos42°cos78°$ का मान है:

A. $\frac{1}{8}$
B. $\frac{\sqrt{3}}{8}$
C. $\frac{1}{16}$
D. $\frac{1}{4}$

**Q.76** $sin\frac{\pi}{10} + sin\frac{13\pi}{10}$ का मान होगा:

A. $-\frac{1}{2}$
B. $\frac{1}{2}$
C. 0
D. $\infty$

**Q.77** $(tan^2A + cot^2A - 2) - sec^2Acosec^2A$ का मान ज्ञात कीजिए।

*[SSC CGL, 2020]*

A. −4
B. 1
C. −1
D. 4

**Q.78** $\dfrac{secA(secA+tanA)(1-sinA)}{(cosec^2A-1)sin^2A}$, _______ के बराबर है।

*[SSC CGL, 2020]*

A. $cos^2A$
B. $sec^2A$
C. $cotA$
D. $cosA$

**Q.79** दो जहाज़ एक प्रकाश स्तंभ के दोनों ओर समुद्र में नौकायन कर रहे हैं। प्रकाश स्तंभ के शीर्ष के उन्नत कोण को जहाजों से क्रमशः 30° और 45° हैं। यदि प्रकाश स्तंभ 100 मी ऊंचा है, तो दो जहाजों के बीच की दूरी है क्या होगी?

A. 173
B. 200
C. 273
D. 300

**Q.80** एक ही सीधी रेखा में दो बिंदुओं से टावर के शीर्ष के उन्नयन कोण जो की टावर के आधार से 9 मी और 16 मी की दूरी पर स्थित है जो की पूरक है। तो टावर की ऊंचाई है:

A. 18 मी
B. 16 मी
C. 10 मी
D. 12 मी

**Q.81** यदि एक उर्ध्वधर खम्भे की ऊँचाई मैदान में उसकी छाया की लम्बाई की $\sqrt{3}$ गुना है, तो सूर्य का उस समय उन्नयन कोण है:

*[HTET TGT Mathematics, 2019]*

**A.** 60°          **B.** 30°          **C.** 75°          **D.** 45°

**Q.82** एक सीढ़ी दीवार के सहारे झुकी है और वह क्षैतिज भूमि के साथ $\theta$ कोण इस प्रकार बनाती है कि $\tan\theta = \dfrac{12}{5}$ है। यदि दीवार से सीढ़ी के शीर्ष की ऊँचाई $24$ मीटर है, तो दीवार से सीढ़ी के आधार की दूरी (मीटर में) ज्ञात करें।

*[SSC Sub Inspector (CPO), 2020]*

**A.** 19.5          **B.** 10          **C.** 18          **D.** 7.5

**Q.83** 6 मी लंबी एक सीढ़ी किसी ऊर्ध्वाधर ध्वजदंड के शीर्ष से $6$ मी नीचे एक बिन्दु तक पहुँचती है। सीढ़ी के पाद से, ध्वजदंड के शीर्ष का उन्नयन कोण $75°$ है। ध्वजदंड की ऊँचाई क्या है?

*[UPSC NDA, 2021]*

**A.** 11 मी          **B.** 9 मी

**C.** $(6 + \sqrt{3})$ मी          **D.** $(6 + 3\sqrt{3})$ मी

**Q.84** जब सूर्य का उन्नयन कोण $45°$ है, तब किसी टावर की परछाई, $60°$ उन्नयन कोण पर बनने वाली परछाई से $x$ मी अधिक लंबी है। यदि टावर की ऊँचाई $5\left(3 + \sqrt{3}\right)$ मी है, तो $x$ किसके बराबर है?

*[UPSC NDA, 2021]*

**A.** 8 मी          **B.** 10 मी          **C.** 12 मी          **D.** 15 मी

**Q.85** $\triangle ABC$ में, $AE, BC$ पर लंबवत है $AB = 6$ सेमी और $AE = 3\sqrt{3}$ सेमी और $D, BE$ पर एक बिंदु इस प्रकार है कि $AD = 2\sqrt{7}$ सेमी है, तो, $ED:BE$ का मान क्या है?

**A.** 2:3          **B.** 1:2          **C.** 1:3          **D.** 2:1

**Q.86** निम्नलिखित आकृति में, ∠BAC = 32°, ∠ACE = 98°, ∠BFD = 42° और 7∠ABC = 6∠CGE और BDF, D पर एक समकोण त्रिभुज है। x + y का मान ज्ञात कीजिए।

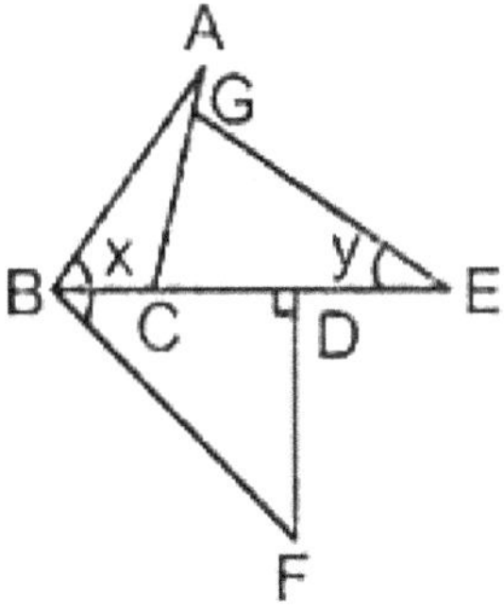

**A.** 127°          **B.** 129°          **C.** 119°          **D.** 118°

**Q.87** 6 मी और $11$ मी ऊंचाई वाले दो खम्भे समतल जमीन पर खड़े हैं। यदि खम्भों के पाद के बीच की दूरी $12$ मी है, तो उनके शीर्षों के बीच की दूरी ज्ञात कीजिए।

**A.** 20 मी          **B.** 18 मी          **C.** 15 मी          **D.** 13 मी

**Q.88** यदि $\triangle ABC \sim \triangle RPQ, AB = 3$ सेमी, $BC = 5$ सेमी, $AC = 6$ सेमी, $RP = 6$ सेमी और $PQ = 10$ सेमी, तो $QR$ ज्ञात कीजिए।

**A.** 10 सेमी          **B.** 12 सेमी          **C.** 14 सेमी          **D.** 16 सेमी

**Q.89** दी गई आकृति में, $XY \parallel QR, \dfrac{PQ}{XQ} = \dfrac{7}{3}$ और $PR = 6.3$ सेमी, $YR$ ज्ञात कीजिए।

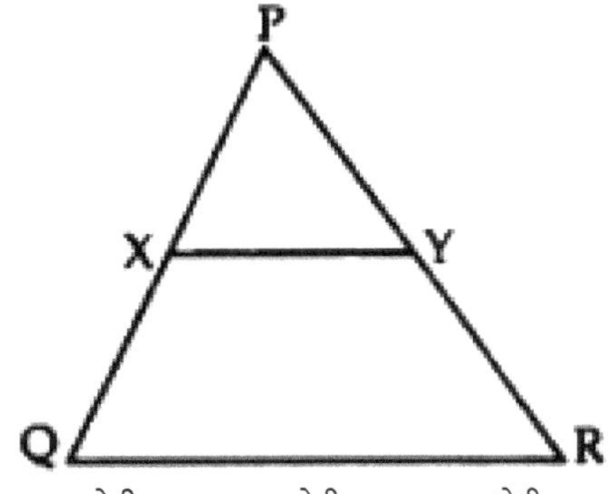

**A.** 2.1 सेमी          **B.** 2.5 सेमी          **C.** 2.7 सेमी          **D.** 3.7 सेमी

**Q.90** आकृति में, $EF \parallel AC, BC = 10$ सेमी, $AB = 13$ सेमी और $EC = 2$ सेमी $AF$ ज्ञात कीजिए।

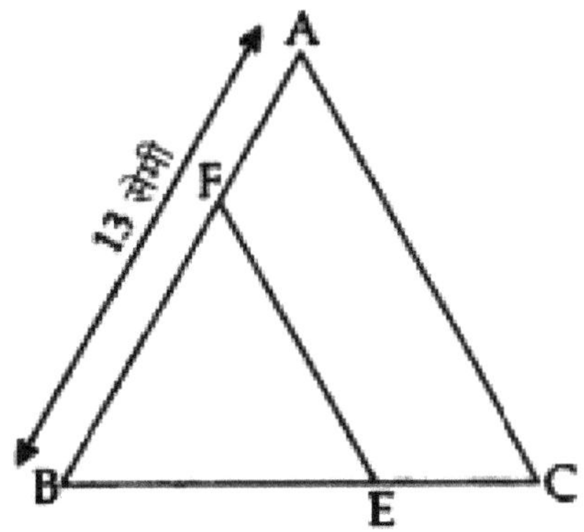


**A.** 2.6 सेमी          **B.** 3.6 सेमी          **C.** 4.6 सेमी          **D.** 5.6 सेमी

**Q.91** दी गई आकृति में, $QA \perp AB$ और $PB \perp AB$ यदि $AO = 20$ सेमी, $BO = 12$ सेमी, $PB = 18$ सेमी, तो $A$ ज्ञात कीजिए।

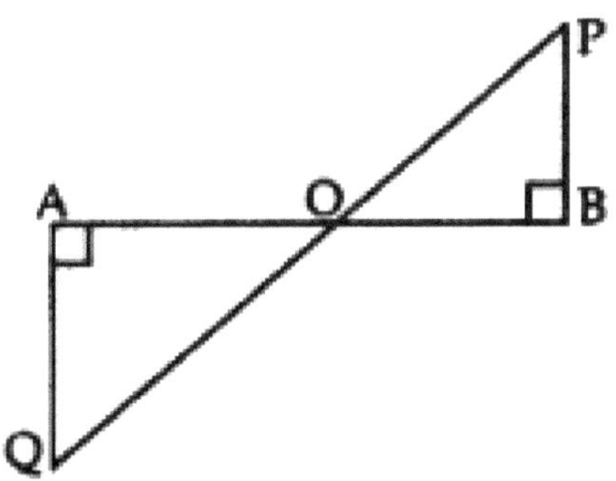


**A.** 20 सेमी          **B.** 30 सेमी          **C.** 40 सेमी          **D.** 50 सेमी

**Q.92 निर्देश:** माना $\cos\alpha$ और $\cos\beta$ समीकरण $8x^2 - 2x - 1 = 0$ के मूल हैं।

$\sin\dfrac{\alpha}{2} \cdot \sin\dfrac{\beta}{2}$ का मान है:

**A.** $\dfrac{1}{2}$          **B.** $\dfrac{1}{4}$          **C.** $\dfrac{\sqrt{5}}{4\sqrt{2}}$          **D.** $\dfrac{3}{4\sqrt{2}}$

**Q.93** यदि $\sin2\theta = \cos3\theta$ है, तो $\theta =?$

**A.** $(4n+1)\frac{\pi}{10}$

**B.** $(4n-1)\frac{\pi}{10}$

**C.** $(4n+1)\frac{\pi}{5}$

**D.** $(4n-1)\frac{\pi}{5}$

**Q.94** निम्नलिखित कथन का अवलोकन कीजिए:

1. $(\sec^2\theta - 1)(1 - cosec^2\theta) = 1$

2. $\sin\theta(1+\cos\theta)^{-1} + (1+\cos\theta)(\sin\theta)^{-1} = 2cosec\theta$

उपरोक्त में से कौन सा/से सही है?

**A.** केवल 1

**B.** केवल 2

**C.** 1 और 2 दोनों

**D.** न तो 1 और न ही 2

**Q.95** $\left\{\frac{(1-\tan^2\theta)}{(1+\tan^2\theta)}\right\} + \left\{\frac{(1-\cot^2\theta)}{(1+\cot^2\theta)}\right\}$ का मान ज्ञात कीजिए:

**A.** 1    **B.** $-1$    **C.** 0    **D.** 0.5

**Q.96** $k$ का मान ज्ञात कीजिए, यदि $x = 2, y = 1$ समीकरण $2x + 3y = k$ का हल है:

**A.** 2    **B.** 4    **C.** 9    **D.** 7

**Q.97** संयुक्त राज्य अमेरिका और कनाडा जैसे देशों में तापमान फारेनहाइट में मापा जाता है, जबकि भारत जैसे देशों में इसे सेल्सियस में मापा जाता है। यहाँ एक रेखीय समीकरण है जो फ़ारेनहाइट को सेल्सियस में परिवर्तित करता है:

$$F = \left(\frac{9}{5}\right)C + 32$$

यदि तापमान $30°C$ है, फारेनहाइट में तापमान क्या है?

**A.** $76°F$    **B.** $86°F$    **C.** $89°F$    **D.** $66°F$

**Q.98** रैखिक समीकरण $2x - 3y = 6$ का ग्राफ़, $y$-अक्ष को बिंदु पर काटता है:

**A.** $(0,-2)$    **B.** $(0,2)$    **C.** $(-2,0)$    **D.** $(2,0)$

**Q.99** निम्नलिखित रैखिक समीकरणों को $ax + by + c = 0$ के रूप में व्यक्त करें और $a, b$ और $c$ के मान बताएं:

$$2x + 3y = 9.\overline{35}$$

**A.** $a = -2$, $b = -3$ और $c = -9.\overline{35}$

**B.** $a = 2$, $b = -3$ और $c = 9.\overline{35}$

**C.** $a = 3$, $b = 3$ और $c = 9.\overline{35}$

**D.** $a = 2$, $b = 3$ और $c = -9.\overline{35}$

**Q.100** $K$ का मान ज्ञात कीजिए, जिसके लिए समीकरण $kx + 3y = 26$ और $21x + (k+2)y = 71 + k$ की प्रणाली में अत्यधिक हल हैं।

*[MP Jail Prahari, 2018]*

**A.** $k = 9$    **B.** $k = 7$    **C.** $k = 6$    **D.** $k = 0$

# // स्मार्ट उत्तर पुस्तिका //

| सही उत्तर | उन छात्रों का प्रतिशत जिन्होंने प्रश्नों का सही उत्तर दिया था। | छोड़ दिया | उन छात्रों का प्रतिशत जिन्होंने प्रश्नों को छोड़ दिया था। |
| --- | --- | --- | --- |

| प्रश्न संख्या | उत्तर | सही उत्तर / छोड़ दिया | प्रश्न संख्या | उत्तर | सही उत्तर / छोड़ दिया | प्रश्न संख्या | उत्तर | सही उत्तर / छोड़ दिया | प्रश्न संख्या | उत्तर | सही उत्तर / छोड़ दिया | प्रश्न संख्या | उत्तर | सही उत्तर / छोड़ दिया | प्रश्न संख्या | उत्तर | सही उत्तर / छोड़ दिया |
| --- | --- | --- | --- | --- | --- | --- | --- | --- | --- | --- | --- | --- | --- | --- | --- | --- | --- |
| 1 | B | 50.09 % / 1.62 % | 18 | B | 31.67 % / 4.51 % | 35 | C | 20.07 % / 3.78 % | 52 | A | 89.02 % / 0.0 % | 69 | B | 79.23 % / 0.0 % | 86 | C | 21.88 % / 4.76 % |
| 2 | D | 56.66 % / 1.5 % | 19 | A | 64.56 % / 1.53 % | 36 | A | 77.59 % / 0.0 % | 53 | A | 86.75 % / 0.0 % | 70 | B | 85.82 % / 0.0 % | 87 | D | 52.23 % / 1.32 % |
| 3 | B | 64.17 % / 1.82 % | 20 | C | 77.48 % / 0.0 % | 37 | A | 62.75 % / 1.93 % | 54 | A | 89.63 % / 0.0 % | 71 | D | 67.86 % / 1.75 % | 88 | B | 40.25 % / 1.17 % |
| 4 | D | 46.21 % / 1.74 % | 21 | B | 83.99 % / 0.0 % | 38 | A | 86.43 % / 0.0 % | 55 | C | 26.29 % / 4.91 % | 72 | D | 28.61 % / 3.46 % | 89 | C | 68.01 % / 1.17 % |
| 5 | D | 14.62 % / 4.31 % | 22 | D | 87.58 % / 0.0 % | 39 | A | 62.63 % / 1.94 % | 56 | A | 43.83 % / 1.27 % | 73 | A | 68.03 % / 1.81 % | 90 | A | 60.0 % / 1.44 % |
| 6 | B | 44.99 % / 1.29 % | 23 | D | 53.28 % / 1.23 % | 40 | B | 50.2 % / 1.39 % | 57 | C | 55.85 % / 1.5 % | 74 | D | 59.85 % / 1.39 % | 91 | B | 56.56 % / 1.37 % |
| 7 | B | 51.23 % / 1.29 % | 24 | A | 23.04 % / 3.8 % | 41 | D | 58.33 % / 1.36 % | 58 | C | 62.74 % / 1.1 % | 75 | C | 57.12 % / 1.08 % | 92 | C | 11.21 % / 4.53 % |
| 8 | B | 67.28 % / 1.74 % | 25 | B | 60.16 % / 1.1 % | 42 | B | 42.28 % / 1.29 % | 59 | A | 66.54 % / 1.75 % | 76 | A | 43.49 % / 1.9 % | 93 | A | 48.78 % / 1.4 % |
| 9 | D | 52.7 % / 1.43 % | 26 | A | 27.7 % / 4.04 % | 43 | B | 32.18 % / 4.38 % | 60 | A | 85.25 % / 0.0 % | 77 | A | 57.71 % / 1.22 % | 94 | B | 17.42 % / 4.52 % |
| 10 | C | 48.02 % / 1.68 % | 27 | C | 13.47 % / 3.5 % | 44 | D | 14.29 % / 4.57 % | 61 | C | 57.49 % / 1.27 % | 78 | B | 40.86 % / 1.11 % | 95 | C | 56.21 % / 1.5 % |
| 11 | D | 49.41 % / 1.39 % | 28 | A | 61.17 % / 1.93 % | 45 | C | 67.4 % / 1.67 % | 62 | A | 58.09 % / 1.41 % | 79 | C | 82.29 % / 0.0 % | 96 | D | 54.93 % / 1.07 % |
| 12 | D | 43.74 % / 1.55 % | 29 | A | 81.3 % / 0.0 % | 46 | A | 53.98 % / 1.84 % | 63 | B | 44.13 % / 1.65 % | 80 | D | 49.41 % / 1.93 % | 97 | B | 20.89 % / 4.32 % |
| 13 | A | 53.31 % / 1.55 % | 30 | D | 54.33 % / 1.79 % | 47 | B | 62.02 % / 1.37 % | 64 | A | 53.5 % / 1.5 % | 81 | A | 65.67 % / 1.37 % | 98 | A | 76.54 % / 0.0 % |
| 14 | A | 44.74 % / 1.62 % | 31 | C | 18.72 % / 4.91 % | 48 | C | 85.73 % / 0.0 % | 65 | C | 40.37 % / 1.15 % | 82 | B | 56.27 % / 1.5 % | 99 | D | 28.16 % / 4.78 % |
| 15 | A | 60.74 % / 1.07 % | 32 | A | 46.79 % / 1.23 % | 49 | A | 46.0 % / 1.54 % | 66 | B | 83.96 % / 0.0 % | 83 | D | 17.44 % / 4.72 % | 100 | B | 89.92 % / 0.0 % |
| 16 | A | 47.94 % / 1.49 % | 33 | B | 66.85 % / 1.32 % | 50 | D | 52.55 % / 1.02 % | 67 | B | 44.58 % / 1.85 % | 84 | B | 57.18 % / 1.19 % | | | |
| 17 | A | 51.29 % / 1.3 % | 34 | A | 88.71 % / 0.0 % | 51 | A | 65.68 % / 1.79 % | 68 | D | 63.4 % / 1.13 % | 85 | C | 61.45 % / 1.2 % | | | |

## //संकेत और समाधान//

**1.** दिया गया है:

संख्याएँ $= \frac{-4}{5}$ और $\frac{-2}{3}$

हम जानते हैं कि,

परिमेय संख्या: एक परिमेय संख्या वह संख्या है जो $\frac{p}{q}$ के रूप में होती है, जहाँ $p$ और $q$ पूर्णांक हैं, और $q$, $0$ के बराबर नहीं है।

$\frac{-4}{5}$ के अंश और हर को $9$ से गुणा करने पर, हमें प्राप्त होता है,

$\Rightarrow \frac{-36}{45}$

$\frac{-2}{3}$ के अंश और हर को $15$ से गुणा करने पर, हमें प्राप्त होता है,

$\Rightarrow \frac{-30}{45}$

अब,

$\frac{-36}{45}$ और $\frac{-30}{45}$ के बीच स्थित परिमेय संख्या है,

$\Rightarrow \frac{-31}{45}, \frac{-32}{45}, \frac{-33}{45}, \frac{-34}{45}, \frac{-35}{45}$

$\Rightarrow \frac{-31}{45}, \frac{-32}{45}, \frac{-11}{15}, \frac{-34}{45}, \frac{-7}{9}$

$\therefore \frac{-4}{5}$ और $\frac{-2}{3}$ के बीच स्थित परिमेय संख्या $\frac{-7}{9}$ है।

अत: विकल्प (B) सही है।

**2.** दिया गया है:

असांत आवर्ती संख्या $= 1.21616$

माना कि संख्या $x$ है।

$x = 1.21616..$

$10x = 12.1616 \quad …(1)$

$1000x = 1216.1616 \quad …(2)$

समीकरण $(1)$ को $(2)$ से घटाने पर,

$1000x - 10x = 1216.1616 - 12.1616$

$\Rightarrow 990x = 1204$

$\Rightarrow x = \frac{1204}{990}$

$\Rightarrow x = \frac{602}{495}$

अत: विकल्प (D) सही है।

**3.** दिया गया है कि,

$x = \frac{15}{2^3 \times 5^2}$

$\Rightarrow x = \frac{15 \times 5}{2^3 \times 5^3}$

$\because a^m b^m = (ab)^m$

$\Rightarrow x = \frac{75}{10^3} = \frac{75}{1000}$

$\Rightarrow x = 0.075$

इसलिए, $x$ दशमलव के $3$ स्थानों के बाद समाप्त होगा।

अत: विकल्प (B) सही है।

**4.** दिया गया है:

$x = (\sqrt{5}) + 1, y = (\sqrt{5}) - 1$

$\Rightarrow \frac{1}{x} = \frac{(\sqrt{5}-1)}{4} \ \& \ \frac{1}{y} = \frac{(\sqrt{5}+1)}{4}$

$\Rightarrow x^2 = 6 + 2\sqrt{5}$

$\Rightarrow y^2 = 6 - 2\sqrt{5}$

$\Rightarrow \frac{1}{x^2} = \frac{(6-2\sqrt{5})}{16}$

$\Rightarrow \frac{1}{y^2} = \frac{(6+2\sqrt{5})}{16}$

अब हमें $\left(\frac{x^2}{y^2}\right) + \left(\frac{y^2}{x^2}\right) + 4\left[\left(\frac{x}{y}\right) + \left(\frac{y}{x}\right)\right] + 6$ का मूल्य ज्ञात करना है,

$= \frac{(6+2\sqrt{5})^2}{16} + \frac{(6-2\sqrt{5})^2}{16} + 4\left[\frac{(\sqrt{5}+1)^2}{4} + \frac{(\sqrt{5}-1)^2}{4}\right] + 6$

$= 25$

$\therefore \left(\frac{x^2}{y^2}\right) + \left(\frac{y^2}{x^2}\right) + 4\left[\left(\frac{x}{y}\right) + \left(\frac{y}{x}\right)\right] + 6$ का मान $25$ है।

अत: विकल्प (D) सही है।

**5.** माना कि $x = n^7 + \frac{n^5}{5} + \frac{2n^3}{3} - \frac{n}{105}$

जहाँ $n =$ कोई धनात्मक पूर्णांक

$n = 1$ लें

$x = 1^7 + \frac{1^5}{5} + \frac{2 \times 1^3}{3} - \frac{1}{105}$

$\Rightarrow x = 1 + \frac{1}{5} + \frac{2}{3} - \frac{1}{105}$

$\Rightarrow x = \frac{13}{7}$

हम देख सकते हैं कि $x$ एक परिमेय संख्या है और उपरोक्त विकल्पों से यह स्पष्ट है कि केवल विकल्प (D) ही $x$ की श्रेणी से संबंधित है।

अत: विकल्प (D) सही है।

**6.** दिया गया है:

$\sqrt{2} = 1.4$

अब,

$= \sqrt{50} - \sqrt{18}$

$$= 5\sqrt{2} - 3\sqrt{2}$$

$$= 2\sqrt{2}$$

तो, $\sqrt{2} = 1.4$ रखने पर,

$$= 2 \times 1.4$$

$$= 2.8$$

$$\therefore \sqrt{50} - \sqrt{18} \text{ का मान} = 2.8$$

अत: विकल्प (B) सही है।

**7.** गुणनखंड प्रमेय: यदि $(x - a)$ बहुपद $p(x)$ का गुणनखंड है तो $p(a) = 0$

मान लीजिए कि $p(x) = ax^2 + 5x + b$ है।

दिया गया है कि $(x - 3)$ और $\left(x - \frac{1}{3}\right)$ के गुणनखंड हैं।

इसलिए गुणनखंड प्रमेय का उपयोग करते हुए, हम कह सकते हैं कि:

$$p(3) = p\left(\frac{1}{3}\right) = 0$$

$$\Rightarrow a(3)^2 + 5(3) + b = a\left(\frac{1}{3}\right)^2 + 5\left(\frac{1}{3}\right) + b = 0$$

$$\Rightarrow 9a + 15 + b = \frac{a}{9} + \frac{5}{3} + b = 0$$

$$\Rightarrow 9a + 15 + b = a + 15 + 9b$$

$$\Rightarrow 8a = 8b$$

$$\Rightarrow a = b$$

अत: विकल्प (B) सही है।

**8.** मान लीजिए, $(x - \beta)$ दिए गए समीकरण का शेष गुणनखंड है,

$$\Rightarrow (x - \beta)(x - 1)(x + 3) = x^3 + ax + b$$

$$\Rightarrow (x - \beta)[x^2 + 2x - 3] = x^3 + ax + b$$

$$\Rightarrow x^3 + 2x^2 - 3x - \beta x^2 - 2\beta x + 3\beta = x^3 + ax + b$$

$$\Rightarrow x^3 + x^2(2 - \beta) - x(3 + 2\beta) + 3\beta = x^3 + ax + b$$

दोनों पक्षों की तुलना करने पर;

$$\Rightarrow 2 - \beta = 0$$

$$\Rightarrow \beta = 2$$

इसलिए, शेष गुणनखंड $(x - 2)$ है।

अत: विकल्प (B) सही है।

**9.** दिया गया है:

दो बहुपदों का महत्तम समापवर्तक $= 3x + 1$

दो बहुपदों का लघुतम समापवर्त्य $= 30x^3 + 7x^2 - 10x - 3$

एक बहुपद $= 6x^2 + 5x + 1$

दो बहुपदों का गुणनफल = उनके महत्तम समापवर्तक और लघुतम समापवर्त्य का गुणनफल

माना दो बहुपद $f(x)$ और $g(x)$ हैं।

यहां, $f(x) = 6x^2 + 5x + 1$

प्रश्न के अनुसार,

$$f(x) \times g(x) = (3x + 1) \times (30x^3 + 7x^2 - 10x - 3)$$

$$\Rightarrow (6x^2 + 5x + 1) \times g(x) = (3x + 1) \times (30x^3 + 7x^2 - 10x - 3)$$

$$\Rightarrow (6x^2 + 2x + 3x + 1) \times g(x) = (3x + 1) \times (30x^3 + 15x^2 - 8x^2 - 4x - 6x - 3)$$

$$\Rightarrow [2x(3x + 1) + 1(3x + 1)] \times g(x) = (3x + 1)[15x^2(2x + 1) - 4x(2x + 1) - 3(2x + 1)]$$

$$\Rightarrow (3x + 1) \times (2x + 1) \times g(x) = (3x + 1) \times (2x + 1) \times (15x^2 - 4x - 3)$$

$$\Rightarrow g(x) = (15x^2 - 4x - 3)$$

$$\therefore \text{अन्य बहुपद } 15x^2 - 4x - 3 \text{ है।}$$

अतः विकल्प (D) सही है।

**10.** दिया गया है:

बहुपद $x^3 - px^2 + 11x - 6 = 0$ के तीन मूल हैं $\alpha, \beta$, और $\gamma$

हम जानते हैं कि,

यदि $\alpha, \beta$, और $\gamma$ बहुपद $ax^3 + bx^2 + cx + d = 0$ के मूल हैं

मूल का योग $\alpha + \beta + \gamma = -\frac{b}{a}$

$$\alpha\beta + \beta\gamma + \gamma\alpha = \frac{c}{a}$$

$$\alpha\beta\gamma = \frac{d}{a}$$

प्रश्न के अनुसार, $\alpha, \beta$, और $\gamma$ घनीय बहुपद $x^3 - px^2 + 11x - 6 = 0$ के शून्य हैं।

यदि $1$ बहुपद का मूल है, तो यह बहुपद के ऊपर संतुष्ट होगा

$$(1)^3 - p(1)^2 + 11(1) - 6 = 0$$

$$\Rightarrow 1 - p + 11 - 6 = 0$$

$$\Rightarrow p = 6$$

इसलिए,

$$\alpha\beta + \beta\gamma + \gamma\alpha = 11 \quad \ldots(1)$$

$$\alpha\beta\gamma = 6 \quad \ldots(2)$$

$$\frac{1}{\alpha} + \frac{1}{\beta} + \frac{1}{\gamma} = \frac{\alpha\beta + \beta\gamma + \gamma\alpha}{\alpha\beta\gamma}$$

$$\Rightarrow \frac{1}{\alpha} + \frac{1}{\beta} + \frac{1}{\gamma} = \frac{11}{6}$$

अत: विकल्प (C) सही है।

**11.** प्रयुक्त अवधारणा:

मान लीजिए कि $a, b, c$ समीकरण के मूल हैं

$$Ax^3 + Bx^2 + Cx + D = 0$$

तो मूल $a, b, c$

$$(a + b + c) = -\frac{B}{A}$$

$$(ab + bc + ca) = \frac{C}{A}$$

$$\Rightarrow abc = -\frac{D}{A}$$

$$Ax^3 + Bx^2 + Cx + D = x^3 - 12x^2 + 47x - 60$$

दोनों पक्षों की तुलना करने पर:

$$\Rightarrow A = 1$$

$$\Rightarrow B = -12$$

$$\Rightarrow C = 47$$

$$\Rightarrow D = -60$$

$$\therefore (ab + bc + ca) = \frac{C}{A} = \frac{47}{1}$$

$$\Rightarrow (ab + bc + ca) = 47$$

अतः विकल्प (D) सही है।

**12.** विकल्प: (A)

$$\Rightarrow x - 1 = 0$$

$$\Rightarrow x = 1$$

$$\Rightarrow f(x) = x^3 - 2x^2 - x + 2$$

$$\Rightarrow f(1) = (1)^3 - 2(1)^2 - (1) + 2$$

$$\Rightarrow f(1) = 1 - 2 - 1 + 2$$

$$\Rightarrow f(1) = 0$$

$(x - 1), x^3 - 2x^2 - x + 2$ का गुणनखंड है।

विकल्प: (B)

$$\Rightarrow x + 1 = 0$$

$$\Rightarrow x = -1$$

$$\Rightarrow f(x) = x^3 - 2x^2 - x + 2$$

$$\Rightarrow f(-1) = (-1)^3 - 2(-1)^2 - (-1) + 2$$

$$\Rightarrow f(-1) = -1 - 2 + 1 + 2$$

$$\Rightarrow f(-1) = 0$$

$$\Rightarrow (x + 1), x^3 - 2x^2 - x + 2$$ का गुणनखंड है।

विकल्प: (C)

$$\Rightarrow x - 2 = 0$$

$$\Rightarrow x = 2$$

$$\Rightarrow f(x) = x^3 - 2x^2 - x + 2$$

$$\Rightarrow f(2) = (2)^3 - 2(2)^2 - (2) + 2$$

$$\Rightarrow f(2) = 8 - 8 - 2 + 2$$

$$\Rightarrow f(2) = 0$$

$$\Rightarrow (x - 2), x^3 - 2x^2 - x + 2$$ का गुणनखंड है।

विकल्प: (D)

$$\Rightarrow x + 2 = 0$$

$$\Rightarrow x = -2$$

$$\Rightarrow f(x) = x^3 - 2x^2 - x + 2$$

$$\Rightarrow f(-2) = (-2)^3 - 2(-2)^2 - (-2) + 2$$

$$\Rightarrow f(2) = -8 - 8 + 2 + 2$$

$$\Rightarrow f(2) = -12$$

$$\Rightarrow (x + 2), x^3 - 2x^2 - x + 2$$ का गुणनखंड नही है।

अतः विकल्प (D) सही है।

**13.** दिया है:

हमारे पास दिया गया व्यंजक $(6x - 3y)^3$ है।

$$(x - y)^3 = x^3 - y^3 - 3xy(x - y)$$

$$(6x - 3y)^3$$

सूत्र के अनुसार,

$$(x - y)^3 = x^3 - y^3 - 3xy(x - y)$$

$$\Rightarrow (6x)^3 - (3y)^3 - 3 \times (6x) \times (3y) \times (6x - 3y)$$

$$\Rightarrow 216x^3 - 27y^3 - 54xy \times (6x - 3y)$$

$$\Rightarrow 216x^3 - 27y^3 - 324x^2y + 162xy^2$$

$$\therefore y^2$$ का गुणांक $162x$ है।

अतः विकल्प (A) सही है।

**14.** मान लीजिए बड़ी संख्या $x$ है।

छोटी संख्या $y$ है।

दिया है,

दो संख्याओं के बीच अंतर $= 26$

$$x - y = 26 \qquad \ldots \ldots (1)$$

साथ ही, एक संख्या अन्य का 3 गुना है।

$$x = 3y \qquad \ldots \ldots (2)$$

अब हमारे समीकरण हैं।

$$x - y = 26 \qquad \ldots \ldots (1)$$

$$x = 3y \qquad \ldots \ldots (2)$$

समीकरण $(2)$ से $x = 3y$ समीकरण $(1)$ में रखने पर,

$x - y = 26$

$(3y) - y = 26$

$2y = 26$

$y = \frac{26}{2}$

$y = 13$

$y = 13$ समीकरण $(2)$ में रखने पर,

$x = 3y$

$x = 3(13)$

$x = 39$

इसलिए, $x = 39$ और $y = 13$ समीकरण का हल है।

इसलिए,संख्याएँ $39$ और $13$ हैं।

अतः विकल्प (A) सही है।

**15.** मान लीजिए बड़ा कोण $x$ है।

छोटा कोण $y$ है।

दिया है,

बड़ा कोण छोटे कोण से $18°$ से अधिक है।

$x - y = 18 \qquad …\,…\,(1)$

साथ ही दोनों कोण संपूरक हैं।

दोनों कोणों का योग $= 180°$

$x + y = 180 \qquad …\,…\,(2)$

इस प्रकार, हमारे समीकरण हैं

$x - y = 18 \qquad …\,…\,(1)$

$x + y = 180 \qquad …\,…\,(2)$

समीकरण $(1)$ से,

$x - y = 18$

$x = 18 + y$

$x$ का मान समीकरण $(2)$ में रखने पर,

$x + y = 180$

$(18 + y) + y = 180$

$18 + y + y = 180$

$18 + 2y = 180$

$2y = 180 - 18$

$2y = 162$

$y = \frac{162}{2} = 81$

$y = 81$ का मान समीकरण $(1)$ में रखने पर,

$x - y = 18$

$x - 81 = 18$

$x = 18 + 81$

$x = 99$

इसलिए, $x = 99$ और $y = 81$

इसलिए,

बड़ा कोण $= x = 99°$

छोटा कोण $= y = 81°$

अतः विकल्प (A) सही है।

**16.** माना, एक बल्ले की कीमत $= x$ रुपये

एक गेंद की कीमत $= y$ रुपये

दिया गया है,

कोच $7$ बल्ले और $6$ गेंदों को $3800$ रुपये में खरीदता है।

$7 \times$ (एक बल्ले की कीमत) $+ 6 \times$(एक गेंद की कीमत) $= 3800$

$7x + 6y = 3800 \qquad …\,…\,(1)$

तथा,

कोच $3$ बल्ले और $5$ गेंदों को $1750$ रुपये में खरीदता है।

$3 \times$ (एक बल्ले की कीमत) $+ 5 \times$ (एक गेंद की कीमत) $= 1750$

$3x + 5y = 1750 \qquad …\,…\,(2)$

इस प्रकार, हमारे समीकरण हैं

$7x + 6y = 3800 \qquad …\,…\,(1)$

$3x + 5y = 1750 \qquad …\,…\,(2)$

समीकरण $(1)$ से,

$7x + 6y = 3800$

$7x = 3800 - 6y$

$x = \left(\frac{3800 - 6y}{7}\right)$

$x$ का मान समीकरण $(2)$ में रखने पर,

$3x + 5y = 1750$

$3\left(\frac{3800 - 6y}{7}\right) + 5y = 1750$

दोनों पक्षों को $7$ से गुणा करने पर,

$7 \times \left(\frac{3(3800 - 6y)}{7}\right) + 5y \times 7 = 1750 \times 7$

$3(3800 - 6y) + 35y = 12250$

$11400 - 18y + 35y = 12250$

$-18y + 35y = 12250 - 11400$

$17y = 850$

$y = \frac{850}{17}$

$y = 50$

$y = 50$ का मान समीकरण $(1)$ में रखने पर,

$7x + 6y = 3800$

$7x + 6(50) = 3800$

$7x + 300 = 3800$

$7x = 3800 - 300$

$7x = 3500$

$x = \frac{3500}{7}$

$x = 500$

इस प्रकार, $x = 500, y = 50$

इसलिए,

एक बल्ले की कीमत , $x = 500$ रुपये

एक गेंद की कीमत , $y = 50$ रुपये

अतः विकल्प (A) सही है।

**17.** मान लीजिए निश्चित शुल्क $= x$ रु

प्रति किमी शुल्क $= y$ रु

दिया है,

10 किमी के लिए 105 रु का शुल्क भुगतान किया गया

निश्चित शुल्क $+10 \times ($ प्रति किमी शुल्क $) = 105$ रु

$x + 10y = 105$ ... ... $(1)$

$x = 105 - 10y$

15 किमी की यात्रा के लिए 155 रु का शुल्क भुगतान किया गया

निश्चित शुल्क $+15 \times ($प्रति किमी शुल्क$) = 155$ रु

$x + 15y = 155$ ... ... $(2)$

$x$ का मान समीकरण $(2)$ में रखने पर,

$x + 15y = 155$

$(105 - 10y) + 15y = 155$

$105 - 10y + 15y = 155$

$-10y + 15y = 155 - 105$

$5y = 50$

$y = \frac{50}{5}$

$y = 10$

$y = 10$ का मान समीकरण $(1)$ में रखने पर,

$x + 10y = 105$

$x + 10(10) = 105$

$x + 100 = 105$

$x = 105 - 100$

$x = 5$

इसलिए, $x = 5, y = 10$

इसलिए,

निश्चित शुल्क, $x = 5$ रु

प्रति किमी शुल्क, $y = 10$ रु

25 किमी यात्रा करने वाले व्यक्ति द्वारा भुगतान की गई राशि।

$=$ निश्चित शुल्क $+$ (प्रति किमी शुल्क) $\times 25$

$= 5 + 10 \times 25$

$= 5 + 250$

$= 255$ रु

अतः विकल्प (A) सही है।

**18.** मान लीजिए अंश $x$ है।

हर $y$ है

तो, भिन्न $\frac{x}{y}$ है

दिया गया है,

यदि अंश और हर दोनों में 2 जोड़ दिया जाए, तो भिन्न $\frac{9}{11}$ हो जाती है।

(अंश $+2$) / (हर $+2$) $= \frac{9}{11}$

$\frac{x+2}{y+2} = \frac{9}{11}$

$11(x + 2) = 9(y + 2)$

$11x + 22 = 9y + 18$

$11x - 9y = 18 - 22$

$11x - 9y = -4$ ... ... $(1)$

दिया है,

यदि अंश और हर दोनों में 3 जोड़ा जाता है, तो भिन्न $\frac{5}{6}$ हो जाता है।

(अंश $+3$) / (हर $+3$) $= \frac{5}{6}$

$\frac{x+3}{y+3} = \frac{5}{6}$

$6(x + 3) = 5(y + 3)$

$6x + 18 = 5y + 15$

$6x - 5y = 15 - 18$

$6x - 5y = -3 \qquad …\,… (2)$

इसलिए, हमारे समीकरण हैं

$11x - 9y = -4 \qquad …\,… (1)$

$6x - 5y = -3 \qquad …\,… (2)$

समीकरण $(1)$से,

$11x - 9y = -4$

$11x = 9y - 4$

$x = \left(\frac{9y-4}{11}\right)$

$x$ का मान समीकरण $(2)$ में रखने पर,

$6x - 5y + 3 = 0$

$6\left(\frac{9y-4}{11}\right) - 5y + 3 = 0$

दोनों पक्षों को $11$ से गुणा करने पर

$11 \times \frac{6(9y-4)}{11} - 5y \times 11 + 3 \times 11 = 0 \times 11$

$6(9y - 4) - 55y + 33 = 0$

$6(9y) - 6(4) - 55y + 33 = 0$

$54y - 24 - 55y + 33 = 0$

$-y + 9 = 0$

$y = 9$

$y = 9$ का मान समीकरण $(1)$ में रखने पर,

$11x - 9y = -4$

$11x - 9(9) = -4$

$11x - 81 = -4$

$11x = -4 + 81$

$11x = 77$

$x = \frac{77}{11}$

$x = 7$

इसलिए $x = 7, y = 9$

अंश, $x = 7$

हर, $y = 9$

इसलिए

मूल भिन्न $=$(अंश )$/($ हर )

$= \frac{x}{y}$

$= \frac{7}{9}$

अतः विकल्प (B) सही है।

**19.** माना जैकब की वर्तमान आयु $= x$ वर्ष

जैकब के पुत्र की वर्तमान आयु $= y$ वर्ष

पांच साल बाद

जैकब की आयु $= x + 5$

जैकब के बेटे की उम्र $= y + 5$

प्रश्नानुसार

जैकब की आयु उसके पुत्र की तीन गुनी होगी।

$x + 5 = 3(y + 5)$

$x + 5 = 3y + 15$

$x - 3y = 15 - 5$

$x - 3y = 10 \qquad …\,… (1)$

पांच साल पहले,

जैकब की आयु $= x - 5$

जैकब के बेटे की उम्र $= y - 5$

जैकब की आयु उसके पुत्र से सात गुनी थी।

$x - 5 = 7(y - 5)$

$x - 5 = 7y - 7(5)$

$(3y + 10) - 7y = -30$

समीकरण $(1)$ से,

$3y + 10 - 7y = -30$

$-4y = -30 - 10$

$-4y = -40$

$y = \frac{-40}{-4}$

$y = 10$

$y = 10$ का मान समीकरण $(1)$रखने पर,

$x - 3y = 10$

$x - 3(10) = 10$

$x - 30 = 10$

$x = 10 + 30$

$x = 40$

इस प्रकार, $x = 40, y = 10$

जैकब की वर्तमान आयु $= x = 40$ वर्ष

जैकब के पुत्र की वर्तमान आयु $= y = 10$ वर्ष

अतः विकल्प (A) सही है।

**20.** दिया है:

$$2x^2 - \sqrt{5}x + 1 = 0$$

यहां, $a = 2, b = -\sqrt{5}, c = 1$

$b^2 - 4ac$

$$= \left(-\sqrt{5}\right)^2 - 4 \times 2 \times 1$$

$$= 5 - 8$$

$$= -3$$

$$\because b^2 - 4ac < 0$$

$\therefore$ इसकी कोई वास्तविक मूल नहीं हैं।

अतः विकल्प (C) सही है।

**21.** I से:

$$\Rightarrow x^2 + 5x - 36 = 0$$

$$\Rightarrow x^2 + 9x - 4x - 36 = 0$$

$$\Rightarrow x(x + 9) - 4(x + 9) = 0$$

$$\Rightarrow (x + 9)(x - 4) = 0$$

$$\Rightarrow x = -9, 4$$

II से:

$$\Rightarrow y^2 + 24y + 135 = 0$$

$$\Rightarrow y^2 + 9y + 15y + 135 = 0$$

$$\Rightarrow y(y + 9) + 15(y + 9) = 0$$

$$\Rightarrow (y + 9)(y + 15) = 0$$

$$\Rightarrow y = -9, -15$$

इसलिए, $x \geq y$

अतः विकल्प (B) सही है।

**22.** दिया गया समीकरण: $2x^2 + kx + 3 = 0$

यहां, $a = 2, b = k, c = 3$

चूँकि समीकरण के दो बराबर मूल हैं

$$\therefore b^2 - 4ac = 0$$

$$\Rightarrow (k)^2 - 4 \times 2 \times 3 = 0$$

$$\Rightarrow k^2 = 24$$

$$\Rightarrow k = \pm\sqrt{24}$$

$$\therefore k = \pm\sqrt{4 \times 6}$$

$$= \pm 2\sqrt{6}$$

अतः विकल्प (D) सही है।

**23.** मान लीजिए $a$ पहला पद है और $d$ सार्व अंतर है,

दिया है, $a_3 = 4$ और $a_9 = -8$

हम जानते है,

$$T_n = a + (n - 1)d$$

$a$ = पहला पद

$d$ = सार्व अंतर

$T_n$ = $n$वाँ पद

$$\Rightarrow T_3 = a + (3 - 1)d = 4$$

$$\Rightarrow a + 2d = 4 \qquad \ldots\ldots (i)$$

$$\Rightarrow T_9 = a + (9 - 1)d = -8$$

$$\Rightarrow a + 8d = -8 \qquad \ldots\ldots (ii)$$

$(i)$ को $(ii)$ से घटाने पर, हम प्राप्त करते हैं

$$6d = -12$$

$$\Rightarrow d = -2$$

$d = -2$ को $(i)$ में रखने पर, हमें प्राप्त होता है

$$a + 2 \times (-2) = 4$$

$$\Rightarrow a - 4 = 4$$

$$\Rightarrow a = 8$$

मान लीजिए इस $AP$ का $n$वाँ पद शून्य है, $a_n = 0$

$$\Rightarrow \quad a + (n - 1)d = 0$$

$$\Rightarrow 8 + (n - 1)(-2) = 0$$

$$\Rightarrow 8 - 2n + 2 = 0$$

$$\Rightarrow 2n = 10$$

$$\Rightarrow n = 5$$

इसलिए, $AP$ का $5$वाँ पद शून्य है।

अतः विकल्प (D) सही है।

**24.** मान लीजिए $a$ पहला पद है और $d$ $AP$ का सार्व अंतर है।

चूँकि $AP$ में $37$ पद हैं, इसलिए तीन सबसे मध्य पद $a_{18}, a_{19}, a_{20}$ हैं और अंतिम तीन पद $a_{35}, a_{36}, a_{37}$ हैं।

दिया है,

$$a_{18} + a_{19} + a_{20} = 225$$

$$T_n = a + (n - 1)d$$

$a$ = पहला पद

$d$ = सार्व अंतर

$T_n$ = $n$वाँ पद

$$\Rightarrow (a + 17d) + (a + 18d) + (a + 19d) = 225$$

$\Rightarrow 3a + 54d = 225 \Rightarrow a + 18d = 75$ ... ...$(i)$

और $a_{35} + a_{36} + a_{37} = 429$

$\Rightarrow (a + 34d) + (a + 35d) + (a + 36d) = 429$

$\Rightarrow 3a + 105d = 429 \Rightarrow a + 35d = 143$ ... ...$(ii)$

$(i)$ को $(ii)$ से घटाने पर, हम प्राप्त करते हैं

$17d = 68 \Rightarrow d = 4$

$d = 4$ को $(i)$ में प्रतिस्थापित करने पर, हमें प्राप्त होता है

$a + 18 \times 4 = 75 \Rightarrow a = 3$

$AP$ $3, 7, 11, 15, \dots$ है

सभी $37$ पदों का योग

$S_n = \frac{n}{2}[2a + (n-1)d]$

$a = $ पहला पद

$d = $ सार्व अंतर

$S_n = n$वें पद का योग

$= \frac{37}{2}(2a + 36d) = 37(a + 18d)$

$= 37(3 + 18 \times 4) = 37 \times 75 = 2775$

अतः विकल्प (A) सही है।

**25.** पहले $40$ धनात्मक पूर्णांक $6$ से विभाज्य होते हैं $6, 12, 18, 24, \dots, 240$.

संख्याओं की यह सूची $AP$ बनाती है $a = 6, l = 240$ और $n = 40$

$S_n = \frac{n}{2}(a + l)$

$a = $ पहला पद

$l = $ अंतिम पद

$S_n = n$वें पद का योग

इन संख्याओं का योग $= \frac{40}{2}(6 + 240)$

$= 20 \times 246 = 4920$

अतः विकल्प (B) सही है।

**26.** दिया है:

$y - \sqrt{3}x - 5 = 0$ और $\sqrt{3}y - x + 6 = 0$

$\Rightarrow y = \sqrt{3}x + 5$

इसलिए, रेखा का ढलान, $m_1 = \sqrt{3}$

$\sqrt{3}y - x + 6 = 0$

$\Rightarrow y = \frac{x}{\sqrt{3}} - \frac{6}{\sqrt{3}}$

इसलिए, रेखा का ढलान, $m_2 = \frac{1}{\sqrt{3}}$

माना कि θ रेखाओं के बीच का न्यून कोण है।

$\tan\theta = \left|\frac{m_1 - m_2}{1 + m_1 m_2}\right|$

$\Rightarrow \tan\theta = \left|\frac{\sqrt{3} - \frac{1}{\sqrt{3}}}{1 + \sqrt{3} \times \frac{1}{\sqrt{3}}}\right|$

$\Rightarrow \tan\theta = \left|\frac{\frac{2}{\sqrt{3}}}{2}\right|$

$\Rightarrow \tan\theta = \frac{1}{\sqrt{3}}$

$\Rightarrow \theta = 30°$

अतः विकल्प (A) सही है।

**27.** दिया है:

$G(4, 3)$ त्रिभुज का केन्द्रक और त्रिभुज का शीर्ष $A, B$ और $C$ क्रमशः $(1, 3), (4, b)$ और $(a, 1)$ हैं

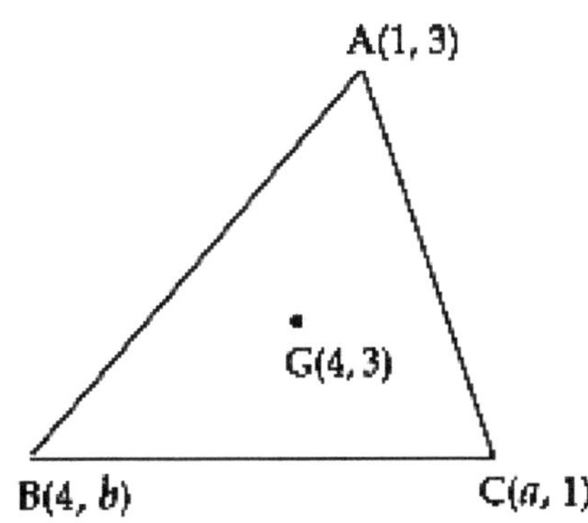


जैसा कि हम जानते हैं,

त्रिभुज के केन्द्रक का निर्देशांक जिसका शीर्ष $A(x_1, y_1), B(x_2, y_2)$ और $C(x_3, y_3)$ है

$$G(x, y) = \left[\frac{(x_1 + x_2 + x_3)}{3}, \frac{(y_1 + y_2 + y_3)}{3}\right]$$

इसलिए,

$\frac{1 + 4 + a}{3} = 4$ और $\frac{3 + b + 1}{3} = 3$

$\Rightarrow 5 + a = 12$ और $4 + b = 9$

$\Rightarrow a = 7$ और $b = 5$ हैं।

इसलिए, $a$ और $b$ के मान $a = 7, b = 5$.

बिंदु $B$ और $C$ निर्देशांक क्रमशः $(4, 5)$ और $(7, 1)$ हैं।

दो बिंदुओं के बीच की दूरी,

$\Rightarrow \sqrt{(x_2 - x_1)^2 + (y_2 - y_1)^2}$

इसलिए, भुजा BC की लंबाई $= \sqrt{(7-4)^2 + (1-5)^2}$

$= \sqrt{9+16} = 5$ यूनिट

अतः विकल्प (C) सही है।

**28.** दिया है,

त्रिभुज के शीर्ष $(1, -1), (-4, 6), (-3, -5)$ हैं

जैसा कि हम जानते हैं,

$\triangle ABC$ का क्षेत्रफल जिसका शीर्ष $A(x_1, y_1), B(x_2, y_2)$ और $C(x_3, y_3)$ द्वारा दिया गया है

$\triangle ABC$ का क्षेत्रफल $= \frac{1}{2}[x_1(y_2 - y_3) + x_2(y_3 - y_1) + x_3(y_1 - y_2)]$

उपरोक्त सूत्र का उपयोग करके, त्रिभुज का क्षेत्रफल जिसके शीर्ष $(1, -1), (-4, 6)$ और $(-3, -5)$ हैं, प्राप्त होगा

त्रिभुज का क्षेत्रफल $= \frac{1}{2}[1(6 + 5) + (-4)(-5 + 1) + (-3)(-1 - 6)]$ वर्ग इकाई

$= \frac{1}{2}[11 + 16 + 21]$ वर्ग इकाई

$= \frac{1}{2}[48]$ वर्ग इकाई

$= 24$ वर्ग इकाई

अतः विकल्प (A) सही है।

**29.** दिया है,

त्रिभुज के शीर्ष $(5, 2), (4, 7), (7, -4)$ हैं

जैसा कि हम जानते हैं,

$\triangle ABC$ का क्षेत्रफल जिसका शीर्ष $A(x_1, y_1), B(x_2, y_2)$ और $C(x_3, y_3)$ द्वारा दिया गया है

$\triangle ABC$ का क्षेत्रफल $= \frac{1}{2}[x_1(y_2 - y_3) + x_2(y_3 - y_1) + x_3(y_1 - y_2)]$

त्रिभुज का क्षेत्रफल जिसके शीर्ष $(5, 2), (4, 7)$ और $(7, -4)$ द्वारा दिया गया है

$= \frac{1}{2}[5(7 + 4) + 4(-4 - 2) + 7(2 - 7)]$ वर्ग इकाई

$= \frac{1}{2}[55 - 24 - 35]$ वर्ग इकाई

त्रिभुज का क्षेत्रफल हमेशा धनात्मक होता है,

$= \frac{1}{2} \times 4$ वर्ग इकाई

$= 2$ वर्ग इकाई

अतः विकल्प (A) सही है।

**30.** दिया गया है:

दो कथन दिए गए हैं

प्रयुक्त संकल्पना:

यूक्लिड के कथन और सिद्धांत

गणना:

यूक्लिड के दूसरे कथन के अनुसार, एक समाप्त रेखा खंड को आगे अनंत तक खींचा जा सकता है।

∴ कथन 1 सही नहीं है।

यूक्लिड के पहले कथन के अनुसार, एक सीधी रेखा को किसी बिंदु से किसी अन्य बिंदु तक खींचा जा सकता है।

∴ दिए गए दो बिंदुओं से केवल एक रेखा खींची जा सकती है।

इस प्रकार, कथन 2 सही नहीं है।

अतः विकल्प (D) सही है।

**31.** दिया गया है:

$\angle CBE = 100°$

प्रयुक्त संकल्पना:

हम जानते हैं, चक्रीय चतुर्भुज में आंतरिक कोण, बाहरी कोण के विपरीत भुजा के बराबर होता है।

गणना:

ABCD एक चक्रीय चतुर्भुज है।

इसलिए, $\angle CBE = \angle CDA = 100°$

$\Rightarrow \angle CDE + \angle CDF = 180°$

$\Rightarrow \angle CDF = 80°$

∴ $\angle CDF$ का मान $80°$ है।

अतः विकल्प (C) सही है।

**32.** दिया गया है:

$\angle BAD = 62°$

$\angle BDC = 119°$

$\angle CBD = 18°$

प्रयुक्त अवधारणा:

एक सीधी रेखा पर बने सभी कोणों का योग $180°$ होता है।

एक त्रिभुज के सभी कोणों का योग $180°$ होता है।

गणना:

माना $\angle ABD$ का मान x है

एक सीधी रेखा पर कोणों का योग $= 180°$

$\Rightarrow \angle BDC + \angle BDA = 180°$

$\Rightarrow \angle BDA = 180° - 119°$

$\Rightarrow \angle BDA = 61°$

ΔABD के सभी कोणों का योग,

$\Rightarrow \angle BAD + \angle BDA + \angle ABD = 180°$

$\Rightarrow 62° + 61° + \angle ABD = 180°$

$\Rightarrow \angle ABD = 180° - 123°$

$\Rightarrow \angle ABD = 57°$

$\therefore \angle ABD$ का मान 57° है।

अतः विकल्प (A) सही है।

**33.** दिया गया है:

समकोण त्रिभुज की लंबाई

a = 48 सेमी, b = 55 सेमी और c = 73 सेमी

जहाँ, c कर्ण को दर्शाता करता है।

प्रयुक्त सूत्र:

अन्त: वृत्त की त्रिज्या (r) = $\dfrac{(a+b-c)}{2}$

परिवृत्त की त्रिज्या (R) = $\dfrac{c}{2}$

गणना:

a = 48 सेमी, b = 55 सेमी और c = 73 सेमी

सूत्र का उपयोग करते हुए, हमारे पास है

$r = \dfrac{(a+b-c)}{2}$

$\Rightarrow r = \dfrac{(48+55-73)}{2}$

$\Rightarrow r = \dfrac{30}{2} = 15$

$R = \dfrac{c}{2}$

$\Rightarrow R = \dfrac{73}{2} = 36.5$

$\therefore$ अन्त: वृत्त की त्रिज्या 15 सेमी और परिवृत्त की त्रिज्या 36.5 सेमी है।

अतः विकल्प (B) सही है।

**34.** दिया गया है:

ABCD एक आयत है।

$\angle CBM = 40°$

अवधारणा:

एक आयत में, विपरीत भुजाएँ समान होती हैं और सभी कोण 90° के होते हैं।

एक त्रिभुज में, विपरीत अन्त: कोण का योग, बाह्य कोण के बराबर होता है।

गणना:

$\triangle BCM$ एक समकोण त्रिभुज है।

$\angle BCM = 90°$

$\angle CBM = 40°$

$\angle BMD = \angle BCM + \angle CBM$

$\Rightarrow \angle BMD = 90° + 40°$

$\therefore \angle BMD = 130°$

अतः विकल्प (A) सही है।

**35.** अभिगृहीत और अभिधारणा दोनों तर्क के आधार पर स्वीकृत अप्रमाणित कथन हैं।

उन्हें व्यापक रूप से स्वीकार किया जाता है, लेकिन बिना साबित हुए उन्हें अप्रमाणित बयानों के स्व-संगत सेट के रूप में माना जाता है।

आधुनिक गणित में, अभिगृहीत और अभिधारणा समानार्थक रूप से उपयोग किए जाते हैं और सार्वभौमिक रूप से स्वीकार किए जाते हैं या "सामान्य सत्य" के रूप में माने जाते हैं।

लेकिन प्राचीन काल में अभिगृहीतों को अभिधारणाओं से भिन्न तत्व के रूप में देखा जाता है।

उनके बीच जो अंतर था वह है:

- स्वयंसिद्ध को एक अप्रमाणित तार्किक कथन के रूप में देखा गया था जिसे सत्य पर आधारित माना जाता है और "शुरुआती बिंदु" के रूप में माना जाता है जो परिकल्पना को साबित करने में मदद करता है। उदाहरण के लिए, प्रत्येक वर्ग एक आयत है।

- जबकि एक अभिधारणा को एक परिकल्पना के रूप में माना जाता था जिसे बिना किसी प्रमाण के स्वीकार किया जाता है।

- एक स्वयंसिद्ध अध्ययन के कई क्षेत्रों में सार्वभौमिक हो सकता है लेकिन अभिधारणाएं केवल गणित के विशिष्ट भागों से संबंधित हैं।

- उदाहरण के लिए, यूक्लिड के अभिगृहीत और अभिधारणाएँ।

वे गणित के जटिल प्रमेयों और अमूर्त कथनों को सिद्ध करने और व्युत्पन्न करने के लिए एक साथ उपयोगी हैं।

इन्हें मूल संरचना के रूप में माना जाता है जिससे विभिन्न प्रमेय प्राप्त होते हैं।

वे गणित के हर क्षेत्र से संबंधित हैं, न कि केवल ज्यामिति या बीजगणित से।

इसलिए, यह निष्कर्ष निकाला गया है कि अभिगृहीत सार्वभौमिक हैं जबकि अभिधारणाएं केवल गणित के विशिष्ट भागों से संबंधित हैं, गणित में स्वयंसिद्ध और अभिधारणा के बीच मुख्य अंतर है।

अतः विकल्प (C) सही है।

**36.** समानांतर रेखाएँ वे रेखाएँ होती हैं जो समतल में किसी भी बिंदु पर एक दूसरे को नहीं काटती हैं या एक दूसरे से नहीं मिलती हैं। वे हमेशा समानांतर होती हैं और एक दूसरे से समान दूरी पर होती हैं। समांतर रेखाएं अप्रतिच्छेदी रेखाएं होती हैं।

अतः विकल्प (A) सही है।

**37.** यदि दो कोणों के मापों का योग 90° है, तो उनमें से प्रत्येक एक दूसरे का पूरक है।

जब दो कोणों का योग 90° हो, तो कोणों को पूरक कोण कहते हैं। दूसरे शब्दों में, यदि दो कोणों को जोड़कर एक समकोण बनता है, तो इन कोणों को पूरक कोण कहा जाता है।

अतः विकल्प (A) सही है।

**38.** दो अनुपूरक आसन्न कोण एक रैखिक युग्म बनाते हैं।

यदि दो अनुपूरक कोण एक-दूसरे के निकट हों तो वे रैखिक युग्म कहलाते हैं।

दो अनुपूरक संपूरक कोणों का योग $= 180^{o}$

अतः विकल्प (A) सही है।

**39.** जैसा कि हम जानते हैं,

98° का अनुपूरक वह कोण है जिसे 98° में जोड़ने पर एक सीधा कोण 180° बनता है।

अनुपूरक ज्ञात करने के लिए दिए गए कोण को 180° से घटाएं।

$180° - 98° = 82°$

98° का अनुपूरक 82° है।

अतः विकल्प (A) सही है।

**40.** दिया गया है,

एक समलम्ब $PQRS$ के विकर्ण एक दूसरे से बिंदु $O$ पर प्रतिच्छेदित होते हैं एवं $PQ|\ |RS$।

$$2PQ = RS$$

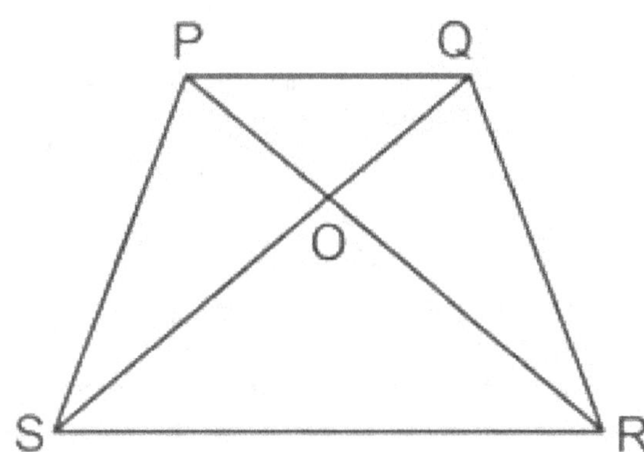

$\angle POQ = \angle ROS$,

समांतर रेखाओं की विशेषता से:

$\angle OPQ = \angle ORS$ और $\angle OSR = \angle OQP$

∴ त्रिभुज $POQ$ एवं त्रिभुज $ROS$ गुणधर्म $AAA$ से समरूप हैं।

क्षेत्रफलों का अनुपात = समरूप त्रिभुजों के लिए (भुजाओं का अनुपात)2

जैसा कि हम जानते हैं,

$$2PQ = RS$$

क्षेत्रफलों का अनुपात $\dfrac{ROS}{POQ} = \dfrac{2^2}{1} = \dfrac{4}{1}$

अतः विकल्प (B) सही है।

**41.** दिया गया है,

एक चतुर्भुज के तीन कोण $75º, 90º$ और $75º$ हैं।

हम जानते हैं कि चतुर्भुज के कोणों का योग $360º$ होता है।

माना अज्ञात कोण $x$ है।

इसलिए, $75º + 90º + 75º + x = 360º$

$x = 360º - 240º = 120º$

अतः विकल्प (D) सही है।

**42.** एक आयत की आसन्न भुजाएँ $5x^2 - 3x^2$ और $x^2 + 2xy$ दी गई हैं,

हम जानते हैं कि आसन्न भुजाओं $a$ और $b$ वाले एक आयत का परिमाप $2 \times (a + b)$ है,

परिमाप $= 2\left((5x^2 - 3y^2) + (x^2 + 2xy)\right)$

$= 2(6x^2 - 3y^2 + 2xy)$

$= 12x^2 - 6y^2 + 4xy$

∴ आयत का परिमाप $= 12x^2 - 6y^2 + 4xy$

अतः विकल्प (B) सही है।

**43.** समान आधार और समान समानांतर रेखाओं के बीच, त्रिभुज और समानांतर चतुर्भुज,

यदि त्रिभुज और समानांतर चतुर्भुज एक ही आधार पर और एक ही समानांतर रेखाओं के बीच हों, तो त्रिभुज का क्षेत्रफल समानांतर चतुर्भुज के क्षेत्रफल के आधे के बराबर होता है।

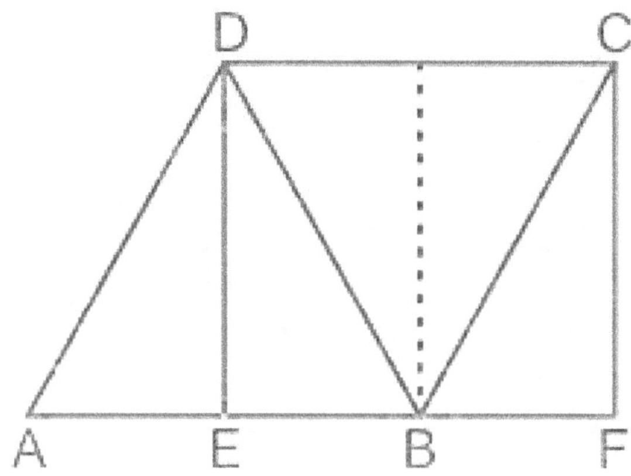

समानांतर चतुर्भुज $ABCD$ और त्रिभुज $ABD$ एक ही आधार $AB$ पर और समान समानांतर $AF$ और $DC$ के बीच हैं,

यहाँ, $AB$ आधार है और $AE$ त्रिभुज $ABD$ की ऊँचाई है।

∴ $ABD$ का क्षेत्रफल $= \dfrac{1}{2}$ समानांतर चतुर्भुज $ABCD$ का क्षेत्रफल

∴ $ABD$ का क्षेत्रफल / समानांतर चतुर्भुज $ABCD$ का क्षेत्रफल $= 1:2$

अतः विकल्प (B) सही है।

**44.**

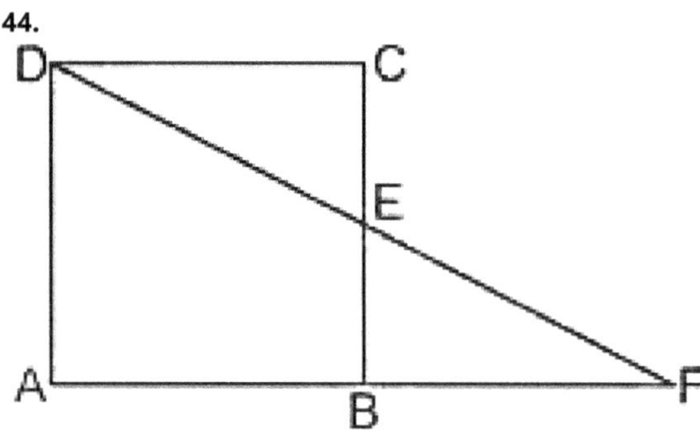

दिया हुआ है कि $ABCD$ एक समानांतर चतुर्भुज है और $E$ मध्य बिन्दु है।

$BE = EC$

$\Rightarrow \angle DEC = \angle BEF$ (क्योंकि $DC$ और $AF$ समानांतर है)

$\Rightarrow \angle ECD = \angle EBF$ (क्योंकि $DC$ और $AF$ समानांतर है)

ऊपर के शर्तों का पालन करके हमें प्राप्त होता है कि $\triangle EBF$ और $\triangle ECD$ सर्वांगसम हैं,

$DC = BF$

$\Rightarrow AF = AB + BF = AB + DC = AB + AB$ (समानांतर चतुर्भुज की भुजा बराबर होती है)

$\therefore AF = 2AB$

अत: विकल्प (D) सही है।

**45.** दिया गया है,

फर्श की लंबाई $= 5$ मीटर $44$ सेमी $= (500 + 44)$ सेमी $= 544$ सेमी

फर्श की चौड़ाई $= 3$ मीटर $74$ सेमी $= (300 + 74)$ सेमी $= 374$ सेमी

फर्श का क्षेत्रफल $=$ फर्श की लंबाई $\times$ फर्श की चौड़ाई

$= (544 \times 374)$ वर्ग सेमी

सबसे बड़े वर्गाकार टाइल का आकार $= 544$ सेमी और $374$ सेमी का एच.सी.एफ.

$544 = 2 \times 2 \times 2 \times 2 \times 2 \times 17$

$374 = 2 \times 11 \times 17$

एच.सी.एफ. $= 2 \times 17 = 34$ सेमी

एक टाइल का क्षेत्रफल $= (34 \times 34)$ वर्ग सेमी

आवश्यक टाइलों की संख्या $=$ फर्श का क्षेत्रफल / एक टाइल का क्षेत्रफल

$= \left(\dfrac{544 \times 374}{34 \times 34}\right)$

$= 176$

अत: विकल्प (C) सही है।

**46.** हम जानते हैं की,

वृत्तखंड का क्षेत्रफल $=$ त्रिज्यखंड का क्षेत्रफल $-$ त्रिभुज का क्षेत्रफल

$\dfrac{\pi r^2 \theta}{360°} - r^2 \sin\dfrac{\theta}{2} \cdot \cos\dfrac{\theta}{2}$

$\dfrac{1}{2} r^2 \left(\dfrac{\pi\theta}{180°} - 2 \cdot \sin\dfrac{\theta}{2} \cdot \cos\dfrac{\theta}{2}\right) \quad (\because 2\sin\theta\cos\theta = \sin 2\theta)$

$\dfrac{1}{2} r^2 \left(\dfrac{\pi\theta}{180°} - \sin\theta\right)$

अत: विकल्प (A) सही है।

**47.** दिए गए प्रश्न के अनुसार:

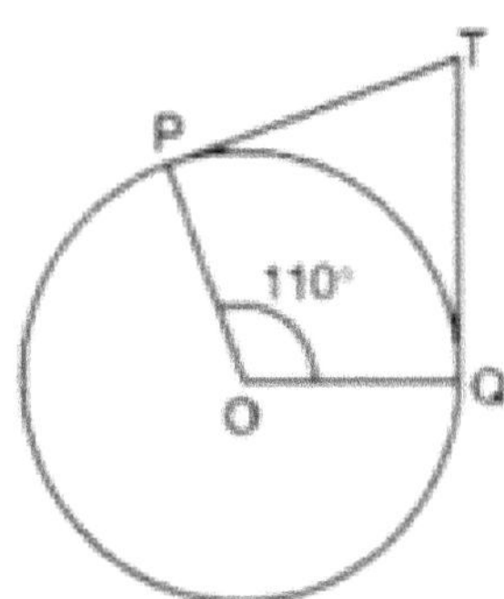

हम देख सकते हैं, $OP$ स्पर्शरेखा $PT$ के लिए वृत्त की त्रिज्या है और $OQ$ स्पर्शरेखा $TQ$ की त्रिज्या है।

इसलिए, $OP \perp PT$ और $TQ \perp OQ$

$\therefore \angle OPT = \angle OQT = 90°$

अब, चतुर्भुज POQT में, हम जानते हैं कि आंतरिक कोणों का योग $360°$ है

इसलिए, $\angle PTQ + \angle POQ + \angle OPT + \angle OQT = 360°$

संबंधित मान रखने पर, हम प्राप्त करते हैं,

$\Rightarrow \angle PTQ + 90° + 110° + 90° = 360°$

$\Rightarrow \angle PTQ = 70°$

अत: विकल्प (B) सही है।

**48.**

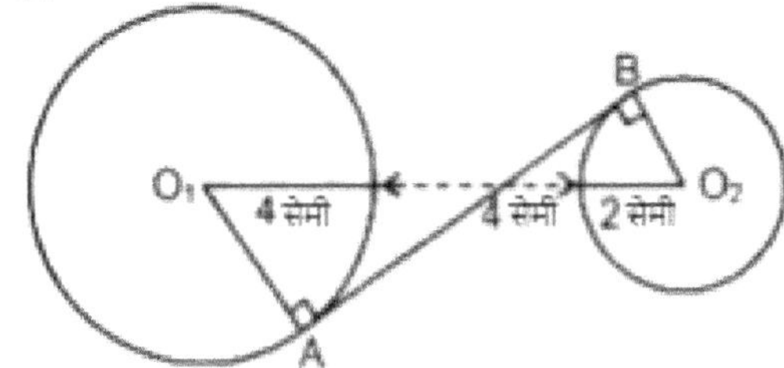

वृत्त की उभयनिष्ठ अनुप्रस्थ स्पर्श रेखा की लंबाई,

$\Rightarrow \sqrt{[(\text{वृत्त के केंद्रों के बीच की दूरी})^2 - (R_1 + R_2)^2]}$

$\Rightarrow \sqrt{[(10)^2 - (4 + 2)^2]}$

$\Rightarrow \sqrt{[100 - 36]} = \sqrt{64} = 8$ सेमी

अत: विकल्प (C) सही है।

**49.** उपरोक्त आकृति से, AB छोटे वृत्त पर बिंदु P पर स्पर्श रेखा है

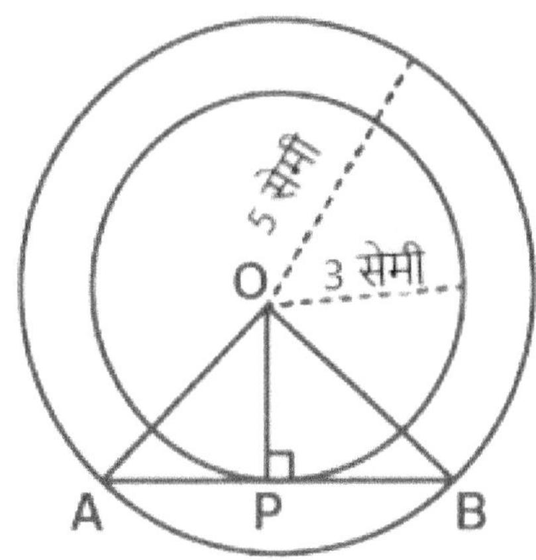

OP $\perp$ AB

पाइथागोरस प्रमेय द्वारा, त्रिभुज OPA में

OA$^2$ = AP$^2$ + OP$^2$

5$^2$ = AP$^2$ + 3$^2$

AP$^2$ = 25 - 9

AP = 4

अब, OP $\perp$ AB के रूप में,

चूँकि वृत्त के केंद्र से लम्ब जीवा को समद्विभाजित करता है, AP, PB के बराबर होगा

AB = 2AP = 2 × 4 = 8 सेमी

अतः विकल्प (A) सही है।

**50.** दिया है:

$\angle PAD = 60$

$\angle BPD = 120°$

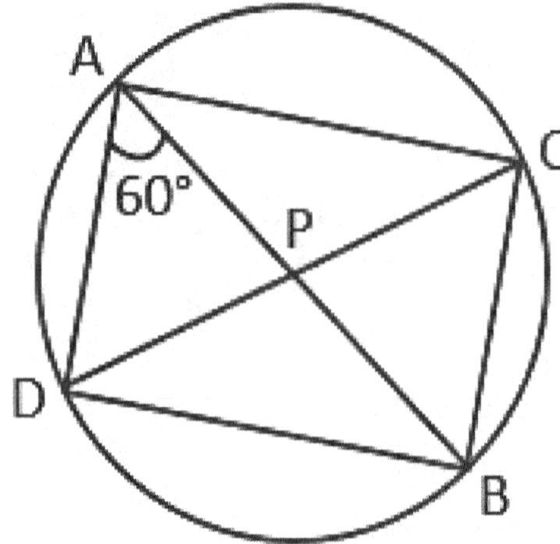

$\triangle APD,$ में $AP = DP$ (वृत्त की त्रिज्या)

एक त्रिभुज में समान भुजाओं के सम्मुख कोण बराबर होते हैं

$\angle PAD = \angle PDA = 60°$

$\angle PAD + \angle PDA + \angle APD = 180°$ ( $\triangle$ के कोण योग गुण से )

$60° + 60° + \angle APD = 180°$

$\angle APD = 60°$

$\angle APD + \angle BPD = 180°$ (रैखिक जोड़ी)

$\angle BPD = 120°$

अतः विकल्प (D) सही है।

**51.** दिया गया है:

व्यास $AD = 34$ सेमी

जीवा $AB = 30$ सेमी

जैसा कि हम जानते है,

जीवा $AB$ और व्यास $AD$ को नीचे दिए गए चित्र में दिखाया गया है:

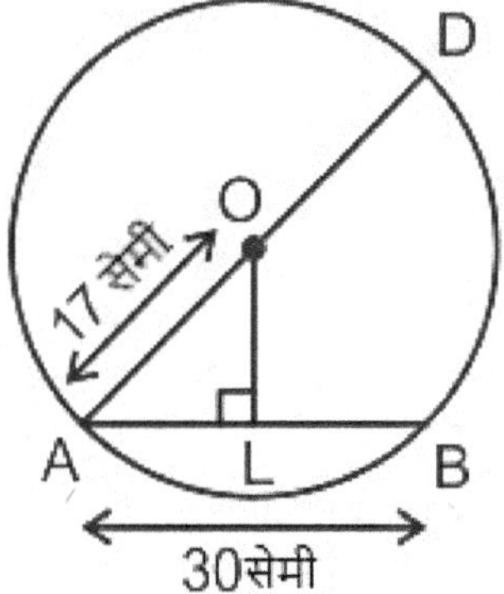

त्रिज्या $OA = \frac{1}{2}$ (वृत्त का व्यास)

$= 17$ सेमी

हम जानते हैं कि वृत्त के केंद्र से जीवा पर खींचा गया लम्ब जीवा को समद्विभाजित करता है।

इसलिए,

$AB \perp OL$ और $AL = 15$ सेमी

इसलिए, $\triangle OAL$ में, पाइथागोरस प्रमेय का प्रयोग करते हुए

$OA^2 = OL^2 + AL^2$

$\Rightarrow 17^2 = OL^2 + 15^2$

$\Rightarrow OL = 8$ सेमी

अतः विकल्प (A) सही है।

**52.** हम जानते हैं, केंद्र में एक वृत्त के एक चाप द्वारा समायोजित किया गया कोण वृत्त के शेष भाग पर किसी भी बिंदु पर इसके द्वारा समायोजित कोण से दोगुना है।

तो, दिए गए वृत्त में,

$\angle POR = 2\angle PQR$
इसलिए, $\angle POR = 2 \times 40° = 80°$

अतः विकल्प (A) सही है।

**53.** दिया गया है:

भुजा $= 13$ सेमी,

जैसा कि हम जानते है,

वर्ग का क्षेत्रफल $=$ भुजा $^2$

$= 13 \times 13$

$= 169$ सेमी वर्ग

$\therefore$ वर्ग का क्षेत्रफल $169$ सेमी वर्ग है।

अतः विकल्प (A) सही है।

**54.** जैसा कि हम जानते है,

त्रिभुज का परिमाप $=$ त्रिभुज की तीनों भुजाओं का योग

$= 14 + 16 + 10$

$= 30$

इसलिए, त्रिभुज का अभीष्ट परिमाप $30$ सेमी है।

अत: विकल्प (A) सही है।

**55.** दिया है,

$OA = OB = $ त्रिज्या $= 10$ सेमी

$\theta = 90°$

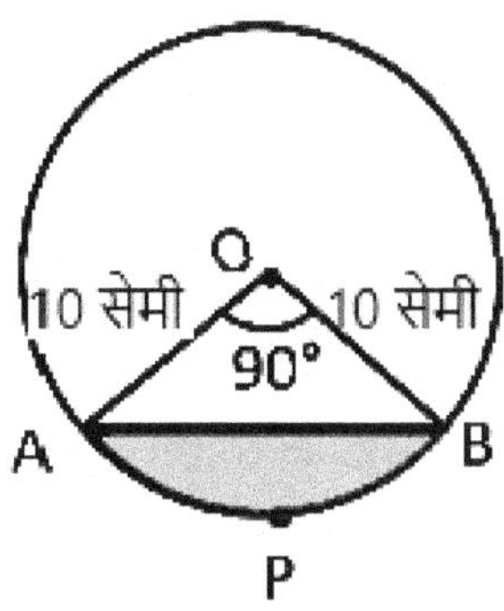


वृत्त खंड $APB$ का क्षेत्रफल $=$ चतुर्थांश $OAPB$ का क्षेत्रफल $- \triangle AOB$ का क्षेत्रफल

त्रिज्यखंड का क्षेत्रफल $OAPB = \frac{\theta}{360°} \times \pi r^2$

$= \frac{90}{360} \times 3.14 \times (10)^2$

$= \frac{1}{4} \times 3.14 \times 100$

$= \frac{1}{4} \times 314$

$= 78.5$ सेमी $^2$

$\triangle AOB$ का क्षेत्रफल

अब, $\triangle AOB$ एक समकोण त्रिभुज है,

जहां, $\angle O = 90°$ जिसका आधार $= OA$ ऊंचाई $= OB$ है,

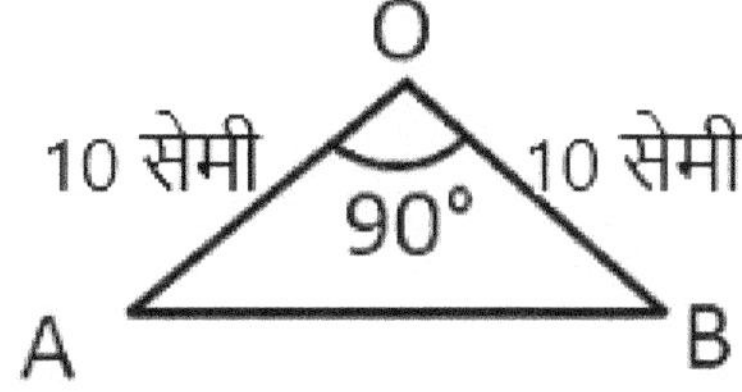


$\triangle AOB$ का क्षेत्रफल $= \frac{1}{2} \times$ आधार $\times$ ऊंचाई का क्षेत्रफल

$= \frac{1}{2} \times OA \times OB$

$= \frac{1}{2} \times 10 \times 10$

$= 50$ सेमी $^2$

अब,

वृत्त खंड $APB$ का क्षेत्रफल $=$ चतुर्थांश $OAPB$ का क्षेत्रफल $OAPB$ $- \triangle AOB$ का क्षेत्रफल

$= 78.5 - 50$

$= 28.5$ सेमी $^2$

अतः विकल्प (C) सही है।

**56.** दिया है,

वृत्त की त्रिज्या, $r = 21$ सेमी

त्रिज्यखंड का कोण, $\theta = 60°$

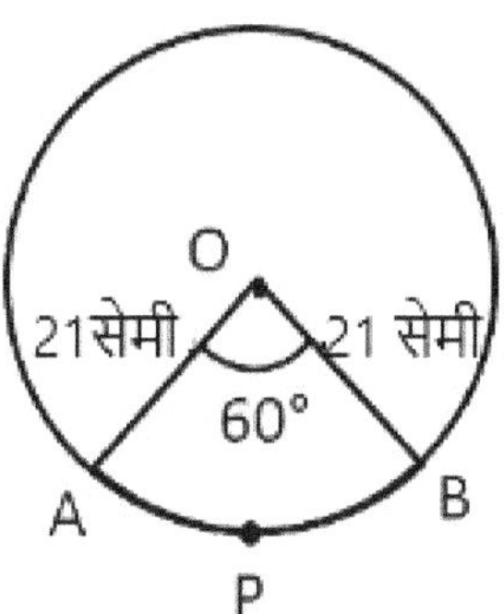


चाप $APB$ की लंबाई $= \frac{\theta}{360°} \times 2\pi r$

$= \frac{60°}{360°} \times 2 \times \frac{22}{7} \times 21 = \frac{1}{6} \times 2 \times 22 \times 3$

$= 22$ सेमी

अतः विकल्प (A) सही है।

**57.** दिया गया है,

$a = 20$ मी

$b = 21$ मी

$c = 39$ मी

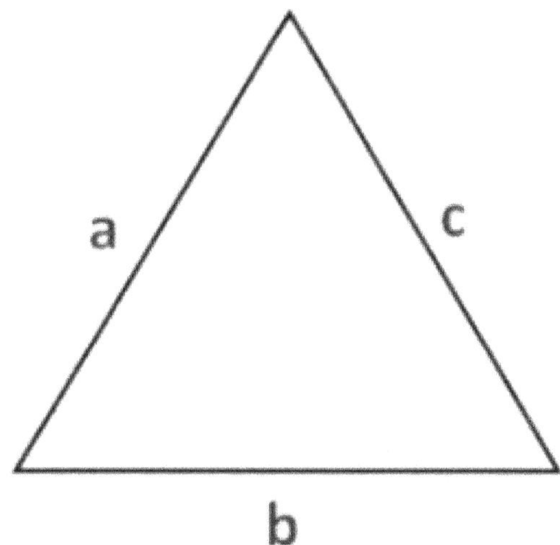


अर्ध परिमाप इस प्रकार दिया गया है,

$s = \frac{a+b+c}{2}$

$= \frac{20+21+29}{2} = 35$ मी

हीरोन के सूत्र से,

$$\text{क्षेत्रफल} = \sqrt{s \times (s-a) \times (s-b) \times (s-c)}$$

$$= \sqrt{35 \times (35-20) \times (35-21) \times (35-29)}$$

$$= \sqrt{35 \times 15 \times 14 \times 6}$$

$$= 210 \text{ मी}^2$$

अतः विकल्प (C) सही है।

**58.** दिया गया है,

त्रिभुज की भुजाएँ:

a = 56 सेमी

b = 60 सेमी

c = 52 सेमी

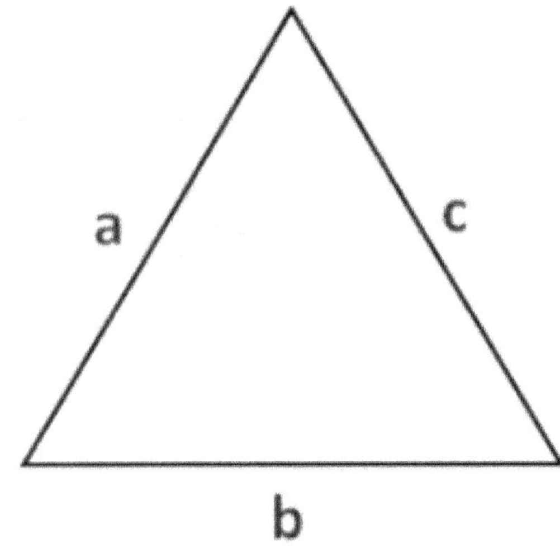


अर्ध-परिधि इस प्रकार दी गई है,

$$s = \frac{a+b+c}{2}$$

$$= \frac{56+60+52}{2} = 84$$

हीरोन के सूत्र से,

त्रिभुज का क्षेत्रफल,

$$\Delta = \sqrt{s(s-a)(s-b)(s-c)}$$

$$= \sqrt{84(84-56)(84-60)(84-52)}$$

$$= \sqrt{1806336} = 1344 \text{ सेमी}^2$$

अतः विकल्प (C) सही है।

**59.** दिया है:

बेलन का आयतन $= 2156$ घन सेमी

आधार त्रिज्या और बेलन की ऊंचाई का अनुपात $= 1:2$

प्रयुक्त सूत्र:

बेलन का आयतन $= \pi r^2 h$

माना कि बेलन की त्रिज्या और ऊंचाई क्रमशः $x$ और $2x$ है।

बेलन का आयतन $= \pi r^2 h$

$$2156 = \frac{22}{7} \times x^2 \times 2x$$

$$\Rightarrow x^3 = 343$$

$$\Rightarrow x = 7 \text{ सेमी}$$

त्रिज्या $= 7$ सेमी और ऊँचाई $= 2x = 2 \times 7 = 14$ सेमी

प्रश्नानुसार,

बेलन बढ़ी हुई त्रिज्या $= x + 3 = 10$ सेमी

बेलन की घटती ऊंचाई $= 2x - 3.5 = 10.5$ सेमी

नए बेलन का आयतन $= \pi \times 10^2 \times 10.5 = 3300$ घन सेमी

$\therefore$ आवश्यक परिवर्तन $= 3300 - 2156 = 1144$ घन सेमी

अतः विकल्प (A) सही है।

**60.** दिया गया है:

शंकु की ऊँचाई $= 8$ सेमी

शंकु की त्रिज्या $= 2$ सेमी

हम जानते हैं कि,

गोले का आयतन $= \frac{4}{3} \pi R^3$

शंकु का आयतन $= \frac{1}{3} \pi r^2 h$

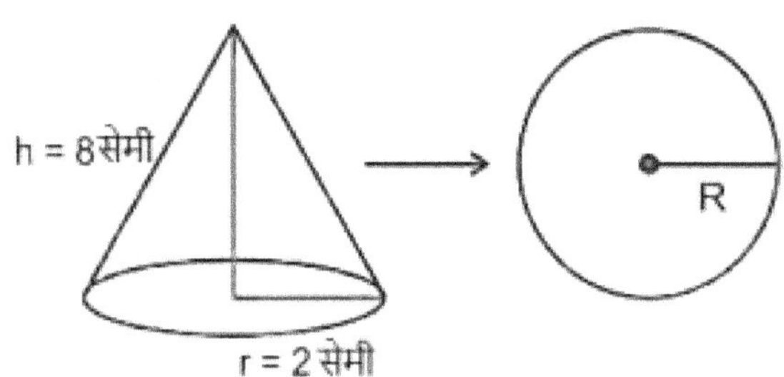


प्रश्न के अनुसार,

एक गोले का आयतन = एक शंकु का आयतन

$$\frac{4}{3} \pi R^3 = \frac{1}{3} \pi r^2 h$$

$$\Rightarrow \frac{4}{3} \times \pi \times R^3 = \frac{1}{3} \times \pi \times 2 \times 2 \times 8$$

$$\Rightarrow R^3 = 8$$

$$\Rightarrow R = 2 \text{ सेमी}$$

$\therefore$ गोले की त्रिज्या $2$ सेमी है।

अतः विकल्प (A) सही है।

**61.**

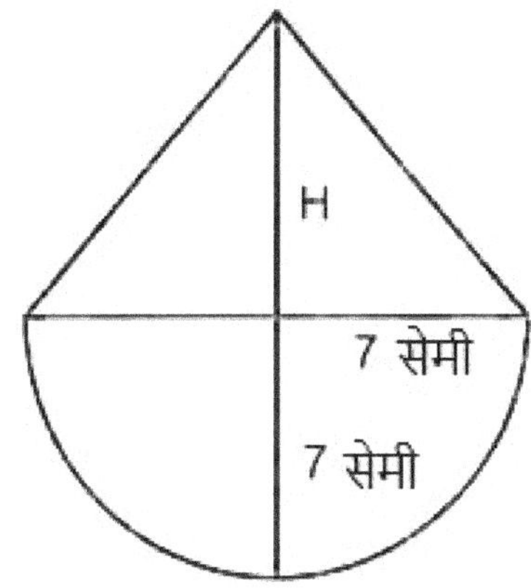


अर्धगोले का व्यास $14$ सेमी है

∴ अर्धगोले की त्रिज्या $= 7$ सेमी

चूँकि बोतल की क्षमता $1232$ सेमी³ है।

$\therefore 1232 = [\frac{2}{3} \times \frac{22}{7} \times 7 \times 7 \times 7 + \frac{1}{3} \times \frac{22}{7} \times 7 \times 7 \times H\}$

$\Rightarrow 1232 = \frac{1}{3} \times \frac{22}{7} \times 7 \times 7 \times [2 \times 7 + H]$

$\Rightarrow 1232 = \frac{154}{3} \times [14 + H]$

$\Rightarrow 24 = 14 + H$

$\Rightarrow H = 10$ सेमी

∴ बोतल की कुल ऊंचाई $= 10 + 7 = 17$ सेमी

अतः विकल्प (C) सही है।

**62.** दिया है:

अर्द्ध-गोले की त्रिज्या, $r = 21$ सेमी

प्रयुक्त सूत्र:

अर्द्ध-गोले का आयतन $= \frac{2}{3}\pi r^3$

अर्द्ध-गोले का वक्रीय पृष्ठफल $= 2\pi r^2$

अर्द्ध-गोले का संपूर्ण पृष्ठफल $= 3\pi r^2$

∴ अर्द्ध-गोले का आयतन $= \frac{2}{3}\pi r^3$

$\Rightarrow \frac{2}{3} \times \frac{22}{7} \times 21^3 = 2 \times 22 \times 21^2$

⇒ अर्द्ध-गोले का आयतन $= 19404$ सेमी³

अर्द्ध-होल का वक्रीय पृष्ठफल $= 2\pi r^2$

$\Rightarrow 2 \times \frac{22}{7} \times 21^2 = 2772$ वर्ग सेमी

⇒ अर्द्ध-गोले का वक्रीय पृष्ठफल $= 2772$ वर्ग सेमी

अर्द्ध-गोले का संपूर्ण पृष्ठफल $= 3\pi r^2$

$\Rightarrow 3 \times \frac{22}{7} \times 21^2 = 4158$ वर्ग सेमी

⇒ अर्द्ध-गोले का संपूर्ण पृष्ठफल $= 4158$ वर्ग सेमी

अतः विकल्प (A) सही है।

**63.** दिया है:

अर्धगोले की आंतरिक त्रिज्या $= 7$ सेमी

अर्धगोले की बाहरी त्रिज्या $= 9$ सेमी

हम जानते हैं,

अर्धगोले का कुल पृष्ठीय क्षेत्रफल $= 2\pi R^2 + 2\pi r^2 + \pi(R^2 - r^2)$

$= 2\pi \times 9^2 + 2\pi \times 7^2 + \pi(9^2 - 7^2)$

$= 162\pi + 98\pi + 32\pi$

$= 292\pi$ सेमी²

अतः विकल्प (B) सही है।

**64.** दिया गया है:

छोटे घन का पृष्ठीय क्षेत्रफल $= 54$ सेमी²

बड़े घन का पृष्ठीय क्षेत्रफल $= 1350$ सेमी²

माना छोटे घन और बड़े घन के शीर्ष क्रमशः a और A हैं।

तो, छोटे घन का पृष्ठीय क्षेत्रफल $= 6a^2 = 54$ सेमी²

$\Rightarrow a = 3$ सेमी

और बड़े घन का क्षेत्रफल $= 6A^2 = 1350$ सेमी²

$\Rightarrow A = 15$ सेमी

∴ घनों की संख्या $= \frac{A^3}{a^3}$

$= \frac{15^3}{3^3} = 125$

अतः विकल्प (A) सही है।

**65.** अवधारणा:

माध्य = सभी मानों का कुल योग/ मानों की संख्या

गणना:

दिए गए आँकड़ों का योग $= a + b + a + a + b + a + b + c + a + b + a + c + a + b + a$

$\Rightarrow 8a + 5b + 2c$

मानों की संख्या $= 15$

माध्य $= \frac{(8a + 5b + 2c)}{15}$

अतः विकल्प (C) सही है।

**66.** दिया है:

A = {(x - 2), x, (x - 3), (x + 8), (x - 7)}

गणना:

बढ़ते हुए क्रम में निम्नलिखित पद को व्यवस्थित करें

$(x - 7), (x - 3), (x - 2), x, (x + 8)$

विषम संख्या के लिए माध्य $= \frac{(n+1)}{2}$वाँ पद = तृतीय पद

∴ समुच्चय A का माध्य $(x - 2)$ है।

अत: विकल्प (B) सही है।

**67.** माध्य आँकड़ों के किसी समूह का अंकगणितीय औसत होता है। इसे आँकड़ों के समूह में संख्याओं का योग करके और आँकड़ों के समूह में अवलोकनों की संख्या से भाग देकर ज्ञात किया जाता है।

माध्य $M_1 =$ पहले वितरण का योग $/f_1$

$\Rightarrow$ योग $_1 = M_1 f_1$

इसी प्रकार, योग $_2 = M_2 f_2$

संयोजित माध्य = कुल योग/आवृत्तियों का योग

$= \frac{M_1 f_1 + M_2 f_2}{f_1 + f_2}$

दो वितरणों का संयुक्त माध्य $\frac{M_1 f_1 + M_2 f_2}{f_1 + f_2}$ है।

अत: विकल्प (B) सही है।

**68.** माध्य एक डेटा सेट का अंकगणितीय औसत है। यह डेटा सेट में संख्याओं को जोड़कर और डेटा सेट में टिप्पणियों की संख्या से विभाजित करके पाया जाता है।

माध्यिका एक डेटा सेट में मध्य संख्या होती है जब संख्याओं को आरोही या अवरोही क्रम में सूचीबद्ध किया जाता है।

बहुलक प्रेक्षण का वह मान है जिसकी आवृत्ति अधिकतम होती है।

मानक विचलन फैलाव का एक उपाय है। यह एक विस्तृत क्षेत्र (केंद्रीय स्थान के बारे में कुछ भी नहीं) पर वस्तु को वितरित करने की क्रिया या प्रक्रिया है।

मानक विचलन केंद्रीय प्रवृत्ति का माप नहीं है।

अत: विकल्प (D) सही है।

**69.** डेटा सेट का अंकगणितीय माध्य: 4, 5, 0, 10, 8 और 3

यहां, कुल संख्या 6 हैं।

इसलिए, माध्य ज्ञात करने का सूत्र = सभी संख्याओं का योग/मानों की कुल संख्या

$A.M. = \frac{4+5+0+10+8+3}{6}$

$= \frac{30}{6}$

$= 5$

अतः विकल्प (B) सही है।

**70.** जब एक पासा फेंका जाता है, तो हमारे पास $S = \{1,2,3,4,5,6\}$

मान लीजिए, $E = 4$ से बड़ी संख्या प्राप्त करने की घटना $= \{5,6\}$

$\therefore P(E) = \frac{n(E)}{n(S)} = \frac{2}{6} = \frac{1}{3}$

अतः विकल्प (B) सही है।

**71.** मान लीजिए, नीली गेंदों की संख्या, $x$ नीली गेंदें हैं।

गेंदों की कुल संख्या, $5 + x$ गेंदें।

अब, यह भी कहा जाता है कि नीली गेंद के निकलने की प्रायिकता लाल गेंद की प्रायिकता से दोगुनी है।

$2$(नीली गेंद मिलने की प्रायिकता) = लाल गेंद मिलने की प्रायिकता

$\Rightarrow 2$ (नीली गेंदों की संख्या) /(कुल गेंद) $=$(लाल गेंदों की संख्या) /(कुल गेंद)

मान रखने पर,

$2\left(\frac{5}{5+x}\right) = \frac{x}{5+x}$

$\Rightarrow x = 10$

इस प्रकार, नीली गेंदों की संख्या $x = 10$ है।

अतः विकल्प (D) सही है।

**72.** दिया है:

एक बॉक्स में $100$ गोल डिस्क, $50$ वर्गाकार डिस्क और $30$ त्रिभुजाकार डिस्क हैं।

प्रायिकता $=$ प्रेक्षणों की संख्या / अवलोकन की कुल संख्या

डिस्क की कुल संख्या $= 180$

त्रिभुजाकार डिस्क की कुल संख्या $= 30$

पहली बार में एक त्रिभुजाकार डिस्क खींची जाने की प्रायिकता $= \frac{30}{180}$

$= \frac{1}{6}$

पहली डिस्क अलग रख दी जाती है और एक वर्गाकार डिस्क अंदर रखी जाती है।

दूसरी बार में एक त्रिभुजाकार डिस्क खींची जाने की प्रायिकता $= \frac{29}{180}$

आवश्यक प्रायिकता $= \frac{1}{6} \times \frac{29}{180} = \frac{29}{1080}$

∴ आवश्यक प्रायिकता $\frac{29}{1080}$

अतः विकल्प (D) सही है।

**73.** दिया है:

$p = \sec\theta - \tan\theta$ और $q = cosec\theta + \cot\theta$

$p = \sec\theta - \tan\theta$

$= \frac{1}{\cos\theta} - \frac{sin\theta}{\cos\theta}$

$= \frac{1-\sin\theta}{\cos\theta}$

$q = cosec\theta + \cot\theta$

$= \frac{1}{\sin\theta} + \frac{\cos\theta}{\sin\theta}$

$= \frac{1+\cos\theta}{\sin\theta}$

$p + q(p - 1) = \frac{1-\sin\theta}{\cos\theta} + \frac{1+\cos\theta}{\sin\theta}\left(\frac{1-\sin\theta}{\cos\theta} - 1\right)$

$= \dfrac{1-\sin\theta}{\cos\theta} + \dfrac{1+\cos\theta}{\sin\theta}\left(\dfrac{1-\sin\theta-\cos\theta}{\cos\theta}\right)$

$= \dfrac{1-\sin\theta}{\cos\theta} + \dfrac{(1-\sin\theta-\cos\theta+\cos\theta-\sin\theta\cos\theta-\cos^2\theta)}{\sin\theta\cos\theta}$

$= \dfrac{(\sin\theta-\sin^2\theta)+(1-\sin\theta-\cos\theta+\cos\theta-\sin\theta\cos\theta-\cos^2\theta)}{\sin\theta\cos\theta}$

$= \dfrac{-\sin\theta\cos\theta}{\sin\theta\cos\theta}$

$= -1$

अतः विकल्प (A) सही है।

**74.** दिया है:

$\because mn = (\tan\theta + \sin\theta)(\tan\theta - \sin\theta)$

$= \tan^2\theta - \sin^2\theta$

$= \sin^2\theta\left(\dfrac{1-\cos^2\theta}{\cos^2\theta}\right)$

$= \dfrac{\sin^2\theta}{\cos^2\theta}\cdot\sin^2\theta$

$mn = \tan^2\theta\cdot\sin^2\theta$

$\sqrt{mn} = \tan\theta\cdot\sin\theta \quad ......(i)$

तब, $m^2 - n^2 = (\tan\theta + \sin\theta)^2 - (\tan\theta - \sin\theta)^2$

$= 4\tan\theta\cdot\sin\theta$

$= 4\sqrt{mn}$

अतः विकल्प (D) सही है।

**75.** $2\cos A\cos B = \cos(A+B) + \cos(A-B)$

$\cos 36° = \dfrac{\sqrt5+1}{4}....(1)$

$\cos 120° = -\dfrac{1}{2}.....(2)$

$\cos 60° = \dfrac{1}{2}.....(3)$

हमारे पास है,

$\cos 60°\cos 36°\cos 42°\cos 78°$

अब, 2 से गुणा और भाग करने पर, हम प्राप्त करते हैं,

$\Rightarrow \dfrac{1}{2}\cos 36°\cos 60°(2\cos 42°\cos 78°)$

$\Rightarrow \dfrac{1}{2}\cos 36°\cos 60°(\cos 120° + \cos 36°) \quad (\because 2\cos A\cos B = \cos(A+B) + \cos(A-B))$

अब, समीकरणों (1), (2) और (3) से फलनों का मान रखने पर, हम प्राप्त करते हैं,

$\Rightarrow \dfrac{1}{2}\times\left(\dfrac{\sqrt5+1}{4}\right)\times\dfrac{1}{2}\left(\dfrac{-1}{2}+\dfrac{\sqrt5+1}{4}\right)$

$\Rightarrow \left(\dfrac{\sqrt5+1}{16}\right)\times\left(\dfrac{\sqrt5-1}{4}\right)$

$\Rightarrow \dfrac{5-1}{64} \quad [\because (a+b)(a-b) = a^2+b^2]$

$\Rightarrow \dfrac{4}{64}$

$\Rightarrow \dfrac{1}{16}$

अतः विकल्प (C) सही है।

**76.** दिया गया समीकरण है,

$\sin\dfrac{\pi}{10} + \sin\dfrac{13\pi}{10}$

$= \sin\dfrac{180}{10} + \sin\dfrac{13\times180}{10}$

$= \sin 18° + \sin 234°$

$= \sin 18° + \sin(180° + 54°)$

$= \sin 18° - \sin 54°$

$= \sin 18° - \sin(90° - 36°)$

$= \sin 18° - \cos 36°$

$= \dfrac{\sqrt5-1}{4} - \dfrac{\sqrt5+1}{4}$

$= \dfrac{\sqrt5-1-\sqrt5-1}{4} = \dfrac{-2}{4}$

$= -\dfrac{1}{2}$

अतः विकल्प (A) सही है।

**77.** दिया गया है,

$(\tan^2 A + \cot^2 A - 2) - \sec^2 A\,\mathrm{cosec}^2 A$

जैसा कि हम जानते हैं,

त्रिकोणमितीय सर्वसमिकाएं

$\Rightarrow \left(\dfrac{\sin^2 A}{\cos^2 A} + \dfrac{\cos^2 A}{\sin^2 A} - 2\right) - \dfrac{1}{\cos^2 A\sin^2 A}$

$= \left(\dfrac{\sin^4 A+\cos^4 A-2\sin^2 A\cos^2 A+2\sin^2 A\cos^2 A-2\sin^2 A\cos^2 A}{\sin^2 A\cos^2 A}\right) - \dfrac{1}{\sin^2 A\cos^2 A}$

$= \dfrac{(\sin^4 A+\cos^4 A+2\sin^2 A\cos^2 A-4\sin^2 A\cos^2 A)-1}{\sin^2 A\cos^2 A}$

$= \dfrac{(\sin^2 A+\cos^2 A)^2-4\sin^2 A\cos^2 A-1}{\sin^2 A\cos^2 A}$

$= \dfrac{1-4\sin^2 A\cos^2 A-1}{\sin^2 A\cos^2 A} \; [\because \sin^2 A + \cos^2 A = 1]$

$= \dfrac{-4\sin^2 A\cos^2 A}{\sin^2 A\cos^2 A}$

$= -4$

$\therefore$ आवश्यक मान $-4$ है।

अतः विकल्प (A) सही है।

**78.** दिया गया है,

$\dfrac{\sec A(\sec A+\tan A)(1-\sin A)}{(\mathrm{cosec}^2 A-1)\sin^2 A}$

जैसा कि हम जानते हैं,

$$\sec a = \frac{1}{(\cos a)}$$

$$\tan a = \frac{(\sin a)}{(\cos a)}$$

$$= \frac{\left[\frac{1}{\cos A}\left(\frac{1}{\cos A}+\frac{\sin A}{\cos A}\right)(1-\sin A)\right]}{\left[\left(\frac{1}{\sin^2 A}\right)-1\right]\sin^2 A}$$

$$= \frac{\left[\frac{1}{\cos A(1+\sin A)(1-\sin A)}\right]}{\left[\left(\frac{1-\sin^2 A}{\sin^2 A}\right)\times \sin^2 A\right]}$$

$$= \frac{\sec^2 A(1-\sin^2 A)}{(1-\sin^2 A)}$$

$$= \sec^2 A$$

अतः विकल्प (B) सही है।

**79.** माना प्रकाश स्तंभ की ऊंचाई $AB$ है, जहाज़ $C$ और $D$ पर स्थित है

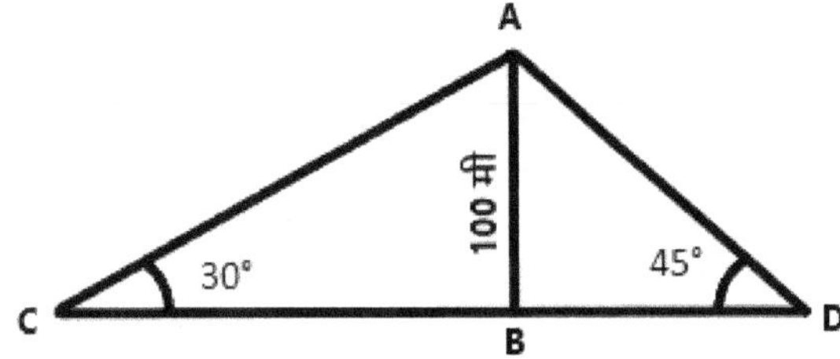


तब $AB = 100$ मी, $\angle ACB = 30°$ और $\angle ADB = 45°$

$$\Rightarrow AC = AB \times \sqrt{3} = 100\sqrt{3} \text{ मी}$$

$$\frac{AB}{AD} = \tan 45° = 1$$

$$\Rightarrow AD = AB = 100 \text{ मी}$$

$$\therefore CD = (AC + AD) = \left(100\sqrt{3} + 100\right)$$

$$= 100\left(\sqrt{3} + 1\right)$$

$$= 100(1.73 + 1)$$

$$= 100 \times 2.73$$

$$= 273 \text{ मी}$$

अतः विकल्प (C) सही है।

**80.**

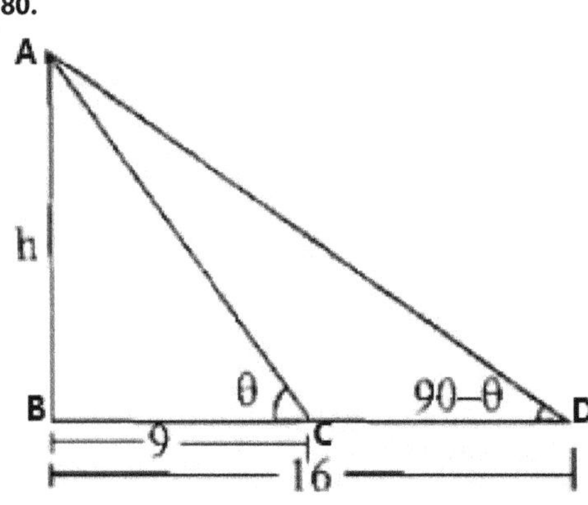


समकोण त्रिभुज ABC में,

$$\tan\theta = \text{लंब /आधार}$$

$$\tan\theta = \frac{h}{9} \dots (1)$$

समकोण त्रिभुज ABD में,

$$\tan(90 - \theta) = \frac{h}{16}$$

$$\Rightarrow \cot\theta = \frac{h}{16} \dots \dots (2)$$

समीकरण (1) और (2) को गुणा करने पर, हम प्राप्त करते हैं

$$\Rightarrow \tan\theta \times \cot\theta = \frac{h^2}{9\times 16} \quad [\because \tan\theta \times \cot\theta = 1]$$

$$\Rightarrow h^2 = 9 \times 16$$

$$\Rightarrow h = \sqrt{9 \times 16}$$

$$\Rightarrow h = 12 \text{ मी}$$

इसलिए, टावर की ऊंचाई $= 12$ मी

अतः विकल्प (D) सही है।

**81.** जैसा कि हम जानते है,

$$\tan\theta = \text{लंब/आधार}$$

$$\tan 60° = \sqrt{3}$$

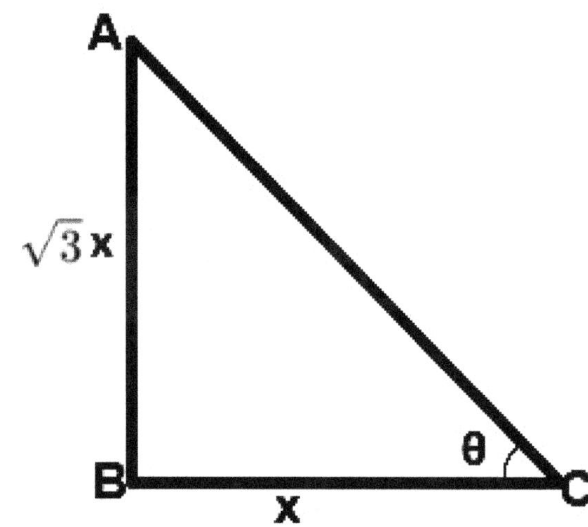


माना $AB$ खंभा है और $BC$ इसकी छाया है।

माना छाया की लम्बाई $x$ तथा खम्भे की लम्बाई $\sqrt{3}x$ है।

अब $\triangle ABC$ में, माना सूर्य का उन्नयन कोण $\theta$ है।

$$\Rightarrow \tan\theta = \frac{AB}{BC}$$

$$\Rightarrow \tan\theta = \frac{\sqrt{3}x}{x}$$

$$\Rightarrow \tan\theta = \sqrt{3}$$

$$\Rightarrow \theta = 60°$$

∴ छाया के समय सूर्य का उन्नयन कोण $60°$ होता है।

अतः विकल्प (A) सही है।

**82.** दिया गया है:

दीवार के तरफ झुकाव वाली सीढ़ी क्षैतिज जमीन के साथ θ कोण इस प्रकार बनाती है कि $\tan\theta = \dfrac{12}{5}$ है। यदि दीवार से सीढ़ी के शीर्ष की ऊंचाई $24$ मीटर है

जैसा कि हम जानते हैं,

$\tan\theta =$ लम्ब / आधार

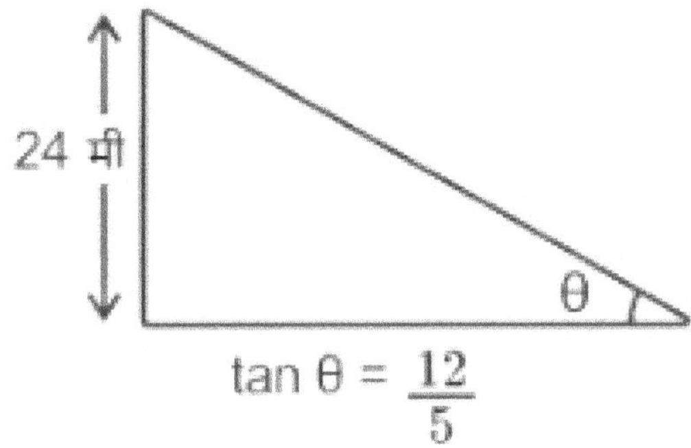


तदनुसार,

माना आधार $= x$ इसका अर्थ है दीवार से सीढ़ी के आधार की दूरी $x$ है

$$\tan\theta = \frac{12}{5}$$

$$\Rightarrow \frac{24}{x} = \frac{12}{5}$$

$$x = 10$$

∴ दीवार से सीढ़ी के आधार की दूरी $10$ मीटर है।

अतः विकल्प (B) सही है।

**83.**

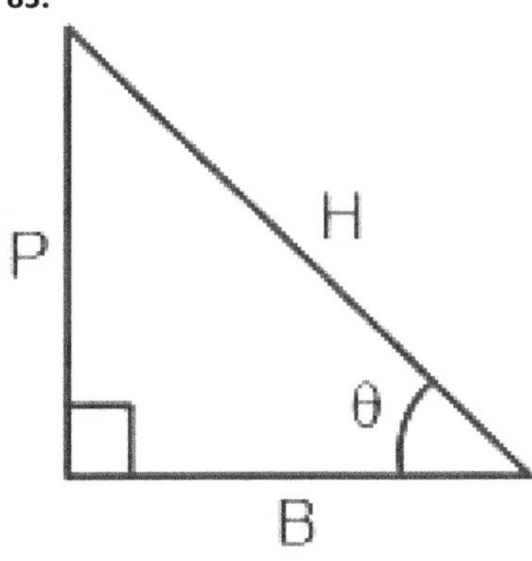


$AC =$ फ्लैगस्टाफ की ऊंचाई

$AC = AB + BC$

$AC = 6 + BC$ ... (i)

$\triangle ABD$ में

$AB = BD$

$\angle A = \angle BDA = \theta$

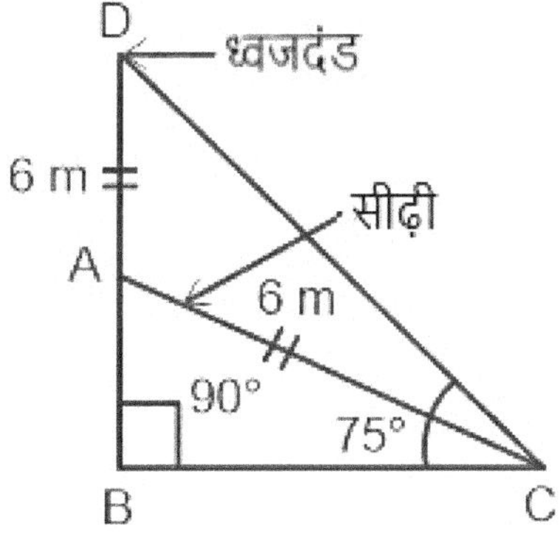


$\triangle BCD$ में त्रिभुज के बाह्य कोण गुण को लागू करने पर

$$\angle DBA = 90° + 75° - \theta$$

$$= 165° - \theta$$

$\triangle ABD$ में

जैसा की हम जानते है,

एक $\triangle$ के कोणों का योग $180°$ होता है,

$$\theta + \theta + 165° - \theta = 180°$$

$$\theta = 180° - 165°$$

$$\theta = 15°$$

$$\angle BDC = 75° - \theta$$

$$= 75° - 15° = 60°$$

$$\sin 60° = \frac{BC}{BD}$$

$$\frac{\sqrt{3}}{2} = \frac{BC}{6}$$

$$BC = \frac{6\sqrt{3}}{2} = 3\sqrt{3}\,\text{m}$$

समीकरण (i) से,

$$AC = 6 + BC$$

$$= 6 + 3\sqrt{3} \text{ मी}$$

$AC$ (फ्लैगस्टाफ की ऊंचाई) $= \left(6 + 3\sqrt{3}\right)$ मी

अतः विकल्प (D) सही है।

**84.** मान लीजिए कि $AB$ टॉवर है और $AC$ और $AD$ इसकी छायाएँ हैं जब योग के उन्नयन के कोण क्रमशः $60°$ और $45°$ हैं। फिर, $\angle ACB = 60°, \angle ADB = 45°, CD = x$ मी

मान लीजिए कि $AB = 5\left(3 + \sqrt{3}\right)$ मी और $AC = y$ मी

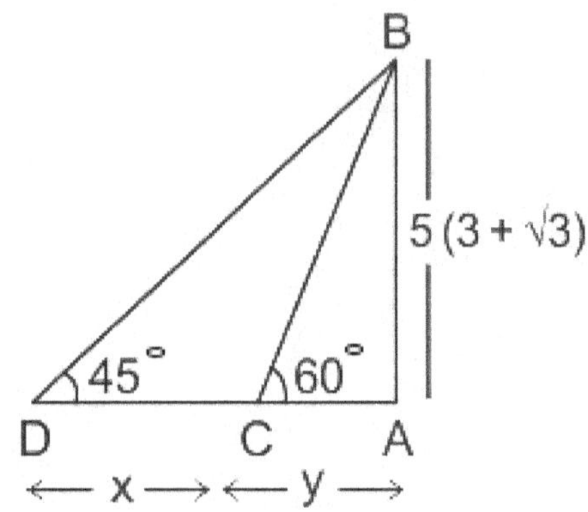

$\triangle CAB$ में हमारे पास है,

$$\tan 60° = \frac{AB}{AC}$$

$$\sqrt{3} = \frac{5(3+\sqrt{3})}{AC} \quad [\tan 60° = \sqrt{3}]$$

$$AC = \frac{5(3+\sqrt{3})}{\sqrt{3}}$$

परिमेयीकरण करने पर, हम प्राप्त करते हैं

$$AC = \frac{5(3+\sqrt{3})}{\sqrt{3}} \times \frac{\sqrt{3}}{\sqrt{3}}$$

$$= \frac{5(3\sqrt{3}+3)}{3}$$

$\triangle DAB$ में, हमारे पास है,

$$\tan 45° = \frac{AB}{AD}$$

$$1 = \frac{AB}{AD} \quad [\tan 45° = 1]$$

$$AB = AD$$

$$AD = 5(3+\sqrt{3})$$

$$x + y = 5(3+\sqrt{3})$$

$$x + \frac{5(3\sqrt{3}+3)}{3} = 5(3+\sqrt{3})$$

$$x = 5(3+\sqrt{3}) - \frac{5(3\sqrt{3}+3)}{3}$$

$$x = 15 + 5\sqrt{3} - \frac{(15\sqrt{3}+15)}{3}$$

$$x = \frac{45+15\sqrt{3}-15\sqrt{3}-15}{3}$$

$$x = \frac{45-15}{3}$$

$$x = \frac{30}{3}$$

$$x = 10 \text{ मी}$$

अत: विकल्प (B) सही है।

**85.** दिया गया है:

$AB = 6$ सेमी और $AE = 3\sqrt{3}$ सेमी

$AD = 2\sqrt{7}$ सेमी

प्रयुक्त सूत्र:

पाइथागोरस प्रमेय

$(कर्ण)^2 = (आधार)^2 + (लम्ब)^2$

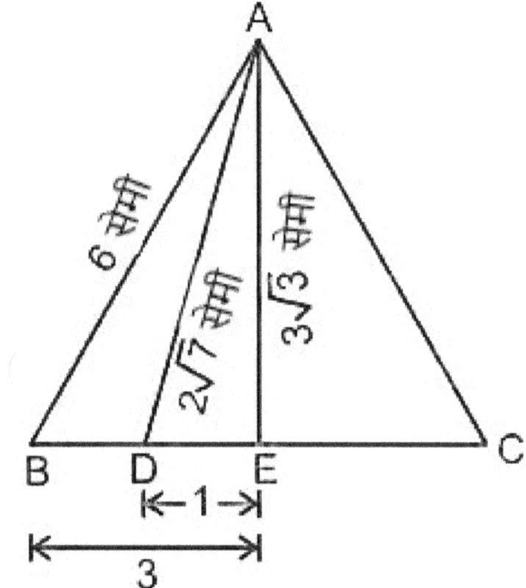

$\Delta ADE$ में,

$$DE^2 = DA^2 - AE^2$$

$$\Rightarrow DE^2 = \left(2\sqrt{7}\right)^2 - \left(3\sqrt{3}\right)^2$$

$$\Rightarrow DE^2 = 28 - 27$$

$$\Rightarrow DE = 1 \text{ सेमी}$$

$\Delta ABE$ में,

$$BE^2 = AB^2 - AE^2$$

$$\Rightarrow BE^2 = 6^2 - \left(3\sqrt{3}\right)^2$$

$$\Rightarrow BE^2 = 9$$

$$\Rightarrow BE = 3 \text{ सेमी}$$

$$\therefore ED : BE = 1 : 3$$

अत: विकल्प (C) सही है।

**86.** दिया है:

∠BAC = 32°, ∠ACE = 98°, ∠BFD = 42°

6∠ABC = 7∠CGE

∠BDF = 90°

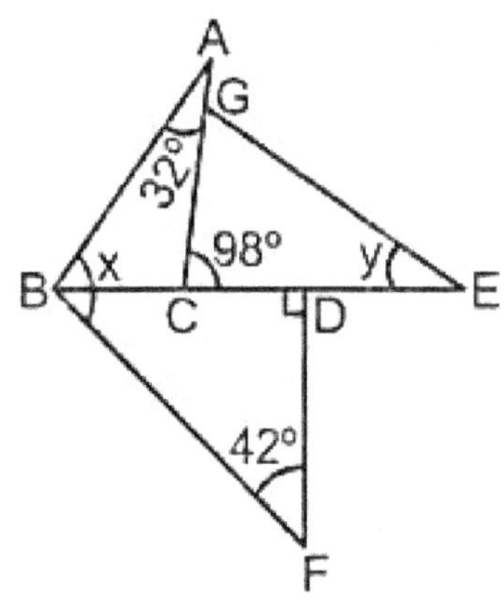

Δ ABC में,

⇒ ∠ACE = ∠BAC + ∠ABC

⇒ 98° = 32° + ∠ABC

⇒ ∠ABC = 66°

Δ BDF में,

⇒ ∠BDF + ∠DFB + ∠FBD = 180°

⇒ 90° + 42° + ∠FBD = 180°

⇒ ∠FBD = 48°

⇒ x = ∠ABC + ∠FBD = 66° + 48° = 114°    ___(1)

⇒ 7∠ABC = 6∠CGE

⇒ 7 × 66 = 6∠CGE

⇒ ∠CGE = 77°

In the Δ GCE,

⇒ ∠CGE + ∠GCE + ∠CEG = 180°

⇒ 77° + 98° + y = 180°

⇒ y = 5°    ___(2)

⇒ x + y = 114° + 5° = 119°

अतः विकल्प (C) सही है।

**87.** दिया है,

पहले खम्भे की ऊँचाई $= AB = 6$ मी

दूसरे खम्भे की ऊँचाई $= CD = 11$ मी

खम्भों के पाद के बीच की दूरी $= AC = 12$ मी

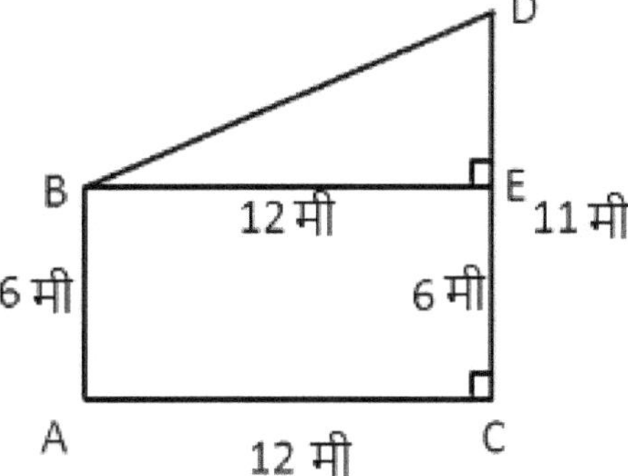

खम्भे के शीर्षों के बीच की दूरी ज्ञात करने के लिए, अर्थात् $BD$

माना हम $DC$ के लम्बवत एक रेखा $BE$ खींचते हैं अर्थात $BE \perp DC$

चूँकि $AC$ भी $DC$ के लंबवत है क्योंकि खम्भे जमीन से लंबवत है,

इसलिए, $BE = AC = 12$ मी

इसी तरह, $AB = EC = 6$ मी

अब,

$$DE = DC - EC$$

$$DE = 11 - 6$$

$$DE = 5 \text{ मी}$$

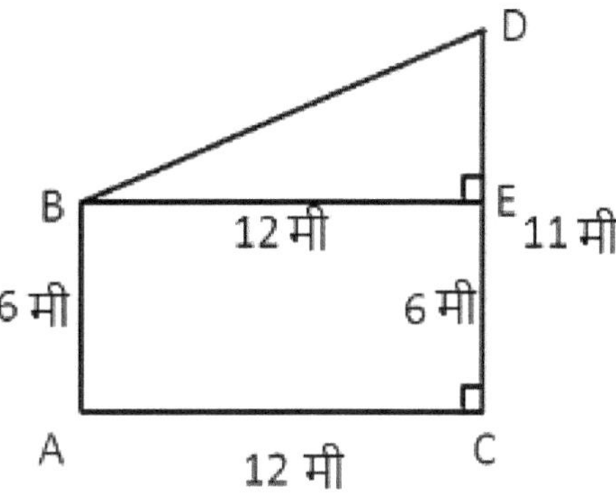

चूँकि $\angle BED = 90°$ $BE \perp DC$ के रूप में

$\triangle BED$ समकोण त्रिभुज है

समकोण त्रिभुज $AEB$ में पाइथागोरस प्रमेय का प्रयोग करने पर,

(कर्ण)$^2 =$ (ऊंचाई)$^2 +$ (आधार)$^2$

$$(BD)^2 = (DE)^2 + (BE)^2$$

$$(BD)^2 = (5)^2 + (12)^2$$

$$(BD)^2 = 25 + 144$$

$$(BD)^2 = 169$$

$$BD = \sqrt{169}$$

$$BD = \sqrt{13 \times 13}$$

$BD = \sqrt{(13)^2}$

$BD = 13$

इसलिए, खम्भे के शीर्षों के बीच की दूरी $= 13$ मी।

अतः विकल्प (D) सही है।

**88.** दिया है,

$AB = 3$ सेमी

$BC = 5$ सेमी

$AC = 6$ सेमी

$RP = 6$ सेमी

$PQ = 10$ सेमी

$\triangle ABC \sim \triangle RPQ$ ....

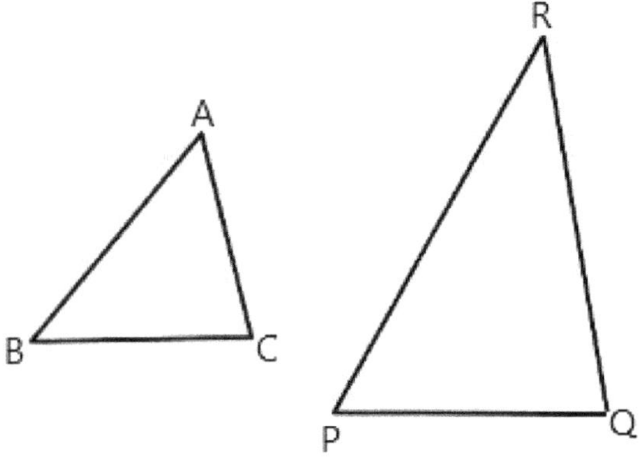

$\therefore \dfrac{AB}{RP} = \dfrac{BC}{PQ} = \dfrac{AC}{RQ}$ ( $\sim \Delta$ की संगत भुजाएँ समानुपाती होती हैं)

$\Rightarrow \dfrac{3}{6} = \dfrac{5}{10} = \dfrac{6}{QR}$

$\Rightarrow \dfrac{1}{2} = \dfrac{6}{QR}$

$\therefore QR = 12$ सेमी

अतः विकल्प (B) सही है।

**89.** माना $YR = x$

$\dfrac{PQ}{XQ} = \dfrac{PR}{YR}$ ...

(थेल्स का प्रमेय)

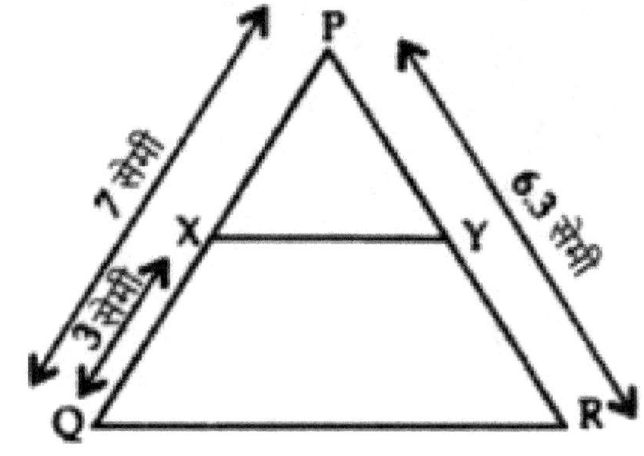


$\dfrac{7}{3} = \dfrac{6.3}{x}$

$\Rightarrow x = \dfrac{6.3 \times 3}{7} = 2.7$

$\therefore YR = 2.7$ सेमी

अतः विकल्प (C) सही है।

**90.** दिया है,

$BE = BC - EC = 10 - 2 = 8$ सेमी

माना $AF = x$ सेमी

तब $BF = (13 - x)$ सेमी

$\triangle ABC$ में, $EF \parallel AC$

दिया है,

$\dfrac{BF}{FA} = \dfrac{BE}{EC}$

(थेल्स का प्रमेय)

$\dfrac{13 - x}{x} = \dfrac{8}{2}$

$\Rightarrow 4x = 13 - x$

$4x + x = 13$

$\Rightarrow \quad 5x = 13$

$x = \dfrac{13}{5} = 2.6$ सेमी

$\therefore AF = 2.6$ सेमी

अतः विकल्प (A) सही है।

**91.**

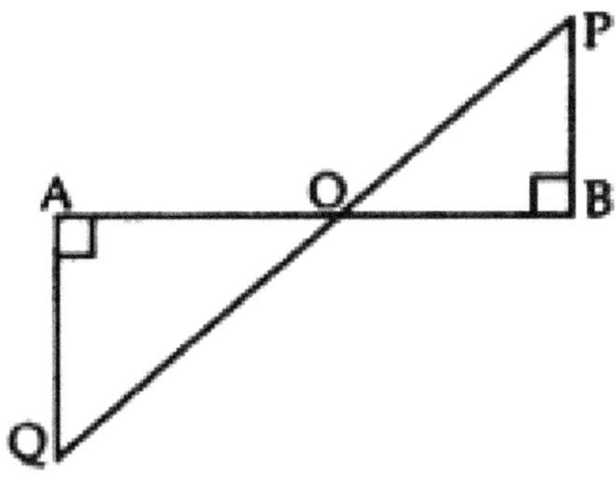

$\triangle\, OAQ$ और $\triangle\, OBP$ में,

$\angle OAQ = \angle OBP$ ... [प्रत्येक $90°$

$\angle AOQ = \angle BOP$ ..... [ऊर्ध्वाधर विपरीत कोण

$\therefore \Delta OAQ \sim \Delta OBP$

[ $AA$ कोरोलरी द्वारा

$\dfrac{AO}{BO} = \dfrac{AQ}{PB}$

$\because$ भुजाएँ समानुपाती होती हैं।

$\dfrac{20}{12} = \dfrac{AQ}{18}$

$\Rightarrow \quad AQ = \dfrac{18 \times 20}{12}$

$AQ = 30$ सेमी

अतः विकल्प (B) सही है।

**92.** दिया गया है:

$\cos\alpha$ और $\cos\beta$ समीकरण $8x^2 - 2x - 1 = 0$ के मूल हैं

यदि $\alpha$ और $\beta$, $ax^2 + bx + c = 0$ के मूल हैं तो $\alpha + \beta = -\dfrac{b}{a}$, $\alpha \cdot \beta = \dfrac{c}{a}$

तो, $\cos\alpha + \cos\beta = -\left(-\dfrac{2}{8}\right) = \dfrac{1}{4}$ ... (1)

$\cos\alpha \cdot \cos\beta = -\dfrac{1}{8}$ ... (2)

हमें $\sin\dfrac{\alpha}{2} \cdot \sin\dfrac{\beta}{2}$ का मान ज्ञात करना है

हम जानते हैं कि,

$\sin\dfrac{x}{2} = \sqrt{\dfrac{1-\cos x}{2}}$

$\cos\dfrac{x}{2} = \sqrt{\dfrac{1+\cos x}{2}}$

अब,

$= \sin\dfrac{\alpha}{2} \cdot \sin\dfrac{\beta}{2}$

$= \sqrt{\dfrac{1-\cos\alpha}{2}} \cdot \sqrt{\dfrac{1-\cos\beta}{2}}$

$= \sqrt{\left(\dfrac{1-\cos\alpha}{2}\right) \cdot \left(\dfrac{1-\cos\beta}{2}\right)}$

$= \sqrt{\dfrac{1-\cos\alpha-\cos\beta+\cos\alpha \cdot \cos\beta}{4}}$

$= \sqrt{\dfrac{1-(\cos\alpha+\cos\beta)+\cos\alpha \cdot \cos\beta}{4}}$

समीकरण (1) और (2) से,

$= \sqrt{\dfrac{1-\left(\dfrac{1}{4}\right)+\left(\dfrac{-1}{8}\right)}{4}}$

$= \dfrac{\sqrt{5}}{4\sqrt{2}}$

$\therefore \sin\dfrac{\alpha}{2} \cdot \sin\dfrac{\beta}{2}$ का अभीष्ट मान $\dfrac{\sqrt{5}}{4\sqrt{2}}$ है।

अत: विकल्प (C) सही है।

**93.** हम जानते है कि,

$\sin\theta = \cos\left(\dfrac{\pi}{2} - \theta\right)$

$\sin\theta = \sin(2n\pi + \theta)$

$\cos\theta = \cos(2n\pi + \theta)$

दिया गया है:

$\sin 2\theta = \cos 3\theta$

$\therefore \cos\left(\dfrac{\pi}{2} - 2\theta\right) = \cos 3\theta$

$\cos$ फ़ंक्शन के यूनिट सर्कल गुणों से,

$\pm\left(\dfrac{\pi}{2} - 2\theta\right) = 3\theta$

स्थिति 1:

$\dfrac{\pi}{2} - 2\theta = 3\theta$

$\therefore \dfrac{\pi}{2} + 2n\pi = 5\theta$

$\therefore \dfrac{(4n+1)\pi}{2} = 5\theta$

$\therefore \theta = \dfrac{\pi}{10}(4n + 1)$

स्थिति 2:

$\dfrac{-\pi}{2} + 2\theta = 3\theta$

$\therefore \theta = 2n\pi - \dfrac{\pi}{2}$

$\therefore \theta = (4n - 1)\dfrac{\pi}{2}$

अत: विकल्प (A) सही है।

**94.** कथन 1:

$$Sec^2\theta - 1 = \tan^2\theta \text{ and } cosec^2\theta - 1 = \cot^2\theta$$

$$\therefore \left(\sec^2\theta - 1\right)\left(1 - \csc^2\theta\right) = \tan^2\theta\left(-\cot^2\theta\right) = -1\left[\because \tan\theta \times \cot\theta = 1\right]$$

$\therefore$ कथन 1 सही नहीं है।

कथन 2:

$$\frac{\sin\theta}{(1+\cos\theta)} + \frac{(1+\cos\theta)}{\sin\theta} = \frac{\left[\sin^2\theta + (1+\cos\theta)^2\right]}{\left[(1+\cos\theta)\sin\theta\right]}$$

$$\Rightarrow \frac{\left[\sin^2\theta + 1 + 2\cos\theta + \cos^2\theta\right]}{\left[(1+\cos\theta)\sin\theta\right]}$$
$$\left[\because (a+b)^2 = a^2 + 2ab + b^2\right]$$

$$\Rightarrow \frac{[1+1+2\cos\theta]}{[(1+\cos\theta)\sin\theta]} \qquad \left[\because \sin^2\theta + \cos^2\theta = 1\right]$$

$$\Rightarrow \frac{[2+2\cos\theta]}{[(1+\cos\theta)\sin\theta]}$$

$$\Rightarrow \frac{2[1+\cos\theta]}{[(1+\cos\theta)\sin\theta]}$$

$$\Rightarrow \frac{2}{\sin\theta} = 2cosec\theta \qquad \left[\because \frac{1}{\sin\theta} = cosec\theta\right]$$

$\therefore$ कथन 2 सही है।

अत: विकल्प (B) सही है।

**95.** दिया गया है:

$$\left\{\frac{(1-\tan^2\theta)}{(1+\tan^2\theta)}\right\} + \left\{\frac{(1-\cot^2\theta)}{(1+\cot^2\theta)}\right\}$$

हम जानते है कि,

$$\sec^2\theta - \tan^2\theta = 1$$

$$cosec^2\theta - \cot^2\theta = 1$$

$$\tan^2\theta = \frac{\sin^2\theta}{\cos^2\theta}$$

$$\cot^2\theta = \frac{\cos^2\theta}{\sin^2\theta}$$

अब,

$$= \left\{\frac{(1-\tan^2\theta)}{(1+\tan^2\theta)}\right\} + \left\{\frac{(1-\cot^2\theta)}{(1+\cot^2\theta)}\right\}$$

$$= \left[\frac{\left\{1-\left(\frac{\sin^2\theta}{\cos^2\theta}\right)\right\}}{(\sec^2\theta)}\right] + \left[\frac{\left\{1-\left(\frac{\cos^2\theta}{\sin^2\theta}\right)\right\}}{cosec^2\theta}\right]$$

$$= \left\{\frac{\frac{(\cos^2\theta-\sin^2\theta)}{\cos^2\theta}}{\frac{1}{\cos^2\theta}}\right\} + \left\{\frac{\frac{(\sin^2\theta-\cos^2\theta)}{\sin^2\theta}}{\frac{1}{\sin^2\theta}}\right\}$$

$$= (\cos^2\theta - \sin^2\theta) + (\sin^2\theta - \cos^2\theta)$$

$$= 0$$

अत: विकल्प (C) सही है।

**96.** दिया गया समीकरण है:

$$2x + 3y = k$$

प्रश्न के अनुसार, $x = 2$ और $y = 1$

अब $x$ और $y$ के मानों को समीकरण $2x + 3y = k$ में रखने पर, हम पाते हैं,

$$\Rightarrow (2 \times 2) + (3 \times 1) = k$$

$$\Rightarrow 4 + 3 = k$$

$$\Rightarrow 7 = k$$

$$k = 7$$

यदि $x = 2, y = 1$ समीकरण $2x + 3y = k$ का एक हल है, तो $k$ का मान $7$ है।

अत: विकल्प (D) सही है।

**97.** जब $C = 30$,

$$F = \left(\frac{9}{5}\right)C + 32$$

$$F = \frac{(9 \times 30)}{5} + 32$$

$$= (9 \times 6) + 32$$

$$= 54 + 32$$

$$= 86°F$$

अत: विकल्प (B) सही है।

**98.** रैखिक समीकरण $2x - 3y = 6$, $y$-अक्ष को काटता है जब $x$ निर्देशांक $0$ होता है।

इसलिए हम दिए गए समीकरण $2x - 3y = 6$ में $x = 0$ रखते हैं

$$2 \times 0 - 3y = 6$$

$$\Rightarrow 0 - 3y = 6$$

$$\Rightarrow -y = \frac{6}{3}$$

$$\Rightarrow y = -2$$

इस प्रकार, बिंदु $(0, -2)$ पर दिया गया रैखिक समीकरण $y$ अक्ष को काटता है।

अत: विकल्प (A) सही है।

**99.** हमारे पास है $2x + 3y = 9.\overline{35}$

या $(2)x + (3)y + \left(-9.\overline{35}\right) = 0$

$ax + by + c = 0$ से इसकी तुलना करने पर, हम पाते हैं

$a = 2,$

$b = 3$ और

$c = -9.\overline{35}$

अत: विकल्प (D) सही है।

**100.** दिया गया है:

दिए गए समीकरण हैं $kx + 3y = 26$ और $21x + (k + 2)y = 71 + k$

हम जानते हैं कि,

समीकरण $a_1x + b_1y + c = 0$ और $a_2x + b_2y + c = 0$ के अत्यधिक हल हैं।

यदि $\dfrac{a_1}{a_2} = \dfrac{b_1}{b_2} = \dfrac{c_1}{c_2}$

प्रश्न के अनुसार,

$$\frac{k}{21} = \frac{3}{(k+2)} = \frac{26}{(71+k)}$$

मान लेने पर,

$$\frac{3}{(k+2)} = \frac{26}{(71+k)}$$

$\Rightarrow 3(71 + k) = 26(k + 2)$

$\Rightarrow 213 + 3k = 26k + 52$

$\Rightarrow 26k - 3k = 213 - 52$

$\Rightarrow 23k = 161$

$\therefore k = 7$

अत: विकल्प (B) सही है।

**Q.1** यदि द्विघातीय बहुपद $f(x) = x^2 - 8x + k$ के शून्यों के वर्गों का योग 40 है, तो $k$ का मान ज्ञात कीजिए।

**A.** 12    **B.** 10    **C.** 13    **D.** 11

**Q.2** $x^4 - x^3 - 19x^2 - 11x + 30$ के दो गुणनखंड $x + 2$ और $x - 1$, हैं, तो इस बहुपद के अन्य दो गुणनखंड ज्ञात कीजिये।

**A.** $(x + 3)$ और $(x - 5)$    **B.** $(x - 3)$ और $(x + 5)$
**C.** $(x + 4)$ और $(x - 3)$    **D.** $(x - 4)$ और $(x + 3)$

**Q.3** $A$ और $B$ के मान क्या हैं यदि $x^3 - 9x^2 + Ax + B$, $(x - 3)$ और $(x - 5)$ से विभाज्य है?

**A.** A = 22, B = - 15    **B.** A = 23, B = - 15
**C.** A = 22, B = - 25    **D.** A = 23, B = - 25

**Q.4** यदि बहुपद $f(x) = kx^2 + \sqrt{3}x - 1$ का एक गुणनखंड $(x + 3)$ है, तो '$k$' का मान ज्ञात कीजिए।

**A.** $\frac{\sqrt{3}+1}{9}$    **B.** $\frac{3\sqrt{3}+1}{9}$    **C.** $\frac{\sqrt{3}}{9}$    **D.** $\frac{3\sqrt{3}-1}{9}$

**Q.5** $k$ का मान, जिसके लिए बहुपद $3x^3 - 7x^2 + kx + 12$, $(x - 3)$ से पूर्णतः विभाज्य है:

**A.** 10    **B.** -10    **C.** 15    **D.** -15

**Q.6** यदि $\alpha$ और $\beta$ बहुपद $f(x) = 6x^2 - 3 - 7x$ के शून्यक हैं, तो, $(\alpha + 1)(\beta + 1)$ इसके बराबर है:

**A.** $\frac{5}{2}$    **B.** $\frac{5}{3}$    **C.** $\frac{2}{5}$    **D.** $\frac{3}{5}$

**Q.7** यदि 2 और $-\frac{1}{2}$ क्रमशः बहुपदों के शून्यकों का योग और गुणनफल है तो द्विघात बहुपद $f(x)$ है:

**A.** $x^2 - 2x - 4$    **B.** $4x^2 - 2x + 1$
**C.** $2x^2 + 4x - 1$    **D.** $2x^2 - 4x - 1$

**Q.8** अगर $\cot\alpha$ और $\cot\beta$ समीकरण के मूल हैं $x^2 - 5x + 4 = 0$, तो $\cot(\alpha + \beta)$ किसके बराबर है?

**A.** $\frac{1}{3}$    **B.** $\frac{1}{4}$    **C.** $\frac{3}{5}$    **D.** $\frac{2}{5}$

**Q.9** यदि द्विघात समीकरण $x^2 + 2x + k = 0$ के मूल वास्तविक हैं, तो:

*[UPSC NDA, 2021]*

**A.** $k < 0$    **B.** $k \leq 0$    **C.** $k < 1$    **D.** $k \leq 1$

**Q.10** यदि $\alpha$ और $\beta$ समीकरण $4x^2 + 2x - 1 = 0$, के मूल हैं, तो निम्नलिखित में से कौन सा सही है?

*[UPSC NDA, 2021]*

**A.** $\beta = -2\alpha^2 - 2\alpha$    **B.** $\beta = 4\alpha^2 - 3\alpha$
**C.** $\beta = \alpha^2 - 3\alpha$    **D.** $\beta = -2\alpha^2 + 2\alpha$

**Q.11** 0 और 50 के बीच विषम संख्याओं का योग ज्ञात कीजिए।

**A.** 425    **B.** 525    **C.** 625    **D.** 725

**Q.12** 1 और 500 के बीच उन पूर्णांकों का योग ज्ञात कीजिए जो 2 और 5 के गुणज हैं।

**A.** 12250    **B.** 12300    **C.** 13250    **D.** 13300

**Q.13** श्रृंखला $\sqrt{3} + \sqrt{12} + \sqrt{27} + \sqrt{48} + \cdots$ के पहले 12 पदों का योग क्या है?

**A.** $78\sqrt{3}$    **B.** $200\sqrt{3}$    **C.** $100\sqrt{3}$    **D.** $100\sqrt{2}$

**Q.14** यदि बिंदु $A(2,3)$, $B(4,k)$ और $C(6,-3)$ संरेख हैं तो $k$ का मान ज्ञात कीजिए।

**A.** 0    **B.** 1    **C.** 2    **D.** 3

**Q.15** यदि बिंदु $A(k + 1, 2k)$, $B(3k, 2k + 3)$ और $C(5k - 1, 5k)$ संरेख हैं, तो $k$ का मान ज्ञात कीजिए।

**A.** $1, \frac{1}{2}$    **B.** $2, \frac{1}{2}$    **C.** $3, \frac{1}{2}$    **D.** $4, \frac{1}{2}$

**Q.16** $A(6,1)$, $B(8,2)$ और $C(9,4)$ एक समांतर चतुर्भुज $ABCD$ के तीन शीर्ष हैं। यदि $E$, $DC$ का मध्य-बिंदु है, तो $\triangle ADE$ का क्षेत्रफल ज्ञात कीजिए।

**A.** $\frac{2}{4}$ वर्ग इकाई    **B.** $\frac{3}{2}$ वर्ग इकाई
**C.** $\frac{3}{4}$ वर्ग इकाई    **D.** $\frac{4}{5}$ वर्ग इकाई

**Q.17** $A(4,2)$, $B(6,5)$ और $C(1,4)$ $\triangle ABC$ के शीर्ष हैं, $A$ से $BC$ पर डाली गयी माध्यिका बिंदु $D$ पर मिलती है। बिंदु $D$ के निर्देशांक ज्ञात कीजिए।

**A.** $\left(\frac{7}{2}, \frac{9}{2}\right)$    **B.** $\left(\frac{7}{3}, \frac{9}{3}\right)$    **C.** $\left(\frac{5}{2}, \frac{9}{2}\right)$    **D.** $\left(\frac{5}{3}, \frac{3}{2}\right)$

**Q.18** एक समतल में कुल 15 बिंदु हैं, जिनमें कोई भी 3 बिंदु संरेख नहीं हैं। ज्ञात कीजिए कि समतल में कितनी रेखाएँ खींची जा सकती हैं।

**A.** 90    **B.** 105    **C.** 400    **D.** अनंत

**Q.19** निम्नलिखित कथनों में से कौन-सा कथन एक समचतुर्भुज के लिए सही नहीं है?

**A.** सभी भुजाएं समान हैं।
**B.** विपरीत कोण समान हैं।
**C.** विकर्ण एक दूसरे को समकोण पर काटते हैं।
**D.** आसन्न कोण पूरक नहीं हैं।

**Q.20** ABCD एक समानांतर चतुर्भुज है जिसमें AB = 5 सेमी, BC = 7 सेमी और AC = $\sqrt{84}$ सेमी है। अन्य विकर्ण की लम्बाई (सेमी में) क्या है?

**A.** 8 सेमी    **B.** 10 सेमी    **C.** 6 सेमी    **D.** 9 सेमी

**Q.21** दी गई आकृति में, यदि $\angle CAB = 60°, \angle ABC = 35°$ है, तो $\angle ADB = $ _________.

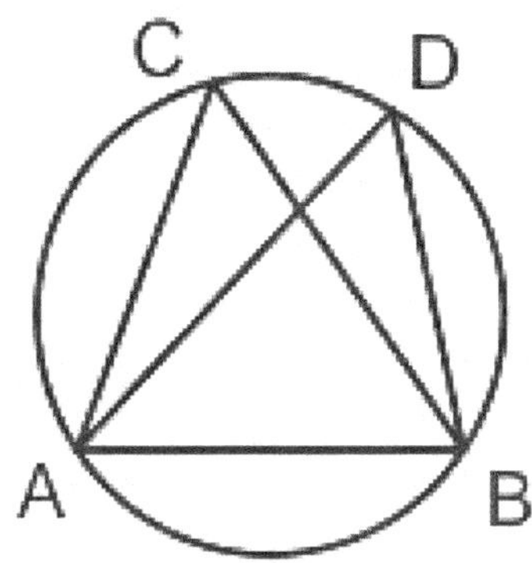

**A.** 75°        **B.** 85°        **C.** 55°        **D.** 65°

**Q.22** ΔMNO में, MN, NO और MO क्रमशः 6 सेमी, 4 सेमी और 8 सेमी के बराबर हैं। यदि माध्यिका MP P पर विपरीत भुजा NO को काटती है, तो माध्यिका MP का माप ज्ञात कीजिए।

**A.** 5 सेमी        **B.** $\sqrt{46}$ सेमी        **C.** $\sqrt{41}$ सेमी        **D.** 6 सेमी

**Q.23** समद्विबाहु त्रिभुज का परिमाप 30 सेमी है। यदि बराबर वाली दोनों भुजाएँ, आधार से 2 गुना है, तो आधार की लंबाई ज्ञात कीजिए।

**A.** 3 सेमी        **B.** 4 सेमी        **C.** 5 सेमी        **D.** 6 सेमी

**Q.24** आकृति में ∠2 = ∠3 = ∠4 और ∠5 = 150° है। तो ∠1 = ?

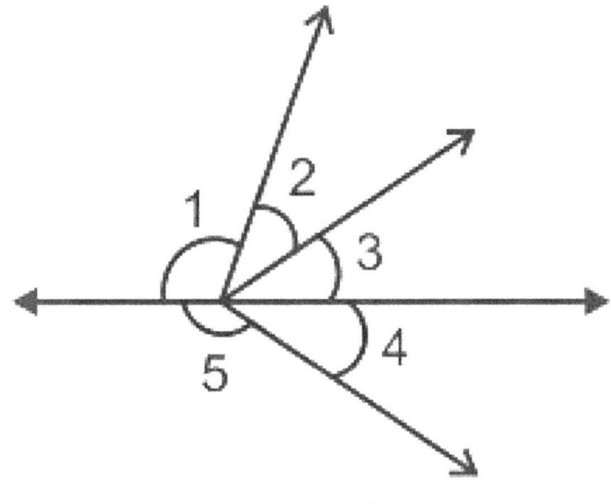

**A.** 100°        **B.** 120°        **C.** 130°        **D.** 140°

**Q.25** एक प्रतिवर्त कोण है:

**A.** 90 डिग्री से अधिक

**B.** 90 डिग्री के बराबर

**C.** 180 डिग्री से अधिक

**D.** 180 डिग्री के बराबर

**Q.26** निम्नलिखित में से कौन-सा युग्म एक रैखिक युग्म बना सकता है?

**A.** पूरक कोणों का युग्म

**B.** संपूरक कोणों का युग्म

**C.** आसन्न कोणों की जोड़ी

**D.** उर्ध्वाधर सम्मुख कोणों का युग्म

**Q.27** दो पूरक कोणों का अनुपात 1 : 5 है। उनके बीच अंतर क्या है?

*[Territorial Army Officer, 2019]*

**A.** 60°        **B.** 90°        **C.** 120°        **D.** 160°

**Q.28** एक चतुर्भुज के कोणों का अनुपात 4 : 5 : 10 : 11 है। तब कोण हैं:

**A.** 36°, 60°, 108°, 156°        **B.** 48°, 60°, 120°, 132°

**C.** 52°, 60°, 122°, 126°        **D.** 60°, 60°, 120°, 120°

**Q.29** यदि चतुर्भुज $ABCD$ के कोण $A, B, C$ और $D$ क्रम में लिए गए हैं, तो 3 : 7 : 6 : 4 के अनुपात में हैं, तो $ABCD$ एक है:

**A.** पतंग        **B.** विषमकोण चतुर्भुज

**C.** समान्तर चतुर्भुज        **D.** समलंब

**Q.30** दो वर्गों के परिमाप 40 सेमी और 32 सेमी हैं। एक तीसरे वर्ग का परिमाप ज्ञात कीजिए, जिसका क्षेत्रफल दो वर्गों के क्षेत्रफलों के अंतर के बराबर है।

**A.** 4 सेमी        **B.** 6 सेमी        **C.** 24 सेमी        **D.** 30 सेमी

**Q.31** एक 110 मी लंबे और 65 मी चौड़े आयताकार घास के मैदान में इसके चारों ओर 2.5 मी चौड़ा बजरी का पथ है। 80 पैसे प्रति वर्ग मी की दर से पथ पर बजरी बनाने की लागत ज्ञात कीजिए।

**A.** 150 रुपये        **B.** 340 रुपये        **C.** 530 रुपये        **D.** 680 रुपये

**Q.32** आयत का क्षेत्रफल एक वृत्त के क्षेत्रफल के बराबर है जिसकी त्रिज्या 14 सेमी है। यदि आयत की चौड़ाई 22 सेमी है, तो इसकी लंबाई क्या है?

**A.** 24 सेमी        **B.** 28 सेमी        **C.** 30 सेमी        **D.** 35 सेमी

**Q.33** एक आयत का परिमाप जिसका क्षेत्रफल 144 वर्ग सेमी के बराबर है और भुजाओं का अनुपात 4 : 9 है:

**A.** 52 सेमी        **B.** 56 सेमी        **C.** 60 सेमी        **D.** 64 सेमी

**Q.34** $A, B$ और $C$ एक वृत्त पर तीन बिंदु इस प्रकार से हैं कि $AB = AC = 7\sqrt{2}$ सेमी और $\angle BAC = 90°$, तो त्रिज्या किसके बराबर है:

**A.** 4 सेमी        **B.** 7 सेमी        **C.** 8 सेमी        **D.** 6 सेमी

**Q.35** केंद्र $O$ वाले वृत्त की दो विपरीत समानांतर जीवाओं का मान क्रमशः 12 सेमी और 16 सेमी के बराबर हैं। यदि समानांतर जीवा के बीच की दूरी 20 सेमी के बराबर है, तो वृत के केंद्र और छोटी जीवा के बीच दुरी ज्ञात कीजिए।

**A.** 6 सेमी        **B.** 10.7 सेमी        **C.** 8 सेमी        **D.** 10 सेमी

**Q.36** एक वृत्त किसी चतुर्भुज $ABCD$ की चारों भुजाओं को स्पर्श करता है। यदि $AB = 9$ सेमी, $BC$ सेमी और $CD = 12$ सेमी है, तो $DA$ किसके बराबर है?

*[Indian Military Academy (IMA), 2021]*

**A.** 14 सेमी        **B.** 13 सेमी        **C.** 12 सेमी        **D.** 11 सेमी

**Q.37** एक वृत्त की जीवा $AB$ और व्यास $CD$, वृत्त के बाहर, बिंदु $P$ पर मिलते हैं जब वृत्त का निर्माण होता है, यदि $PB = 8$ सेमी, $AB = 12$ सेमी और वृत्त के केंद्र से $P$ की दूरी 18 सेमी है, तो वृत्त की त्रिज्या (सेमी में) किसके निकटतम है?

**A.** 12        **B.** 12.8        **C.** 12.4        **D.** 13

**Q.38** नीचे दिए गए चित्र में, $PQ$ एक वृत्त की जीवा है और $PT$ $P$ पर स्पर्श रेखा है, जैसे कि $\angle QPT = 60°$। तब $\angle PRQ$ बराबर है:

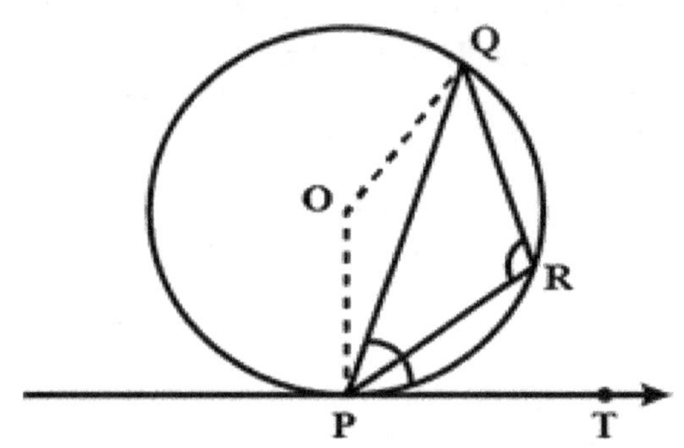

**A.** 135°　　**B.** 150°　　**C.** 120°　　**D.** 110°

**Q.39** दी गई आकृति में, जीवा $AB$ और $CD$ बिंदु $L$ पर एक दूसरे को प्रतिच्छेद करती हैं। $AB$ की लंबाई ज्ञात कीजिए।

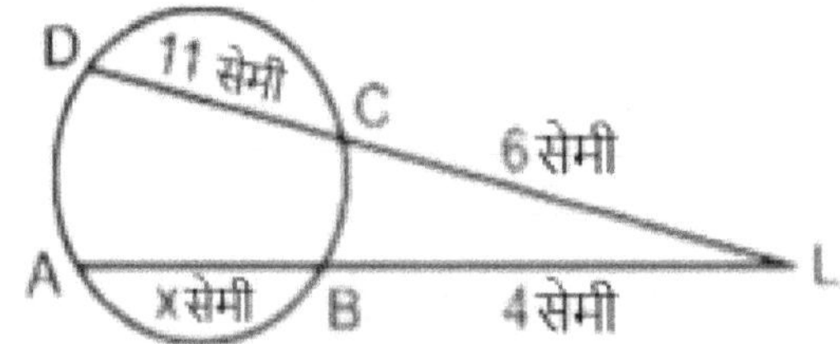

**A.** 23.5 सेमी　　**B.** 21.5 सेमी　　**C.** 22.5 सेमी　　**D.** 24.5 सेमी

**Q.40** मान लीजिए $PAB$ एक वृत्त की एक छेदक रेखा है जो वृत को $A$ और $B$ पर काटती है। मान लीजिए $PT$ स्पर्श रेखाखंड है। यदि $PA = 9$ सेमी और $PT = 12$ सेमी है, तो $AB$ किसके बराबर है?

*[Indian Military Academy (IMA), 2021]*

**A.** 5 सेमी　　**B.** 6 सेमी　　**C.** 7 सेमी　　**D.** 9 सेमी

**Q.41** यदि एक आयत का क्षेत्रफल जिसकी लंबाई उसकी चौड़ाई के दोगुने से 5 इकाई अधिक है, 75 वर्ग इकाई है, तो चौड़ाई क्या है?

**A.** 3 इकाई　　**B.** 5 इकाई　　**C.** 7 इकाई　　**D.** 10 इकाई

**Q.42** एक आयत का परिमाप $54$ सेमी है और इसकी लंबाई $12$ सेमी है। इसकी चौड़ाई ज्ञात कीजिए।

**A.** 15 सेमी　　　　　　**B.** 5 सेमी
**C.** 10 सेमी　　　　　　**D.** इनमें से कोई नहीं

**Q.43** $21$ सेमी त्रिज्या वाले एक वृत्त में एक चाप केंद्र पर $60°$ का कोण अंतरित करता है। चाप द्वारा बनाए गए त्रिज्यखंड का क्षेत्रफल ज्ञात कीजिए।

**A.** 131 सेमी $^2$　　　　**B.** 121 सेमी $^2$
**C.** 221 सेमी $^2$　　　　**D.** 231 सेमी $^2$

**Q.44** $15$ सेमी त्रिज्या वाले एक वृत्त की एक जीवा केंद्र पर $60°$ का कोण अंतरित करती है। वृत्त के संगत लघु वृत्तखंड और दीर्घ वृत्तखंड के क्षेत्रफल ज्ञात कीजिए। $\pi = 3.14$ और $\sqrt{3} = 1.73$

**A.** $(20.4375\backslash)$ सेमी $^2$ और 686.0625 सेमी $^2$
**B.** $(30.4375\backslash)$ सेमी $^2$ और 786.0625 सेमी $^2$
**C.** $(50.4375\backslash)$ सेमी $^2$ और 886.0625 सेमी $^2$
**D.** $(60.4375\backslash)$ सेमी $^2$ और 986.0625 सेमी $^2$

**Q.45** एक समद्विबाहु त्रिभुज का क्षेत्रफल ज्ञात कीजिए जिसका आधार 10 सेमी और परिमाप 36 सेमी है।

**A.** 60 सेमी²　　**B.** 70 सेमी²　　**C.** 80 सेमी²　　**D.** 90 सेमी²

**Q.46** एक त्रिभुज की दो भुजाएँ 13 सेमी और 14 सेमी हैं और इसका अर्ध परिमाप 18 सेमी है। तो त्रिभुज की तीसरी भुजा है :

**A.** 12 सेमी　　**B.** 11 सेमी　　**C.** 10 सेमी　　**D.** 9 सेमी

**Q.47** यदि घन का कुल पृष्ठ क्षेत्रफल 1944 सेमी² है, तो घन का आयतन ज्ञात कीजिये?

**A.** 4632 सेमी³　　　　　　**B.** 5832 सेमी³
**C.** 4096 सेमी³　　　　　　**D.** 5052 सेमी³

**Q.48** यदि शंकु का आयतन $12\pi m^3$ है, और इसकी ऊंचाई 4 मी है। शंकु का वक्रीय पृष्ठफल ज्ञात कीजिये।

**A.** $24\pi$ मी $^2$　　**B.** $15\pi$ मी $^2$　　**C.** $25\pi$ मी $^2$　　**D.** $20\pi$ मी $^2$

**Q.49** यदि दो घनों के आयतनों का अनुपात 729 : 512 है, तो उनके कुल पृष्ठीय क्षेत्रफल का अनुपात क्या है?

**A.** 36 : 49　　**B.** 81 : 64　　**C.** 25 : 36　　**D.** 81 : 49

**Q.50** 1 सेमी भुजा वाले तीन घनों को सिरों से जोड़ा गया है, परिणामी ठोस का पृष्ठीय क्षेत्रफल _________ है।

**A.** 7 सेमी²　　**B.** 14 सेमी²　　**C.** 3 सेमी²　　**D.** 8 सेमी²

**Q.51** एक शंकाकार बर्तन जिसकी आंतरिक आधार त्रिज्या $\frac{21}{2}$ सेमी और ऊंचाई 40 सेमी है, एक द्रव्य से भरा है। शंकाकार बर्तन के पूरे द्रव्य को 35 सेमी की आंतरिक त्रिज्या वाले एक बेलनाकार बर्तन में खाली किया जाता है। तो, वह ऊंचाई जितने तक वह द्रव्य बेलनाकार बर्तन में बढ़ता है:

**A.** 1.5 सेमी　　**B.** 1.3 सेमी　　**C.** 1.4 सेमी　　**D.** 1.2 सेमी

**Q.52** 40 सेमी, 5 मीटर और 81 सेमी के आयाम वाले लकड़ी के बॉक्स से 15 सेमी लकड़ी के कितने घनाकार बॉक्स काटे जा सकते हैं?

**A.** 480　　**B.** 460　　**C.** 520　　**D.** 520

**Q.53** पहली 11 प्राकृतिक संख्याओं की प्रसरण क्या है?

**A.** 10　　**B.** 11　　**C.** 12　　**D.** 13

**Q.54** निम्नलिखित आँकड़ों के लिए माध्य के सापेक्ष माध्य विचलन ज्ञात कीजिए:
$12, 3, 18, 17, 4, 9, 17, 19, 20, 15, 8, 17, 2, 3, 16, 11, 3, 1, 0, 5$

**A.** 6.2　　**B.** 6.3　　**C.** 6.4　　**D.** 6.5

**Q.55** निम्नलिखित आँकड़ों के लिए माध्य के सापेक्ष माध्य विचलन ज्ञात कीजिए:

| $x_i$ | 2 | 5 | 6 | 8 | 10 | 12 |
|---|---|---|---|---|---|---|
| $f_i$ | 2 | 8 | 10 | 7 | 8 | 5 |

**A.** 2.1　　**B.** 2.2　　**C.** 2.3　　**D.** 2.4

**Q.56** माना x आंकड़ों की माध्यिका है
13, 8, 15, 14, 17, 9, 14, 16, 13, 17, 14, 15, 16, 15, 14.
यदि 8 को 18 से प्रतिस्थापित किया जाता है, तो आंकड़ों की माध्यिका y है। x और y के मानों का योग क्या है?

**A.** 28　　**B.** 29　　**C.** 30　　**D.** 27

**Q.57** निम्नलिखित बंटन के लिए माध्य, प्रसरण और मानक विचलन ज्ञात कीजिए:

| $x_i$ | 4 | 8 | 11 | 17 | 20 | 24 | 32 |
|---|---|---|---|---|---|---|---|
| $f_i$ | 3 | 5 | 9 | 5 | 4 | 3 | 1 |

**A.** 14, 45.8, 6.77　　　　　　**B.** 16, 45.8, 6.77
**C.** 14, 48.8, 6.77　　　　　　**D.** 14, 45.8, 7.89

**Q.58** प्रथम $10$ प्राकृत संख्याओं में से दो पूर्णांक चुने गये। यदि इनका योग सम है तो दोनों संख्याओं के विषम होने की प्रायिकता ज्ञात कीजिये।

**A.** $\frac{1}{2}$  **B.** $\frac{3}{5}$  **C.** $\frac{2}{5}$  **D.** $\frac{1}{5}$

**Q.59** एक पासे को एक बार फेंकने पर, 3 का गुणज प्राप्त करने की प्रायिकता _________ है।

**A.** $\frac{1}{2}$  **B.** $\frac{1}{6}$  **C.** $\frac{2}{3}$  **D.** $\frac{1}{3}$

**Q.60** एक सामान्य पासा एक बार फेंका जाता है। एक अभाज्य संख्या प्राप्त करने की प्रायिकता है:

**A.** $\frac{1}{4}$  **B.** $\frac{1}{2}$  **C.** $\frac{1}{5}$  **D.** $\frac{1}{3}$

**Q.61** $(\sin\alpha + cosec\alpha)^2 + (\cos\alpha + \sec\alpha)^2$ इसके बराबर है:

**A.** $\tan^2\alpha + \cot^2\alpha + 7$

**B.** $\sin^2\alpha + \cos^2\alpha + 5$

**C.** $\tan^2\alpha + \cos^2\alpha + 7$

**D.** $\tan^2\alpha + \cot^2\alpha + 5$

**Q.62** यदि $\cot 35° = m$ है तो $\sec 55° = $ ?

**A.** $\sqrt{(1 + m^2)}$  **B.** $\sqrt{m}$

**C.** $\sqrt{(1 - m^2)}$  **D.** $m^2$

**Q.63** यदि $\sec^4\theta - \sec^2\theta = 3$ है, तो $\tan^4\theta + \tan^2\theta$ का मान है:

**A.** 8  **B.** 4  **C.** 6  **D.** 3

**Q.64** $\sin\theta(1 + \tan\theta) + \cos\theta(1 + \cot\theta)$ का मान ज्ञात कीजिये।

**A.** $sec\theta - cosec\theta$  **B.** $sec\theta + cosec\theta$

**C.** $sin\theta - cos\theta$  **D.** $sin\theta + cos\theta$

**Q.65** $\cos^2 6x - \cos^2 4x$ का मान क्या है?

**A.** sin 2x cos10x  **B.** cos 2x cos 10x

**C.** sin 2x sin 8x  **D.** इनमें से कोई नहीं

**Q.66** $\Delta ABC$ की भुजाएं $a, b, c$ ( क्रम में लिए गए) समांतर श्रेणी में हैं। यदि $\cos\alpha = \frac{a}{b+c}, \cos\beta = \frac{b}{c+a}, \cos\gamma = \frac{c}{a+b}$ है, तो $\tan^2\frac{\alpha}{2} + \tan^2\frac{\gamma}{2}$ किसके बराबर है?

**A.** 1  **B.** $\frac{1}{2}$  **C.** $\frac{2}{3}$  **D.** $\frac{1}{3}$

**Q.67** 24 मीटर और 36 मीटर उंचाई के दो खम्भे एक तार से जुड़े हैं अगर तार क्षैतिज से 60° का कोण बनाती है तो तार की लंबाई क्या होगी?

*[Territorial Army Officer, 2021]*

**A.** 6 मीटर  **B.** 8 मीटर

**C.** $8\sqrt{3}$ मीटर  **D.** $3\sqrt{3}$ मीटर

**Q.68** किसी दो बिन्दु $A$ और $B$ से किसी मीनार के छत से उन्नयन कोण $\alpha$ और $\beta$ तथा $A$ एवं $B$ के बीच की दूरी $d$ है तथा मीनार की ऊँचाई $h$ मी. है तो $\frac{h}{d}$ का मान बराबर है?

**A.** $\frac{\tan(\beta+\alpha)}{cot\,\alpha.cot\,\beta+1}$  **B.** $\frac{cot(\alpha+\beta)}{cot\,\alpha.cot\,\beta-1}$

**C.** $\frac{cot(\beta-\alpha)}{cot\,\alpha.cot\,\beta+1}$  **D.** $\frac{\tan(\beta+\alpha)}{cot\,\alpha.cot\,\beta+1}$

**Q.69** एक बिंदु $P$ पर खड़ी रीमा एक टॉवर के शीर्ष को देख रही है, जो $30°$ की ऊंचाई का कोण बनाता है। जब वह टॉवर की ओर कुछ दूरी पर चलता है तो ऊंचाई का कोण $45°$ हो जाता है टॉवर के आधार के बीच की दूरी क्या है और बिंदु $P$?

**A.** 9 इकाइयाँ  **B.** $3\sqrt{3}$ इकाइयाँ

**C.** 12 इकाइयाँ  **D.** डेटा अपर्याप्त है

**Q.70** एक आदमी एक 6 मी लंबे खंभे की 8 मी लंबी छाया पर खड़ा है। यदि एक आदमी की छाया की लंबाई 2.4 मी है, तो आदमी की ऊंचाई है:

**A.** 1.4 मी  **B.** 1.8 मी  **C.** 1.6 मी  **D.** 2.0 मी

**Q.71** एक प्रकाशस्तंभ की ऊंचाई समुद्र तल से 20 मीटर है। समुद्र में एक जहाज के अवसाद का कोण (प्रकाश स्तंभ के ऊपर से) 300 है। प्रकाशस्तंभ के आधार से जहाज की दूरी कितनी है?

**A.** 16 मी  **B.** $20\sqrt{3}$ मी  **C.** 20 मी  **D.** 30 मी

**Q.72** एक व्यक्ति मॉल के निकट सडक पर खड़ा है। वह मॉल से 1215 मी. की दूरी पर है और सड़क से मॉल के शीर्ष को इस प्रकार देखने में सक्षम है, कि उसके और मॉल के बीच स्थित एक पेड़ का शीर्ष मॉल के शीर्ष के साथ दृष्टि रेखा में है। पेड़ की ऊँचाई 20 मी. है और यह उस व्यक्ति से 60 मी. की दूरी पर स्थित है। मॉल की ऊँचाई (मी. में) ज्ञात करें।

*[SSC Sub Inspector (CPO), 2020]*

**A.** 405  **B.** 375  **C.** 300  **D.** 250

**Q.73** $\triangle ABC$ में, $\angle C = 3\angle B = 2(\angle A + \angle B)$ तो $\angle A, \angle B$ और $\angle C$ बराबर हैं:

*[HTET TGT Mathematics, 2019]*

**A.** $20°, 40°, 120°$  **B.** $30°, 60°, 90°$

**C.** $60°, 30°, 90°$  **D.** $10°, 45°, 125°$

**Q.74** नीचे दी गयी आकृति में, ABCD एक समचतुर्भुज है। AC = 5 सेमी, $\angle DAB = 120°$ है। यदि AB = EA = BF है और $\Delta EFG$ एक समबाहु त्रिभुज है, तो $\Delta EFG$ का अर्द्ध परिमाप कितना होगा?

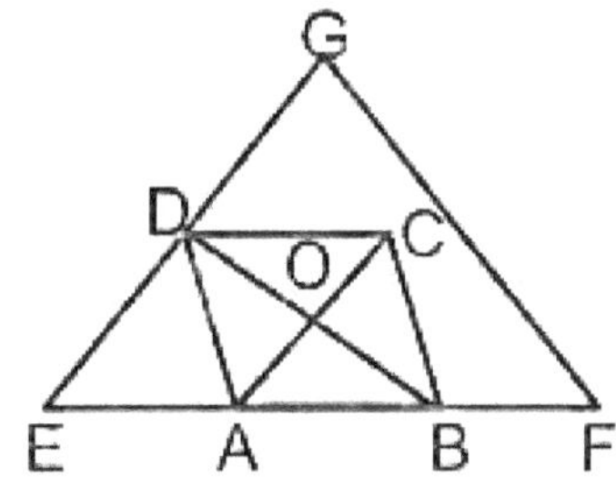


**A.** 20.5 सेमी  **B.** 22.5 सेमी  **C.** 24.5 सेमी  **D.** 25.5 सेमी

**Q.75** एक त्रिभुज ABC में, CA पर E इस प्रकार है कि, EAB = 140° है। D, AC पर एक बिंदु इस प्रकार है कि BD = AD और BC = CD है, तो, $\angle DCB$ का मान क्या है?

**A.** 30°  **B.** 20°  **C.** 25°  **D.** 40°

**Q.76** 18 ऊंचे एक ऊर्ध्वाधर खंभे के ऊपरी सिरे से एक तार का एक सिरा जुड़ा हुआ है तथा तार का दूसरा सिरा एक खूँटे से जुड़ा हुआ है। खंभे के आधार से खूँटे को कितनी दूरी पर गाड़ा जाए कि तार तना रहे जबकि तार की लंबाई 24 मीटर है।

**A.** $6\sqrt{7}$ मीटर  **B.** $6\sqrt{3}$ मीटर

**C.** $9\sqrt{7}$ मीटर  **D.** $9\sqrt{3}$ मीटर

**Q.77** एक 6.5 मीटर लंबी सीढ़ी एक दीवार के सहारे इस तरह रखी गई है कि उसका पाद दीवार से 2.5 मीटर की दूरी पर है। दीवार की ऊँचाई ज्ञात कीजिए जहाँ सीढ़ी का शीर्ष उसे छूता है।

**A.** 3 मीटर  **B.** 4 मीटर  **C.** 6 मीटर  **D.** 10 मीटर

**Q.78** यदि दो समरूप त्रिभुजों $ABC$ और $DEF$ के परिमाप क्रमशः $50$ सेमी और $70$ सेमी हैं और $\triangle ABC$ की एक भुजा $20$ सेमी है, तो $\triangle DEF$ की संगत भुजा ज्ञात कीजिए।

**A.** 20 सेमी  **B.** 25 सेमी  **C.** 28 सेमी  **D.** 38 सेमी

**Q.79** 8 मीटर लंबा एक ऊर्ध्वाधर खंभा जमीन पर 6 सेमी लंबा छाया डालता है और साथ ही एक टावर 30 मीटर लंबी छाया डालता है। टावर की ऊँचाई ज्ञात कीजिए।

**A.** 10 मीटर  **B.** 20 मीटर  **C.** 30 मीटर  **D.** 40 मीटर

**Q.80** यदि $5(\tan^2 x - \cos^2 x) = 2\cos 2x + 9$, तो $\cos 4x$ का मान ____ है।

*[JEE Main Advanced, 2017]*

**A.** $\frac{-3}{5}$  **B.** $\frac{1}{3}$  **C.** $\frac{2}{9}$  **D.** $-\frac{7}{9}$

**Q.81** यदि $2\sin\theta = cosec\theta, 0 < \theta \leq 90°$ है, तो $\theta$ का मान ज्ञात करें।

**A.** 30 डिग्री  **B.** 90 डिग्री  **C.** 45 डिग्री  **D.** 60 डिग्री

**Q.82** यदि $\cos x = \frac{2}{3}$ है, तो $2\sec^2 x + 2\tan^2 x - 7$ का मान ज्ञात कीजिये।

**A.** 1  **B.** 0  **C.** 2  **D.** 4

**Q.83** यदि $\tan\theta + \cot\theta = 2$ तो $\tan^{10}\theta - \cot^{10}\theta, 0° < \theta < 90°$, किसके बराबर होगा?

**A.** 0  **B.** 1  **C.** 2  **D.** -1

**Q.84** $\lambda$ के वास्तविक मानों की संख्या कितनी है जिसके लिए रैखिक समीकरणों की प्रणाली
$$2x + 4y - \lambda z = 0$$
$$4x + \lambda y + 2z = 0$$
$$\lambda x + 2y + 2z = 0$$
के अपरिमित रूप से अनेक हल हैं?

*[JEE Main Advanced, 2017]*

**A.** 0  **B.** 1  **C.** 2  **D.** 3

**Q.85** दिए गए समीकरणों को हल करके x और y का मान ज्ञात कीजिए।
a) 5x – 3y = 27
b) 6x + 9y = 108

**A.** 8, 6  **B.** 9, 5  **C.** 9, 6  **D.** 6, 5

**Q.86** यदि 0.008x + 0.04y = 10 और 0.2(x - 1) + 0.4y = 24.8 है, तो y का मान ज्ञात कीजिये।

**A.** 375  **B.** 275  **C.** 125  **D.** 195

**Q.87** यदि रेखीय समीकरण 9x - ky + 10 = 0 और kx − y - 9 = 0 के ग्राफ एक दूसरे के समानांतर है तो k का मान होगा:

**A.** 3
**B.** 4
**C.** -3
**D.** दोनों (A) और (C)

**Q.88** यदि x + y + xy = 3, y + z + yz = 8 और x + z + xz = 15 है तो x + y + z का मान ज्ञात कीजिए।

**A.** $\frac{43}{6}$  **B.** $\frac{41}{6}$  **C.** $\frac{59}{6}$  **D.** $\frac{53}{6}$

**Q.89** समीकरण x - y = 6 और $\frac{x}{3} + \frac{y}{2} = 12$ से x और y के मान हैं:

**A.** x = 6, y = 10  **B.** x = 18, y = 12

**C.** x = 4, y = 5  **D.** x = 6, y = 14

**Q.90** दो टैंकरों में 850 लीटर और 680 लीटर पेट्रोल है। एक कंटेनर की अधिकतम क्षमता का पता लगाएं जो प्रत्येक टैंकर के पेट्रोल को सटीक संख्या में माप सकता है:

**A.** 150 लीटर  **B.** 170 लीटर
**C.** 160 लीटर  **D.** 180 लीटर

**Q.91** दूधनाथ के पास दो बर्तन हैं जिनमें क्रमशः $720ml$ और $405ml$ दूध है। इन कंटेनरों से दूध को उनके बराबर क्षमता के गिलास में डाला जाता है। भरे जा सकने वाले गिलासों की न्यूनतम संख्या ज्ञात कीजिए।

**A.** 20  **B.** 25  **C.** 30  **D.** 40

**Q.92** निम्नलिखित में से $\sqrt{5}$ और $\sqrt{7}$ के बीच कौन-सी एक परिमेय संख्या है?

**A.** $4\frac{1}{5}$  **B.** $3\frac{1}{5}$  **C.** $2\frac{2}{5}$  **D.** $1\frac{1}{5}$

**Q.93** एक कमरे की लंबाई, चौड़ाई और ऊंचाई क्रमशः $8m\ 50cm$, $6m\ 25cm$ और $4m\ 75cm$ हैं। सबसे लंबी छड़ की लंबाई ज्ञात कीजिए जो कमरे के आयामों को ठीक-ठीक माप सकती है।

**A.** $25\ cm$  **B.** $24\ cm$  **C.** $22\ cm$  **D.** $20\ cm$

**Q.94** तीन अलार्म घड़ियां क्रमशः 4, 12 और 20 मिनट के अंतराल पर बजती हैं। यदि वे एक साथ बजना शुरू करते हैं, तो कितने समय बाद वे अगली बार एक साथ बजेंगी ?

**A.** 60 मिनट  **B.** 40 मिनट  **C.** 30 मिनट  **D.** 50 मिनट

**Q.95** एक स्कूल में, कक्षा $X$ के दो खंड $A$ और $B$ हैं। खंड $A$ में 48 छात्र हैं और खंड B में 60 छात्र हैं। स्कूल का पुस्तकालय के लिए आवश्यक पुस्तकों की कम से कम संख्या निर्धारित करें। ताकि कक्षा के प्रत्येक अनुभाग के सभी छात्रों के बीच पुस्तकों को समान रूप से वितरित किया जा सके।

**A.** 250  **B.** 240  **C.** 220  **D.** 230

**Q.96** m का वह मान ज्ञात कीजिए जिसके लिए mx + 8y - m + 2 = 0 और 9x + 2my - m = 0 के अनंत हल हैं।

**A.** 6  **B.** 5  **C.** 1  **D.** 3

**Q.97** दो चरों वाला एक रैखिक समीकरण ax + by + c = 0 के रूप का होता है, जहाँ:

**A.** a = 0, c = 0  **B.** a ≠ 0, b = 0
**C.** a = 0, b ≠ 0  **D.** a ≠ 0, b ≠ 0

**Q.98** रैखिक समीकरण 2x – 5y = 7 में है:

**A.** कोई हल नहीं
**B.** अद्वितीय हल
**C.** दो हल
**D.** अपरिमित रूप से अनेक हल

**Q.99** रैखिक समीकरण 2x + 3y = 6 का ग्राफ y-अक्ष को किस बिंदु पर कटेगा?

**A.** (2, 0)  **B.** (0, 2)  **C.** (3, 0)  **D.** (0, 3)

**Q.100** यदि x, y समीकरण 2x + 5y = 7 के अद्वितीय हल हैं, तो किस कोण पर y शीर्ष को प्रतिच्छेदित करेंगे?

**A.** परिमेय संख्या
**B.** वास्तविक संख्या
**C.** प्राकृतिक संख्या
**D.** सकारात्मक वास्तविक संख्या

# // स्मार्ट उत्तर पुस्तिका //

**सही उत्तर** — उन छात्रों का प्रतिशत जिन्होंने प्रश्नों का सही उत्तर दिया था।  **छोड़ दिया** — उन छात्रों का प्रतिशत जिन्होंने प्रश्नों को छोड़ दिया था।

| प्रश्न संख्या | उत्तर | सही उत्तर %<br>छोड़ दिया % | प्रश्न संख्या | उत्तर | सही उत्तर %<br>छोड़ दिया % | प्रश्न संख्या | उत्तर | सही उत्तर %<br>छोड़ दिया % | प्रश्न संख्या | उत्तर | सही उत्तर %<br>छोड़ दिया % | प्रश्न संख्या | उत्तर | सही उत्तर %<br>छोड़ दिया % | प्रश्न संख्या | उत्तर | सही उत्तर %<br>छोड़ दिया % |
|---|---|---|---|---|---|---|---|---|---|---|---|---|---|---|---|---|---|
| 1 | A | 47.78 %<br>1.89 % | 18 | B | 42.45 %<br>1.78 % | 35 | B | 41.8 %<br>1.04 % | 52 | B | 62.6 %<br>1.63 % | 69 | D | 65.85 %<br>1.07 % | 86 | A | 50.04 %<br>1.6 % |
| 2 | A | 47.48 %<br>1.34 % | 19 | D | 63.76 %<br>1.9 % | 36 | B | 51.42 %<br>1.04 % | 53 | A | 14.03 %<br>3.27 % | 70 | B | 59.56 %<br>1.51 % | 87 | D | 23.29 %<br>3.37 % |
| 3 | B | 66.31 %<br>1.4 % | 20 | A | 46.44 %<br>1.46 % | 37 | B | 48.68 %<br>1.06 % | 54 | A | 82.92 %<br>0.0 % | 71 | B | 67.83 %<br>1.84 % | 88 | A | 18.03 %<br>4.31 % |
| 4 | B | 76.23 %<br>0.0 % | 21 | B | 52.11 %<br>1.65 % | 38 | C | 46.37 %<br>1.6 % | 55 | C | 81.56 %<br>0.0 % | 72 | A | 62.27 %<br>1.02 % | 89 | B | 48.85 %<br>1.09 % |
| 5 | B | 68.92 %<br>2.0 % | 22 | B | 50.89 %<br>1.88 % | 39 | B | 84.7 %<br>0.0 % | 56 | B | 59.39 %<br>1.15 % | 73 | A | 47.54 %<br>1.34 % | 90 | B | 59.34 %<br>1.44 % |
| 6 | B | 66.6 %<br>1.24 % | 23 | D | 82.27 %<br>0.0 % | 40 | C | 87.7 %<br>0.0 % | 57 | A | 56.95 %<br>1.56 % | 74 | B | 63.49 %<br>1.91 % | 91 | B | 68.32 %<br>1.61 % |
| 7 | D | 46.91 %<br>1.15 % | 24 | B | 60.25 %<br>1.05 % | 41 | B | 22.61 %<br>3.57 % | 58 | A | 51.15 %<br>1.54 % | 75 | B | 54.4 %<br>1.28 % | 92 | C | 41.81 %<br>1.12 % |
| 8 | C | 52.16 %<br>1.14 % | 25 | C | 54.14 %<br>1.33 % | 42 | A | 14.65 %<br>3.64 % | 59 | D | 63.4 %<br>1.15 % | 76 | A | 59.07 %<br>1.92 % | 93 | A | 40.44 %<br>1.46 % |
| 9 | D | 60.04 %<br>1.35 % | 26 | B | 46.36 %<br>1.39 % | 43 | D | 79.38 %<br>0.0 % | 60 | B | 82.47 %<br>0.0 % | 77 | C | 55.89 %<br>1.65 % | 94 | A | 58.21 %<br>1.55 % |
| 10 | B | 11.67 %<br>4.4 % | 27 | A | 65.36 %<br>1.22 % | 44 | A | 29.6 %<br>3.97 % | 61 | A | 61.21 %<br>1.42 % | 78 | C | 22.11 %<br>4.98 % | 95 | B | 58.84 %<br>1.43 % |
| 11 | C | 54.11 %<br>1.3 % | 28 | B | 45.95 %<br>1.25 % | 45 | A | 68.73 %<br>1.51 % | 62 | A | 55.75 %<br>1.27 % | 79 | D | 16.65 %<br>4.99 % | 96 | A | 61.52 %<br>1.4 % |
| 12 | A | 65.71 %<br>1.85 % | 29 | D | 20.2 %<br>3.81 % | 46 | D | 62.77 %<br>1.09 % | 63 | D | 59.48 %<br>1.28 % | 80 | D | 24.81 %<br>4.46 % | 97 | D | 40.62 %<br>1.98 % |
| 13 | A | 81.49 %<br>0.0 % | 30 | C | 51.69 %<br>1.97 % | 47 | B | 76.31 %<br>0.0 % | 64 | B | 65.45 %<br>1.75 % | 81 | C | 63.93 %<br>1.52 % | 98 | D | 47.14 %<br>1.28 % |
| 14 | A | 76.56 %<br>0.0 % | 31 | D | 46.67 %<br>1.7 % | 48 | B | 66.54 %<br>1.55 % | 65 | D | 57.55 %<br>1.45 % | 82 | B | 87.23 %<br>0.0 % | 99 | B | 44.34 %<br>1.67 % |
| 15 | B | 42.55 %<br>1.31 % | 32 | B | 69.92 %<br>1.41 % | 49 | B | 52.62 %<br>1.64 % | 66 | C | 10.34 %<br>4.49 % | 83 | A | 44.79 %<br>1.55 % | 100 | C | 69.84 %<br>1.95 % |
| 16 | C | 50.33 %<br>1.92 % | 33 | A | 60.49 %<br>1.36 % | 50 | B | 54.3 %<br>1.43 % | 67 | C | 85.1 %<br>0.0 % | 84 | B | 41.59 %<br>1.15 % |  |  |  |
| 17 | A | 57.86 %<br>1.62 % | 34 | B | 48.48 %<br>1.96 % | 51 | D | 56.6 %<br>1.38 % | 68 | C | 40.37 %<br>1.4 % | 85 | C | 46.38 %<br>1.14 % |  |  |  |

# //संकेत और समाधान//

**1.** मान लीजिए $\alpha, \beta$ बहुपद के शून्यक हैं।

f(x) = x² - 8x + k फिर,

$$\alpha + \beta = -\left(\frac{-8}{1}\right) = 8 \text{ तथा } \alpha\beta = \frac{k}{1} = k$$

दिया गया है कि

$$\alpha^2 + \beta^2 = 40$$

$$\Rightarrow (\alpha + \beta)^2 - 2\alpha\beta = 40$$

$$\Rightarrow 8^2 - 2k = 40[\because \alpha + \beta = 8 \text{ और } \alpha\beta = k]$$

$\Rightarrow$ 2k = 64 - 40

$\Rightarrow$ 2k = 24

$\Rightarrow$ k=12

अतः विकल्प (A) सही है।

**2.** दिया गया है:

x⁴ – x³ – 19x² – 11x + 30 के दो गुणनखंड x + 2 और x – 1 हैं।

यहाँ a = -2, b = 1

abcd = 30

$\Rightarrow$ हम इसे केवल विकल्प 1 और 2 से प्राप्त कर सकते हैं

(a + b + c + d)x³ = x³

$\Rightarrow$ -2 + 1 + c + d = 1

$\Rightarrow$ c + d = 2

विकल्प (A) को लेने पर, c = -3 तथा d = 5

$\therefore$ बहुपद x⁴ – x³ – 19x² – 11x + 30 के अन्य दो गुणनखंड (x + 3) and (x – 5) हैं।

अतः विकल्प (A) सही है।

**3.** दिया गया है

$x^3 - 9x^2 + Ax + B, (x - 3)$ और $(x - 5)$ से विभाज्य है

प्रयुक्त अवधारणा:

यदि $(x - a), P(x)$ का एक गुणनखंड है

तब, $P(a) = 0$

गणना:

माना $P(x) = x^3 - 9x^2 + Ax + B$

यदि $x^3 - 9x^2 + Ax + B, (x - 3)$ से विभाज्य है

$\Rightarrow P(3) = 0$

$\Rightarrow 27 - 81 + 3A + B = 0$

$\Rightarrow 3A + B = 54$

अब,

यदि $x^3 - 9x^2 + Ax + B, x - 5$ से विभाज्य है

$\Rightarrow P(5) = 0$

$\Rightarrow 125 - 225 + 5A + B = 0$

$\Rightarrow 5A + B = 100 \quad - (2)$

समीकरण (1) और (2) से हमें प्राप्त होता है

A = 23 और B = - 15

$\therefore$ अभीष्ट उत्तर A = 23 और B = - 15 है।

अतः विकल्प (B) सही है।

**4.** दिया गया है:

एक बहुपद, $f(x) = kx^2 + \sqrt{3}x - 1$

यदि $(x + 3), kx^2 + \sqrt{3}x - 1$ का गुणनखंड है, तो $x = -3, kx^2 + \sqrt{3}x - 1 = 0$

$$k \times (-3)^2 + \sqrt{3} \times -3 - 1 = 0$$

$$k \times (-3)^2 = 3\sqrt{3} + 1$$

$$k = \frac{3\sqrt{3}+1}{9}$$

अतः विकल्प (B) सही है।

**5.** दिया गया है:

बहुपद $= 3x^3 - 7x^2 + kx + 12$

बहुपद $(x - 3)$ से विभाज्य है

जैसा कि हम जानते हैं:

यदि बहुपद $P(x)$ को $x - a$ से विभाजित किया जाता है, तो शेषफल $P(a)$ होता है। यदि शेषफल $P(a), 0$ है, तो $P(x), x - a$ से विभाज्य है।

गणना:

यहाँ, $P(x) = 3x^3 - 7x^2 + kx + 12$

यदि $x - 3 = 0$ तो $x = 3$

अत: शेषफल $= k(3)$

लेकिन प्रश्न के अनुसार, $k(3) = 0$

$$\Rightarrow 3 \times 3^3 - 7 \times 3^2 + k \times 3 + 12 = 0$$

$$\Rightarrow 81 - 63 + 3k + 12 = 0$$

$$\Rightarrow k = -10$$

अतः विकल्प (B) सही है।

**6.** हम जानते हैं कि समीकरण $ax^2 + bx + c = 0$

फिर मूलों का योग $= \frac{-b}{a}$ और मूलों का गुणनफल $= \frac{c}{a}$

यदि $\alpha, \beta$ द्विघात बहुपद $f(x) = 6x^2 - 3 - 7x$ के शून्यक हैं, तब

$$(\alpha + \beta) = \frac{-b}{a} = -\frac{(-7)}{6} = \frac{7}{6}$$

$$\alpha\beta = \frac{c}{a} = \frac{-3}{6} = \frac{-1}{2}$$

अब, $(\alpha + 1)(\beta + 1)$

$$= \alpha\beta + \alpha + \beta + 1$$

$$= \frac{-1}{2} + \frac{7}{6} + 1$$

$$= \frac{-3+7+6}{6}$$

$$= \frac{10}{6}$$

$$= \frac{5}{3}$$

अतः विकल्प (B) सही है।

**7.** मान लीजिए $\alpha, \beta$ द्विघात बहुपद $ax^2 + bx + c$ के शून्य हो, तब

$$(\alpha + \beta) = 2 = -\frac{b}{a}, \quad \alpha\beta = -\frac{1}{2} = \frac{c}{a}$$

यदि $a = 2$, फिर $b = -4$, और $c = -1$

इसलिए अभीष्ट बहुपद $2x^2 - 4x - 1$ होगा।

अतः विकल्प (D) सही है।

**8.** दिया गया समीकरण, $x^2 - 5x + 4 = 0$ है

हमें दिए गए समीकरण के मूल ज्ञात करने होंगे। तो, उसके लिए, हम समीकरण को इस प्रकार लिख सकते हैं,

$$x^2 - 4x - x + 4 = 0$$

$$\Rightarrow x(x - 4) - (x - 4) = 0$$

$$\Rightarrow (x - 4)(x - 1) = 0$$

$$\therefore x = 1, 4$$

$\cot\alpha$ और $\cot\beta$ समीकरण $x^2 - 5x + 4 = 0$ की मूल हैं

$$\cot\alpha = 1 \text{ और } \cot\beta = 4$$

$$\cot(\alpha + \beta) = \frac{(\cot\alpha\cot\beta - 1)}{(\cot\alpha + \cot\beta)}$$

हमें प्राप्त होने वाले मूलों का मान रखने पर,

$$\cot(\alpha + \beta) = \frac{(1 \times 4 - 1)}{(1 + 4)}$$

$$\therefore \cot(\alpha + \beta) = \frac{3}{5}$$

अतः विकल्प (C) सही है।

**9.** दिया गया है,

$$x^2 + 2x + k = 0$$

सामान्य रूप से तुलना करने पर:

$$a = 1, b = 2, c = k$$

प्रश्न के अनुसार वास्तविक मूल हैं,

$$D \geq 0$$

$$\Rightarrow b^2 - 4ac \geq 0$$

$$\Rightarrow 2^2 - 4 \times 1 \times k \geq 0$$

$$\Rightarrow 4 - 4k \geq 0$$

$$\Rightarrow 4 \geq 4k$$

$$\Rightarrow 1 \geq k$$

$$\therefore k \leq 1$$

अतः विकल्प (D) सही है।

**10.** दिया गया है,

$$4x^2 + 2x - 1 = 0$$

$$x = \frac{b \pm \sqrt{b^2 - 4ac}}{2a}$$

$$\Rightarrow x = \frac{-2 \pm \sqrt{2^2 - 4(4)(-1)}}{2(4)}$$

$$\Rightarrow \alpha = \frac{-1 + \sqrt{5}}{4} \text{ and } \beta = \frac{-1 - \sqrt{5}}{4}$$

हम जानते हैं कि, $\sin 18° = \frac{-1 + \sqrt{5}}{4}$ और $\sin 54° = \frac{1 + \sqrt{5}}{4}$

तो, हम कह सकते हैं कि $\alpha = \sin 18°$ और $\beta = -\sin 54°$ $\quad …(i)$

अब, दिए गए सूत्र से

$$\sin 3\theta = 3\sin\theta - 4\sin^3\theta$$

उपरोक्त त्रिकोणमितीय सूत्र में $\theta = 18°$ रखने पर, हमें प्राप्त होता है

$$\Rightarrow \sin 54° = 3\sin 18° - 4\sin^3 18° \quad …(ii)$$

समीकरण $(i)$ और $(ii)$ से हम प्राप्त करते हैं

$$\Rightarrow -\beta = 3\alpha - 4\alpha^3$$

$$\Rightarrow \beta = 4\alpha^2 - 3\alpha$$

$\therefore$ सही संबंध $\beta = 4\alpha^2 - 3\alpha$ है।

अतः विकल्प (B) सही है।

**11.** $0$ और $50$ के बीच विषम संख्याएं $1, 3, 5, 7, …, 49$ हैं।

ये संख्याएँ $AP$ बनाती हैं जिसमें $a = 1, d = 2$ और $l = 49$ होते हैं।

माना इन संख्याओं की संख्या $n$ है, तो

$$T_n = a + (n - 1)d$$

$a = $ पहला पद

$d = $ सार्व अंतर

$T_n = n$वाँ पद

$$49 = 1 + (n - 1) \times 2$$

$$\Rightarrow 48 = 2(n - 1)$$

$$\Rightarrow 24 = n - 1$$

$\Rightarrow n = 25$

$S_n = \frac{n}{2}(a + l)$

$a =$ पहला पद

$l =$ अंतिम पद

$S_n = n$वें पद का योग

$\therefore$ इन संख्याओं का योग $= \frac{25}{2}(1 + 49) = \frac{25}{2} \times 50 =$ $25 \times 25 = 625$.

अतः विकल्प (C) सही है।

**12.** वे पूर्णांक जो 2 और साथ ही 5 के गुणज हैं, 10 के गुणज होने चाहिए।

1 और 500 के बीच के पूर्णांक जो 10 के गुणज हैं $10, 20, 30, \dots, 490$ हैं।

ये संख्याएं $AP$ बनाती हैं जिसमें $a = 10, l = 490$ और $n = 49$ होते हैं।

$S_n = \frac{n}{2}(a + l)$

$a =$ पहला पद

$l =$ अंतिम पद

$S_n = n$वें पद का योग

$\therefore$ इन पूर्णांकों का योग $= \frac{49}{2}(10 + 490)$

$= \frac{49}{2} \times 500 = 49 \times 250 = 12250$.

अतः विकल्प (A) सही है।

**13.** 1 से $n$ तक क्रमागत संख्याओं का योग:

$1 + 2 + 3 + \cdots + n = \frac{n(n+1)}{2}$

दी गयी श्रृंखला के पहले 12 पदों के योग को निम्न रूप में लिखा जा सकता है:

$\sqrt{3} + \sqrt{12} + \sqrt{27} + \sqrt{48} + \cdots$

$= \sqrt{3} + 2\sqrt{3} + 3\sqrt{3} + 4\sqrt{3} + \cdots + 12\sqrt{3}$

$= \sqrt{3}(1 + 2 + \cdots + 12)$

$= \sqrt{3} \times \frac{12 \times 13}{2} = 78\sqrt{3}$

अतः विकल्प (A) सही है।

**14.** चूँकि दिए गए बिंदु सरेख हैं, इसलिए उनके द्वारा बनाए गए त्रिभुज का क्षेत्रफल शून्य होना चाहिए।

$\triangle ABC$ का क्षेत्रफल $= 0$

दिया है,

बिंदु $A(2,3), B(4,k)$ और $C(6,-3)$ हैं।

जैसा कि हम जानते हैं,

त्रिभुज का क्षेत्रफल जिसका शीर्ष दिया गया है,

$\triangle ABC$ का क्षेत्रफल $= \frac{1}{2}[x_1(y_2 - y_3) + x_2(y_3 - y_1) + x_3(y_1 - y_2)]$

$\Rightarrow \frac{1}{2}[2(k + 3) + 4(-3 - 3) + 6(3 - k)] = 0$

$\Rightarrow [2k + 6 - 24 + 18 - 6k] = 0$

$\Rightarrow [-4k] = 0$

$\Rightarrow -4k = 0$

$\Rightarrow k = 0$.

अतः विकल्प (A) सही है।

**15.** चूँकि दिए गए बिंदु $A(k + 1, 2k), B(3k, 2k + 3)$ और $C(5k - 1, 5k)$ सरेख हैं, अतः त्रिभुज का क्षेत्रफल शून्य होगा।

$\triangle ABC$ का क्षेत्रफल $= \frac{1}{2}[x_1(y_2 - y_3) + x_2(y_3 - y_1) + x_3(y_1 - y_2)]$

$\triangle ABC$ का क्षेत्रफल $= 0$

$\Rightarrow \frac{1}{2}[(k + 1)(2k + 3 - 5k) + 3k(5k - 2k) + (5k - 1)(2k - 2k - 3)] = 0$

$\Rightarrow (k + 1)(3 - 3k) + 3k(3k) + (5k - 1)(-3) = 0$

$\Rightarrow 3(1 + k)(1 - k) + 9k^2 - 15k + 3 = 0$

$\Rightarrow 3(1 - k^2) + 9k^2 - 15k + 3 = 0$

$\Rightarrow 6k^2 - 15k + 6 = 0$

$\Rightarrow 2k^2 - 5k + 2 = 0$

$\Rightarrow (k - 2)(2k - 1) = 0$

$\Rightarrow k = 2, \frac{1}{2}$

इसलिए, $k$ के मान $2, \frac{1}{2}$ हैं।

अतः विकल्प (B) सही है।

**16.** दिया है,

$A(6,1), B(8,2)$ और $C(9,4)$ एक समांतर चतुर्भुज के तीन शीर्ष हैं।

$\triangle ABC$ का क्षेत्रफल $= \frac{1}{2}[x_1(y_2 - y_3) + x_2(y_3 - y_1) + x_3(y_1 - y_2)]$

$= \frac{1}{2}[6(2 - 4) + 8(4 - 1) + 9(1 - 2)]$

$= \frac{1}{2}[-12 + 24 - 9]$

$= \frac{1}{2} \times 3$

$= \frac{3}{2}$ वर्ग इकाई

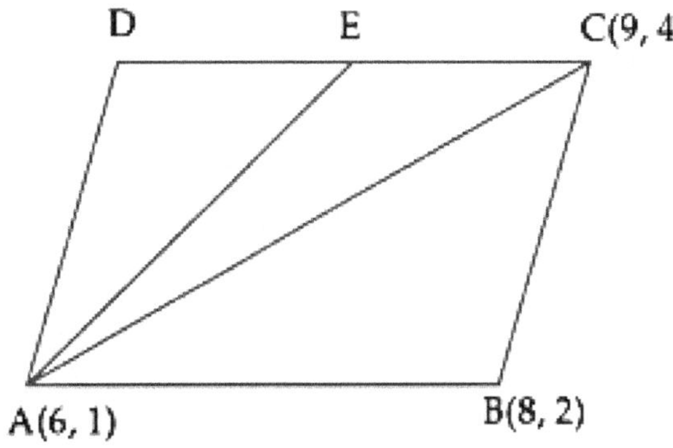



हम जानते हैं कि समांतर चतुर्भुज का एक विकर्ण उसे समान क्षेत्रफल वाले दो त्रिभुजों में विभाजित करता है

इसलिए, $\Delta ACD$ का क्षेत्रफल $= \frac{3}{2}$ वर्ग इकाई का क्षेत्रफल

जैसा कि $E$, $DC$ का मध्य-बिंदु है, $AE$, $\triangle ACD$ की माध्यिका है।

साथ ही, हम जानते हैं कि एक त्रिभुज की एक माध्यिका उसे समान क्षेत्रफल वाले दो त्रिभुजों में विभाजित करती है।

इसलिए,

$\triangle ADE$ का क्षेत्रफल $= \frac{1}{2}$ $\Delta ACD$ का क्षेत्रफल $= \left(\frac{1}{2} \times \frac{3}{2}\right)$ वर्ग इकाई

$= \frac{3}{4}$ वर्ग इकाई

अतः विकल्प (C) सही है।

**17.** दिया है,

$A(4,2), B(6,5), C(1,4)$ दिए गए त्रिभुज के शीर्ष हैं।

ज्ञात करना है

बिंदु $D$ के निर्देशांक

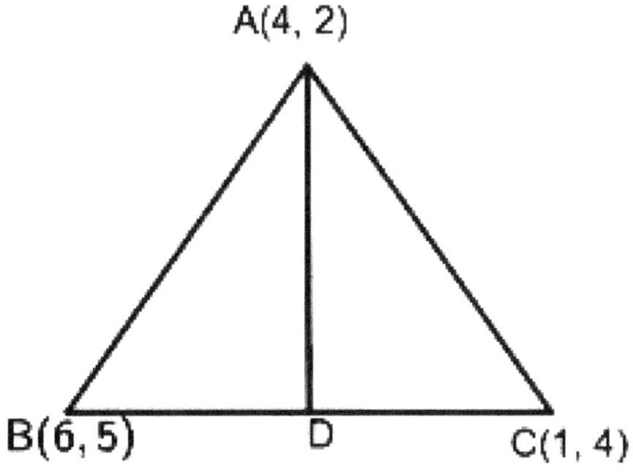



मान लीजिए $AD$ दिए गए त्रिभुज की माध्यिका है, तो माध्यिका $D$, $BC$ का मध्यबिंदु है।

रेखा खंड का मध्य बिंदु,

$\Rightarrow \left(\frac{x_1+x_2}{2}, \frac{y_1+y_2}{2}\right)$

इसलिए,

$D(x, y) = \left(\frac{6+1}{2}, \frac{5+4}{2}\right)$

$= \left(\frac{7}{2}, \frac{9}{2}\right)$

$\therefore D$ का निर्देशांक $\left(\frac{7}{2}, \frac{9}{2}\right)$ है।

अतः विकल्प (A) सही है।

**18.** दिया है :

समतल में कुल 15 बिंदु हैं, जिनमें कोई भी 3 बिंदु संरेख नहीं हैं

प्रयुक्त अवधारणा :

यदि समतल में कुल x बिंदु हैं और कोई 3 संरेख नहीं है, तो

समतल में बनने वाली कुल रेखाएँ $= {}^{x}C_2$

गणना :

कुल रेखाएँ जो दी गई शर्त के अनुसार खींची जा सकती हैं $= {}^{15}C_2$

$\Rightarrow \frac{15!}{[(15-2)! \times 2!]}$

$\Rightarrow \frac{15!}{(13! \times 2!)}$

$\Rightarrow 15 \times 7$

$\Rightarrow 105$

अतः विकल्प (B) सही है।

**19.** एक समचतुर्भुज, एक समांतर चतुर्भुज का एक विशेष रूप है, जिसके सभी भुजा समान होती हैं।

समचतुर्भुज से सम्बंधित सूत्र:

- विकर्णों का उपयोग करके क्षेत्रफल: $A = \frac{1}{2} \times d_1 \times d_2$
- आधार और ऊंचाई का उपयोग कर क्षेत्रफल: $A = b \times h$
- त्रिकोणमिति का उपयोग कर क्षेत्रफल: $A = b^2 \times \sin(a)$

अतः विकल्प (D) सही है।

**20.** दिया हुआ:

AB = 5 सेमी

BC = 7 सेमी

AC = √84 सेमी

अवधारणा का इस्तेमाल किया:

विकर्णों के समांतर चतुर्भुज सूत्र द्वारा,

$(d_1)^2 + (d_2)^2 = 2((\text{ side }_1)^2 + (\text{ side }_2)^2)$

गणना:

विकर्णों के समांतर चतुर्भुज सूत्र द्वारा,

$AC^2 + BD^2 = 2(AB^2 + BC^2)$

$\Rightarrow \left(\sqrt{84}\right)^2 + BD^2 = 2 \times (5^2 + 7^2)$

$\Rightarrow 84 + BD^2 = 2 \times (25 + 49)$

$\Rightarrow 84 + BD^2 = 2 \times 74$

$\Rightarrow 84 + BD^2 = 148$

$\Rightarrow BD^2 = 64$

$\Rightarrow BD = 8$ सेमी

∴ अन्य विकर्ण की लम्बाई 8 सेमी है

अतः विकल्प (A) सही है।

**21.** दिया गया है:

$\angle CAB = 60°$ और $\angle ABC = 35°$

प्रयुक्त अवधारणा:

एक वृत्त में अंकित और एक ही जीवा द्वारा अंतरित सभी कोण बराबर होते हैं।

गणना:

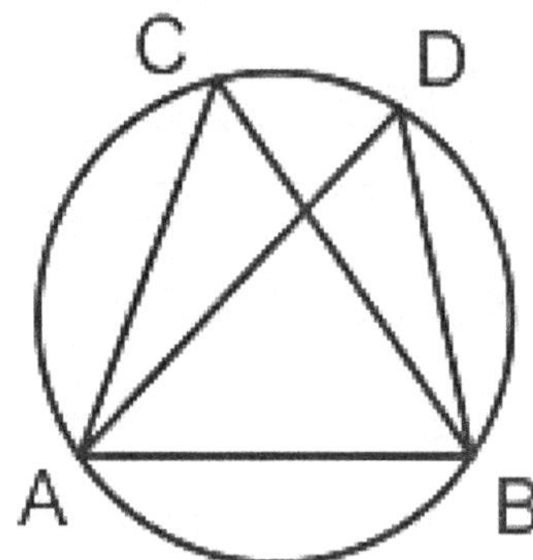

△ABC में, हमारे पास है

$\angle CAB = 60°$ और $\angle ABC = 35°$

चूँकि त्रिभुज के सभी अंतः कोणों का योग 180° होता है।

इसलिए, $\angle ABC + \angle ACB + \angle CAB = 180°$

$\Rightarrow 35° + \angle ACB + 60° = 180°$

$\Rightarrow \angle ACB = 180° - 95° = 85°$

यहाँ, $\angle ACB$ और $\angle ADB$ एक वृत्त की परिधि पर समान जीवा द्वारा बनाए गए हैं।

इसलिए, प्रयुक्त अवधारणानुसार, हमारे पास है

$\angle ADB = \angle ACB = 85°$

∴ $\angle ADB$ का मान 85° है।

अतः विकल्प (B) सही है।

**22.** दिया हुआ है:

△MNO में,

MN = 6 सेमी, NO = 4 सेमी, MO = 8 सेमी

MP एक माध्यिका है, जो कोण M से विपरीत दिशा में NO पर बनती है और P पर NO को प्रतिच्छेदन करती है।

प्रयुक्त अवधारणा:

अपोलोनियस प्रमेय के अनुसार, दो भुजाओं के वर्गों का योग, माध्यिका के वर्ग के योग के दोगुना और तीसरी भुजा के आधे भाग के वर्ग के बराबर होता है, जिसकी माध्यिका एक दूसरे को काटती हैं।

गणना:

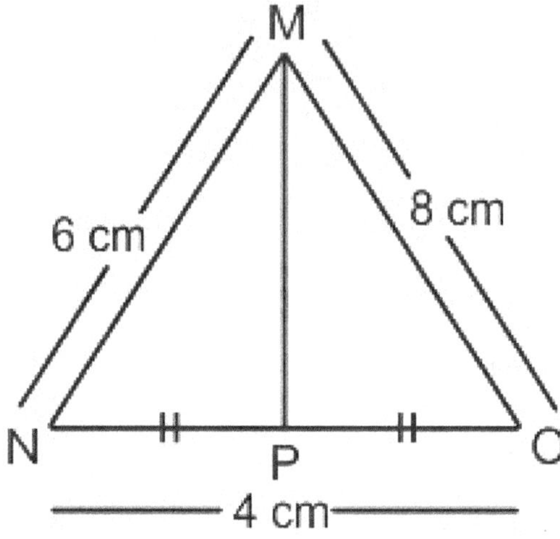

△MNO में, अपोलोनियस प्रमेय का उपयोग करने पर,

$\Rightarrow (MN)^2 + (MO)^2 = 2\left\{(MP)^2 + \left(\frac{NO}{2^2}\right)\right\}$

$\Rightarrow 6^2 + 8^2 = 2\{(MP)^2 + (2)^2\}$

$\Rightarrow 100 = 2\{(MP)^2 + 4\}$

$\Rightarrow 46 = MP^2$

$\Rightarrow MP = \sqrt{46}$ सेमी

∴ माध्यिका MP की लंबाई $\sqrt{46}$ सेमी के बराबर है।

अतः विकल्प (B) सही है।

**23.** दिया है:

समद्विबाहु त्रिभुज का परिमाप = 30 सेमी

प्रयुक्त सूत्र:

परिमाप = सभी भुजाओं का योग

गणना:

माना कि आधार की लंबाई = x

$\Rightarrow$ प्रत्येक बराबर भुजा = 2x

$\Rightarrow$ x + 2x + 2x = 30

$\Rightarrow$ 5x = 30

$\Rightarrow$ x = 6

∴ आधार की लंबाई 6 सेमी है।

अतः विकल्प (D) सही है।

**24.** दिया है:

$\angle 2 = \angle 3 = \angle 4$

$\angle 5 = 150°$

गणना:

माना $\angle 2, \angle 3$ और $\angle 4$ का मान x है।

एक सरल रेखा पर कोणों का योग = ∠5 + ∠4

⇒ 150° + x = 180° ( एक सरल रेखा पर सभी कोणों का योग 180° होता है। )

⇒ x = 30°

एक सरल रेखा पर कोणों का योग = ∠1 + ∠2 + ∠3

∠1 + x + x = 180° ( एक सरल रेखा पर सभी कोणों का योग 180° होता है। )

⇒ ∠1 + 2x = 180°

⇒ ∠1 + 2 × 30° = 180°

⇒ ∠1 + 60° = 180°

⇒ ∠1 = 120°

∴ ∠1 का मान 120° है।

अत: विकल्प (B) सही है।

**25.** प्रतिवर्त कोण एक ऐसा कोण है जो 180 डिग्री से अधिक और 360 डिग्री से कम होता है। उदाहरण के लिए, 270 डिग्री एक प्रतिवर्त कोण है।

एक प्रतिवर्त कोण 180 डिग्री और किसी भी प्राथमिक कोण (न्यून, समकोण और अधिक कोण) के योग के बराबर होता है। इसलिए,

- प्रतिवर्त कोण $= 180° +$ न्यून कोण
- प्रतिवर्त कोण $= 180° +$ समकोण
- प्रतिवर्त कोण $= 180° +$ अधिक कोण

अत: विकल्प (C) सही है।

**26.** संपूरक कोणों का युग्म एक रैखिक युग्म बना सकता है।

संपूरक कोण - जब दो कोणों के मापों का योग 180° पाया जाये तो कोणों के ऐसे युग्म संपूरक कोण (supplementary angles) कहलाते हैं। जब दो कोण संपूरक होते हैं तो उनमें से प्रत्येक कोण दूसरे कोण का संपूरक कहलाता है।

अत: विकल्प (B) सही है।

**27.** दिया गया है,

दो पूरक कोणों का अनुपात $1:5$ है।

जैसा कि हम जानते है,

दो पूरक कोणों का योग 90° होता है।

माना दो कोण $1x$ और $5x$ हैं।

दो पूरक कोणों का योग 90° होता है।

⇒ $(1x + 5x) = 90°$

⇒ $x = 15°$

⇒ $(5x - x) = 60°$

∴ दो पूरक कोणों के बीच का अंतर 60° है।

अत: विकल्प (A) सही है।

**28.** मान लीजिए कि चतुर्भुज के चारों कोणों में से एक उभयनिष्ठ कोण $x$ है।

कोण योग नियम के अनुसार, हम जानते हैं:

$$4x + 5x + 10x + 11x = 360°$$

$$30x = 360°$$

$$x = 12°$$

इस प्रकार, कोण हैं

$$4x = 4(12) = 48°$$

$$5x = 5(12) = 60°$$

$$10x = 10(12) = 120°$$

$$11x = 11(12) = 132°$$

अत: विकल्प (B) सही है।

**29.** दिया गया है, चतुर्भुज $ABCD$ के कोण $A, B, C$ और $D$ क्रम में लिए गए हैं, तो $3:7:6:4$ के अनुपात में हैं।

हम जानते हैं कि $A + B + C + D = 360º$

इसलिए, अब हम मान सकते हैं,

$$3k + 7k + 6k + 4k = 360º$$

$$20k = 360º$$

$$k = 18º$$

इसलिए,

$$A = 3k = 54º$$

$$B = 7k = 126º$$

$$C = 6k = 108º$$

$$D = 4k = 72º$$

यदि हम इन कोणों से चतुर्भुज खींचते हैं, तो हमें एक समलंब प्राप्त होता है।

अत: विकल्प (D) सही है।

**30.** दिया गया है,

दो वर्गों के परिमाप 40 सेमी और 32 सेमी हैं।

माना, पहले वर्ग की भुजा $= a$

और दूसरे वर्ग की भुजा $= b$

पहले वर्ग की परिमाप, $4a = 40$

⇒ $a = \left(\frac{40}{4}\right)$ सेमी

⇒ $a = 10$ सेमी

दूसरे वर्ग की परिमाप, $4b = 32$

⇒ $b = \left(\frac{32}{4}\right)$ सेमी

⇒ $b = 8$ सेमी

प्रश्न के अनुसार,

तीसरे वर्ग का क्षेत्रफल $e = [(10)^2 - (8)^2]$ वर्गसेमी

$= (100 - 64)$ वर्गसेमी

$= 36$ वर्गसेमी

तीसरे वर्ग की भुजा $= \sqrt{36}$ सेमी

$= 6$ सेमी

इसीलिए, अभीष्ट परिमाप $= (6 \times 4)$ सेमी

$= 24$ सेमी

अतः विकल्प (C) सही है।

**31.** दिया गया है,

एक $110$ मी लंबे और $65$ मी चौड़े आयताकार घास के मैदान में इसके चारों ओर $2.5$ मी चौड़ा बजरी का पथ है।

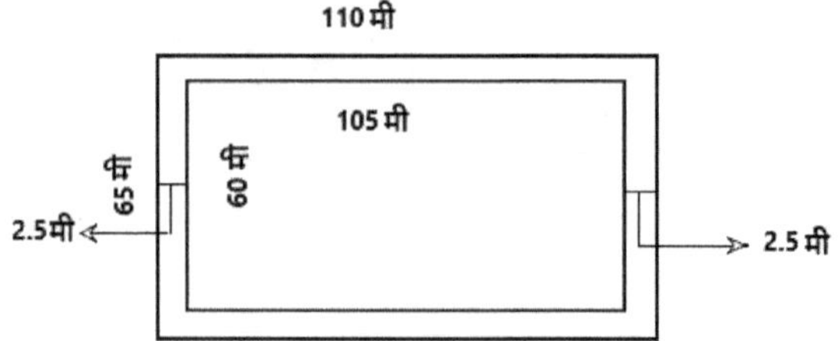

आयताकार घास के मैदान का क्षेत्रफल $= (110 \times 65)$ मी$^2$

$= 7150$ मी$^2$

पथ की चौड़ाई $= 2.5$ मी

आयताकार घास के मैदान की आंतरिक लंबाई $= 110 - (2 \times 2.5) = 105$ मी

आयताकार घास के मैदान की आंतरिक चौड़ाई $= 65 - (2 \times 2.5) = 60$ मी

पथ को छोड़कर आयताकार घास के मैदान का क्षेत्रफल $= 105 \times 60$

$= 6300$ मी$^2$

तो, पथ का क्षेत्रफल $= (7150 - 6300)$ मी$^2$

$= 850$ मी$^2$

पथ को बजरी बनाने की लागत $= \left(850 \times \dfrac{80}{100}\right)$

$= 680$ रुपये

अतः विकल्प (D) सही है।

**32.** दिया गया है,

आयत का क्षेत्रफल एक वृत्त के क्षेत्रफल के बराबर है जिसकी त्रिज्या $14$ सेमी है।

प्रश्न के अनुसार,

आयत का क्षेत्रफल $=$ वृत्त का क्षेत्रफल

लंबाई $\times$ चौड़ाई $= \pi r^2$

$\Rightarrow l \times 22 = \dfrac{22}{7} \times 14 \times 14$

$\Rightarrow l \times 22 = 616$

$\Rightarrow l = \dfrac{616}{22}$

$\Rightarrow l = 28$ सेमी

अतः विकल्प (B) सही है।

**33.** दिया गया है,

एक आयत का परिमाप जिसका क्षेत्रफल $144$ वर्ग सेमी के बराबर है और भुजाओं का अनुपात $4:9$ है।

माना, आयत की लंबाई $4x$ है।

आयत की चौड़ाई $9x$ है।

$\therefore$ आयत का क्षेत्रफल $= l \times b$

$\Rightarrow 144 = 4x \times 9x$

$\Rightarrow 144 = 36x^2$

$\Rightarrow x^2 = 4$

$\Rightarrow x = 2$

अब,

आयत की लंबाई,

$l = 4x = 4 \times 2$

$= 8$ सेमी

आयत की चौड़ाई,

$b = 9x = 9 \times 2$

$= 18$ सेमी

$\therefore$ आयत का परिमाप $= 2(l + b)$

$= 2(8 + 18)$

$= 52$ सेमी

अतः विकल्प (A) सही है।

**34.** दिए गए आंकड़े:

$AB = AC = 7\sqrt{2}$ सेमी

$\angle BAC = 90°$

सूत्र:

पाइथागोरस प्रमेय

यदि, $\triangle ABC$ में, $\angle A = 90°$

$BC^2 = AB^2 + AC^2$

वृत्त का व्यास, वृत्त की परिधि के किसी भी बिंदु पर समकोण बनाता है।

गणना:

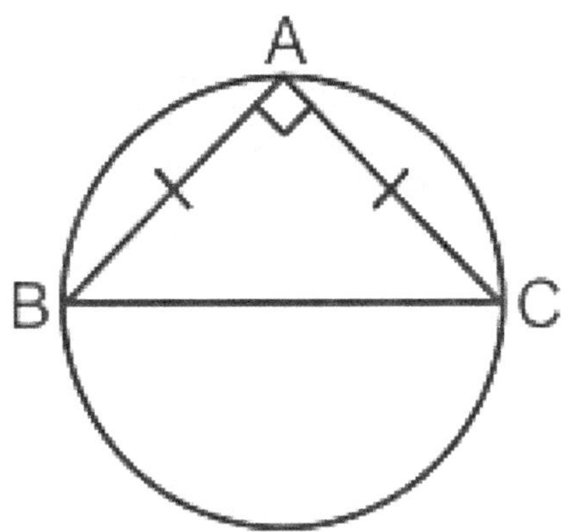

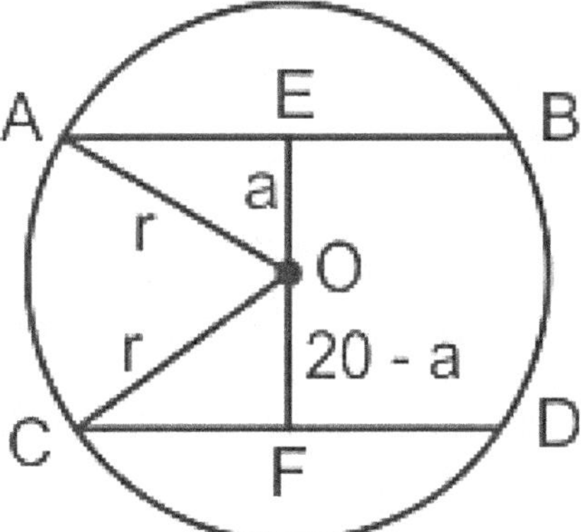

चूंकि, उपरोक्त आकृति में $\angle A = 90°$

इसलिए, हम कह सकते हैं कि $BC$, वृत्त का व्यास है

अब, $AB = AC = 7\sqrt{2}$ सेमी और $\angle BAC = 90°$,

समकोण $\triangle BAC$ में

पाइथागोरस प्रमेय का उपयोग करके:

$\Rightarrow BC^2 = AB^2 + AC^2$

$\Rightarrow BC^2 = \left(7\sqrt{2}\right)^2 + \left(7\sqrt{2}\right)^2$

$\Rightarrow BC^2 = 98 + 98$

$\Rightarrow BC^2 = 196$

$\Rightarrow BC = 14$ सेमी

$\Rightarrow BC$ वृत्त का व्यास है

$\Rightarrow$ वृत्त की त्रिज्या $= \dfrac{14}{2} = 7$ सेमी

$\therefore$ त्रिज्या $7$ सेमी के बराबर है।

अत: विकल्प (B) सही है।

**35.** दिया है:

$O$ वृत्त का केंद्र है।

$AO$ और $CO$ वृत्त की त्रिज्या हैं।

वृत्त के समानांतर जीवा में क्रमशः $12$ सेमी और $16$ सेमी के बराबर हैं।

समानांतर जीवा ( $EF$) के बीच की दूरी $= 20$ सेमी

अवधारणा:

वृत्त के जीवा पर केंद्र से खींची गई रेखा जीवा के लिए लंबवत है और वृत्त के जीवा को समद्विभाजित करती है।

समकोण - त्रिभुज में, कर्ण $(H)^2 =$ लंब $(P)^2 +$ आधार $(B)^2$

गणना:

माना कि $AB$ और $CD$ क्रमशः $12$ सेमी और $16$ सेमी लंबाई के समानांतर जीवा हैं।

समानांतर जीवा के बीच की दूरी $= 20$ सेमी

$\Delta AOE$ में, रेखा $OE$ (लंबाई " $a$") केंद्र $O$ से खींची गई है, जो $AB$ पर $E$ से मिलती है।

$\Rightarrow \angle AEO = 90°$

$\Rightarrow AE = \dfrac{AB}{2} = \dfrac{12}{2}$ सेमी $= 6$ सेमी

$\triangle AOE$ में,

$\Rightarrow AO^2 = AE^2 + OE^2$

$\Rightarrow r^2 = 6^2 + a^2$

$\Rightarrow r^2 = a^2 + 36$ .....(i)

$\Delta COF$ में, केंद्र $O$ से खींची गई रेखा (लंबाई " $20 - a$") $F$ पर त्रिज्या $CD$ से मिलती है।

$\Rightarrow \angle CFO = 90°$

$\Rightarrow CF = \dfrac{CD}{2} = \dfrac{16}{2}$ सेमी $= 8$ सेमी

$\triangle COF$ में,

$\Rightarrow CO^2 = CF^2 + OF^2$

$\Rightarrow r^2 = 8^2 + (20 - a)^2$

$\Rightarrow 400 + a^2 - 40a = r^2 - 64$

$\Rightarrow r^2 = a^2 - 40a + 464$ .....(ii)

समीकरण (i) और (ii),

$\Rightarrow a^2 + 36 = a^2 - 40a + 464$

$\Rightarrow a = 10.7$ सेमी

$\therefore$ वृत्त की छोटी जीवा और वृत्त के केंद्र की दूरी $10.7$ सेमी के बराबर होती है।

अत: विकल्प (B) सही है।

**36.** दिया है:

$AB = 9$ सेमी, $BC = 8$ सेमी, $CD = 12$ सेमी

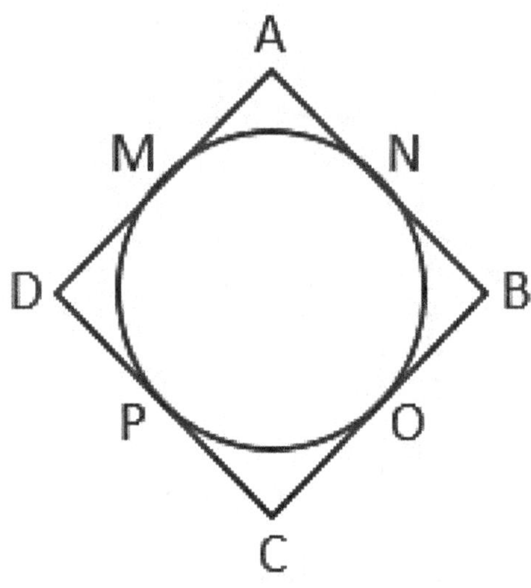

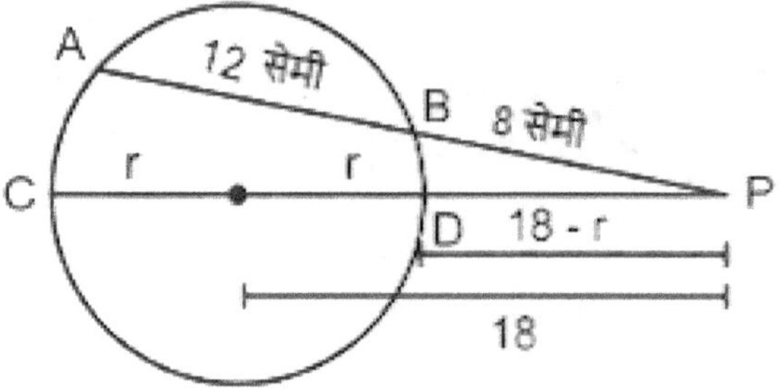

$AP = AS$ (बाहरी बिंदु $A$ से खींची गई स्पर्शरेखा)

$BP = BQ$ (बाहरी बिंदु $B$ से खींची गई स्पर्शरेखा)

$CQ = CR$ (बाहरी बिंदु $C$ से खींची गई स्पर्शरेखा)

$DR = DS$ (बाहरी बिंदु $D$ से खींची गई स्पर्शरेखा)

मान लीजिए $AP = AS = x$

फिर,

$BP = AB - AP$

$= 9 - x = BQ$

$CQ = BC - BQ$

$= 8 - (9 - x)$

$= x - 1 = CR$

$DR = CD - CR$

$= 12 - (x - 1)$

$= 13 - x = DS$

$DA = AS + DS$

$= x + 13 - x$

$= 13$ सेमी

अत: विकल्प (B) सही है।

**37.** यदि एक वृत्त की जीवा $AB$ और जीवा $CD$ एक बिंदु $P$ पर प्रतिच्छेद करती है, तो

$PA \times PB = PC \times PD$

माना वृत्त की त्रिज्या $= r$

$PA = 12 + 8 = 20$ सेमी, $PB = 8$ सेमी, $PC = (18 + r)$ सेमी, $PD = (18 - r)$ सेमी

$PA \times PB = PC \times PD$

$\Rightarrow 8 \times 20 = (18 - r) \times (18 + r)$

$\Rightarrow 160 = 324 - r^2$

$\Rightarrow r^2 = 164$

$\Rightarrow r = 12.8062$

∴ वृत्त की त्रिज्या $12.8$ सेमी के निकटतम है।

अत: विकल्प (B) सही है।

**38.** दिए गए चित्र से,

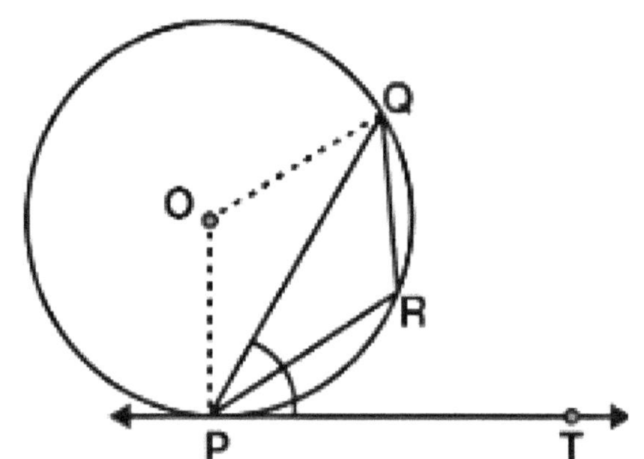

$\angle QPT = 60°$

$\angle OPT = 90°$

चित्र में $OQ$ और $OP$ वृत्त की त्रिज्याएँ है, इसीलिए त्रिभुज $POQ$ एक समद्विबाहु त्रिभुज है

तो $\angle OPQ = \angle OQP = 30°$

त्रिभुज के तीनों कोणों का योग $180°$ होता है, इसीलिए

$\angle POQ + \angle OPQ + \angle OQP = 180°$

$\angle POQ + 30° + 30° = 180°$

$\angle POQ = 120°$

लघु चाप $\angle POQ = 120°$

इसलिए दीर्घ चाप $\angle POQ = 360° - 120° = 240°$

जैसा कि हम जानते हैं कि एक चाप द्वारा केंद्र पर बनाया गया कोण वृत्त के शेष भाग पर इसके द्वारा बनाए गए कोण का दोगुना होता है।

$$\therefore \angle PRQ = \frac{1}{2}\angle POQ = 120°$$

अत: विकल्प (C) सही है।

**39.** दिया गया है,

$LC = 6, CD = 11, LB = 4$ और $AB = x$

जैसा कि हम जानते हैं कि,

$$LC \times LD = LB \times AL$$

प्रश्न के अनुसार

$$LC \times LD = LB \times AL$$

$$6 \times (6 + 11) = 4 \times (4 + x)$$

$$\Rightarrow 4 + x = \frac{51}{2}$$

$$\Rightarrow 4 + x = 25.5$$

$$\Rightarrow x = AB = 21.5$$

$\therefore AB$ की लंबाई $21.5$ सेमी है।

अत: विकल्प (B) सही है।

**40.** दिया है:

$PA = 9$ सेमी, $PT = 12$ सेमी

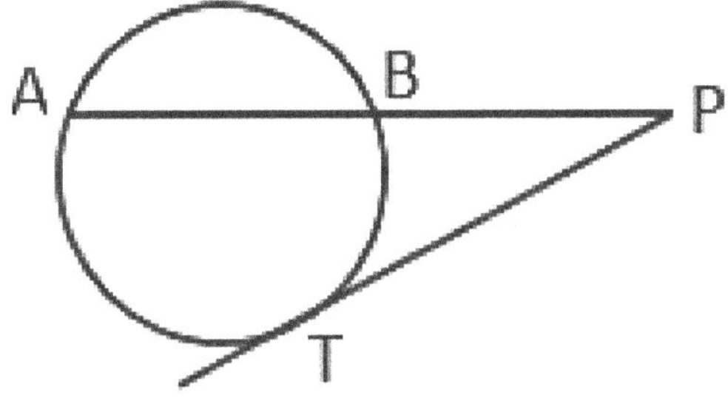


$PT$ स्पशरिखा है और $PAB$ एक छेदक है:

हम जानते हैं कि:

$$PT^2 = PA \cdot PB$$

$$\Rightarrow (12)^2 = 9.PB$$

$$\Rightarrow 144 = 9.PB$$

$$\Rightarrow PB = 16 \text{ सेमी}$$

$$AB = PB - PA$$

$$= 16 - 9$$

$$= 7 \text{ सेमी}$$

अत: विकल्प (C) सही है।

**41.** दिया गया है,

आयत का क्षेत्रफल $= 75$ वर्ग इकाई

मान लें कि आयत की चौड़ाई $(b)$ $x$ इकाई है।

फिर, आयत की लंबाई $(l)$ $(2x + 5)$ इकाई है।

$$\therefore \text{आयत का क्षेत्रफल} = l \times b$$

$$75 = (2x + 5) \times x$$

$$\Rightarrow 2x^2 + 5x - 75 = 0$$

$$\Rightarrow 2x^2 + 15x - 10x - 75 = 0$$

$$\Rightarrow x(2x + 15) - 5(2x + 15) = 0$$

$$\Rightarrow (x - 5)(2x + 15) = 0$$

$$\Rightarrow x = 5 \text{ इकाई}$$

$\because 2x + 15 = 0, x$ नकारात्मक नहीं हो सकता

इस प्रकार, आयत की चौड़ाई 5 इकाई होगी।

अत: विकल्प (B) सही है।

**42.** जैसा कि हम जानते है,

एक आयत की सम्मुख भुजाओं की लंबाई बराबर होती है।

आयत का परिमाप $54$ सेमी है।

आयत की लंबाई $12$ सेमी है।

एक आकृति का परिमाप $=$ आकृति के सभी पक्षों का योग

इसलिए, आयत का परिमाप $=$ लंबाई और चौड़ाई का योग

$$= 2 \times \text{लंबाई} + 2 \times \text{चौड़ाई}$$

$$= 2 \text{ (लंबाई+चौड़ाई)}$$

$$= 2(l \times b)$$

मान रखने पर, हम प्राप्त करते हैं

$$2(12 + b) = 54$$

$$\Rightarrow 12 + b = \frac{54}{2}$$

$$\Rightarrow 12 + b = 27$$

$$\Rightarrow b = 27 - 12$$

$$= 15$$

अत: विकल्प (A) सही है।

**43.** दिया है,

$r = 21$ सेमी, कोण $\theta = 60°$

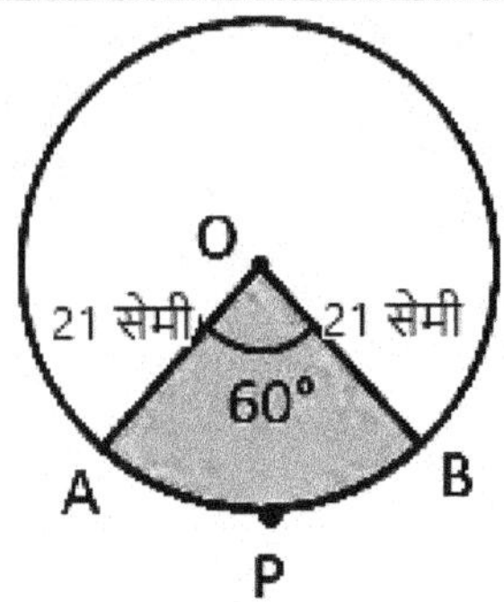


त्रिज्यखंड $OAPB$ का क्षेत्रफल $= \dfrac{\theta}{360} \times \pi r^2$

$= \dfrac{60}{360} \times \dfrac{22}{7} \times 21 \times 21$

$= \dfrac{1}{6} \times \dfrac{22}{7} \times 21 \times 21$

$= \dfrac{1}{6} \times 22 \times 3 \times 21$

$= 231$ सेमी $^2$

अतः विकल्प (D) सही है।

**44.** दिया है,

वृत्त की त्रिज्या $= r = 15$ सेमी

जीवा द्वारा अंतरित कोण $= \theta = 60°$

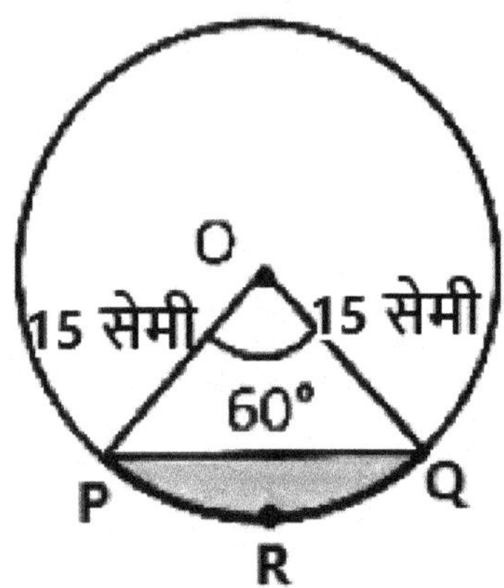


वृत्त का क्षेत्रफल $= \pi r^2 = 3.14(15)^2$

$= 706.5$ सेमी $^2$

त्रिज्यखंड का क्षेत्रफल $= \dfrac{\theta}{360°} \times \pi r^2$

त्रिज्यखंड $OPRQ$ का क्षेत्रफल $= \dfrac{60°}{360°} \times \pi r^2$

$= \dfrac{1}{6} \times 3.14(15)^2 = 117.75$ cm $^2$

अब, वृहद और लघु लघु वृत्तखंडों के क्षेत्रफल के लिए,

$\triangle OPQ$ में,

चूंकि, $OP = OQ$

$\Rightarrow \angle OPQ = \angle OQP$

$\angle OPQ = 60°$

इस प्रकार, $\triangle OPQ$ एक समबाहु त्रिभुज है।

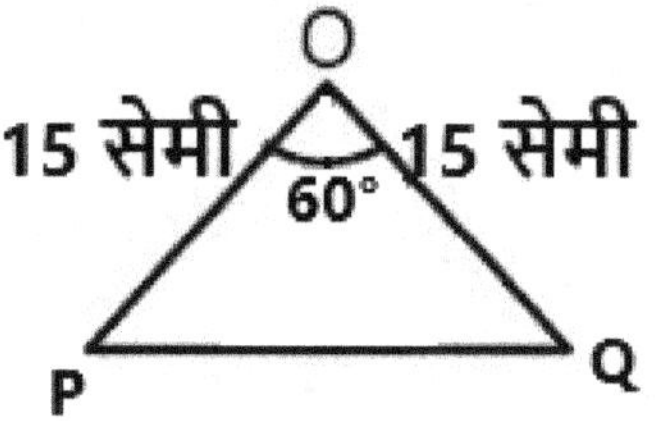


$\triangle OPQ$ का क्षेत्रफल $= \dfrac{\sqrt{3}}{4} \times$ (भुजा) $^2$

$= \dfrac{\sqrt{3}}{4} \times (r)^2$

$= \dfrac{\sqrt{3}}{4} \times (15)^2$

$= \dfrac{225\sqrt{3}}{4} = 97.3125$ सेमी $^2$

अब,

लघु वृत्तखंड $PRQP$ का क्षेत्रफल $=$ त्रिज्यखंड $OPRQ$ का क्षेत्रफल $- \triangle OPQ$ का क्षेत्रफल

$= 117.75 - 97.3125$

$= 20.4375$ सेमी $^2$

दीर्घ वृत्तखंड $PSQP$ का क्षेत्रफल $=$ वृत्त का क्षेत्रफल $-$ लघु वृत्तखंड $PRQP$ का क्षेत्रफल

$= 706.5 - 20.4375$

$= 686.0625$ सेमी $^2$

इसलिए, वृत्त के संगत लघु और दीर्घ वृत्तखंडों के क्षेत्रफल क्रमशः $20.4375$ सेमी $^2$ और $686.0625$ सेमी $^2$ हैं।

अतः विकल्प (A) सही है।

**45.** दिया गया है,

$BC = 10$ सेमी

$AB = AC$

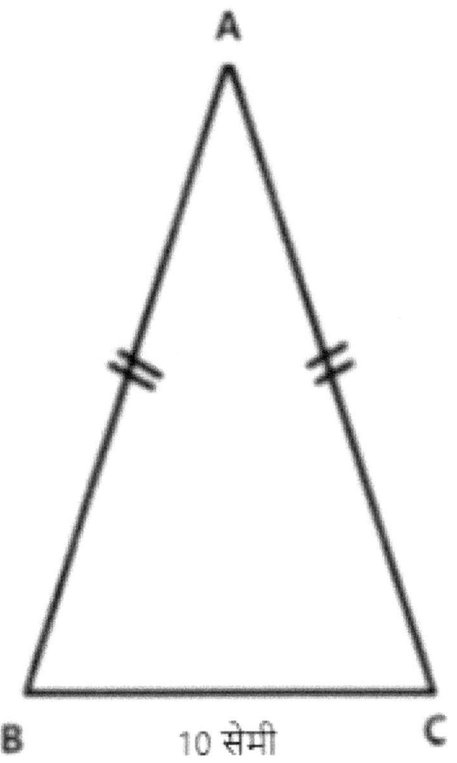



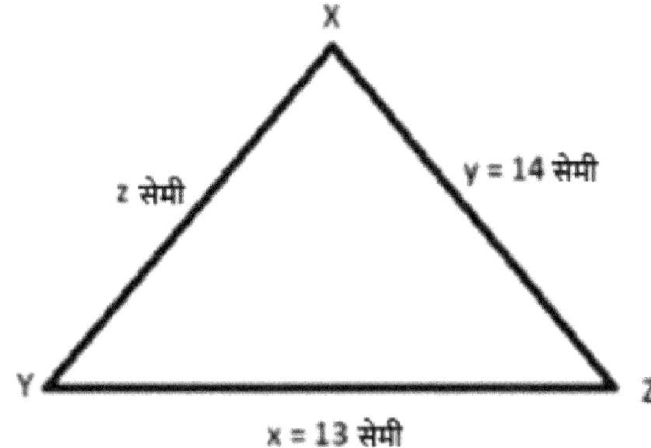



परिमाप $= 36$ सेमी

$AB + BC + AC = 36$ सेमी

$2AB = 26$ सेमी

$AB = AC = 13$ सेमी

अर्द्ध परिमाप $=$ परिमाप/2

$S = \dfrac{36}{2} = 18$ सेमी

हीरोन के सूत्र का उपयोग करते हुए,

$\triangle ABC$ का क्षेत्रफल $= \sqrt{S(S-a)(S-b)(S-c)}$

$= \sqrt{18(8)(5)(5)}$

$= \sqrt{3 \times 3 \times 2 \times 2 \times 2 \times 2 \times 5 \times 5}$

$= \sqrt{(60)^2}$

$= 60$ सेमी²

अतः विकल्प (A) सही है।

**46.** माना त्रिभुज XYZ की भुजाएँ x, y और z हैं।

दिया गया है,

$x = 13$ सेमी

$y = 14$ सेमी

$z = z$ सेमी

अर्ध परिमाप है,

$P = \dfrac{x+y+z}{2}$

$\Rightarrow 18 = \dfrac{13+14+z}{2}$

$\Rightarrow 18 = \dfrac{13+14+z}{2}$

$\Rightarrow 18 \times 2 = 27 + z$

$\Rightarrow 36 = 27 + z$

$\Rightarrow z + 27 = 36$

$\Rightarrow z = 36 - 27$

$\Rightarrow z = 9$ सेमी

अतः विकल्प (D) सही है।

**47.** दिया है:

घन का कुल पृष्ठ क्षेत्रफल = 1944 सेमी²

जैसा कि हम जानते हैं,

घन का कुल पृष्ठ क्षेत्रफल = $6a^2$

घन का आयतन = $a^3$

जहाँ a = भुजा

प्रश्नानुसार,

$6a^2 = 1944$ सेमी²

$\Rightarrow a^2 = 324$

$\Rightarrow a = 18$ सेमी

घन का आयतन = $(a)^3 = (18)^3 = 5832$ सेमी³

∴ घन का आयतन 5832 सेमी³ है।

अतः विकल्प (B) सही है।

**48.** दिया है:

शंकु का आयतन $= 12\pi$ मी $^3$

शंकु की ऊंचाई = 4 मी

जैसा कि हम जानते हैं,

शंकु का आयतन $= \frac{1}{3} \times (\pi r^2 h)$

शंकु की तिर्यक ऊंचाई $= l = \sqrt{h^2 + r^2}$

शंकु का वक्रीय पृष्ठफल $(CSA) = \pi r l$

गणना:

शंकु का आयतन $= 12\pi m^3 = \frac{1}{3} \times (\pi r^2 h)$

$\Rightarrow 12\pi = \frac{1}{3} \times (\pi \times r^2 \times 4)$

$\Rightarrow r^2 = 9$

$\Rightarrow r = 3$ मी

शंकु की तिर्यक ऊंचाई $= l = \sqrt{h^2 + r^2}$

$\Rightarrow l = \sqrt{4^2 + 3^2}$

$\Rightarrow l = \sqrt{25}$

$\Rightarrow l = 5$ मी

शंकु का वक्रीय पृष्ठफल $= \pi r l$

$\Rightarrow CSA = \pi \times 3 \times 5$

∴ वक्रीय पृष्ठफल $15\pi$ मी $^2$ है।

अतः विकल्प (B) सही है।

**49.** दिया है:

घन अनुपात $= 729 : 512$

सूत्र से:

घनों का आयतन = a³

घन का कुल पृष्ठीय क्षेत्रफल = 6a²

जहाँ, a = घन की भुजा

माना घनों की भुजा क्रमशः x और y है।

प्रश्नानुसार,

$\frac{x^3}{y^3} = 729 : 512$

$\Rightarrow \frac{x}{y} = \frac{9}{8}$

$\Rightarrow x = \left(\frac{9}{8}\right) y$

कुल पृष्ठीय क्षेत्रफल का अनुपात = 6x² : 6y²

$= 6 \times \left(\frac{9y}{8}\right)^2 : 6y^2$

$= \left(\frac{81}{64}\right) : 1$

$= 81 : 64$

∴ कुल पृष्ठीय क्षेत्रफल का अभीष्ट अनुपात 81 : 64 है।

अतः विकल्प (B) सही है।

**50.** दिया है:

घन की भुजाएं = 1 सेमी

सूत्र के अनुसार:

घनाभ का क्षेत्रफल = 2(LB + BH + LH)

जहाँ, L = घनाभ की लंबाई, B = घनाभ की चौड़ाई, H = घनाभ की ऊँचाई

जब तीन घनों को एक सिरे से दूसरे सिरे तक जोड़ा जाता है, तो परिणामी ठोस घनाभ होता है।

परिणामी ठोस की लंबाई(L) = 1 + 1 + 1 = 3 सेमी

परिणामी ठोस की चौड़ाई(B) = दिए गए घन की भुजा के बराबर = 1 सेमी

परिणामी ठोस की ऊँचाई(H) = दिए गए घन की भुजा के बराबर = 1 सेमी

परिणामी ठोस का पृष्ठीय क्षेत्रफल = 2(LB + BH + LH)

सूत्र से,

घनाभ का पृष्ठीय क्षेत्रफल = 2(LB + BH + LH)

घनाभ का पृष्ठीय क्षेत्रफल = 2 × (3 × 1 + 1 × 1 + 3 × 1)

घनाभ का पृष्ठीय क्षेत्रफल = 2 × (3 + 1 + 3) = 14 सेमी²

∴ परिणामी ठोस का पृष्ठीय क्षेत्रफल 14 सेमी² है।

अतः विकल्प (B) सही है।

**51.** दिया है:

शंकाकार बर्तन की आंतरिक त्रिज्या (r) $= \frac{21}{2}$ सेमी

शंकाकार बर्तन की ऊंचाई (h) = 40 सेमी

बेलनाकार बर्तन का आंतरिक त्रिज्या (R) = 35 सेमी

सूत्र के अनुसार:

शंकाकार बर्तन का आयतन $= \frac{1}{3} \times \pi r^2 h$

बेलनाकार बर्तन का आयतन = πR²H, जहां, H द्रव्य के बढ़ने की उंचाई

शंकाकार बर्तन में द्रव्य का आयतन $= \frac{1}{3} \times \pi \left(\frac{21}{2}\right)^2 \times 40$

बेलनाकार बर्तन में द्रव्य का आयतन = π × (35)² × H

$\frac{1}{3} \times \pi \left(\frac{21}{2}\right)^2 \times 40 = \pi \times (35)^2 \times H$

$\Rightarrow (21 \times 7) \times 10 = 35 \times 35 \times H$

$\Rightarrow 30 = 5 \times 5 \times H$

$\Rightarrow H = \frac{30}{25}$

$\Rightarrow H = 1.2$ सेमी

अतः विकल्प (D) सही है।

**52.** दिया है:

घनाकार बॉक्स की लंबाई = 15 सेमी

घनाभाकार लकड़ी के बॉक्स के आयाम = 40 सेमी × 5 मीटर × 81 सेमी

सूत्र के अनुसार:

घनाकार बॉक्स का आयतन = भुजा³

घनाभाकार बॉक्स का आयतन = lbh

अब,

घनाकार बॉक्स का आयतन = भुजा³

$= 15^3$

= 3375 सेमी³

घनाभाकार बॉक्स का आयतन = lbh

= 40 सेमी × 5 मीटर × 81 सेमी

= 40 सेमी × 500 सेमी × 81 सेमी

= 1620000 सेमी³

मान लीजिये कि लकड़ी के बॉक्स से काटे जाने वाले घनाकार बॉक्स की संख्या N है।

$\therefore$ 3375 × N = 1,620,000

$\Rightarrow$ N $= \dfrac{1,620,000}{3375}$

$\Rightarrow$ N = 480

अतः विकल्प (B) सही है।

**53.** पहली 'n' प्राकृतिक संख्याओं का योग $= \dfrac{n(n+1)}{2}$

पहली n प्राकृतिक संख्या के वर्ग का योग $= \dfrac{n(n+1)(2n+1)}{6}$

$$Var(X) = E(X^2) - \left(E(X)\right)^2$$

$E(X) =$ माध्य = पदो का योग / पदो की संख्या

यहाँ, $n = 11$

$E(X^2) = \dfrac{n(n+1)(2n+1)}{6n}$

$= \dfrac{(n+1)(2n+1)}{6}$

$= \dfrac{(11+1)2 \times 11)+1)}{6}$

$= 2 \times 23$

$= 46$

$(E(X))^2 = \left(\dfrac{n(n+1)}{2n}\right)^2$

$= \left(\dfrac{(n+1)}{2}\right)^2$

$= \left(\dfrac{11+1}{2}\right)^2$

$= 6^2$

$= 36$

$$Var(X) = E(X^2) - \left(E(X)\right)^2 = 46 - 36$$

$$= 10$$

अतः विकल्प (A) सही है।

**54.** हमें दिए गए आँकड़ों का माध्य ( $\overline{x}$ ) ज्ञात करना होगा।

$$\overline{x} = \frac{1}{20} \sum_{i=1}^{20} x_i = \frac{200}{20} = 10$$

माध्य से विचलनों के निरपेक्ष मान अर्थात् $|x_i - \overline{x}|$ इस प्रकार हैं:

2,7,8,7,6,1,7,9,10,5,2,7,8,7,6,1,7,9,10,5

इसलिए, $\sum_{i=1}^{20} |x_i - \overline{x}| = 124$

M.D. $(\overline{x}) = \dfrac{124}{20} = 6.2$

अतः विकल्प (A) सही है।

**55.** दिए गए आँकड़ों की सारणी बनाकर अन्य स्तंभ परिकलन का करते हैं।

| $x_i$ | $f_i$ | $f_i x_i$ | $|x_i - \overline{x}|$ | $f_i|x_i - \overline{x}|$ |
|---|---|---|---|---|
| 2 | 2 | 4 | 5.5 | 11 |
| 5 | 8 | 40 | 2.5 | 20 |
| 6 | 10 | 60 | 1.5 | 15 |
| 8 | 7 | 56 | 0.5 | 3.5 |
| 10 | 8 | 80 | 2.5 | 20 |
| 12 | 5 | 60 | 4.5 | 22.5 |
|  | 40 | 300 |  | 92 |

$N = \sum_{i=1}^{6} f_i = 40$, $\quad \sum_{i=1}^{6} f_i x_i = 300$, $\quad \sum_{i=1}^{6} f_i |x_i - \overline{x}| = 92$

इसलिए, $\overline{x} = \dfrac{1}{N} \sum_{i=1}^{6} f_i x_i = \dfrac{1}{40} \times 300 = 7.5$

M.D. $(\overline{x}) = \dfrac{1}{N} \sum_{i=1}^{6} f_i |x_i - \overline{x}| = \dfrac{1}{40} \times 92 = 2.3$

अतः विकल्प (C) सही है।

**56.** 13, 8, 15, 14, 17, 9, 14, 16, 13, 17, 14, 15, 16, 15, 14

सबसे पहले, हम आंकड़ों को आरोही क्रम में व्यवस्थित करते हैं, तो

8, 9, 13, 13, 14, 14, 14, 14, 15, 15, 15, 16, 16, 17, 17

कुल संख्या (n) = 15

जैसा कि हम जानते हैं,

माध्यिका $= \left[\dfrac{(n+1)}{2}\right]$

$= \left[\dfrac{(15+1)}{2}\right]$

= 8वीं संख्या

8वीं संख्या 14 है

इसलिए, x = 14

यदि 8 को 18 से प्रतिस्थापित किया जाता है, तो

13, 18, 15, 14, 17, 9, 14, 16, 13, 17, 14, 15, 16, 15, 14

फिर, हम आंकड़ों को आरोही क्रम में व्यवस्थित करते हैं, तो

9, 13, 13, 14, 14, 14, 15, 15, 16, 16, 17, 17, 18

कुल संख्या (n) = 15

माध्यिका $= \left[\dfrac{(n+1)}{2}\right]$

$= \dfrac{(15+1)}{2}$

$= \left[\dfrac{16}{2}\right]$

= 8वीं संख्या

8वीं संख्या 15 है

इसलिए, y = 15

$\therefore x + y = 14 + 15$

$\Rightarrow 29$

अतः विकल्प (B) सही है।

**57.** आँकड़ों को सारणी के रूप में लिखने पर हमें निम्नलिखित सारणी प्राप्त होती है:

| $x_i$ | $f_i$ | $x_i f_i$ | $x_i - \bar{x}$ ($\bar{x} = 14$) | $(x_i - \bar{x})^2$ | $f_i(x_i - \bar{x})^2$ |
|---|---|---|---|---|---|
| 4 | 3 | 12 | -10 | 100 | 300 |
| 8 | 5 | 40 | -6 | 36 | 180 |
| 11 | 9 | 99 | -3 | 9 | 81 |
| 17 | 5 | 85 | 3 | 9 | 45 |
| 20 | 4 | 80 | 6 | 36 | 144 |
| 24 | 3 | 72 | 10 | 100 | 300 |
| 32 | 1 | 32 | 18 | 324 | 324 |

$N = 30, \sum_{i=1}^{7} f_i x_i = 420, \sum_{i=1}^{7} f_i (x_i - \bar{x})^2 = 1374$

इसलिए, $\bar{x} = \dfrac{\sum_{i=1}^{7} f_i x_i}{N} = \dfrac{1}{30} \times 420 = 14$

प्रसरण $(\sigma^2) = \dfrac{1}{N} \sum_{i=1}^{7} f_i (x_i - \bar{x})^2$

$= \dfrac{1}{30} \times 1374 = 45.8$

और मानक विचलन $\sigma = \sqrt{45.8} = 6.77$

अतः विकल्प (A) सही है।

**58.** माना कि $A$ दोनों संख्याओं के विषम होने की स्थिति है।

माना कि $B$ योग के सम होने की स्थिति है।

तब,

विषम $+$ विषम $=$ सम

विषम $+$ सम $=$ विषम

सम $+$ सम $=$ सम

$P\left(\dfrac{A}{B}\right) = \dfrac{P(A \cap B)}{P(B)}$ का उपयोग करने पर

$P(A \cap B) = \dfrac{{}^5C_2}{{}^{10}C_2}$

$= \dfrac{\frac{5!}{2!3!}}{\frac{10!}{2!8!}}$

$= \dfrac{\frac{5 \times 4 \times 3 \times 2 \times 1}{2 \times 1 \times 3 \times 2 \times 1}}{\frac{10 \times 9 \times 8 \times 7 \times 6 \times 5 \times 4 \times 3 \times 2 \times 1}{2 \times 1 \times 8 \times 7 \times 6 \times 5 \times 4 \times 3 \times 2 \times 1}}$

$= \dfrac{2}{9}$

$P(B) = \dfrac{({}^5C_2 + {}^5C_2)}{{}^{10}C_2}$

$= \dfrac{{}^5C_2}{{}^{10}C_2} + \dfrac{{}^5C_2}{{}^{10}C_2}$

$= \dfrac{2}{9} + \dfrac{2}{9}$

$= \dfrac{4}{9}$

$\therefore P\left(\dfrac{A}{B}\right) = \dfrac{\frac{2}{9}}{\frac{4}{9}}$

$= \dfrac{1}{2}$

अतः विकल्प (A) सही है।

**59.** एक पासे को फेंका जाता है, घटनाओं की संभावित संख्या $n(S) = 6$

अब 3 के गुणज 3, 6 हैं जो 2 हैं

$\therefore n(E) = 2$

$\therefore$ प्रायिकता $P(E) = \dfrac{n(E)}{n(S)}$

$= \dfrac{2}{6}$

$= \dfrac{1}{3}$

इसलिए एक पासे की एक बार फेंकने पर, 3 का गुणज प्राप्त करने की प्रायिकता $\dfrac{1}{3}$ है।

अतः सही विकल्प (D) है।

**60.** एक पासे को फेंकने पर संभावित घटना: 1,2,3,4,5,6

$\therefore n(S) = 6$

एक अभाज्य संख्या प्राप्त करने की प्रायिकता: 2,3,5

$n(A) = 3$

$\therefore P(A) = \dfrac{n(A)}{n(S)} = \dfrac{3}{6} = \dfrac{1}{2}$

अतः विकल्प (B) सही है।

**61.** इस्तेमाल किया फॉर्मूला:

$(a + b)^2 = a^2 + b^2 + 2ab$

$\sin\alpha = \dfrac{1}{cosec\alpha}$

$$\cos\alpha = \frac{1}{\sec\alpha}$$

$$\sin^2\alpha + \cos^2\alpha = 1$$

$$cosec^2\alpha = 1 + \cot^2\alpha$$

$$\sec^2\alpha = 1 + \tan^2\alpha$$

$$(\sin\alpha + cosec\alpha)^2 + (\cos\alpha + \sec\alpha)^2$$

$$\Rightarrow \sin^2\alpha + cosec^2\alpha + 2\sin\alpha \cdot cosec\,\alpha + \cos^2\alpha + \sec^2\alpha + 2\cos\alpha \cdot \sec\alpha \quad [\because (a+b)^2 = a^2 + b^2 + 2ab]$$

$$\Rightarrow \sin^2\alpha + cosec^2\alpha + 2 + \cos^2\alpha + \sec^2\alpha + 2$$
$$\left[\because \sin\alpha = \frac{1}{cosec\,\alpha}\right. \text{ and}$$

$$\left.\cos\alpha = \frac{1}{\sec\alpha}\right]$$

$$\Rightarrow \left(\sin^2\alpha + \cos^2\alpha\right) + 1 + \cot^2\alpha + 1 + \tan^2\alpha + 4$$
$$\left[\because \sin^2\alpha + \cos^2\alpha = 1; cosec^2\alpha = 1 + \cot^2\alpha \right. \text{ and}$$

$$\left.\sec^2\alpha = 1 + \tan^2\alpha\right]$$

$$\Rightarrow \tan^2\alpha + \cot^2\alpha + 7$$

अतः विकल्प (A) सही है।

**62.** हम जानते है की,

$$\sec^2\theta - \tan^2\theta = 1$$

$$\Rightarrow \sec^2\theta = 1 + \tan^2\theta$$

$$\Rightarrow \sec\theta = \sqrt{(1 + \tan^2\theta)}$$

दिया है: cot 35° = m

ज्ञात करना है: sec 55° का मान

$$\Rightarrow \sec 55° = \sqrt{(1 + \tan^2 55°)}$$

$$\Rightarrow \sec 55° = \sqrt{(1 + \tan^2(90° - 35°))}$$

$$\Rightarrow \sec 55° = \sqrt{(1 + \cot^2 35°)}$$

$$\Rightarrow \sec 55° = \sqrt{(1 + m^2)}$$

अतः विकल्प (A) सही है।

**63.** हम जानते हैं कि,

$$\Rightarrow \sec^2\theta = 1 + \tan^2\theta$$

हमारे पास है,

$$\Rightarrow (\sec^2\theta)^2 - \sec^2\theta = 3$$

$$\Rightarrow (1 + \tan^2\theta)^2 - (1 + \tan^2\theta) = 3$$

$$\Rightarrow (1 + \tan^4\theta + 2\tan^2\theta) - (1 + \tan^2\theta) = 3$$

$$\Rightarrow 1 + \tan^4\theta + 2\tan^2\theta - 1 - \tan^2\theta = 3$$

$$\Rightarrow \tan^4\theta + \tan^2\theta = 3$$

अतः विकल्प (D) सही है।

**64.** दी गयी त्रिकोणमितीय समीकरण है,

$$\sin\theta(1 + \tan\theta) + \cos\theta(1 + \cot\theta)$$

$$= \sin\theta\left(1 + \frac{\sin\theta}{\cos\theta}\right) + \cos\theta\left(1 + \frac{\cos\theta}{\sin\theta}\right)$$

$$= \frac{\sin\theta(\cos\theta + \sin\theta)}{\cos\theta} + \frac{\cos\theta(\sin\theta + \cos\theta)}{\sin\theta}$$

$$= (\sin\theta + \cos\theta)\left[\frac{\sin\theta}{\cos\theta} + \frac{\cos\theta}{\sin\theta}\right]$$

$$= (\sin\theta + \cos\theta)\left[\frac{\sin^2\theta + \cos^2\theta}{\cos\theta\sin\theta}\right]$$

$$= \frac{\sin\theta + \cos\theta}{\cos\theta\sin\theta} = \frac{\sin\theta}{\cos\theta\sin\theta} + \frac{\cos\theta}{\cos\theta\sin\theta}$$

$$= \frac{1}{\cos\theta} + \frac{1}{\sin\theta} = \sec\theta + cosec\theta$$

अतः विकल्प (B) सही है।

**65.** दिया है:

$$\cos^2 6x - \cos^2 4x$$

$$= (\cos 6x + \cos 4x)(\cos 6x - \cos 4x)$$

$$= \left[2\cos\left(\frac{6x+4x}{2}\right)\cos\left(\frac{6x-4x}{2}\right)\right]$$
$$\left[-2\sin\left(\frac{6x+4x}{2}\right)\sin\left(\frac{6x-4x}{2}\right)\right]$$

$$= [2\cos(5x)\cos(x)][-2\sin(5x)\sin(x)]$$

पदों को पुनःव्यवस्थित करने पर, हमें निम्न प्राप्त होता है

$$= -[2\sin(5x)\cos(5x)][2\sin(x)\cos(x)]$$

$$= -\sin(10x)\sin(2x)$$

इसलिए $\cos^2 6x - \cos^2 4x = -\sin(10x)\sin(2x)$

अतः विकल्प (D) सही है।

**66.** दिया हैं:

$$\cos\alpha = \frac{a}{b+c}$$

अर्ध-कोण सूत्र $\cos 2\theta = \frac{1-\tan^2\theta}{1+\tan^2\theta}$ का प्रयोग करने पर और तथ्य यह है कि c = 2b - a है, तो हमें निम्न प्राप्त होता है,

$$\Rightarrow \frac{1-\tan^2\frac{\alpha}{2}}{1+\tan^2\frac{\alpha}{2}} = \frac{a}{3b-a}$$

$$\Rightarrow \frac{2\tan^2\frac{\alpha}{2}}{2} = \frac{(3b-a)-a}{(3b-a)+a}$$

$$\Rightarrow \tan^2\frac{\alpha}{2} = \frac{3b-2a}{3b}$$

उसी प्रकार, $\tan^2\frac{\gamma}{2} = \frac{2a-b}{3b}$

अब, $\tan^2\frac{\alpha}{2} + \tan^2\frac{\gamma}{2}$

$$= \frac{3b-2a}{3b} + \frac{2a-b}{3b}$$

$$= \frac{2b}{3b}$$

$$= \frac{2}{3}$$

अतः विकल्प (C) सही है।

**67.**

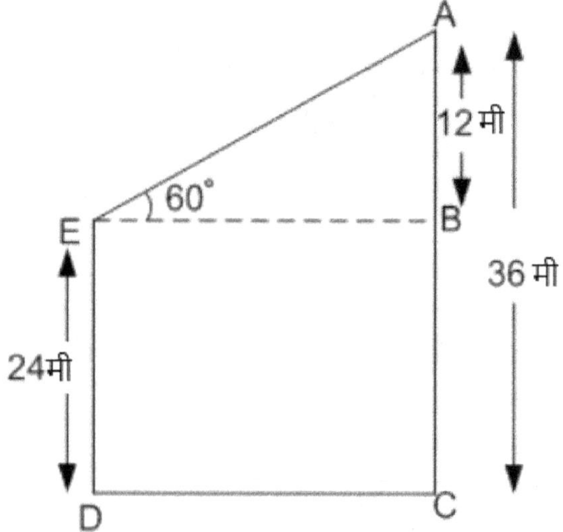

माना $AE$ दो खम्भों $AC$ और $ED$ को जोड़ने वाला तार है।

अब, $\triangle ABE$ में,

$$\sin 60° = \frac{AB}{AE}$$

$$\Rightarrow \frac{\sqrt{3}}{2} = \frac{12}{AE}$$

$$\Rightarrow AE = \frac{24}{\sqrt{3}}$$

$$\Rightarrow AE = 8\sqrt{3} \text{ मीटर}$$

अतः विकल्प (C) सही है।

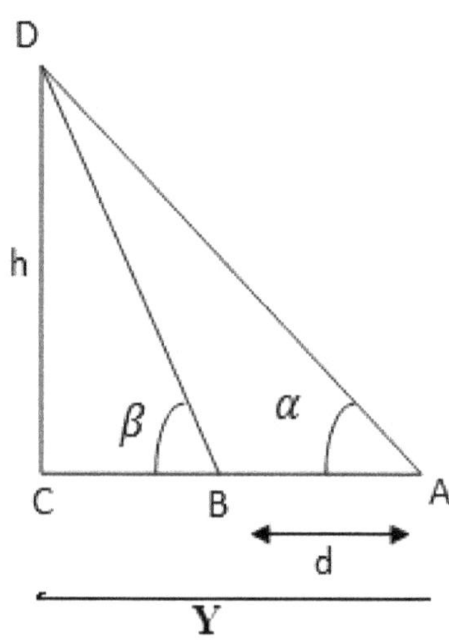

**68.**

$\triangle CAD$ में,

$$\cot\alpha = \frac{y}{h} \quad .....(i)$$

$\triangle BCD$ में,

$$\cot\beta = \frac{y-d}{h} = \frac{y}{h} - \frac{d}{h} \quad .....(ii)$$

सामीकरण (i) और (ii) से,

$$\frac{d}{h} = \cot\alpha - \cot\beta$$

$$\frac{h}{d} = \frac{1}{\cot\alpha - \cot\beta}$$

$$\left[ \cot(x-y) = \frac{1+\cot x \cot y}{\cot y - \cot x} \right]$$

$$\frac{h}{d} = \frac{\cot(\beta-\alpha)}{1+\cot\alpha\cot\beta}$$

अतः विकल्प (C) सही है।

**69.** प्वाइंट $P$ और टॉवर के आधार के बीच की दूरी की गणना करने के लिए टॉवर की ऊंचाई पता होना चाहिए। चूंकि प्रश्न में टॉवर की ऊंचाई नहीं दी हुई है अतः हम कह सकते हैं कि प्रश्न में पर्याप्त डाटा उपलब्ध नहीं है।

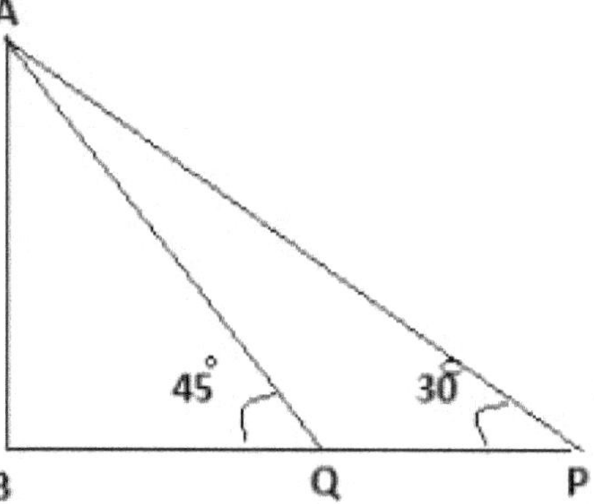

अतः विकल्प (D) सही है।

**70.**

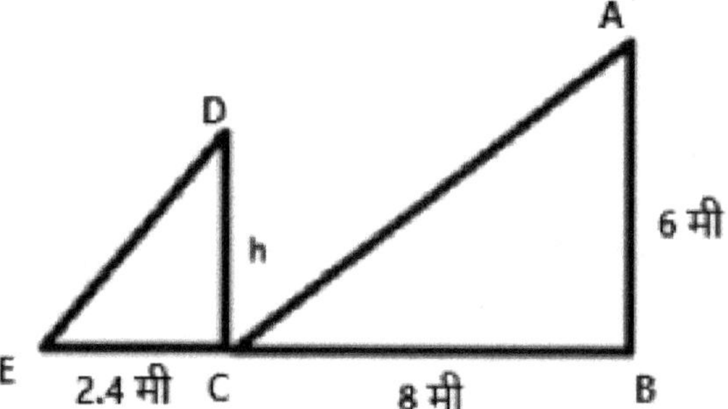

मान लें कि आदमी की ऊंचाई $h$ मी $= CD$ है

खंभे की लंबाई $= AB = 6$ मी

छाया की लंबाई $= BC = 8$ मी

आदमी की छाया की लंबाई $= EC = 2.4$ मी

समरूप त्रिभुजों से:

$$\therefore \frac{6}{8} = \frac{h}{2.4}$$

$$\Rightarrow h = \frac{2.4 \times 6}{8} = 1.8 \text{ मी}$$

अतः विकल्प (B) सही है।

**71.**

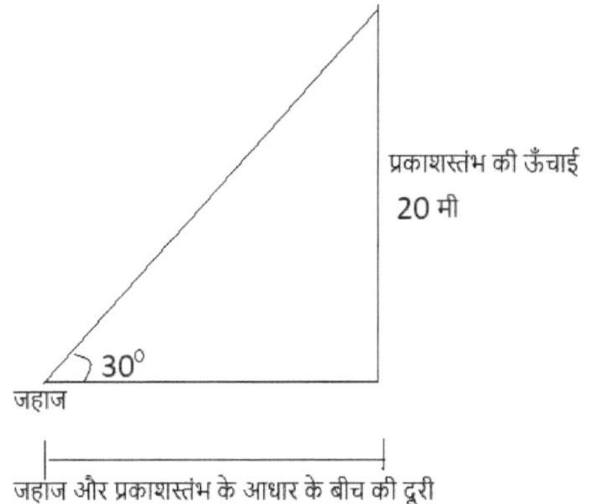


अवसाद का कोण $= 30° =$ नाव का उन्नयन कोण

प्रकाशस्तंभ की ऊँचाई $= 20$ मी

माना प्रकाशस्तंभ और नाव के बीच की दूरी x है।

$\tan\theta =$ लंब /आधार

$\tan 30° = 20 \div$ प्रकाश स्तंभ और नाव के बीच की दूरी

$\frac{1}{\sqrt{3}} = 20 \div x$

$x = 20\sqrt{3}$

अतः विकल्प (B) सही है।

**72.** दिया गया है,

मॉल और व्यक्ति के बीच की दूरी $= 1215$ मी.

पेड़ या व्यक्ति के बीच की दूरी $= 60$ मी.

पेड़ की ऊँचाई $= 20$ मी.

जैसा कि हम जानते हैं,

त्रिकोणमितीय अनुपात की अवधारणा का उपयोग करने पर

$\tan\theta =$ (लंबवत $/$ आधार)

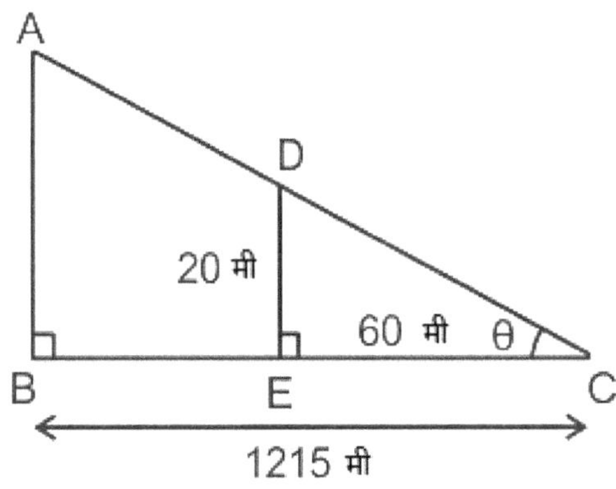


माना मॉल की ऊँचाई $AB$

$\triangle DEC$ में,

$\tan\theta = \frac{DE}{CE}$

$\Rightarrow \tan\theta = \frac{20}{60}$

$\Rightarrow \tan\theta = \frac{1}{3}$

$\triangle ABC$ में,

$\tan\theta = \frac{AB}{BC}$

$\Rightarrow \frac{1}{3} = \frac{AB}{1215}$

$\Rightarrow AB = 405$ मी.

$\therefore$ मॉल की ऊँचाई $405$ मी. है।

अतः विकल्प (A) सही है।

**73.** दिया गया है:

$\angle C = 3\angle B = 2(\angle A + \angle B)$

जैसा कि हम जानते है,

एक त्रिभुज में सभी कोणों का योग $180°$ है।

$\angle C = 3\angle B = 2(\angle A + \angle B) = k$

3 और 2 का ल.स.प 6 है।

$\frac{\angle C}{6} = k$

$\Rightarrow \angle C = 6k.....(1)$

$\Rightarrow \frac{(3\angle B)}{6} = k$

$\Rightarrow \angle B = 2k...(2)$

$\Rightarrow \frac{[2(\angle A+\angle B)]}{6} = k$

$\Rightarrow \angle A + \angle B = 3k...(3)$

समीकरण (2) और (3) से,

$\angle A = k$

$\angle B = 2k$

$\angle C = 6k$

$\triangle ABC$ में,

$\angle A + \angle B + \angle C = 180°$

$\Rightarrow k + 2k + 6k = 180°$

$\Rightarrow 9k = 180°$

$\Rightarrow k = 20°$

$\angle A = k = 20°$

$\angle B = 2k = 2 \times 20° = 40°$

$\angle C = 6k = 6 \times 20° = 120°$

$\therefore \angle A = 20°, \angle B = 40°, \angle C = 120°$

अत: विकल्प (A) सही है।

**74.** दिया है:

AC = 5 सेमी

इसलिए, $AO = \dfrac{AC}{2}$

$= \dfrac{5}{2} = 2.5$ सेमी

हमें यह भी ज्ञात है कि,

$\angle DAB = 120°$

इसलिए, $\angle CAB = \dfrac{120°}{2} = 60°$

$\cos 60° = \dfrac{AO}{AB}$

$\dfrac{1}{2} = \dfrac{2.5}{AB}$

AB = 5 सेमी

AB = EA = BF = 5 सेमी

इसलिए, EF = 3 × 5 = 15 सेमी

हालांकि, ∆EFG एक समबाहु त्रिभुज है = EF = FG = EG = 15 सेमी

∆EFG का अर्द्ध परिमाप $= \dfrac{(15+15+15)}{2} = 22.5$ सेमी

अतः विकल्प (B) सही है।

**75.** दिया है:

$\angle EAB = 140°$

BD = AD और BC = CD

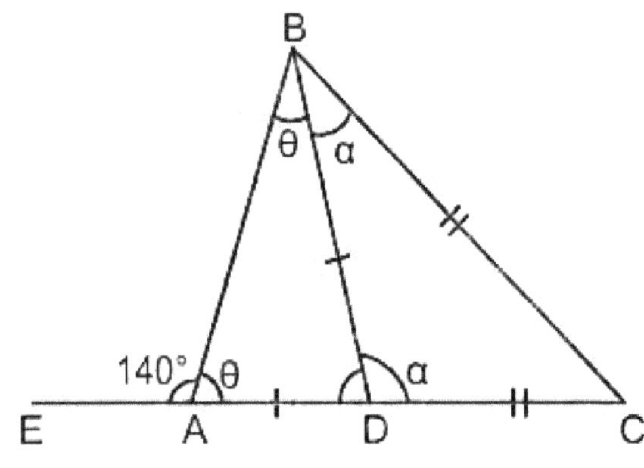


$\angle EAB = 140°$

$\Rightarrow \angle DAB = 40°$

$\because$ BD = AD

$\Rightarrow \angle DAB = \angle DBA = 40°$

$\Rightarrow \angle BDA = 180° - (40° + 40°) = 180° - 80° = 100°$

$\Rightarrow \angle CDB = 180° - 100° = 80°$

$\Rightarrow \angle CBD = 80°$

अब, $\angle DCB = 180° - (80° + 80°)$

$\Rightarrow \angle DCB = 180° - (160°)$

$\therefore \angle DCB = 20°$

अतः विकल्प (B) सही है।

**76.** दिया है,

मान लीजिए ऊर्ध्वाधर ध्रुव की ऊँचाई $= AB = 18$ मीटर

माना तार की लंबाई $= AC = 24$ मीटर

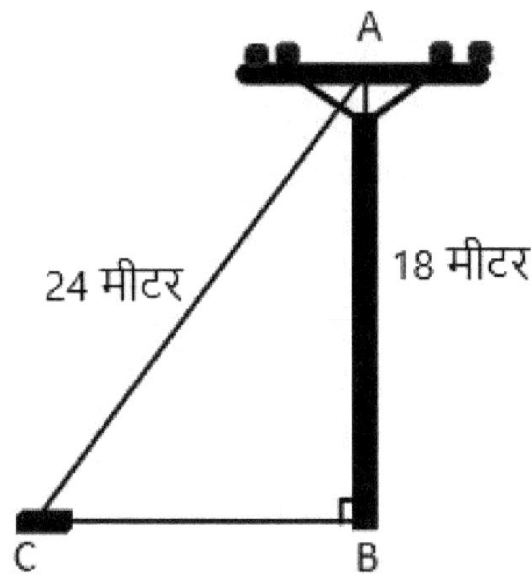


खम्भे के आधार से तार के दूसरे सिरे तक की दूरी ज्ञात करना अर्थात $(BC)$ चूंकि खंभा जमीन से लंबवत (ऊर्ध्वाधर) होगा।

$\angle ABC = 90°$

$\Rightarrow \triangle ABC$ एक समकोण त्रिभुज है।

तो, समकोण त्रिभुज में $ABC$

पाइथागोरस प्रमेय का प्रयोग करने पर,

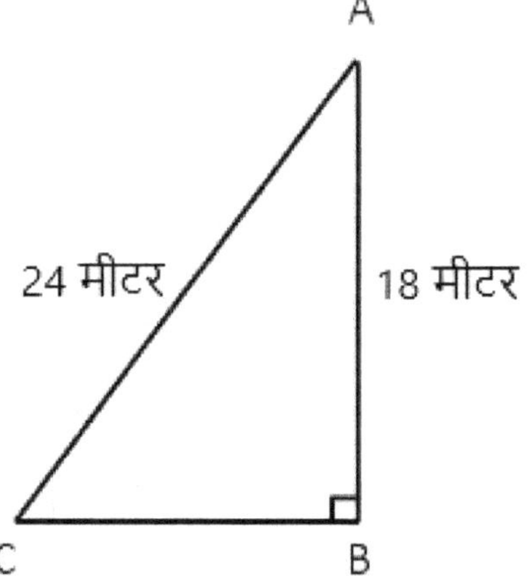


$(\text{कर्ण})^2 = (\text{ऊंचाई})^2 + (\text{आधार})^2$

$(AC)^2 = (AB)^2 + (BC)^2$

$(24)^2 = (18)^2 + (BC)^2$

$576 = 324 + B^2$

$576 - 324 = B^2$

$252 = BC^2$

$BC = \sqrt{252}$

$BC = \sqrt{36 \times 7}$

$BC = \sqrt{6 \times 6 \times 7}$

$BC = 6\sqrt{7}$

इसलिए, खूँटे को पोल के आधार से $(BC) = 6\sqrt{7}$ मीटर की दूरी पर रखा जा सकता है।

अतः विकल्प (A) सही है।

**77.** मान लीजिए $AC$ सीढ़ी हो और $AB$ दीवार हो।

दिया है,

$AC = 6.5$ मीटर $= \dfrac{13}{2}$ मीटर

$BC = 2.5$ मीटर $= \dfrac{5}{2}$ मीटर

चूंकि खम्भा धरातल से ऊर्ध्वाधर है अतः यह धरातल से समकोण बनाएगा।

समकोण $\triangle ABC$ में,

$AB^2 + BC^2 = AC^2$

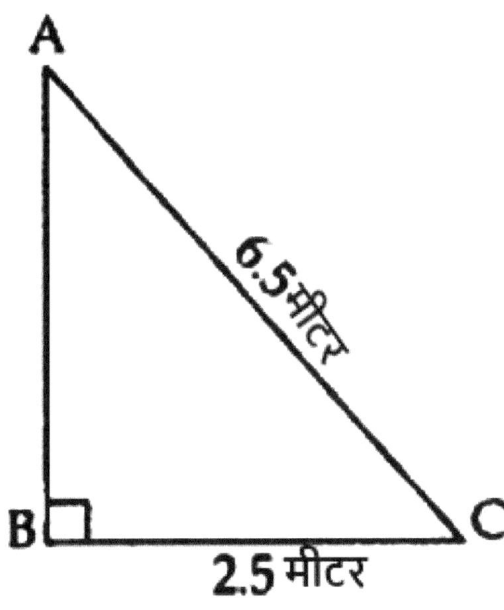


(पाइथागोरस प्रमेय का प्रयोग करने पर),

$AB^2 + \left(\dfrac{5}{2}\right)^2 = \left(\dfrac{13}{2}\right)^2$

$AB^2 = \dfrac{169}{4} - \dfrac{25}{4}$

$= \dfrac{169-25}{4} = \dfrac{144}{4}$

$= 36$

$AB = 6$ मीटर

$\therefore$ आवश्यक ऊंचाई, $AB = 6$ मीटर

अतः विकल्प (C) सही है।

**78.**

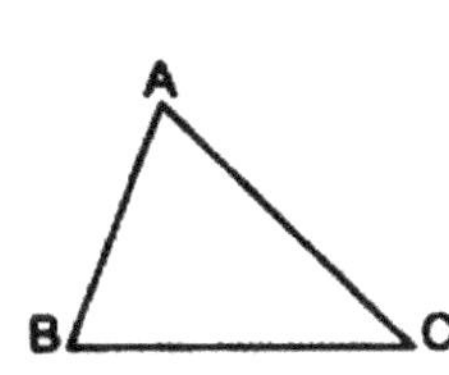


दिया है,

$\triangle ABC \sim \triangle DEF,$

परिमाप $(\triangle ABC) = 50$ सेमी

परिमाप $(\triangle DEF) = 70$ सेमी

$\triangle ABC$ की एक भुजा $20$ सेमी

$\triangle ABC \sim \triangle DEF$

$\triangle DEF$ की संगत भुजा $DE$ ज्ञात करने के लिए

दिया है,

$(\triangle ABC)$ परिमाप $/ (\triangle DEF)$ परिमाप $= \dfrac{AB}{DE}$

$\dfrac{50}{70} = \dfrac{20}{DE}$

$\Rightarrow 5DE = 140$

$DE = 28$ सेमी

$\therefore \triangle DEF$ की संगत भुजा $= 28$ सेमी

अतः विकल्प (C) सही है।

**79.** दिया है,

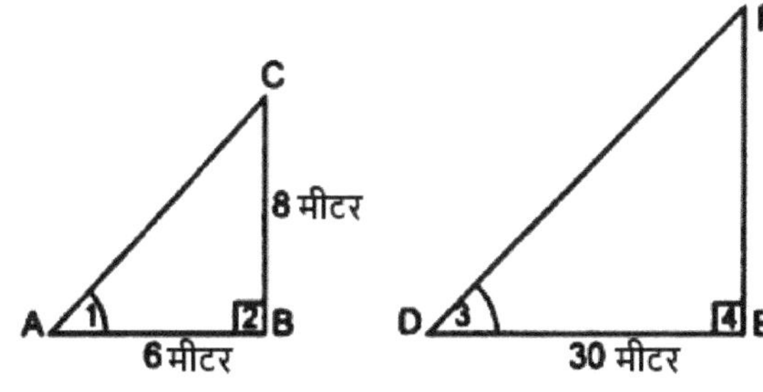


मान लीजिए $BC$ खंभा है और $EF$ टावर और छाया $AB = 6$ मीटर और $DE = 30$ मीटर है।

$\triangle ABC$ और $\triangle DEF$ में,

$\angle 2 = \angle 4$ ... [प्रत्येक $90°$]

$\angle 1 = \angle 3$ ... [एक ही समय में सूर्य का उन्नयन कोण]

$\triangle ABC \sim \triangle DEF$ ... [$AA$ समानता]

$\frac{AB}{DE} = \frac{BC}{EF}$ ... [ में संगत भुजाएँ समानुपाती होती हैं।]

$\Rightarrow \frac{6}{30} = \frac{8}{EF}$

$\therefore EF = 40$ मीटर

अतः विकल्प (D) सही है।

**80.** दिया है,

$5(\tan^2 x - \cos^2 x) = 2\cos 2x + 9$

$\Rightarrow 5\left(\left(\frac{\sin x}{\cos x}\right)^2 - \cos^2 x\right) = 2\cos 2x + 9$

$\Rightarrow 5(\sin^2 x - \cos^4 x) = \cos^2 x(2\cos 2x + 9)$

$\Rightarrow 5(\sin^2 x - \cos^4 x) = \cos^2 x(2(2\cos^2 x - 1) + 9)$

$\Rightarrow 5(\sin^2 x - \cos^4 x) = 4\cos^4 x - 2\cos^2 x + 9\cos^2 x$

$\Rightarrow 5\left((1 - \cos^2 x) - \cos^4 x\right) = 4\cos^4 x - 2\cos^2 x + 9\cos^2 x$

$\Rightarrow (5 - 5\cos^2 x - 5\cos^4 x) = 4\cos^4 x + 7\cos^2 x$

$\Rightarrow 9\cos^4 x + 12\cos^2 x - 5 = 0$

द्विघात सूत्र से,

$\cos^2 x = \frac{-12 \pm \sqrt{12^2 - 4(9)(-5)}}{2(9)}$

$\Rightarrow \cos^2 x = \frac{-12 \pm \sqrt{144 + 180}}{18}$

$\Rightarrow \cos^2 x = \frac{-12 \pm \sqrt{324}}{18}$

$\Rightarrow \cos^2 x = \frac{-12 \pm 18}{18}$

$\Rightarrow \cos^2 x = \frac{1}{3}, \frac{-5}{3}$ {ऋणात्मक मान उपेक्षित किया गया है}

$\Rightarrow \cos^2 x = \frac{1}{3}$

$\Rightarrow \cos 2x = 2\cos^2 x - 1 = 2\left(\frac{1}{3}\right) - 1$

$\Rightarrow \cos 2x = \frac{-1}{3}$

$\Rightarrow \cos 4x = 2\cos^2 2x - 1 = 2\left(\frac{-1}{3}\right)^2 - 1$

$\Rightarrow \cos 4x = -\frac{7}{9}$

अतः विकल्प (D) सही है।

**81.** दिया गया है:

$2\sin\theta = cosec\theta$

प्रयुक्त सूत्र:

$\sin A = \frac{1}{cosec A}$

गणना:

$2\sin\theta = cosec\theta$

$\Rightarrow \frac{2}{cosec\theta} = cosec\theta$

$\Rightarrow 2 = cosec^2\theta$

$\Rightarrow cosec\theta = \sqrt{2}$

$\Rightarrow cosec\theta = cosec 45°$

$\Rightarrow \theta = 45°$

$\therefore \theta$ का मान $45°$ है।

अतः विकल्प (C) सही है।

**82.** दिया गया है : $\cos x = \frac{2}{3}$

हमें $2\sec^2 x + 2\tan^2 x - 7$ का मान ज्ञात करना है

$2\sec^2 x + 2\tan^2 x - 7 = 2\sec^2 x + 2\left(\sec^2 x - 1\right) - 7$

$(\because \sec^2 x - 1 = \tan^2 x)$

$= 2\sec^2 x + 2\sec^2 x - 9$

$= \left(\frac{4}{\cos^2 x}\right) - 9$

$= \left(\frac{4}{\frac{2}{3}}\right) - 9$

$= 9 - 9 = 0$

अतः विकल्प (B) सही है।

**83.** दिया हुआ है कि

$\tan\theta + \cot\theta = 2$

$\Rightarrow \tan\theta + \frac{1}{\tan}\theta = 2$

$\Rightarrow \tan^2\theta - 2\tan\theta + 1 = 0$

$\Rightarrow (\tan\theta - 1)^2 = 0$

$\Rightarrow \tan\theta = \pm 1$

$\Rightarrow \tan\theta = 1 = \cot\theta \quad (\because 0° < \theta < 90°)$

इसलिए निम्न का आवश्यक मान होगा

$\tan^{10}\theta - \cot^{10}\theta$

$= 1 - 1$

$= 0$

अतः विकल्प (A) सही है।

**84.** $x + ky + 3z = 0$ ... (i)

$3x + ky - 2z = 0$ ... (ii)

$2x + 4y - 3z = 0$ ... (iii)

चूँकि, यहाँ शून्येतर हल हैं।

$$\Rightarrow \Delta = \begin{vmatrix} 2 & 4 & -\lambda \\ 4 & \lambda & 2 \\ \lambda & 2 & 2 \end{vmatrix}$$

चूँकि, $\lambda$ में $\Delta$ एक घन है,

इसलिए, $\lambda$ का कम से कम एक मान मौजूद है।

$$\frac{d(\Delta)}{d\lambda} = 3\lambda^2 + 4$$

क्रांतिक बिंदु के लिए, $\frac{d(\Delta)}{d\lambda} = 0 \Rightarrow 3\lambda^2 + 4 = 0$

चूँकि, किसी वास्तविक $\lambda$ के लिए, $3\lambda^2 + 4 \neq 0$

अतः $\Delta$ का कोई क्रांतिक बिंदु नहीं है।

अतः, समीकरण की प्रणाली के अनंत हलों के लिए $\lambda$ का केवल एक ही संभावित मान है।

अतः विकल्प (B) सही है।

**85. दिया गया:**

$5x - 3y = 27$ ----(i)

$6x + 9y = 108$ ----(ii)

**गणना:**

अब, समीकरण को बराबर करने के लिए, समीकरण (i) को 3 से गुणा करें

$(5x - 3y) \times 3 = 27 \times 3$

$15x - 9y = 81$ ----(iii)

अब, समीकरण (ii) और (iii) को जोड़ने पर

$6x + 9y + 15x - 9y = 108 + 81$

$\Rightarrow 21x = 189$

$\Rightarrow x = 9$

अब, समीकरण (i) में x का मान रखने पर

$5x - 3y = 27$

$\Rightarrow 5 \times 9 - 3y = 27$

$\Rightarrow 45 - 3y = 27$

$\Rightarrow 3y = 18$

$\Rightarrow y = 6$

$\Rightarrow x = 9$

∴ x का मान 9 है और y का मान 6 है।

अतः विकल्प (C) सही है।

**86. गणना:**

दी हुई जानकारी से,

$0.008x + 0.04y = 10$

दोनों ओर 1000 से गुणा करने पर, हमें प्राप्त होगा

$8x + 40y = 10000$ ----(1)

$0.2 (x - 1) + 0.4y = 24.8$ लेने पर, हमें प्राप्त होगा

दोनों ओर 100 से गुणा करने पर, हमें प्राप्त होगा

$20(x - 1) + 40y = 2480$

$\Rightarrow 20x - 20 + 40y = 2480$

$\Rightarrow 20x + 40y = 2500$ ----(2)

समीकरण (2) से समीकरण (1) घटाने पर, हमें प्राप्त होगा

$12x = -7500$

$\Rightarrow x = \frac{-7500}{12} = -625$

$x = -625$ समीकरण (1) में रखने पर

$8 \times (-625) + 40y = 10000$

$\Rightarrow 40y = 10000 + 5000$

$\Rightarrow 40y = 15000$

$\Rightarrow y = \frac{15000}{40} = 375$

∴ Y का मान = 375

अतः विकल्प (A) सही है।

**87. संकल्पना:**

समानांतर रेखाओं और असंगत समीकरणों की शर्तों के अनुसार

$$\left(\frac{a_1}{a_2}\right) = \left(\frac{b_1}{b_2}\right) \neq \left(\frac{c_1}{c_2}\right)$$

गणना:

उपरोक्त समीकरण में:

$a_1 = 9; a_2 = k$

$b_1 = -k; b_2 = -1$

$c_1 = 10; c_2 = -9$

$$\Rightarrow \left(\frac{9}{k}\right) = \left(\frac{-k}{-1}\right)$$

$\Rightarrow k^2 = 9$

$\Rightarrow k = \pm 3$

अतः k या तो 3 या फ़िर -3 होगा।

अतः विकल्प (D) सही है।

**88. दिया गया:**

$x + y + xy = 3$

$y + z + yz = 8$

$x + z + xz = 15$

**गणना:**

$x + y + xy = 3$

समीकरण के दोनों पक्षों में 1 जोड़ने पर

$1 + x + y + xy = 4$

$\Rightarrow (1 + x) + y(1 + x) = 4$

$\Rightarrow (1 + x)(1 + y) = 4$ ----(1)

यह प्रक्रिया अन्य दो समीकरणों में दोहराने पर,

$y + z + yz = 8$

$1 + y + z + yz = 9$

$\Rightarrow (1 + y) + z(1 + y) = 9$

$\Rightarrow (1 + y)(1 + z) = 9 \quad ----(2)$

$x + z + xz = 15$

$1 + x + z + xz = 16$

$\Rightarrow (1 + x) + z(1 + x) = 16$

$\Rightarrow (1 + x)(1 + z) = 16 \quad ----(3)$

समीकरण (1), (2) और (3) का गुणा करने पर

$[(1 + x)(1 + y)(1 + z)]2 = [4 \times 9 \times 16]$

$\Rightarrow [(1 + x)(1 + y)(1 + z)] = [2 \times 3 \times 4] \quad .....(4)$

समीकरण (1) और (4) से

$(1 + z) = 6$

$\Rightarrow z = 5$

समीकरण (2) और (4) से

$(1 + x) = \dfrac{8}{3}$

$\Rightarrow x = \dfrac{5}{3}$

समीकरण (3) और (4) से

$(1 + y) = \dfrac{3}{2}$

$\Rightarrow y = \dfrac{1}{2}$

$\therefore x + y + z = \dfrac{5}{3} + \dfrac{1}{2} + 5 = \dfrac{43}{6}$

अत: विकल्प (A) सही है।

**89. दिया गया:**

समीकरण $x - y = 6$ और $\dfrac{x}{3} + \dfrac{y}{2} = 12$

**गणना:**

समीकरण $x - y = 6$ और $\dfrac{x}{3} + \dfrac{y}{2} = 12$

समीकरण $x - y = 6$

तब $x = y + 6$

समीकरण $\dfrac{x}{3} + \dfrac{y}{2} = 12$ में x का मान रखने पर

तब $\dfrac{(y+6)}{3} + \dfrac{y}{2} = 12$

$2y + 12 + 3y = 72$

$\Rightarrow 5y = 60$

$\Rightarrow y = 12$

$\Rightarrow x = 12 + 6 = 18$

$\therefore$ x और y का मान 18 और 12 है।

अत: विकल्प (B) सही है।

**90.** एक कंटेनर की अधिकतम क्षमता का पता लगाने के लिए जो प्रत्येक टैंकर के पेट्रोल को सटीक समय में माप सकता है, हमें $850$ और $680$ का HCF ज्ञात करना होगा

$850 = 2 \times 5^2 \times 17$

$680 = 2^3 \times 5 \times 17$

$HCF = 2 \times 5 \times 17 = 170$

कंटेनर की अधिकतम क्षमता $= 170$ लीटर

| 2 | 850 |
|---|---|
| 5 | 425 |
| 5 | 85 |
|   | 17 |

| 2 | 680 |
|---|---|
| 2 | 340 |
| 2 | 170 |
| 5 | 85 |
|   | 17 |

अतः विकल्प (B) सही है।

**91.** पहले बर्तन की धारिता $= 720\,ml$; दूसरेबर्तन की धारिता $= 405\,ml$

हम एक गिलास में भरे जाने वाले दूध की अधिकतम मात्रा ज्ञात करने के लिए $720$ और $405$ का HCF पाते हैं।

$405 = 3^4 \times 5$

$720 = 2^4 \times 3^2 \times 5$

$HCF = 3^2 \times 5 = 45\,ml =$ गिलास की क्षमता

पहले बर्तन द्वारा भरे गए गिलासों की संख्या $= \dfrac{720}{45} = 16$

दूसरे बर्तन द्वारा भरे गए गिलासों की संख्या $= \dfrac{405}{45} = 9$

गिलासों की कुल संख्या $= 25$

अतः विकल्प (B) सही है।

**92. दिया गया है**

$\sqrt{5}$ और $\sqrt{7}$

**अवधारणा**

परिमेय संख्याएँ वे संख्याएँ होती हैं जो या तो सांत, असांत या आवर्ती होती हैं।

**गणना**

$\sqrt{5} = 2.33$ और $\sqrt{7} = 2.64$

परिमेय संख्या $2.33 \ldots$ और $2.64 \ldots$ के बीच होती है।

इसलिए, केवल $2\dfrac{2}{5}$ वही संख्या है जो $2.33$ और $2.64$ के बीच स्थित है।

$\therefore 2\dfrac{2}{5}$ $\sqrt{5}$ और $\sqrt{7}$ के बीच परिमेय संख्या है।

अतः विकल्प (C) सही है।

**93.** कमरे की विमाओं को ठीक-ठीक नापने वाली सबसे लंबी छड़ की लंबाई ज्ञात करने के लिए हमें HCF ज्ञात करना होगा।

$L$, लंबाई $= 8\ m\ 50\ cm = 850\ cm = 2^1 \times 5^2 \times 17$

$B$, चौड़ाई $= 6\ m\ 25\ cm = 625\ cm = 5^4$

$H$, ऊंचाई $= 4\ m\ 75\ cm = 475\ cm = 5^2 \times 19$

$L, B$ और $H$ का HCF $5^2 = 25\ cm$

सबसे लंबी छड़ की लंबाई $= 25\ cm$

अतः विकल्प (A) सही है।

**94.** उस समय का पता लगाने के लिए जब अगली घड़ियाँ एक साथ बजेंगी, हमें $4,\ 12$ और $20$ मिनट का LCM ज्ञात करना है।

$4 = 2^2$

$12 = 2^2 \times 3$

$20 = 2^2 \times 5$

$4, 12$ और $20$ का LCM $= 2^2 \times 3 \times 5 = 60$ मिनट

तो, घड़ियाँ $60$ मिनट या एक घंटे के बाद फिर से एक साथ बजेंगी।

अतः विकल्प (A) सही है।

**95.** चूँकि पुस्तकें खंड A और खंड B के छात्रों के बीच समान रूप से वितरित की जानी हैं, इसलिए पुस्तकों की संख्या $48$ के साथ-साथ $60$ के गुणज में होनी चाहिए।

इसलिए, पुस्तकों की आवश्यक संख्या $48$ और $60$ का LCM है।

$48 = 2^4 \times 3$

$60 = 2^2 \times 3 \times 5$

$LCM = 2^4 \times 3 \times 5 = 16 \times 15 = 240$

अतः विकल्प (B) सही है।

**96.** दिया गया है:

mx + 8y - m + 2 = 0

9x + 2my - m = 0

रैखिक समीकरण की एक प्रणाली का अनंत हल होता है जब $\dfrac{a_1}{a_2} = \dfrac{b_1}{b_2} = \dfrac{c_1}{c_2}$

प्रश्न के अनुसार,

mx + 8y - m + 2 = 0

mx + 8y = m - 2 ----(1)

9x + 2my - m = 0

9x + 2my = m ----(2)

अवधारणा के अनुसार,

$\Rightarrow \dfrac{m}{9} = \dfrac{8}{2m} = \dfrac{2-m}{-m}$

अब,

$\dfrac{m}{9} = \dfrac{8}{2m}$

$\Rightarrow m^2 = 36$

$\Rightarrow m = \pm 6$

$\Rightarrow \dfrac{8}{2m} = \dfrac{m-2}{m}$

$\Rightarrow 8m = 2m^2 - 4m$

$\Rightarrow 12m = 2m^2$

$\Rightarrow m = 6$

अतः विकल्प (A) सही है।

**97.** दो चरों में एक रैखिक समीकरण ax + by + c = 0 के रूप का होता है, जहाँ $a \neq 0$, $b \neq 0$ होता है।

यदि "A" और "B" के मान 0 के बराबर हैं, तो समीकरण सी = 0 हो जाता है। इसलिए, a और b का मान 0 के बराबर नहीं होना चाहिए।

अतः विकल्प (D) सही है।

**98.** रैखिक समीकरण 2x-5y के अपरिमित रूप से अनेक हल हैं। क्योंकि, समीकरण 2x-5y = 7 एक एकल समीकरण है, जिसमें दो चर शामिल हैं।

इसलिए, x के विभिन्न मानों के लिए, हमें y और इसके विपरीत के विभिन्न मान प्राप्त होंगे।

अतः विकल्प (D) सही है।

**99.** दिया गया है कि रैखिक समीकरण 2x + 3y = 6 का आलेख y-अक्ष को बिंदु पर काटता है।

बिंदु को "P" होने दें। इसलिए, बिंदु P का x-निर्देशांक 0 है।

अब, दिए गए समीकरण में x= 0 प्रतिस्थापित करें,

2(0) + 3y = 6

3y = 6

y=2

इसलिए, निर्देशांक बिंदु (0, 2) है।

अतः विकल्प (B) सही है।

**100.** समीकरण 2x + 5y = 7 का एक अनूठा हल है, यदि x, y प्राकृत संख्याएँ हैं।

प्राकृत संख्याओं में, केवल एक युग्म (1, 1) का अस्तित्व होता है जो दिए गए समीकरण को संतुष्ट करता है। लेकिन परिमेय संख्याओं, वास्तविक संख्याओं, धनात्मक वास्तविक संख्याओं के लिए, समीकरण को संतुष्ट करने के लिए कई समाधान युग्म मौजूद हैं।

अत: विकल्प (C) सही है।

# // टिप्पणियाँ //

www.ingramcontent.com/pod-product-compliance
Lightning Source LLC
LaVergne TN
LVHW080552200726
843510LV00008B/1080